ATLAS ROUTIER *et* TOURISTIQUE
TOURIST *and* MOTORING ATLAS
STRASSEN- *und* REISEATLAS
TOERISTISCHE WEGENATLAS

Europe

Sommaire

Intérieur de couverture
Tableau d'assemblage

IV **Grands axes routiers**
VIII **Tableau des distances**
X **Conduire en Europe**
XIV **Climat**

1 **Légende**
2 **Europe**

130 **Index**

Contents

Inside front cover
Key to map pages

IV **Main road map**
VIII **Distances**
X **Driving in Europe**
XIV **Climate**

1 **Key to maps**
2 **Europe**

130 **Index**

Inhaltsübersicht

Umschlaginnenseite
Übersicht

IV **Durchgangsstraßen**
VIII **Entfernungstabelle**
X **Autofahren in Europa**
XIV **Klima**

1 **Zeichenerklärung**
2 **Europa**

130 **Register**

Inhoud

Binnenzijde van het omslag
Oversichtskaart

IV **Grote verbindingswegen**
VIII **Afstandtabel**
X **Autorijden in Europa**
XIV **Klimaat**

1 **Verklaring van de tekens**
2 **Europa**

130 **Register**

Plans de villes — Town plans — Stadtpläne — Stadsplattegronden

131 Amsterdam	**144** Bruxelles	**159** Hamburg	**174** Manchester	**195** Rotterdam
133 Antwerpen	**145** Budapest	**160** Hannover	**175** Marseille	**196** Salzburg
134 Athína	**149** Dijon	**160** Helsinki	**176** Milano	**198** Sevilla
135 Barcelona	**150** Dublin	**161** Istanbul	**177** Monaco	**199** Stockholm
136 Basel	**149** Düsseldorf	**163** Köln	**178** München	**201** Strasbourg
136 Belfast	**151** Edinburgh	**164** København	**180** Nantes	**202** Stuttgart
137 Berlin	**152** Essen	**165** Lausanne	**181** Napoli	**204** Torino
138 Bern	**152** Firenze	**166** Liège	**182** Nice	**205** Toulouse
139 Birmingham	**153** Frankfurt am Main	**167** Lille	**183** Nürnberg	**207** Valencia
140 Bologna	**154** Genève	**168** Lisboa	**184** Oslo	**208** Venezia
140 Bonn	**155** Genova	**169** Liverpool	**185** Palermo	**210** Warszawa
141 Bordeaux	**155** Gent	**170** London	**186** Paris	**211** Wien
142 Bratislava	**156** Glasgow	**169** Luxembourg	**191** Porto	**213** Zürich
143 Bremen	**157** Göteborg	**172** Lyon	**192** Praha	
143 Brugge	**158** Den Haag	**173** Madrid	**194** Roma	

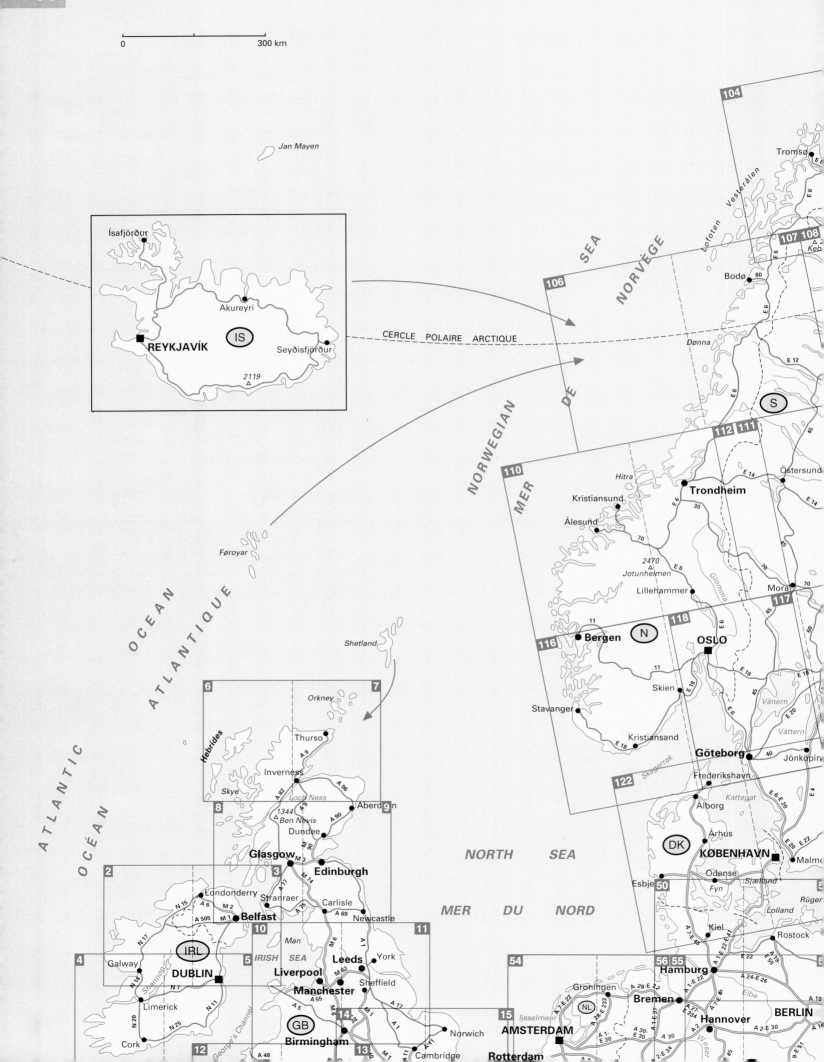

0   300 km

Jan Mayen

Ísafjörður

Akureyri

REYKJAVÍK   IS

Seyðisfjörður

2119

CERCLE   POLAIRE   ARCTIQUE

SEA

NORVÈGE

Vesterålen

Lofoten

Tromsø

E 6

107 108

Keb

106

Bodø   80

Dønna

E 12

E 6

S

NORWEGIAN

DE

112 111

MER

110

Hitra

Kristiansund

Ålesund

Trondheim

Östersund

E 14

E 6

30

70

2470

Jotunheimen

E 6

Glomma

Lillehammer

Mora

70

117

45

116   11

Bergen   N

118

E 6

OSLO

45

11

E 18

Skien   E 18

45

E 18

Stavanger

Vänern

E 6

E 20

Kristiansand

Vättern

E 18

Göteborg   40   Jönköping

122   Skagerrak

Frederikshavn

Ålborg

Kattegat

E 6·E 20

Århus

DK   KØBENHAVN

Malmö

Odense

Esbje   50   Fyn   Sjælland

Rüger

Kiel   Lolland

Rostock

E 22

OCEAN

ATLANTIQUE

Føroyar

Shetland

6   Orkney   7

Hebrides

Thurso

A 9

Inverness   A 96

Skye   A 82   Loch Ness

8   1344   Ben Nevis   Aberdeen   9

A 90

Dundee

ATLANTIC

OCÉAN

Glasgow   M 3   Edinburgh

2   M 74

3

A 77

Londonderry   Stranraer   Carlisle

N 15   A 6   M 2   A 75   A 69   Newcastle

M 505   M 1   Belfast

10

Man

11

4   Galway   5   IRISH   SEA   Leeds   York

M 62

N 18   Shannon   DUBLIN   Liverpool

N 7   Manchester   Sheffield

IRL   A 55

Limerick   A 5   M 6   14   M 1   A 1

N 20   N 25   GB   38   Norwich

Cork   Birmingham   A 11

12   A 48   13   Cambridge

NORTH   SEA

MER   DU   NORD

54   56   55   Hamburg   A 24·E 26   E 22

Groningen   A 1·E 22   A 28·E 22

A 7·E 22   NL   Bremen   A 27   A 1·E 37   Elbe   A 1

15   A 28·E 232   A 234   A 2·E 34

Ijsselmeer   A 30   A 7·E 34   A 2   Hannover   A 2·E 30   BERLIN

AMSTERDAM   E 30   A 30   E 30   A 30   Weser

Rotterdam

MER DE BARENTS

BARENTS SEA

Nordkapp

105

Kirkenes

Murmansk

Koľskij Poluostrov

Mezen'

Mezen

ARCTIC CIRCLE

Usogorsk

L A P L A N D

Ivalo

Inarijärvi

E 6

E 75·4

109

Kousomen'

Archangeľsk

MER BLANCHE SEA

WHITE

Kiruna

se

E 8·21

E 63·5

Kem'

Severnaja Dvina

Kotlôs

Malmberget

16

Tornionjoki *Torneälven*

Rovaniemi

E 75·4

Kuùsamo

Suchona

97

Kemi

20

115

E 63·5

Oulujärvi

Luleå

Oulu

8

E 75·4

114

BOTHNIA

Pielinen

113

88

E 75·4

E 63·5

Petrozavodsk

Onežkoje Oz.

FIN

77

ensuu

121

Vologda

Umeå

Kuopio

17

Čerepovec

Nižnij Novgorod

120

Vaasa

16

E 63·9

Saimaa

Ładozskoje Oz.

8

E 75·4

5

undsvall

E 12·3

E 63·9

Päijänne

Rybinskoje Vdchr.

125

Rybinsk

Tampere

E 75·24

M 10·E 18

M 18

E 4

11

Lahti

St. Peterburg

M 10·E 95

E 12·3

E 18·7

E 18·1

M 11·E 20

GULF OF FINLAND FINLANDE

Novgorod

M 10·E 95

119 124

HELSINKI

GOLFE DE

Tver'

Oka

Turku

Čudskoje Oz.

Gävle

TALLINN

M 20

MOSKVA

Uppsala

Åland

EST

Pskov

M 7

Dalälven

7

A 212

M 1

M 5

STOCKHOLM

Saaremaa

A 116

18· 25

Rižskij Zaliv

LV

A 1

M 20

RUS

E 4

A 2

123

Gotland

RĪGA

A 8

Daugava

A 13

Vicebsk

M 8

Smolensk

M 2·E 95

Kalmar

Öland

A 12

LT

A 6

M 1

Or'ol

Klaipéda

A 1

A 10

A 1

A 2

VILNIUS

Mahilëŭ

Br'ansk

Bornholm

RUS

A 5

Kaunas

M 12

M 1·E 30

M 8

A 142·E63

M 2·E 95

A 276

Don

A 229

A 7

MINSK

Desna

2

53

Kaliningrad

16

Nemunas

M 1

BY

Homeľ

127

Charkiv

Gdańsk

16

Dnepr

M 20

E 28

Černihiv

M 3

126

E 75

E 77

Vista

M 1·E 30

Poltava

8

Szczecin

59

WARSZAWA

Brest

M 20

KYÏV

Poznań

E 30

E 30

E 30

Žytomir

A 253

M 19·E 40

Kremenčuc'ke Vodoschovyšče

Łódź

17

Lublin

M 17·E 40

A 257

Dnipropetrovs'k

PL

E 30

44

UA

Krvvi Rih

E 261

E 65

L'viv

Vinnycja

BALTIC SEA

MER BALTIQUE

GULF OF BOTHNIA

GOLFE DE BOTNIE

Odra

Oder

1:1 000 000 (A) **Österreich**	1:3 000 000 (BY) **Belarus'**	1:1 000 000 (E) **España**	1:700 000 (GR) **Elláda**
1:700 000 (AL) **Shqipëria**	1:1 000 000 (CH) **Schweiz, Suisse, Svizzera**	1:3 000 000 (EST) **Eesti**	1:3 000 000 (H) **Magyarország**
1:1 000 000 (AND) **Andorra**	1:1 000 000 (CZ) **Česká Republika**	1:1 000 000 (F) **France**	1:1 000 000 (HR) **Hrvatska**
1:1 000 000 (B) **Belgique, België**	1:1 000 000 (D) **Deutschland**	1:1 500 000 (FIN) **Suomi, Finland**	1:1 000 000 (I) **Italia**
1:3 000 000 (BG) **Bălgarija**		1:1 000 000 (FL) **Liechtenstein**	1:1 000 000 (IRL) **Ireland**
1:1 000 000 (BIH) **Bosna i Hercegovina**	1:1 500 000 (DK) **Danmark**	1:1 000 000 (GB) **Great Britain**	1:2 400 000 (IS) **Ísland**

1:1 000 000 (L) **Luxembourg**	1:3 000 000 (MOL) **Moldova**	1:3 000 000 (RSM) **San Marino**	1:3 000 000 (TR) **Türkiye**
1:3 000 000 (LT) **Lietuva**	1:1 500 000 (N) **Norge**	1:3 000 000 (RUS) **Rossija**	1:3 000 000 (UA) **Ukraïna**
1:3 000 000 (LV) **Latvija**	1:1 000 000 (NL) **Nederland**	1:1 000 000 (S) **Sverige**	1:140 000 (V) **Vaticano**
1:1 000 000 (M) **Malta**	1:1 000 000 (P) **Portugal**		1:1 000 000 (YU) **Jugoslavija**
1:1 000 000 (MC) **Monaco**	1:3 000 000 (PL) **Polska**	1:3 000 000 (SK) **Slovenská Republika**	
1:1 000 000 (MK) **Makedonija**	1:3 000 000 (RO) **România**	1:1 000 000 (SLO) **Slovenija**	

	Amsterdam	Athína	Barcelona	Bari	Basel	Belfast	Beograd	Bergen	Berlin	Bilbao	Birmingham	Bordeaux	Brest	Bruxelles/Brussel	Bucuresti	Budapest	Clermont-Ferrand	Dublin	Dubrovnik	Edinburgh	Firenze	Frankfurt am Main	Genève	Göteborg	Hamburg	Hannover	Helsinki	Istanbul	Kyiv	København	Köln	Lille	Lisboa	Liverpool
Athína	2836
Barcelona	1554	3090
Bari	1934	2621	1757
Basel	704	2466	1022	1231
Belfast	1133	3874	2100	2671	1441
Beograd	1718	1118	1972	1503	1348	2756
Bergen	1251	4017	2564	2769	1610	297	2899
Berlin	668	2584	1856	1814	868	1704	1466	1062
Bilbao	1427	3422	613	2104	1203	1666	2304	2607	1978
Birmingham	684	3316	1651	2222	992	457	2198	354	1255	1256
Bordeaux	1086	3240	564	1905	861	1325	2122	2266	1637	337	915
Brest	1006	3501	1183	2289	1066	499	2383	758	1577	964	399	623
Bruxelles/Brussel	211	2792	1359	1768	538	969	1674	1368	777	1237	520	896	834
Bucuresti	2221	1238	2611	2142	1987	3259	639	3200	1711	2943	2701	2761	2886	2177
Budapest	1411	1510	1919	1440	1084	2340	392	1923	859	2267	1891	2070	2083	1367	828
Clermont-Ferrand	928	2752	628	1495	505	1482	1634	2018	1319	699	1033	358	805	737	2273	1603
Dublin	966	3586	1933	2504	1275	167	2468	456	1537	1497	291	1157	332	802	2971	2173	1315
Dubrovnik	2024	1265	2049	1580	1425	2892	525	3204	1771	2381	2333	2199	2480	1970	1164	787	1711	2604
Edinburgh	211	3823	2071	2641	1412	220	2705	190	1674	1952	488	1611	877	939	3208	2310	1452	386	2840
Firenze	1352	2115	1081	675	649	2089	997	2187	1232	1429	1640	1229	1691	1186	1636	939	888	1922	1074	2059
Frankfurt am Main	430	2396	1321	1561	333	1359	1278	1282	540	1497	910	1156	1169	386	1781	973	783	1192	1583	1330	979
Genève	908	2446	763	1203	259	1516	1328	1866	1079	1111	1067	676	1059	714	1967	1284	319	1350	1405	1487	605	589
Göteborg	1041	3205	2354	2324	1388	300	2087	773	542	2398	1659	2058	1996	1158	2388	1404	1808	1942	2392	193	1742	1061	1644
Hamburg	468	2780	1784	1977	818	1536	1662	793	284	1828	1087	1487	1425	588	2026	1146	1237	1369	1967	187	1395	490	1074	582
Hannover	385	2637	1646	1831	672	1421	1519	948	288	1697	972	1356	1294	494	2022	1034	1099	1254	1824	1391	1249	344	928	726	156
Helsinki	1204	2540	2388	2346	1397	2441	1422	1186	505	2525	1883	2678	2696	1316	1858	1030	2461	2153	1893	2390	1766	1101	1656	662	776	823
Istanbul	2665	1171	2919	2450	2295	3703	947	3846	2413	3251	3145	3069	3330	2621	692	1339	2581	3415	1326	3652	1944	2225	2275	3034	2609	2466	2369
Kyiv	2017	2311	3114	2644	2187	3254	1336	2844	1383	3338	2696	2995	3012	2129	1073	1162	2636	2966	1861	3203	2138	1914	2339	2032	1670	1636	1146	489
København	781	2938	2094	2169	1128	1848	1820	1008	386	2138	1399	1797	1735	898	2121	1249	1547	1681	2125	509	1587	800	1384	239	321	466	795	2767	1765
Köln	264	2579	1356	1721	493	1185	1461	1208	574	1414	736	1073	1011	212	1964	1156	809	1018	1766	1155	1139	175	710	999	428	291	1110	2408	1923	738
Lille	283	2910	1268	1865	635	877	1792	1468	854	1150	428	809	725	115	2295	1479	650	710	2088	847	1283	498	684	1259	688	571	1885	2739	2197	998	324
Lisboa	2287	4320	1243	2981	2246	2526	3202	3467	2838	901	2116	1204	1823	2095	3841	3144	1563	2357	3279	2811	2306	2355	1987	3257	2686	2555	3423	4149	4236	2997	2273	2007
Liverpool	841	3504	1808	2379	1149	335	2386	300	1411	1394	165	1053	554	677	2889	2048	1189	168	2522	368	1797	1067	1223	1816	1245	1129	2071	3333	2884	1556	892	585	2253
London	480	3252	1447	2018	788	643	2134	482	1051	1329	194	988	428	316	2637	1687	829	476	2270	639	1436	706	863	1455	885	768	1819	3081	2632	1195	532	224	2188	351
Luxembourg	383	2637	1154	1562	333	1185	1519	1399	766	1273	736	932	945	215	1993	1190	607	1018	1758	1155	980	237	508	1189	619	482	1302	2466	2115	929	192	311	2132	892
Lyon	922	2559	634	1303	410	1518	1441	1933	1223	981	1069	528	1017	728	2080	1436	171	1352	1518	1489	697	689	152	1723	1152	1015	2373	2388	2548	1463	724	685	1858	1226
Madrid	1779	3760	617	2355	1620	2018	2642	2959	2331	395	1609	697	1316	1588	3281	2518	1055	1849	2719	2303	1680	1848	1361	2750	2179	2048	2913	3589	3726	2489	1765	1500	624	1746
Málaga	2308	4086	964	2713	1978	2547	2968	3488	2811	923	2137	1225	1844	2116	3607	2875	1583	2378	3045	2832	2037	2277	1719	3278	2707	2576	3384	3915	4110	3018	2294	2028	612	2275
Marseille	1234	2621	503	1286	703	1830	1503	2245	1536	851	1381	651	1271	1040	2142	1448	477	1664	1580	1801	610	1002	444	2035	1464	1327	2688	2450	2645	1775	1036	997	1728	1538
Milano	1048	2128	980	882	345	1785	1010	1906	1033	1327	1336	992	1406	882	1649	954	635	1618	1087	1755	300	675	320	1543	1114	968	1575	1957	2151	1424	835	978	2204	1493
Moskva	2463	3169	3630	3306	2639	3700	2194	2313	1829	3784	3142	3441	3458	2575	1931	1918	3088	3412	2705	3649	2800	2360	2898	1789	2116	2082	1127	1387	858	2211	2369	2643	4682	3330
München	836	1621	1351	1223	393	1729	663	1579	588	1698	1280	1410	1422	728	860	657	912	1563	567	1700	641	398	593	1098	787	641	1120	2380	638	942	581	824	2575	1437
Nantes	888	874	886	1996	855	995	710	2067	1439	666	586	326	298	696	372	1869	463	826	1482	1046	1390	956	742	1858	1287	1156	2477	1585	1424	1598	873	608	1526	723
Napoli	1824	2443	1553	260	1122	2562	1102	2660	1705	1901	2113	1701	2163	1659	1603	1411	1360	2395	1675	2532	471	1452	1076	2215	1868	1722	2253	2583	1745	2059	1611	1754	2778	2269
Nice	1392	1877	662	1095	660	1989	454	2223	1350	1009	1540	810	1429	1198	931	1257	636	1822	1329	1959	420	989	456	1860	1430	1284	1890	1695	1401	1741	1149	1156	1886	1696
Nürnberg	667	1486	1428	1394	440	1596	719	1411	438	1677	1147	1336	1349	623	782	749	891	1430	419	1567	812	230	652	948	618	472	969	2460	490	793	413	734	2537	1304
Oslo	1153	993	2467	2636	1513	623	1732	458	853	2511	680	2170	2108	1271	1509	1715	1920	782	1058	516	2054	1185	1769	315	696	851	690	3434	890	551	1111	1371	3370	627
Palermo	1831	2449	1560	655	1129	2569	1109	2667	1712	1908	2120	1708	2170	1666	1610	1418	1367	2402	1682	2539	478	1459	1083	2222	1875	1729	2974	2590	1752	2066	1618	1761	2785	2276
Paris	501	946	1042	1734	502	1054	510	1681	1052	924	606	583	596	309	2297	1494	424	888	1097	1025	1135	580	503	1471	900	769	2101	1847	1037	1211	487	222	1783	762
Porto	2079	2189	1143	2756	1856	2318	1693	3259	2631	692	1909	997	1616	1888	1561	2919	1355	2149	2671	2603	2081	2148	1763	3050	2479	2348	3244	848	2614	2789	2065	1800	310	2046
Praha	855	1753	1698	1607	710	1864	988	1406	343	1947	1415	1606	1619	891	1081	517	1160	1697	257	1834	1025	497	922	887	629	515	859	2729	441	732	680	1002	2806	1572
Roma	1627	2244	1356	423	924	2364	903	2463	1507	1703	1915	1504	1965	1461	1404	1214	1163	2197	1476	2335	274	1254	879	2017	1670	1524	2040	2384	1546	1862	1414	1557	2580	2072
Rovaniemi	2483	4683	3844	3910	2853	3778	3565	2824	2129	3862	3220	3519	3536	2635	3866	3038	3302	3490	3870	3727	3330	2530	3112	1528	2050	2193	837	4512	2557	1745	3288	2721	4760	3408
St. Peterburg	1637	2973	2821	2779	1830	2874	1855	1619	938	2958	2316	2615	2632	1749	2625	1463	2279	2588	2326	2823	2199	1534	2089	1095	1209	1256	433	2041	1552	1228	1543	1817	3856	2504
Salzburg	980	1777	1511	1173	534	1883	802	1723	672	1859	1434	1394	1576	882	1015	550	1053	1716	632	1853	634	542	734	1182	931	785	1263	2543	781	1026	725	978	2736	1591
Sevilla	2308	2418	1007	2755	2021	2547	1696	3285	1852	923	2137	1225	1844	2117	1790	2918	1626	2378	2838	2832	2080	2320	1762	3278	2707	2576	3415	206	2843	3018	2294	2029	403	2275
Sofia	2104	818	2358	1889	1734	3142	386	1774	846	2590	2584	2508	2769	2060	420	778	2020	2854	765	3091	1383	1664	1714	2473	2048	1905	1808	561	1493	2206	1847	2178	3588	2772
Stockholm	1398	1126	2712	2682	1746	785	2058	981	899	2756	2017	2415	2353	1516	1848	1761	2165	2299	1086	677	2100	1418	2002	489	939	1084	165	3675	929	597	1356	1616	3615	2173
Strasbourg	607	1277	1121	1375	141	1386	473	1497	754	1407	937	1066	1079	426	516	1013	583	1219	734	1356	793	220	403	1275	704	558	1900	2152	763	1015	360	522	2266	1094
Stuttgart	607	1409	1249	1368	229	1517	528	1451	634	1539	1068	1198	1210	516	647	875	711	1351	613	1488	786	192	450	1229	659	513	1166	2281	684	969	352	612	2398	1225
Thessaloníki	2350	511	2604	2135	1980	3388	632	3531	2098	2936	2830	2754	3015	2306	727	1024	2266	3100	779	3337	1629	1910	1960	2719	2294	2151	2054	660	1800	2452	2093	2424	3834	3018
Torino	1108	1656	830	998	405	1765	250	2012	1126	1177	1316	856	1324	942	773	1086	499	1598	1109	1735	391	735	249	1635	1220	1074	1692	1901	1183	1530	895	932	2054	1472
Toulouse	1202	1645	321	1659	924	1756	597	2382	1757	451	1307	247	866	1011	685	1821	372	1589	1740	1726	983	1223	665	2173	1602	1471	2804	1270	1765	1912	1188	923	1310	1464
Tromsø	3041	5241	4402	4468	3411	4336	4123	1893	2687	4420	3778	4077	4094	3193	4424	3596	3860	4048	4428	4285	3888	3088	3670	2570	2608	2751	1367	5070	3087	2303	3026	3279	5316	3966
Trondheim	1865	4065	3226	3292	2235	3160	2947	717	1511	3244	2602	2901	2918	2017	3238	2420	2684	2872	3252	3109	2712	1912	2494	1394	1432	1575	949	3894	2892	1127	1850	2103	4142	2790
Valencia	1900	2335	355	2103	1368	2446	1043	2910	2202	605	1997	797	1416	1706	1376	2266	973	2279	2185	2416	1428	1667	1109	2701	2130	1992	2733	688	2210	2440	1702	1613	975	2153
Venezia	1251	1928	1234	754	598	2037	643	2024	1068	1582	1589	1253	1667	1135	1112	702	896	1871	1043	2008	254	835	581	1578	1231	1085	1614	2268	1115	1423	995	1230	2459	1745
Warszawa	1226	2149	2335	2015	1347	2262	1627	1653	595	2537	1813	2197	2135	1335	1631	669	1797	2095	605	2232	1513	1061	1559	1134	876	846	352	3369	689	979	1132	1412	3397	1969
Wien	1152	1970	1796	1317	825	2081	1094	1688	625	2152	1632	1811	1823	1108	1256	247	1344	1914	540	2052	815	715	1025	1169	911	799	924	2825	724	1014	897	1219	3020	1789
Zagreb	1350	2166	1597	1118	889	2299	1000	2093	1002	1945	1850	1615	1992	1305	1432	361	1259	2132	917	2269	616	912	943	1582	1301	1155	1287	2627	1131	1427	1095	1394	2821	2007
Zürich	789	1418	1049	1167	86	1526	356	1654	850	1396	1077	947	1151	623	597	989	605	1359	815	1496	585	416	286	1432	861	716	1387	2079	885	1172	576	719	2273	1234

Distances   Entfernungen   Afstandstabel

Les distances sont comptées à partir du centre-ville et par la route la plus pratique, c'est-à-dire celle qui offre les meilleures conditions de roulage, mais qui n'est pas nécessairement la plus courte.

Die Entfernungen gelten ab Stadtmitte unter Berücksichtigung der günstigsten, jedoch nicht immer kürzesten Strecke.

Distance are shown in kilometres and are calculated from town/city centres along the most practicable roads, although not necessarily taking the shortest route.

De afstanden zijn in km berekend van centrum tot centrum langs de geschicktste, dus niet noodzakelijkerwijze de kortste route.

Luxembourg - Warszawa 1287 km

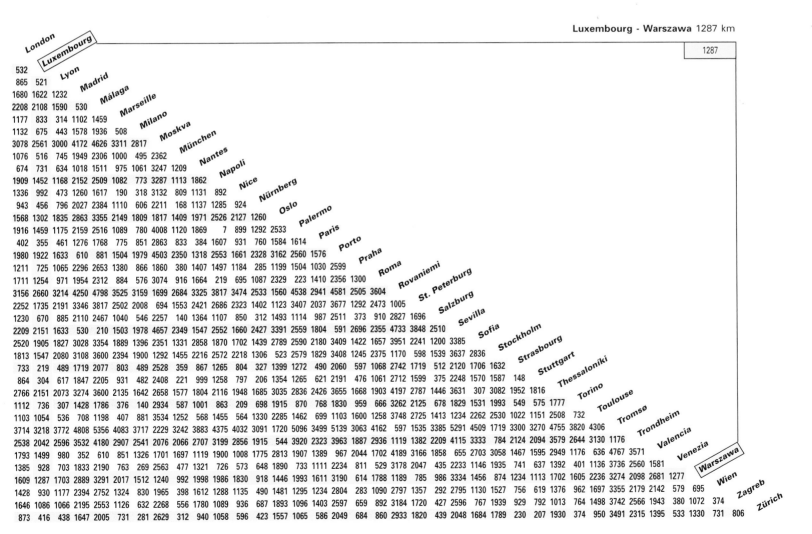

Conduire en Europe

Les tableaux d'information suivants indiquent les principaux règlements routiers communiqués au moment de la rédaction de cet atlas (01.10.99) ; la signification des symboles est indiquée ci-dessous, ainsi que quelques notes supplémentaires.

FIA AIT Organisations routières nationales :

Ces initiales désignent un membre des associations internationales de tourisme – Fédération Internationale de l'Automobile et Alliance Internationale de Tourisme.

Limitations de vitesse en kilomètres/heure s'appliquant aux :

autoroutes,	routes à une seule chaussée,
routes à chaussées séparées,	agglomérations urbaines

Péage sur les autoroutes ou toute autre partie du réseau routier	Jeu d'ampoules de rechange
Taux maximum d'alcool toléré dans le sang. On ne doit pas considérer ceci comme acceptable; il n'est JAMAIS raisonnable de boire et de conduire.	Age minimum du conducteur
	Port de la ceinture de sécurité à l'avant
	Port de la ceinture de sécurité à l'avant et à l'arrière
Âge minimum des enfants admis à l'avant.	Câble de remorquage
Triangle de présignalisation	Port du casque pour les motocyclistes et les passagers
Trousse de premiers secours	Allumage des codes jour et nuit
Extincteur	Pneus cloutés

Documents nécessaires obligatoires à tous les pays : certificat d'immatriculation du véhicule ou certificat de location, assurance responsabilité civile, plaque d'identification nationale.

Il est vivement conseillé de se renseigner auprès de l'Automobile Club.

Driving in Europe

The information panels which follow give the principal motoring regulations in force when this atlas was prepared for press (01/10/99). An explanation of the symbols is given below, together with some additional notes.

FIA AIT National motoring organisations:

These symbols indicate membership of the international touring associations Fédération Internationale de L'Automobile and Alliance Internationale de Tourisme.

Speed restrictions in kilometres per hour applying to:

motorways,	single carriageways,
dual carriageways,	urban areas

Whether tolls are payable on motorways and/or other parts of the road network.	Whether a spare bulb set must be carried
Maximum permitted level of alcohol in the bloodstream. This should not be taken as an acceptable level - it is NEVER sensible to drink and drive.	Minimum age for drivers
	Whether seatbelts must be worn by the driver and front seat passenger
	Whether seatbelts are compulsory for the driver and all passengers in both front and back seats
Minimum age for children to sit in the front passenger seat.	Tow rope
Whether a warning triangle must be carried	Whether crash helmets are compulsory for both motorcyclists and their passengers
Whether a first aid kit must be carried	Whether headlights must be on at all times
Whether a fire extinguisher must be carried	Whether studded tyres are required

Documents required for all countries: vehicle registration document or vehicle on hire certificate, third party insurance cover, national vehicle identification plate.

You are strongly advised to contact the national Automobile Club for full details of local regulations.

Autofahren in Europa

Die nachfolgenden Tabellen geben Auskunft über die wichtigsten Verkehrsbestimmungen in den einzelnen Ländern dieses Atlasses; (Stand 01.10.99) die Erklärung der Symbole sowie einige ergänzende Anmerkungen finden Sie im Anschluß an diesen Text.

FIA AIT Nationale Automobilclubs :

Diese Abkürzungen verweisen auf die Mitgliedschaft bei den internationalen Touring-Organisationen, Fédération Internationale de l'Automobile und Alliance Internationale de Tourisme.

Geschwindigkeitsbegrenzungen in km/h bezogen auf :

Autobahnen,	Straßen mit einer Fahrbahn,
Schnellstraßen mit getrennten Fahrbahnen,	geschlossene Ortschaften

Autobahn-, Straßen- oder Brückenbenutzungsgebühren	Mitführen eines Satzes von Glühbirnen als Reserve
Promillegrenze : Es sei darauf hingewiesen, daß auch die kleinste Menge Alkohol am Steuer das Fahrvermögen beeinträchtigt.	Mindestalter für Kfz-Führer
	Anschnallpflicht vorne
	Anschnallpflicht vorne und hinten
Mindestalter, ab welchem Kinder vorne sitzen dürfen.	Abschleppseil
Mitführen eines Warndreiecks	Helmpflicht für Motorradfahrer und Beifahrer
Mitführen eines Verbandkastens	Abblendlicht vorgeschrieben (Tag und Nacht)
Mitführen eines Feuerlöschers	Spikereifen

Notwendige und vorgeschriebene Dokumente in allen Staaten : Fahrzeugschein oder Mietwagenbescheinigun, Internationale grüne Versicherungskarte, Nationalitätskennzeichen.

Es empfiehlt sich, genauere Informationen bei den jeweiligen Automobilclubs einzuholen.

Autorijden in Europa

In de tabellen hierna staan de voornaamste verkeersregels medegedeeld bij het opstellen van deze Atlas (01-10-99); de betekenis van de symbolen is hieronder beschreven met enkele toelichtingen.

FIA AIT Nationale automobielclubs :

Deze initialen geven aan dat het om een lid van een internationale toeristische federatie gaat, nl. de Fédération Internationale de l'Automobile en de Alliance Internationale de Tourisme.

Snelheidsbeperkingen in km/uur op :

autosnelwegen,	wegen met één rijbaan,
wegen met gescheiden rijbanen,	binnen de bebouwde kom

Tol op de autosnelwegen of op een ander gedeelte van het wegennet	Reservelampen verplicht
Maximum toegestaan alcoholgehalte in het bloed. Dit dient niet beschouwd te worden als een aanvaardbaar gehalte; het is NOOIT verstandig om te rijden na gebruik van alcohol.	Minimumleeftijd bestuurder
	Autogordel verplicht voor bestuurder en passagier voorin
	Autogordel, verplicht voor- en achterin
Minimumleeftijd voor kinderen voorin het voertuig.	Sleepkabel
Gevarendriehoek verplicht	Valhelm verplicht voor motorrijders en passagiers
EHBO-pakket verplicht	Dimlichten verplicht zowel 's nachts als overdag
Brandblusapparaat	Spijkerbanden

Vereiste documenten in alle landen : kentekenbewijs van het voertuig of huurcertificaat, verzekering burgerlijke aansprakelijkheid, plaat land van herkomst.

Het verdient aanbeveling informatie in te winnen bij de automobielclub.

	🛣	🛣	▮▮	🏙	🍷	⊼	🚸	🚸	🧸	△	✚	🔧	💡	🖊	🔄	②	◀	⚙
A ÖSTERREICH	130		100	50	0,05	●	●		12	●	●				18	●		15/11-30/4
AL SHQIPËRIA ✳																		
AND ANDORRA		60-90	60-90	40	0,08				10	●	●		●		18	●		10/10-15/5
B BELGIQUE, BELGIË	120	90-120	90	50	0,05		●		12	●	●	●			18	●		1/11-31/3
BG BĂLGARIJA	120		90	50	0,05	●		●	10	●	●	●			18	●		
BIH BOSNA I HERCEGOVINA					0,05			●	12	●	●		●	●	18	●		
BY BELARUS'		100	90	60	0,00	●		●	12	●	●	●		●	18			
CH SCHWEIZ, SUISSE, SVIZZERA	120	100	80	50	0,08	●	●		7	●					18	●		1/11-30/4
CZ ČESKÁ REPUBLIKA	130	130	90	50	0,00	●	●		12	●	●		●		18	●		●
D DEUTSCHLAND	130	100	100	50	0,05		●		12	●	●				18	●		
DK DANMARK	110	80	80	50	0,05		●		3	●					18	●	●	1/11-15/4
E ESPAÑA	120	120	100	50	0,05	●	●		12	●			●		18	●		
EST EESTI			90-110	50	0,00		●		12	●	●	●			17	●		21/12-23/3
F FRANCE	130	110	90	50	0,05	●	●		10				○		18	●		1/11-30/3
FIN SUOMI, FINLAND	100-120	80-100	60-80	30-50	0,05		●			●					18	●	●	1/11-30/4
GB GREAT BRITAIN	112	96	96	48	0,08		●		12	○	○				17	●		●
GR ELLÁDA	120		110	50	0,08	●		●	12	●	●	●			18	●		
H MAGYARORSZÁG	120	100	80	50	0,00		●		12	●					18	●	●	
HR HRVATSKA	130	100	80	50	0,05	●	●		12	●	●		●	●	18	●		
I ITALIA	130	110	90	50	0,08	●	●		12	●					18	●		
IRL IRELAND	112	96	96	48	0,08		●		4						17	●		
IS ÍSLAND			80-90	50	0,05		●			●	○	○	○		17	●	●	21/12-30/3
L LUXEMBOURG	120	90	90	50	0,08		●		12	●					18	●		1/12-31/3
LT LIETUVA	100		90	60	0,04			●	12	●	●	●			18	●		
LV LATVIJA			90-100	50	0,05		●		12	●	●	●			18	●	●	1/12-30/4
MK MAKEDONIJA	120	100	80	50	0,05		●		12	●	●		●		18	●		
MOL MOLDOVA	100	100	90	60	0,00			●		●	●	●			18	●		
N NORGE	90		80	50	0,05	●	●								18	●	●	1/11-30/4
NL NEDERLAND	100-120		80	30-50	0,05		●			●			●		18	●		21/12-23/3
P PORTUGAL	120	100	90	50	0,05	●	●		12	●					18	●		
PL POLSKA	130	100-110	90	60	0,02	●	●		10	●		●			17	●		●
RO ROMÂNIA	90	80	80	60	0,00			●	12	●					18	●		●
RUS ROSSIJA		110	90	60	0,00		●		12						18	●		
S SVERIGE	90-110	90-110	70-90	50	0,02		●			●					18		●	1/11-30/4
SK SLOVENSKÁ RÉPUBLIKA	130		90	60	0,00	●	●		12	●	●				18	●		●
SLO SLOVENIJA	130		90-100	50	0,05		●		12	●			●	●	18	●	●	●
TR TÜRKIYE	130		90	50	0,05			●	7	●	●	●	●		18	●		
UA UKRAÏNA ✳																		
YU JUGOSLAVIJA	120	100	80	60	0,05		●		12	●	●				18	●		●

● Obligatoire / Compulsory / Vorgeschrieben / Verplicht
○ Recommandé / Recommended / Empfohlen / Aanbevolen
● Interdit / Prohibited / Verboten / Verboden
1/10-3/4 Période d'autorisation / Periode of regulation enforcement / Genehmigungsdauer / Toegelaten periode
✳ Renseignement non communiqué / No information currently available / Keine Auskunft erhalten / Informatie niet meegedeeld

(A) Österreich

Österreichischer Automobil-,Motorrad-
und Touring Club (ÖAMTC)
Schubertring 1-3, 1010 WIEN
+43 (0)1 711 990
Fax : +43 (0)1 713 18 07
http:// www.oeamtc.at
Mél. : oeamtc@apaned.at
Foundation Mobility & Society
Universitätsstrasse 8, A-1090 WIEN
+43 (0)1 402 70 67/14
Fax : +43 (0)1 402 70 67/15
Mél. : ait.fia.foundation@oeamtc.
telecom.at
ARBO
Mariahilferst 180, 1150 WIEN
+43 (0)1 891 210
http:// www.arboe.or.at/
Mél. : id@arboe.or.at

(AND) Andorra

Automòbil Club d'Andorra (ACA)
Carrer Babot Camp 13, ANDORRA la
VELLA
+376 82 08 90
Fax : +376 82 25 60

(B) Belgique, België

Royal Automobile Club de Belgique
(R.A.C.B)
Rue d'Arlon 54, Bte 3
1040 BRUXELLES
+32 (0)2 287 09 11
Fax : +32 (0)2 230 75 84
http://www.racb.com
Vlaamse Automobilistenbond (VAB)
Sint Jacobsmarkt 45-47,
2000 ANTWERPEN
+32 (0)3 220 32 11
Touring Club Belgium (TCB)
Rue de la Loi 44 / Wetstraat 44,
1040 BRUXELLES
+32 (0)2 233 22 11
Fax : +32 (0)2 233 22 05
Mél. : touring.marketing@pophost.
eunet.be

(BG) Bălgarija

Union des Automobilistes Bulgares
(UAB)
3 Place Pozitano, BP 257
1090 SOFIA
+359 2 88 00 02
Fax : +359 2 981 61 51

(BIH) Bosna Hercegovina

Bosnian Herzegovinian Automobile
Klub (BIHAMK)
Skenderija 23, 24, 25, 71000 SARAJEVO
+387 71 668 950
Fax : +387 71 664 374

(BY) Belarus'

Société Bélarussienne des amateurs
d'automobile
ul.Kozlova, 7, 220005 MINSK
+375 17 233 14 31
Fax : +375 17 233 14 31
Fédération de l'automobile de Bélarus
Postbox 50, 22090 MINSK 90
+375 17 269 56 41
Fax : +375 17 277 89 86
**The Byelorusian Club of General
Assistance and Automobile Service
(ADAS)**
Romanovskaya Sloboda Str. 24,
22004 MINSK
+375 17 223 10 55
Fax : +375 17 223 48 68

(CH) Schweiz, Suisse, Svizzera

Touring Club Suisse (TCS)
9 Rue Pierre-Fatio - Case postale 3900
1211 GENEVE 3
+41 (0)22 737 12 12
Fax : +41 (0)22 786 09 92
http://www.tcs.ch
Mél. : irtge@tcs.ch
Automobile Club de Suisse (ACS)
Wasserwerkgasse 39 -
Postfach 3000 - 3011, BERN 13
+41 (0)31 328 31 11
Fax : +41 (0)31 311 03 10
http://www.acs.ch
Mél. : potmaster@acs.ch
Verkehrs-club der Schweiz
Aabergergasse 61 - Postfach 3000
3011 BERN 2
+41 (0)31 328 82 00
Fax : +41 (0)31 328 82 01
http://www.solnet.ch/vcs/vcs.ch.html
Mél. : hpopr@vcs-ate.ch

(CZ) Česká Republika

Ústredni Automotoklub C R
(UAMKCR)
Na Strzi 9, 146 01 PRAHA 4
+420 02 611 04 111
Fax : +420 02 431 421
http://www.uamk.cz
Mél. : info@uamk.cz
Autoklub Ceské Republiky (ACR)
Opletalova 29, 11000 PRAHA 1
+420 (0)2 24 21 02 66
Fax : +420 (0)2 26 14 69

(D) Deutschland

Allgemeiner Deutscher Automobil-Club
(ADAC)
Am Westpark 8, 81373 MÜNCHEN
+49 (0)89 76 76 0
Fax : +49 (0)89 76 76 25 00
http://www.adac.de
Mél. : grill@adac.de
**Automobile von Deutschland
(A.v.D.)**
Lyoner Str. 16
60491 FRANKFURT am MAIN
+49 (0)69 66 06 0
Fax : +49 (0)69 66 06 789
http://www.avd.de
Deutscher Segler-Verband (DSV)
Gründgensstraße 18
22309 HAMBURG
+49 (0)40 632 00 90
Fax : +49 (0)40 632 00 928

(DK) Danmark

Forenede Danske Motorejere (FDM)
Firskovvej 32, Postboks 500
2800 LYNGBY
+45 45 27 07 07
Fax : +45 45 27 09 93
http://www.fdm.dk
Mél. : fdm@fdm.dk

(E) España

Real Automóvil Club de España (RACE)
José Abascal, 10, 28003 MADRID
+34 91 594 74 00
Fax : +34 91 447 79 48
http://www.race.es
RACC
Avda Diagonal, 687,
08028 BARCELONA
+34 93 495 50 00
http://www 2.racclub.net/racc/indexcas.asp
Mél. : webmaster@racc.es
**Federación Española de
Automovilismo (FEA)**
C/Escultor Presejo, 68, 28023 MADRID
+34 91 729 94 30
Fax : +34 91 357 02 03
http://www.bme.es/fea
Mél. : feda@bme.es

(EST) Eesti

Estonian Auto Sport Union (EASU)
1/5 Regati Avenue, Suite 306,
EE0019 TALLINN
+372 6 398 666
Fax : +372 6 398 553
Eesti Autoklubi (EAK)
Pärnu mnt. 139, EE0001 TALLINN
+372 6 508 910
Fax : +372 6 508 911
http://www.autoclub.ee
Mél. : eak@autoclub.ee

(F) France

Automobile Club de France (ACF)
6-8 Place de la Concorde
75008 PARIS
+33(0)1 43 12 43 12
Fax : +33(0)1 43 12 43 43
**Fédération Française des Automobiles
Clubs**
8 Place de la Concorde
75008 PARIS
+33(0)1 53 30 89 30
Fax : +33(0)1 53 30 89 29
Automobile Club National (ACN)
5 Rue Auber, 75009 PARIS
+33 (0)1 44 51 53 99
Fax : +33 (0)1 49 24 93 99

(FIN) Suomi, Finlande

Autoliitto / Automobile and Touring
Club of Finland (AL)
Hämeentie 105 A, 00550 HELSINKI
+358 (0)9 725 84 400
Fax : +358 (0)9 725 84 460
http://www.autoliitto.fi
Mél. : autoliitto@autoliitto.fi
Autourheilun Kansallinen Keskusliitto
Box 54, 00551 HELSINKI
+358 (0)9 774 762
Fax : +358 (0)9 773 43 43
http://www.akkry.fi
**Suomen Matkailuliitto Finnish Travel
Association (FTA)**
Mikonkatu 25, 00100 HELSINKI
+358 (0)9 622 62 80
Fax : +358 (0)9 654 358
http://www sml.fta.softavenue.fi
Mél. : matkailuliitto@matka.pp.fi

(FL) Liechtenstein

Automobilclub des Fürstentums
Liechtenstein (ACFL)
Pflugstrasse 20, 9490 VADUZ
+41 75 237 67 67
Fax : +41 75 233 30 50

(GB) Great Britain

Royal Automobile Club (RAC)
89-91 Pall Mall, SW1Y 5HS LONDON
+44 (0)171 930 23 45
Fax : +44 (0)171 839 32 71
http://www.rac.co.uk
**The Automobile Association
(AA)**
Norfolk House, Priestley Road
RG24 9NY BASINGSTOKE
+44 (0)990 44 88 66
Fax : +44 (0)1256 49 30 22
http://www.theaa.co.uk/
Mél. : customer.services@theaa.com
**The Royal Scottish Automobile Club
(RASC)**
11 Blythswood Square,
G2 4AG GLASGOW
+44 (0)141 204 49 99
Fax : +44 (0)141 204 49 49
http://www.motorsport.co.uk/
rsacms.html

(GR) Elláda

Automobile and Touring Club of
Greece (ELPA)
Messogion st. 2-4 (Athens Tower)
115 27 ATHENS
+30 (0)1 606 88 69
Fax : +30 (0)1 606 89 83
http://www.elpa.gr
Mél. : elpa@techlink.gr

(H) Magyarország

Magyar Autóklub (MAK)
Romer Floris utca.4/a
1024 BUDAPEST
+36 (0)1 212 29 38
Fax : +36 (0)1 212 57 62
**National Automoblisport Federation
of Hungary**
Pf. 49, 1558 BUDAPEST
+36 (0)1 350 88 37
Fax : +36 (0)1 339 93 85
http://www.autoinfo.hu/mnasz/
indeksz.htm
Mél. : mnasz@mail.datanet.hu

(HR) Hrvatska

Hrvatski Auto Klub (HAK)
Derencionva 20, 10000 ZAGREB
+385 1 464 08 00
Fax : +385 1 464 01 48
http://www.hak.hr
Mél. : hak-info-centar@hak.hr

(I) Italia

Automobile Club d'Italia (ACI)
Via Marsala 8, 00185 ROMA
+39 (0)6 44 77
Fax : +39 (0)6 44 57 748
http://www.aci.it
Mél. : aci.turismo@agora.stm.it
Touring Club Italiano (TCI)
Corso Italia 10, 20122 MILANO
+39 (0)2 85 26 1
Fax : +39 (0)2 852 63 14
http://www.tci iol it
Mél. : info.tci @iol it

(IRL) Ireland

Royal Irish Automobile Club
34 Dawson Street, DUBLIN 2
+353 (0)1 677 5141
Fax : +353 (0)1 671 0793
http://www.indigo.ie/riac
**The Automobile Association Ireland
Limited**
23 Rock Hill, Blackrock, Co. DUBLIN
+353 (0)1 283 3555
Fax : +353 (0)1 283 3660
Mél. : aapr@theaa.ie

(IS) Ísland

Felag Islenzkra Bifreidaeigenda
(FIB)
Borgartúni 33, 105 REYKJAVIK
+354 562 99 99
Fax : +354 552 90 71
http://www.fib.is
Mél. : fib@fib.is

(L) Luxembourg

Automobile Club Grand Duché de
Luxembourg (ACL)
54 Route de Longwy, 8007 BERTRANGE
+352 45 00 451
Fax : +352 45 04 55
http://www.acl.lu
Mél. : acl@acl.lu

LT Lietuvia

Association of Lithuanian automobilists
Lvovo g. 9, 2005 VILNIUS
✆ +370 2 721 273
Fax : +370 2 728 919
Mél. : las.mototuras@post.omnitel.net

Lithuanian Automobile Club (LAC)
Savanoriu Pr 445-6, 3042 KAUNAS
✆ +370 7 711 960
Fax : +370 7 718 572
http://www.randburg.com/li/
autoclub.html

Lietuvos Automobilininku Sajunga (LAS)
Gyneju g. 8, 2001 VILNIUS
✆ +370 7 250 556
Fax : +370 7 250 557

LV Latvija

Latvijas Automoto Biedriba
Raina Bulv. 2, LV-1050 RIGA
✆ +371 7 325 111
Fax : +371 7 326 427

Latvijas Republikas Automoto Biedriba (LAMB)
Raunas st.16b, LV-1039 RIGA
✆ +371 2 566 222
Fax : +371 7 339 058
Mél. : lamb@com.latnet.lv

MK Makedonija

Avto Moto Sojuz na Makedonija (AMSM)
Ivo Ribar Lola 51, 91000 SKOPJE
✆ +389 91 226 825
Fax : +389 91 116 828
Mél. : amsm@lotus.mpt.com.mk

MOL Moldava

Moldavian Association of International Automobile Transport
2028 Chisinau, Vlad Tepes Street 3,
B.P. 6965, 277028 KISHINEV
✆ +373 2 735 202
Fax : +373 2 729 527
http://www.Aita.net
Mél. : AITA@aita.net

N Norge

Kongelig Norsk Automobilklub
Drammensveien 20c, 0255 OSLO
✆ +47 22 56 19 00
Fax : +47 22 55 23 54
Site Internet : http://www.kna.no/
Mél. : knaadm@online.no

Norges Automobil-Forbund (NAF)
P.O. Box 494 - Sentrum
0105 OSLO
✆ +47 22 34 14 00
Fax : +47 22 33 13 72
Mél. : eotter@sn.no

NL Nederland

Koninklijke Nederlandse Toeristenbond (ANWB)
Wassernaarseweg 220
2596 EC DEN HAAG
✆ +31 070 3 147 147
Fax : +31 070 3 146 969
http://www.anwb.nl
Mél. : info@anwb.nl

Koninklijke Nederlandse Automobiel Club (KNAC)
Wassernaarseweg 220
2596 EC DEN HAAG
✆ +31 70 383 16 12
Fax : +31 70 383 19 06

Nederlandse Toer Fiets Unie (NTFU)
Postbus 326
3900 AH VEENENDAAL
✆ +31 031 8 521 421
Fax : +31 031 8 550 155
http://www.ntfu.nl
Mél. : info@ntfu.nl

P Portugal

Automóvel Club de Portugal (ACP)
Rua Rosa Araujo 24-26, 1250 LISBOA
✆ +351 (0)1 356 39 31
Fax : +351 (0)1 357 47 32
http://www.acp.pt
Mél. : cm.acp@mail.telepac.pt

PL Polska

Polski Zwiazek Motorowy (PZM)
Ul. Kazimierzowska 66
02518 WARSZAWA
✆ +48 22 849 93 61
Fax : +48 22 48 19 51
http://www.pzm.com.pl
Mél. : pzm@wonet.com.pl

Polskie Towarzystwo Turystyczno-Krajoznawcze (PTTK)
Ul. Senatorska 11
00-075 VARSOVIE
✆ +48 22 26 57 35
Fax : +48 22 26 25 05

RO România

Automobil Clubul Român (ACR)
st.Tache Ionescu 27, sector 1
70154 BUCURESTI 22
✆ +40 1 615 55 10
Fax : +40 1 312 84 62

ROS Rossija

Fédération Automobile Russe (FAR)
23 Pereoulok Leontjevkij
103009 MOSCOW
✆ +7 (0)95 229 75 40

Central Automotoclub of Russia (CAMC)
East-Communal Zone,
103489 Moscow - ZELENOGRAD
✆ +7 (0)95 535 75 92
Fax : +7 (0)95 530 92 03

S Sverige

Kungl Automobil Klubben (KAK)
Södra Blasieholmshamnen 6
11148 STOCKHOLM
✆ +46 (0)8 678 00 55
Fax : +46 (0)8 678 00 68
http://www.kak.se
Mél. : info@kak.se

Svenska Bilsportförbundet (SBF)
Bilsportens Hus - Bergkällavägen 31 A
19279 SOLLENTUNA
✆ +46 (0)8 626 33 00
Fax : +46 (0)8 626 33 22
http://www.sbf.se
Mél. : sbf@itdesign.net

Motormännens Riksförbund (M)
Sveavägen 159 - P.O.Box 231 42
10435 STOCKHOLM
✆ +46 (0)8 690 38 00
Fax : +46 (0)8 690 38 24
http://www.motormannen.se
Mél. : medlem@motormannen.se

SK Slovenská Republika

Národny Automotoklub Slovenskej Republiky (NAMK SR)
Exnarova 57, PO Box 65
82012 BRATISLAVA 212
✆ +421 7 572 26 03
Fax : +421 7 572 26 02
http://www.namk.sk
Mél. : info@namk.sk

Slovensky Automotoklub (SAMK)
Dunajska 4, 81414 BRATISLAVA
✆ +421 7 671 59
Fax : +421 7 362 958
Mél. : domcek@mars.cesmad.bts.sk

SLO Slovenija

Avto moto zveza Slovenije (AMZS)
Dunajska Cesta 128
1000 LJUBLANA
✆ +386 61 341 341
Fax : +386 61 16 82 321

TR Türkiye

Turkish Automobile and Motosports Federation (TOMSFED)
Toprakkale Sok. Nurçelik Apt N°24/2
80600 ETILER ISTANBUL
✆ +90 (0)212 287 49 01
Fax : +90 (0)212 287 49 03

Türkiye Turing ve Otomobil Kurumu (TTOK)
Oto Sanayi Sitesi Yani - 4 Levent
ISTANBUL
✆ +90 (0)212 282 81 40
Fax : +90 (0)212 282 80 42
http://www turinguring.org.tr
Mél. : www.turing.org.tr

UA Ukraïna

Fédération Automobile d'Ukraine (FAU)
317 Schevtchenko str. Lviv, Ukraine
✆ +380 33 93 32 / 75 50 68
Fax : +380 76 15 85 / 34 03 23

YU Jugoslavija

Auto Moto Savez Jugoslavije (AMSJ)
Ruzeltova 18, 1100 BEOGRAD
✆ +381 11 98 00
Fax : +381 11 419 888
http://www solair.eunet.yu/~amsj
Mél. : amsj@eunet.yu

Climat Climate Klima Klimaat

TEMPÉRATURES (MOYENNE MENSUELLE)

16 max. quotidien en rouge
8 **min. quotidien en noir**

AVERAGE DAILY TEMPERATURE

16 maximum in red
8 **minimum in black**

TEMPERATUREN (MONATLICHER DURCHSCHNITT)

16 maximale Tagestemperatur (rot)
8 **minimale Tagestemperatur (schwarz)**

GEMIDDELDELDE MAANDELIJKSE NEERSLAG

16 maximum in rood
8 **minimum in zwart**

PRÉCIPITATIONS (MOYENNE MENSUELLE) - **AVERAGE MONTHLY RAINFALL**
NIEDERSCHLAGSMENGEN (MONATLICHER DURCHSCHNITT) - **GEMIDDELDE MAANDELIJKSE NEERSLAAG**

0-20 mm | 20-50 mm | 50-100 mm | + 100 mm

	1	2	3	4	5	6	7	8	9	10	11	12
Amsterdam (NL)	5 / 1	4 / 0	7 / 2	10 / 5	14 / 8	18 / 11	20 / 13	20 / 14	18 / 12	14 / 8	9 / 5	6 / 2
Andorra la Vella (AND)	6 / −1	7 / −1	12 / 2	14 / 4	17 / 6	23 / 10	26 / 12	24 / 12	22 / 10	16 / 6	10 / 2	6 / −1
Athína (GR)	13 / 6	14 / 7	16 / 8	20 / 11	25 / 16	30 / 20	33 / 23	33 / 23	29 / 19	24 / 15	19 / 12	15 / 8
Beograd (YU)	3 / −3	5 / −2	11 / 2	18 / 7	23 / 12	26 / 15	28 / 17	28 / 17	24 / 13	18 / 8	11 / 4	5 / 0
Bergen (N)	3 / −1	3 / −1	6 / 0	9 / 3	14 / 7	16 / 10	19 / 12	19 / 12	15 / 10	11 / 6	8 / 3	5 / 1
Berlin (D)	2 / −3	3 / −3	8 / 0	13 / 4	19 / 8	22 / 12	24 / 14	23 / 13	20 / 10	13 / 6	7 / 2	3 / −1
Bern (CH)	2 / −4	4 / −3	9 / 1	14 / 4	18 / 8	21 / 11	23 / 13	22 / 13	19 / 10	13 / 5	7 / 1	3 / −2
Bordeaux (F)	9 / 2	11 / 2	15 / 4	17 / 6	20 / 9	24 / 12	25 / 14	26 / 14	23 / 12	18 / 8	13 / 5	9 / 3
Bratislava (SK)	2 / −3	4 / −2	10 / 1	16 / 6	21 / 11	24 / 14	26 / 16	26 / 16	22 / 12	15 / 7	8 / 3	4 / 0
Bremen (D)	3 / −2	4 / −2	8 / 0	13 / 4	18 / 7	21 / 11	22 / 13	22 / 12	19 / 10	13 / 6	8 / 3	4 / 0
Brno (CZ)	1 / −5	3 / −5	8 / −1	15 / 4	20 / 9	23 / 12	25 / 14	25 / 13	21 / 9	14 / 4	7 / 2	3 / −1
Bruxelles Brussel (B)	4 / −1	7 / 0	10 / 2	14 / 5	18 / 8	22 / 11	23 / 12	22 / 12	21 / 11	15 / 7	9 / 3	6 / 0
București (RO)	1 / −7	4 / −5	10 / −1	18 / 5	23 / 10	27 / 14	30 / 16	30 / 15	25 / 11	18 / 6	10 / 2	4 / −3
Budapest (H)	1 / −4	4 / −2	10 / 2	17 / 7	22 / 11	26 / 15	28 / 16	27 / 16	23 / 12	16 / 7	8 / 3	4 / −1
Cagliari (I)	14 / 7	15 / 7	17 / 9	19 / 11	23 / 14	27 / 18	30 / 21	30 / 21	27 / 19	23 / 15	19 / 11	16 / 9
Chişinău (MOL)	−1 / −8	1 / −5	6 / −2	16 / 6	23 / 11	26 / 14	27 / 16	27 / 15	23 / 11	17 / 7	10 / 3	2 / −4
Cork (IRL)	9 / 2	9 / 3	11 / 4	13 / 5	16 / 7	19 / 10	20 / 12	20 / 12	18 / 10	14 / 7	11 / 4	9 / 3
Dresden (D)	2 / −4	3 / −3	8 / 0	14 / 4	19 / 8	22 / 11	24 / 13	23 / 13	20 / 10	13 / 5	8 / 2	3 / −2
Dublin (IRL)	7 / 2	8 / 2	10 / 3	12 / 5	14 / 7	18 / 10	19 / 11	19 / 11	17 / 10	14 / 7	10 / 4	8 / 3
Dubrovnik (HR)	12 / 6	13 / 6	14 / 8	17 / 11	21 / 14	25 / 18	29 / 21	28 / 21	25 / 18	21 / 14	17 / 10	14 / 8
Edinburgh (GB)	6 / 1	6 / 1	8 / 2	11 / 4	14 / 6	17 / 9	18 / 11	18 / 11	16 / 9	12 / 7	9 / 4	7 / 2
Gibraltar (GB)	16 / 9	16 / 9	18 / 11	21 / 11	23 / 14	27 / 17	28 / 19	29 / 20	27 / 19	23 / 15	18 / 12	17 / 9
Göteborg (S)	1 / −3	1 / −4	4 / −2	9 / 3	16 / 7	19 / 12	21 / 14	20 / 13	16 / 10	11 / 6	6 / 3	4 / 0
Graz (A)	1 / −5	4 / −4	9 / 0	15 / 5	19 / 9	23 / 13	25 / 14	24 / 14	20 / 11	14 / 6	7 / 1	2 / −2
Helsinki (FIN)	−3 / −9	−4 / −9	0 / −7	6 / −1	14 / 4	19 / 9	22 / 13	20 / 12	15 / 8	8 / 3	3 / −1	−1 / −5
Iráklio (GR)	16 / 9	16 / 9	17 / 10	20 / 12	23 / 15	27 / 19	29 / 22	29 / 22	27 / 19	24 / 17	21 / 14	18 / 11
Istanbul (TR)	8 / 3	9 / 2	11 / 3	16 / 7	21 / 12	25 / 16	28 / 18	28 / 19	24 / 16	20 / 13	15 / 9	11 / 5
Kérkira (GR)	14 / 6	15 / 6	16 / 8	19 / 10	23 / 13	28 / 17	31 / 19	32 / 19	28 / 17	23 / 14	19 / 11	16 / 8
København (DK)	2 / −2	2 / −3	5 / −1	10 / 3	16 / 8	19 / 11	22 / 14	21 / 14	18 / 11	12 / 7	7 / 3	4 / 1
Kyïv (UA)	−4 / −10	−2 / −8	3 / −4	14 / 5	21 / 11	24 / 14	25 / 15	24 / 14	20 / 10	13 / 6	6 / 0	−1 / −6
Lisboa (P)	14 / 8	15 / 8	17 / 10	20 / 12	21 / 13	25 / 15	27 / 17	28 / 17	24 / 17	23 / 14	17 / 11	15 / 9
Ljubljana (SLO)	2 / −4	5 / −4	10 / 0	15 / 4	20 / 9	24 / 12	27 / 14	26 / 14	22 / 11	15 / 6	8 / 2	4 / −1
London (GB)	6 / 2	7 / 2	10 / 3	13 / 6	17 / 8	20 / 12	22 / 14	21 / 13	19 / 11	14 / 8	10 / 5	7 / 4
Luxembourg (L)	3 / −1	4 / −1	10 / 1	14 / 4	18 / 8	21 / 11	23 / 13	22 / 12	19 / 10	13 / 6	7 / 3	4 / 0
Lyon (F)	5 / −1	7 / 0	13 / 3	16 / 6	20 / 9	24 / 13	27 / 15	26 / 14	23 / 12	16 / 7	10 / 4	6 / 0
Madrid (E)	9 / 2	11 / 2	15 / 5	18 / 7	21 / 10	27 / 15	31 / 17	30 / 17	25 / 14	19 / 10	13 / 5	9 / 2
Marseille (F)	10 / 2	12 / 2	15 / 5	18 / 8	22 / 11	26 / 15	29 / 17	28 / 17	25 / 15	20 / 10	15 / 6	11 / 3
Milano (I)	5 / 0	8 / 2	13 / 6	18 / 10	23 / 14	27 / 17	29 / 20	28 / 19	24 / 16	17 / 11	10 / 6	6 / 2
Minsk (BY)	−7 / −13	−4 / −11	1 / −7	11 / 2	18 / 8	22 / 11	23 / 12	22 / 12	17 / 8	11 / 4	3 / −1	−3 / −8

	1	2	3	4	5	6	7	8	9	10	11	12
Monaco Monte-Carlo (F)	12 / 8	13 / 8	14 / 10	16 / 12	19 / 15	23 / 19	26 / 22	26 / 22	24 / 20	20 / 16	16 / 12	14 / 10
Moskva (RUS)	−9 / −16	−6 / −14	0 / −8	10 / 1	19 / 8	21 / 11	23 / 13	22 / 12	16 / 7	9 / 3	2 / −3	−5 / −10
Napoli (I)	12 / 4	13 / 5	15 / 6	18 / 9	22 / 12	26 / 16	29 / 18	29 / 18	26 / 16	22 / 12	17 / 9	14 / 6
Odense (DK)	2 / −2	2 / −3	5 / −1	11 / 2	16 / 6	19 / 9	21 / 12	21 / 12	17 / 9	12 / 5	7 / 3	4 / 1
Oslo (N)	−2 / −7	−1 / −7	4 / −4	10 / 1	16 / 6	20 / 10	22 / 13	21 / 12	16 / 8	9 / 3	3 / −1	0 / −4
Oulu (FIN)	−6 / −13	−6 / −14	−2 / −11	4 / −4	11 / 2	17 / 8	21 / 12	19 / 10	13 / 6	5 / 0	0 / −5	−3 / −9
Palermo (I)	16 / 8	16 / 8	17 / 9	20 / 11	24 / 14	27 / 18	30 / 21	30 / 21	28 / 19	25 / 16	21 / 12	18 / 10
Paris (F)	6 / 1	7 / 1	12 / 4	16 / 6	20 / 10	23 / 13	25 / 15	24 / 14	21 / 12	16 / 8	10 / 5	7 / 2
Plymouth (GB)	8 / 4	8 / 4	10 / 5	12 / 6	15 / 8	18 / 11	19 / 13	19 / 13	18 / 12	15 / 9	11 / 7	9 / 5
Porto (P)	13 / 5	14 / 5	16 / 8	18 / 9	20 / 11	23 / 13	25 / 15	25 / 15	24 / 14	21 / 11	17 / 8	14 / 5
Praha (CZ)	0 / −5	3 / −4	8 / −1	13 / 2	18 / 7	21 / 10	23 / 12	23 / 12	19 / 9	13 / 4	6 / 0	2 / −3
Rennes (F)	8 / 2	9 / 2	13 / 4	15 / 5	18 / 8	22 / 11	23 / 13	23 / 13	21 / 11	16 / 8	11 / 5	8 / 3
Reykjavík (IS)	2 / −2	3 / −2	4 / −1	6 / 1	10 / 4	12 / 7	14 / 9	14 / 8	11 / 6	7 / 3	4 / 0	2 / −2
Riga (LV)	−4 / −10	−3 / −10	2 / −7	10 / 1	16 / 6	21 / 9	22 / 11	21 / 11	17 / 8	11 / 4	4 / −1	−2 / −7
Roma (I)	11 / 5	13 / 5	15 / 7	20 / 10	23 / 13	28 / 17	30 / 20	30 / 19	26 / 17	22 / 13	16 / 9	13 / 6
Salzburg (A)	2 / −6	4 / −5	9 / −1	14 / 4	19 / 8	22 / 11	24 / 13	23 / 13	20 / 10	14 / 5	8 / 0	3 / −4
Sarajevo (BIH)	3 / −4	5 / −3	10 / 0	15 / 5	20 / 8	24 / 12	26 / 13	27 / 13	23 / 10	16 / 6	10 / 3	6 / −1
Sevilla (E)	15 / 6	17 / 7	20 / 9	24 / 11	27 / 13	32 / 17	36 / 20	36 / 20	32 / 18	26 / 14	20 / 10	16 / 7
Skopje (MK)	5 / −3	8 / −3	12 / 1	19 / 5	23 / 10	28 / 13	31 / 15	31 / 14	26 / 11	19 / 6	12 / 3	7 / −1
Sofia (BG)	2 / −4	4 / −3	10 / 1	16 / 5	21 / 10	24 / 14	27 / 16	26 / 15	22 / 11	17 / 8	9 / 3	4 / −2
Stockolm (S)	−1 / −5	−1 / −5	3 / −4	8 / 1	14 / 6	19 / 11	22 / 14	20 / 13	15 / 9	9 / 5	5 / 1	2 / −2
Strasbourg (F)	3 / −2	5 / −2	11 / 1	16 / 5	20 / 8	23 / 12	25 / 13	24 / 13	21 / 10	14 / 6	8 / 2	4 / −1
Stuttgart (D)	3 / −3	5 / −2	10 / 1	14 / 5	19 / 8	22 / 12	24 / 14	24 / 13	20 / 10	14 / 6	8 / 2	4 / −2
Szczecin (PL)	2 / −3	2 / −5	7 / −1	12 / 2	18 / 7	22 / 11	23 / 13	23 / 13	19 / 9	13 / 6	7 / 2	3 / −1
Tallin (EST)	−4 / −10	−4 / −11	0 / −7	8 / 0	14 / 5	19 / 10	20 / 12	20 / 11	15 / 9	10 / 4	3 / −1	−1 / −7
Thessaloníki (GR)	9 / 2	12 / 3	14 / 5	20 / 10	25 / 14	29 / 18	32 / 21	32 / 21	28 / 17	22 / 13	16 / 9	11 / 4
Tiranë (AL)	12 / 2	12 / 2	15 / 5	18 / 8	23 / 12	28 / 16	31 / 17	31 / 17	27 / 14	23 / 10	17 / 8	14 / 5
Tromsø (N)	−2 / −6	−2 / −6	0 / −5	3 / −2	7 / 1	12 / 6	16 / 9	14 / 8	10 / 5	5 / 1	2 / −2	0 / −4
Umeå (S)	−4 / −12	−4 / −12	0 / −9	5 / −3	12 / 2	17 / 7	20 / 11	19 / 10	13 / 5	7 / 0	2 / −4	−2 / −8
Vaasa (FIN)	−4 / −11	−4 / −11	−1 / −10	6 / −3	13 / 2	18 / 8	21 / 11	19 / 10	13 / 5	7 / 1	2 / −3	−1 / −7
Valencia (E)	15 / 6	16 / 6	18 / 8	20 / 10	23 / 13	26 / 17	29 / 20	29 / 20	27 / 18	23 / 13	19 / 10	16 / 7
Valladolid (E)	8 / 0	10 / 0	14 / 3	17 / 5	20 / 8	26 / 12	29 / 14	29 / 13	25 / 11	19 / 7	12 / 3	8 / 1
Valleta (M)	14 / 10	15 / 10	16 / 11	18 / 13	22 / 16	26 / 19	29 / 22	29 / 23	27 / 22	24 / 19	20 / 16	16 / 12
Venezia (I)	6 / 1	8 / 2	12 / 5	17 / 10	21 / 14	25 / 17	27 / 19	27 / 18	24 / 16	19 / 11	12 / 7	8 / 3
Vilnius (LT)	−5 / −11	−3 / −10	1 / −7	12 / 2	18 / 7	21 / 11	23 / 12	22 / 12	17 / 8	11 / 4	4 / −1	−3 / −7
Warszawa (PL)	0 / −6	0 / −6	6 / −2	12 / 3	20 / 9	23 / 12	24 / 15	23 / 14	19 / 10	13 / 5	6 / 1	2 / −3
Wien (A)	1 / −4	3 / −3	8 / 1	15 / 6	19 / 10	23 / 14	25 / 15	24 / 15	20 / 11	14 / 7	7 / 3	3 / −1
Zagreb (HR)	3 / −2	6 / −1	11 / 3	17 / 8	21 / 12	25 / 15	27 / 17	27 / 16	23 / 13	15 / 8	9 / 4	5 / 0
Zürich (CH)	2 / −3	5 / −2	10 / 1	15 / 4	19 / 8	23 / 12	25 / 14	24 / 13	20 / 11	14 / 6	7 / 2	3 / −2

Légende

Importance des itinéraires
Autoroute à chaussées séparées
Échangeurs : complet, demi-échangeur, partiel, sans précision
Numéro d'échangeur
Double chaussée de type autoroutier
Route de liaison internationale ou nationale
Route de liaison interrégionale ou de dégagement
Route de liaison régionale ou locale
Autoroute , route en construction
(le cas échéant : date de mise en service prévue)

Largeur des routes - Obstacles
Chaussées séparées	2 voies larges
4 voies	2 voies
3 voies	1 voie

Forte déclivité (montée dans le sens de la flèche) - Route à péage

Distances (totalisées et partielles)
sur autoroute : section à péage - section libre

GB et IRL 39 en kilomètres, 24 en miles

Numérotation - Signalisation
Autoroute, route européenne, autre route
Ville signalée par un panneau vert sur les grandes liaisons routières

A 6 E 10 N 51
YORK Wells

Administration - Ressources
Frontiere : Douane principale - Douane avec restriction
Capitale de division administrative
Localité ayant des ressources hôtelières
Refuge - Camping

Transport
Voie ferrée, train auto - Bac
Liaison maritime : Permanente - saisonnière
Aéroport

Principales curiosités isolées
ᛱ Édifice religieux	✴ Église en bois debout	⌐ Monastère
⛫ Château	⸪ Ruines	⚱ Site antique
ᛉ Pierre runique	⛏ Gravure rupestre	⊓ Monument mégalithique
∩ Grotte	▲ Autres curiosités	
	═ Itinéraire agréable	⌁ Parc national

Key to symbols

Road classification
Motorway dual carriageway
Junctions : complete, half, limited, not specified
Junction number
Dual carriageway with motorway characteristics
International and national road network
Interregional and less congested roads
Regional or local road network
Motorway, road under construction
(when available: with scheduled opening date)

Road widths - Obstacles
Dual carriageway	2 wide lanes
4 lanes	2 lanes
3 lanes	1 lane

Steep hill (ascent in the direction of the arrow) - Road with toll

Distances (total and intermediary)
on motorway: toll section - free section

GB , IRL 39 in kilometres, 24 in miles

Numbering - Signs
Motorway, european route, other roads
Town name is shown on a green sign on major routes

A 6 E 10 N 51
YORK Wells

Administration - Facilities
International boundary : Principal customs post - Secondary customs post
Administrative capital
Place with at least one hotel
Shelter, camp site

Transport
Railway, motorail - Car Ferry
Ferry : all year - seasonal
Airport

Main sights
ᛱ Ecclesiastical building	✴ Stave church	⌐ Monastery
⛫ Castle	⸪ Ruins	⚱ Ancient site
ᛉ Rune stone	⛏ Rock carving	⊓ Prehistoric monument
∩ Cave	▲ Other sights	
	═ Scenic route	⌁ National park

Zeichenerklärung

Verkehrsbedeutung der Straßen
Autobahn: getrennte Fahrbahnen
Anschlußstellen: Autobahnein- und/oder -ausfahrt - ohne Angabe
Nummern der Anschlußstellen
Schnellstraße mit getrennten Fahrbahnen
Internationale bzw. nationale Hauptverkehrsstraße
Überregionale Verbindungsstraße oder Entlastungsstraße
Regionale oder lokale Verbindungsstraße
Autobahn, Straße im Bau
(ggf. voraussichtliches Datum der Verkehrsfreigabe)

Straßenbreite - Verkehrsbeschränkungen, Hindernisse
Getrennte Fahrbahnen	2 breite Fahrspuren
4 Fahrspuren	2 Fahrspuren
3 Fahrspuren	1 Fahrspur

Starkes Gefälle (Steigung in Pfeilrichtung) - Gebührenpflichtige Straße

Entfernungen (Gesamt - und Teilentfernungen)
auf der Autobahn : gebührenpflichtiger Abschnitt
gebührenfreier Abschnitt

GB , IRL: 39 in Kilometern, 24 in Meilen

Numerierung - Wegweisung
Autobahn, Europastraße, sonstige Straße
Grün beschilderte Ortsdurchfahrt an Fernverkehrsstrecken

A 6 E 10 N 51
YORK Wells

Verwaltung - Unterkunft
Staatsgrenze : internationale Zollstation - Zollstation mit Einschränkungen
Verwaltungshauptstadt
Ort mit Übernachtungsmöglichkeiten
Schutzhütte, Campingplatz

Transport
Bahnlinie - Autozug, Bahnverladung - Fähre
Schiffsverbindung : ganzjährig - während der saison
Flughafen

Abgelegene, wichtige Sehenswürdigkeiten
ᛱ Kirchliches Gebäude	✴ Strabkirche	⌐ Kloster
⛫ Schloß, Burg	⸪ Ruine	⚱ Antike Fundstätte
ᛉ Runenstein	⛏ Felsenmalerei	⊓ Steindenkmal
∩ Höhle	▲ Sonstige Sehenswürdigkeiten	
	═ Reizvolle Strecke	⌁ Nationalpark

Verklaring van de tekens

Indeling der wegen
Autosnelweg met gescheiden rijbanen
Aansluitingen, knooppunten : volledig, gedeeltelijk, niet nader aangegeven
Nummer aansluiting, knooppunt
Weg met gescheiden rijbanen van het type autosnelweg
Internationale of nationale verbindingsweg
Regionale verbindingsweg
Secundaire verbindingsweg
Autosnelweg, weg in aanleg
(indien van toepassing : vermoedelijke datum van openstelling)

Breedte der wegen - Hindernissen
Gescheiden rijbanen	2 brede rijstroken
4 rijstroken	2 rijstroken
3 rijstroken	1 rijstrook

Steile helling (helling in de richting van de pijl) - Weg met tol

Afstanden (totaal en gedeeltelijk)
op de autosnelweg : gedeelte met tol - tolvrij gedeelte

GB , IRL 39 in kilometers, 24 in mijlen

Wegnummer - Bewegwijzering
Autosnelweg, Europaweg, andere wegen
Stad aangegeven met een groen bord op de grote verbindingswegen

A 6 E 10 N 51
YORK Wells

Beheer - Logies
Grens : Hoofddouanekantoor - Douanekantoor met beperkte bevoegdheden
Administratieve hoofdplaats
Plaats met hotelgelegenheid
Schuilhut - Kampeerterrein

Vervoer
Spoorweg, Autotrein - Veerpont
Scheepvaartverbinding : permanent - alleen in het seizoen
Luchthaven

Belangrijkste afgelegen bezienswaardigheden
ᛱ Kerkelijk gebouw	✴ Staafkerk	⌐ Klooster
⛫ Kasteel	⸪ Ruïnes	⚱ Monument antieke Oudheid
ᛉ Runensteen	⛏ Rotstekening	⊓ Megalitisch monument
∩ Grot	▲ Andere bezienswaardigheden	
	═ Aangenaam parcours	⌁ Nationaal park

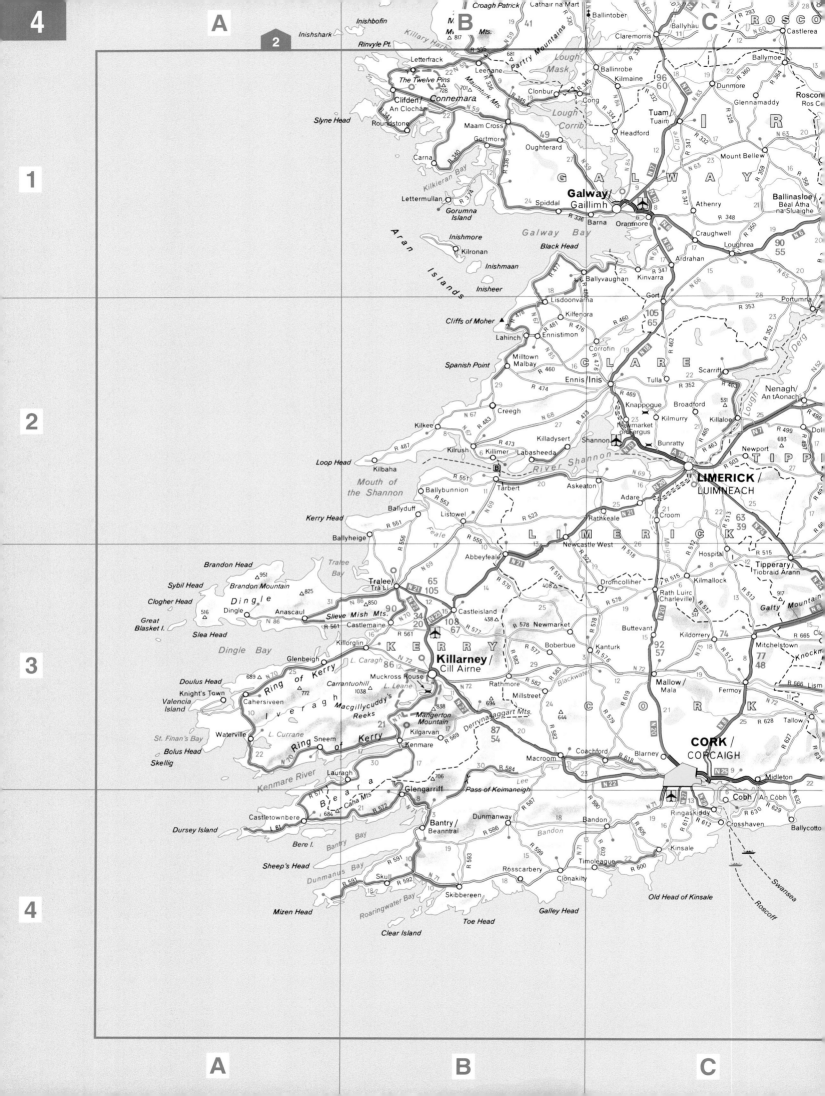

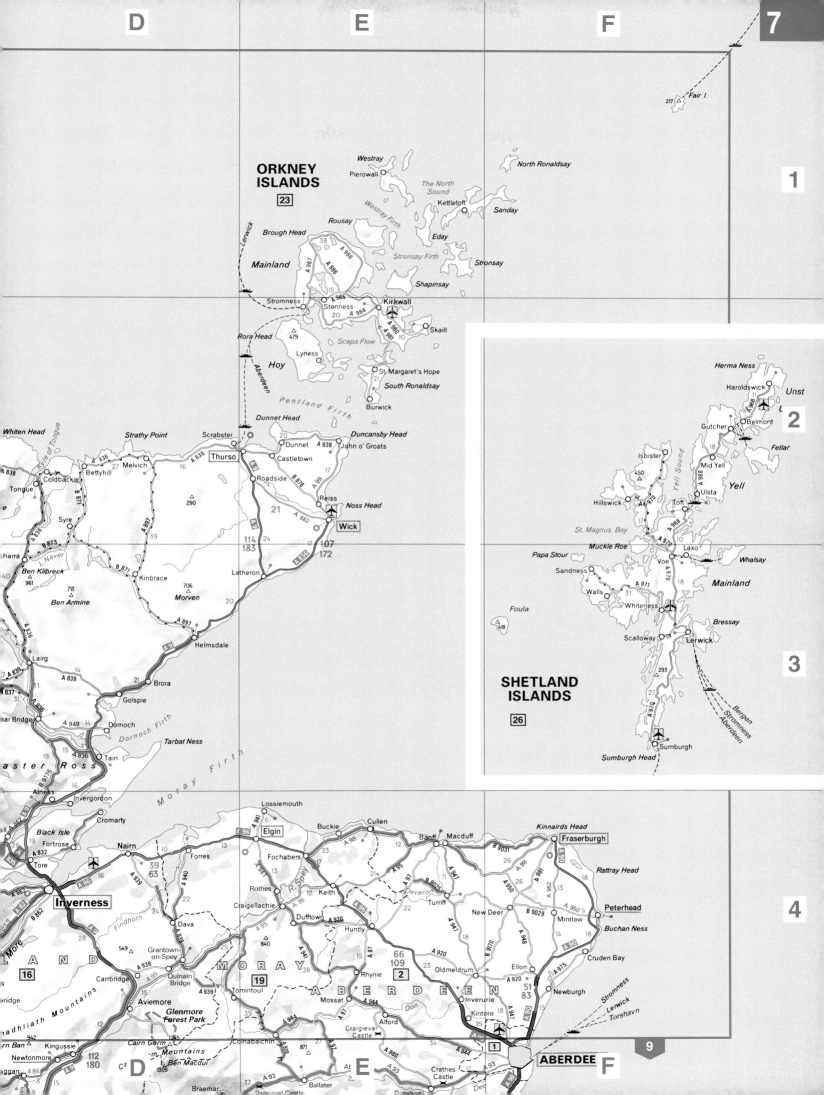

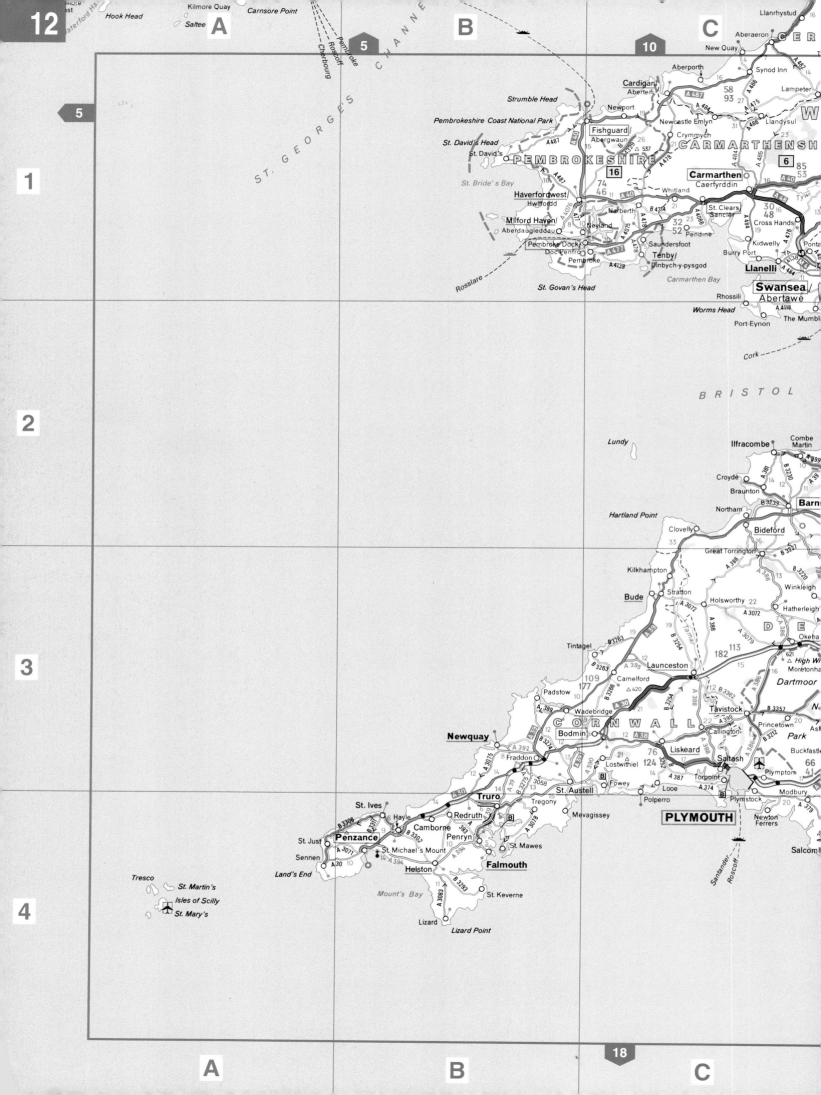

D
E
F
OVIEDO
Grado
Soto de los Infantes
Trubia
Sta Eulalia de Oscos
Pesoz
Grandas de Salime
Pto del Palo
Pola de Allende
Embalse de la Barca
Belmonte
Embalse de Salime
Corias
Cangas del Narcea
Proaza
Mieres
Sama de Langreo
Sotrondio
Pola de Laviana
La Felguera
Nava
Fuensanta
Infiesto
Arriondas
Covadonga
Lago Enol
Pque nal de la Sierra de Covadonga
Desfiladero de los Beyos
Soto de Sajambre
Oseja de Sajambre
Pto del Pontón
Pto de Tarna
Pto de San Isidro
Campo de Caso
Cabañaquinta
Sta Cristina de Lena
Campomanes
Puente de los Fierros
Pola de Lena
La Plaza
Desfiladero del Teverga
ASTURIAS
Parque natural de Somiedo
Pto de Somiedo
Pto Ventana
Peña Ubiña
Pto de Pajares
Braña Caballo
Mampodre
Puebla de Lillo
Embalse del Porma
Embalse de Riaño
Riaño
Pto de Monteviejo
Cuevas de Valporquero
Rodiezmo
S. Emiliano
Fonsagrada
Castro
Castroverde
Pradairo
O Cádabo (Baleira)
Marentes
Venta Nueva
Navia de Suarna
Pto de Leitariegos
Degaña
Villager
Villablino
Piedrafita
Pto de la Magdalena
Palacios del Sil
E. de Matalavilla
E. Barrios de Luna
Murias de Paredes
Páramo del Sil
Catoute
Miravalles
Lugo
Nadela
Corgo
Baralla
Becerreá
Autovía en construcción
Portomarín
Sarriá
Samos
Pto de Pedrafita do Cebreiro
Pedrafita do Cebreiro
Sa de Ancares
Vega de Espinareda
Fabero
Vega de Valcarce
Bóveda
Pico Piapaxaro
Villafranca del Bierzo
Cacabelos
Toreno
Albares
Boeza
Folgoso de la Ribera
Bembibre
E. de Bárcena
Vegarienza
La Magdalena
Rioseco de Tapia
la Pola de Gordón
Matallana de Torío
La Vecilla
Boñar
La Robla
Garrafe de Torío
Ambasaguas
Sabero
Cistierna
Vegas del Condado
S. Andrés del Rabanedo
Villaquilambre
LEÓN
Gradefes
Almanza
Monforte de Lemos
Quiroga
Carracedelo
Ponferrada
Torre del Bierzo
Puerto del Manzanal
Suéros de Cepeda
Carrizo
Sta Marina del Rey
La Virgen del Camino
Villarente
S. Miguel de Escalada
Benavides
Hospital de Órbigo
Astorga
O Barco
A Rúa
Puente de Domingo Flórez
Montes de León
Sta Colomba de Somoza
Caldelas
Puebla de Trives
Freixido
Casoio
O Bolo
E. de Prada
Manzaneda
Embalse de Bao
A Veiga
Alto de Covelo
Viana do Bolo
Peña Trevinca
Encinedo
Teleno
Truchas
Riego de la Vega
Destriana
Veguellina de Órbigo
Sta María del Páramo
Villamañán
Valdevimbre
Mansilla de las Mulas
Santas Martas
El Burgo Ranero
Sahagún
Castrotierra
La Bañeza
Valencia de Don Juan
Roperuelos del Páramo
Embalse de Las Portas
E. de S. Sebastián
S. Martín de Castañeda
Ribadelago
Lago de Sanabria
Sierra de la Cabrera
Castrocontrigo
Castrocalbón
Peña Nofre
A Gudiña
Alto de Fumaces
Alto do Cañizo
Mezquita
Pillo de la Canda
Padornelo
Pedralba
Galende
Puebla de Sanabria
Justel
Espadañedo
Palacios de Sanabria
Ungilde
Monbuey
Santibáñez de Vidriales
Morales de Rey
La Torre del Valle
Villaquejida
Melgar de Abajo
Villada
Mayorga
Becilla de Valderaduey
Villalón de Campos
Moimenta
Corraes
Calabor
E. de Cernadilla
E. de Valparaíso
Portelo
Montesinho
Parque natural de Montesinho
Peña Mira
Villardeciervos
Ferreras de Abajo
Pto de Sazadón
Camanarza de T.
Sta María de V.
Benavente
S. Cristóbal de Entreviñas
Fuentes de Ropel
Villanueva del Campo
Valderas
Villarramiel
Castroverde de Campos
Vinhais
Bragança
Rebordelo
Penhas Juntas
Torre de D. Chama
Figueruela de Arriba
S. Vicente de la Cabeza
Milhão
Quintanilha
S. Vitero
Trabazos
Alcañices
Tábara
Pueblica de V.
S. Esteban del Molar
Villafáfila
Villarín de Campos
Villalpando
Villamayor de Campos
Villafrechós
Medina de Rioseco
Montealegre
Valpaços
Sta Comba de Rossas
Sa de Nogueira
Izeda
Sta Luz
Fonfría
Carbajales de Alba
Embalse de Ricobayo
Castronuevo
S. Pedro de Latarce
Villabrágima
Castromonte
Villardefrades
Mota del Marqués
Villanubla
Macedo de Cavaleiros
Mirandela
Bornes
Sa de Bornes
Morais
Vimioso
Miranda do Douro
Ricobayo
Muelas del Pan
Montamarta
Vezdemarbán
Torrelobatón
Zaratán
Simancas
Trintade
Vila Flor
Alfândega da Fé
Mogadouro
Sendim
Bgem de Picote
Embalse de Villalcampo
Bermillo de Sayago
Zamora
Coreses
Moraleja del Vino
Toro
Morales de Toro
Tordesillas
Carrazeda de Ansiães
Fonte Longa
Torre de Moncorvo
Lagoaça
Bgem da Bemposta
Fermoselle
Embalse de Almendra
Villarino
Trabanca
Almeida
Mazueco
Pereruela
Corrales
Venialbo
Villabuena del Puente
Castronuño
Pollos
Serrada
Rueda
La Seca
Valdestillas
Peñausende
La Bóveda de Toro
Alaejos
Nava del Rey
Medina del Campo
Carviçais
Vila Nova de Foz Côa
Freixo de Espada à Cinta
Embalse de Aldeadávila
Barruecopardo
Villaseco de los Reyes
Moraleja de Sayago
El Cubo de Tierra del Vino
Fuentesaúco
Fuentelapeña
Castrejón
Rubí de Bracamonte
Castillejo
Buen Amor
Cañizal
Barca de Alva
La Fregeneda
Hinojosa de Duero
Embalse de Saucelle
Ledesma
Calzada de Valdunciel
La Vellés
Cantalapiedra
Fuente el Sol
Mêda
Vitigudino
Villar de Peralonso
Villares de la Reina
Villaflores
Madrigal de las Altas Torres
Lumbrales
Figueira de Castelo Rodrigo
Marofa
Sando
Golpejas
Gomecello
Cantalpino
Villoria
Ragama
Rasueros
Arévalo
El Cubo de Don Sancho
SALAMANCA
El Campo de Peñaranda
Villavieja de Yeltes
Berzosa
S. Felices de los Gallegos
Pinhel
Vila Franca das Naves
La Fuente de S. Esteban
Sta Marta de Tormes
Encinas de Abajo
Peñaranda de Bracamonte
Fontiveros
Tiñosillos
Almeida
Martín de Yeltes
Macotera
Alba de Tormes
Hernansancho
Beira
Freixedas
Castillejo Martín Viejo
Sancti Spíritus
Cabrillas
Vecinos
Salmoral
S. Pedro del Arroyo
Vilar Formoso
Tamames
Las Veguillas
Fresno Alhándiga
Mirueña
Río Duero
Río Tormes
Río Esla
Río Sil
Río Miño
Río Côa
Río Sabor
Río Tua
Río Huebra
Río Yeltes
33
36
41
1
2
3
4

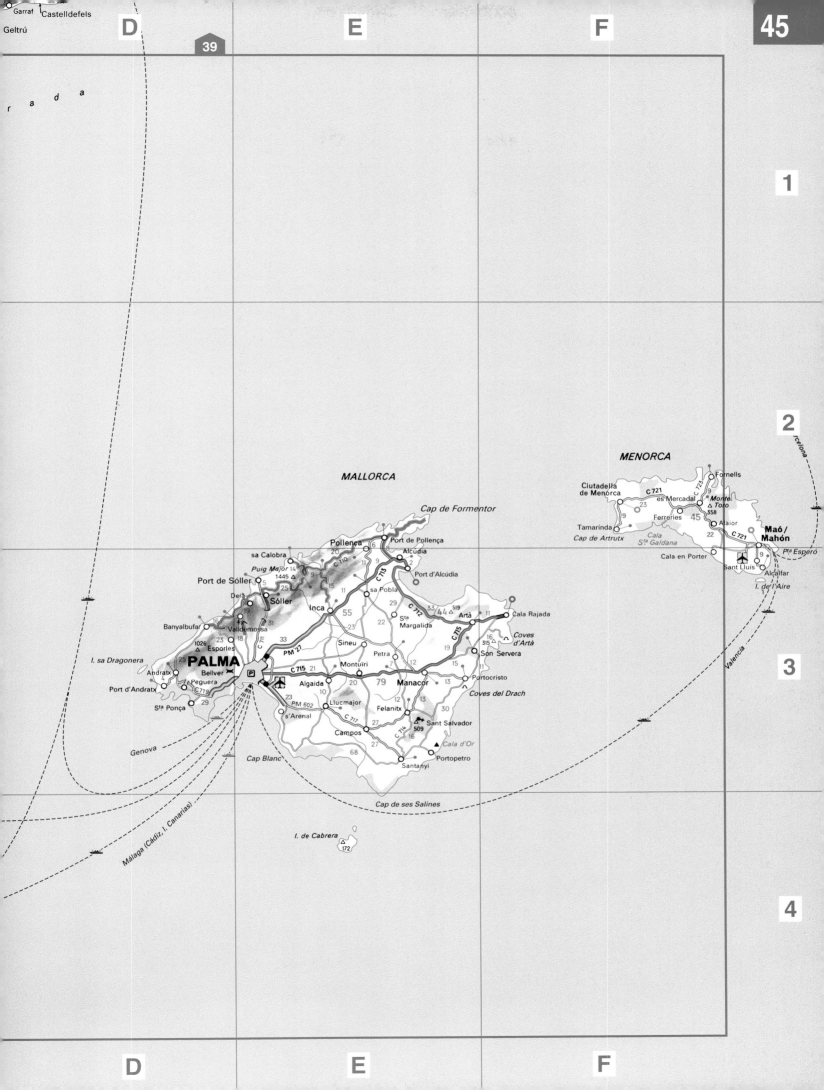

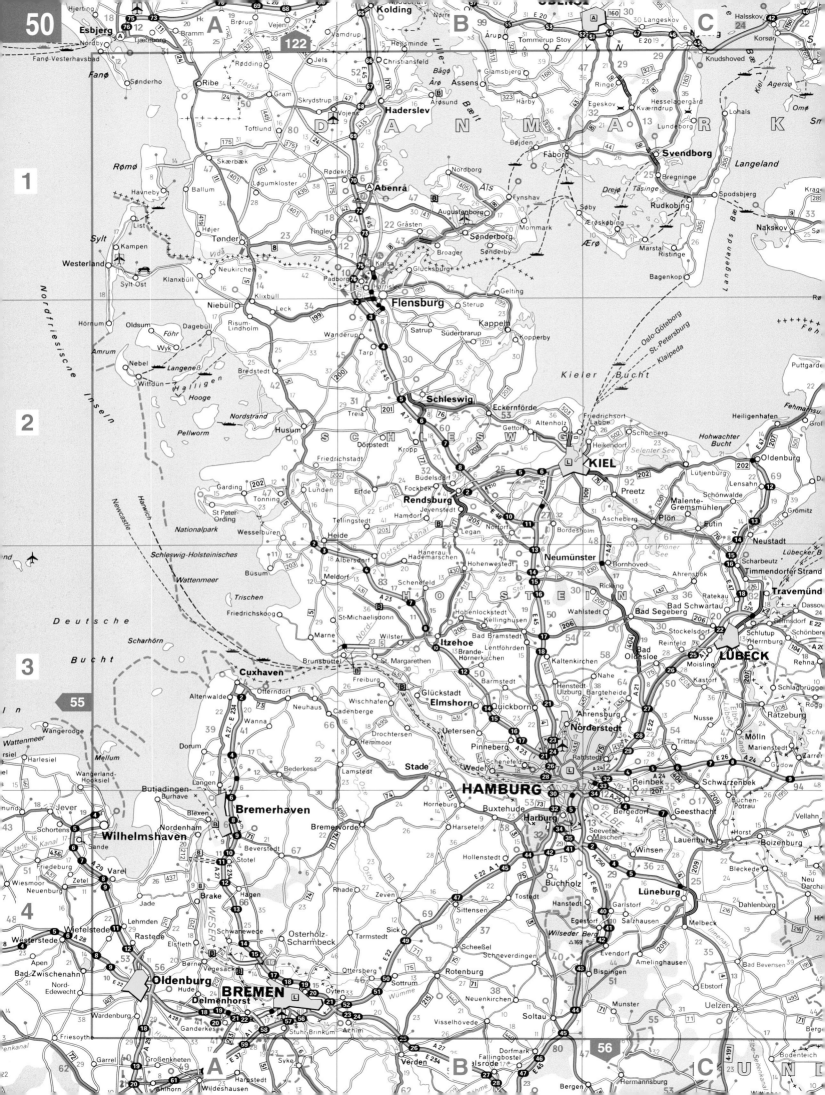

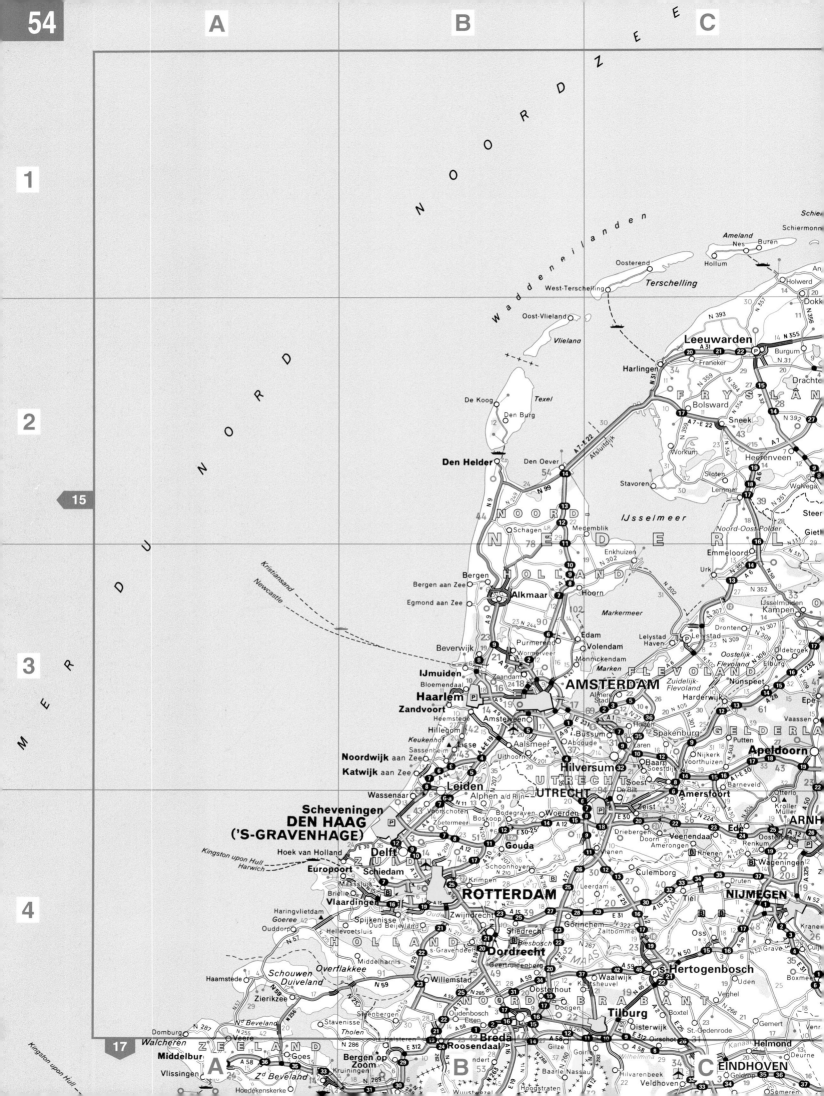

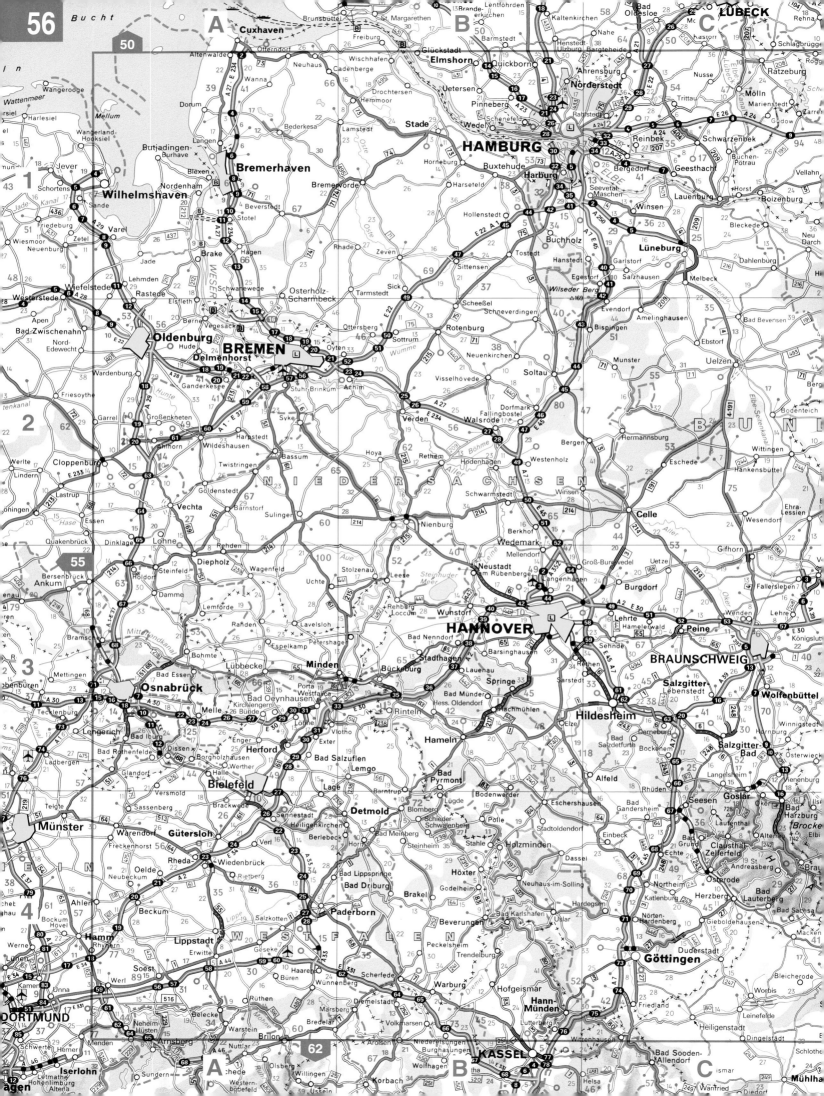

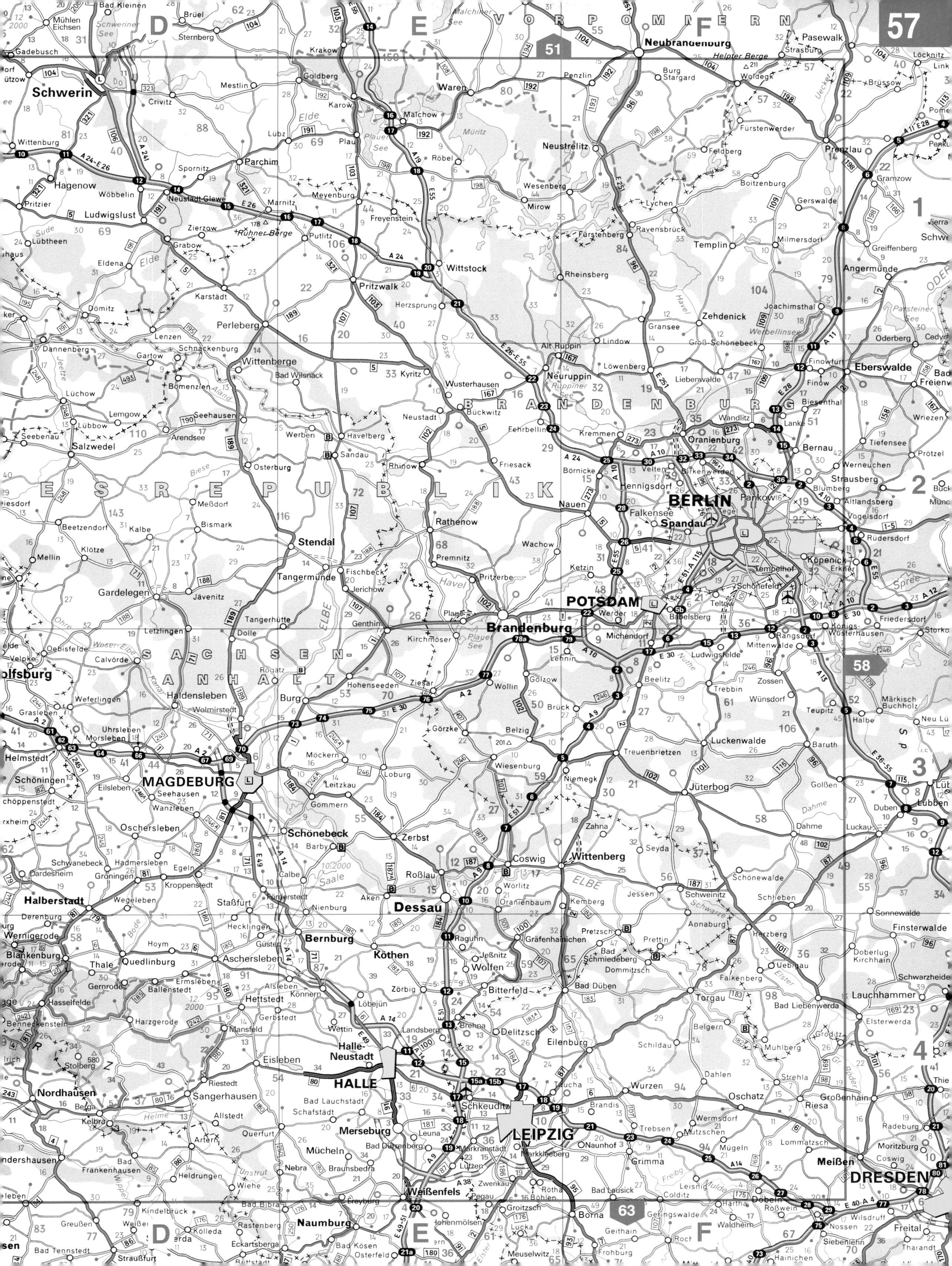

MECKLENBURG-VORPOMMERN

Schwerin · Neubrandenburg · Pasewalk · Prenzlau · Waren · Neustrelitz · Templin · Eberswalde · Angermünde

BERLIN · POTSDAM · Brandenburg · Oranienburg · Bernau · Strausberg · Königs Wusterhausen · Luckenwalde · Jüterbog

MAGDEBURG · Stendal · Gardelegen · Haldensleben · Burg · Salzwedel · Wolfsburg · Helmstedt · Schöningen

Halberstadt · Wernigerode · Quedlinburg · Blankenburg · Nordhausen · Aschersleben · Bernburg · Köthen · Dessau

HALLE · Halle-Neustadt · Merseburg · Naumburg · Weißenfels · LEIPZIG · Bitterfeld · Wittenberg · Torgau

DRESDEN · Meißen · Riesa · Oschatz · Grimma · Lauchhammer · Finsterwalde · Luckau · Lübben

51
58
63

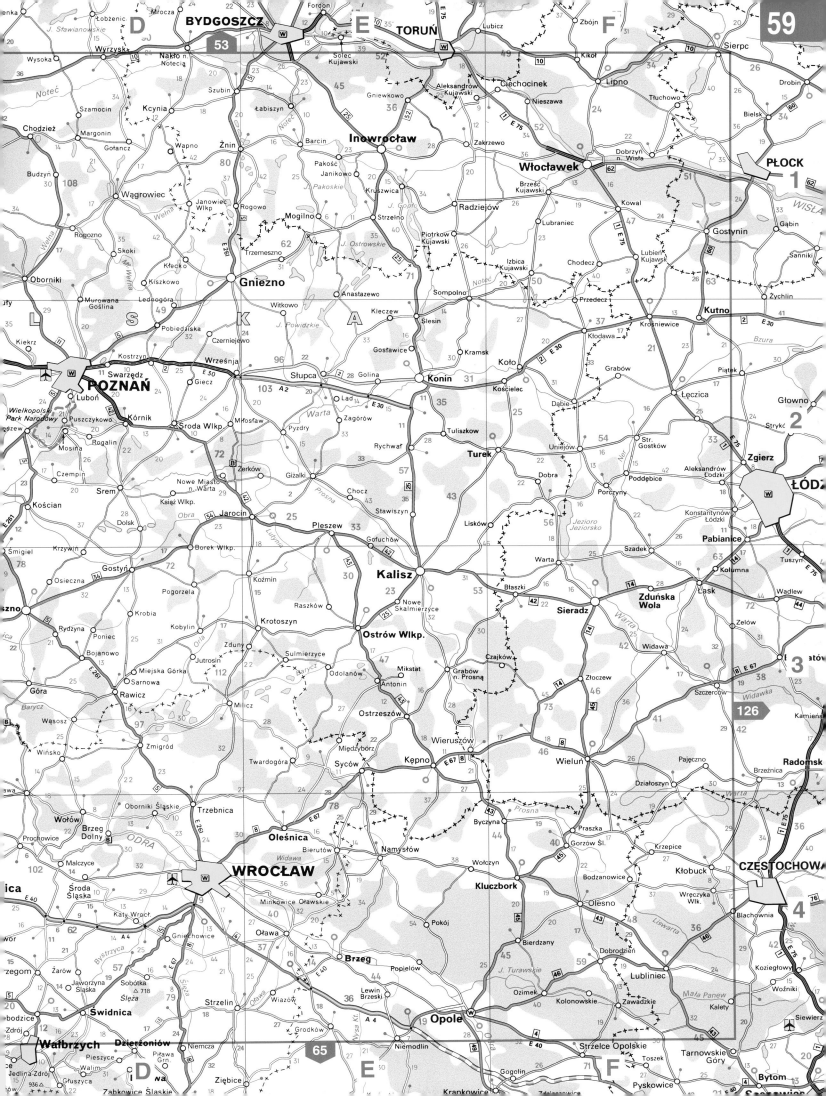

A
B
C
1
2
3
4
56
61
66
KASSEL
Hann.-Münden
Arnsberg
Iserlohn
Meschede
Brilon
Korbach
Bad Wildungen
Fritzlar
Melsungen
Eschwege
Eisenach
Bad Hersfeld
Frankenberg
Marburg
Siegen
Olpe
Lennestadt
Plettenberg
Alsfeld
Dillenburg
Herborn
Gießen
Wetzlar
Lauterbach
Fulda
Limburg
Montabaur
Koblenz
Bad Ems
Bad Nauheim
Friedberg
Bad Homburg
FRANKFURT A.M.
Hanau
Offenbach
WIESBADEN
MAINZ
Rüsselsheim
Darmstadt
Aschaffenburg
Bad Kissingen
Schweinfurt
Würzburg
Kitzingen
Bingen
Bad Kreuznach
Worms
Bensheim
Heppenheim
Miltenberg
Wertheim
Tauberbischofsheim
Bad Mergentheim
Ludwigshafen
MANNHEIM
HEIDELBERG
Kaiserslautern
Neustadt a.d.W.
Speyer
Mosbach
Bad Wimpfen
Heilbronn
Schwäbisch Hall
Crailsheim
Rothenburg ob der Tauber
Landau
Pirmasens
Zweibrücken
Bruchsal
KARLSRUHE
Pforzheim
Ludwigsburg
STUTTGART
Wissembourg
Bad Salzungen
Meiningen
Schlüchtern
Gelnhausen
Lohr
Hammelburg
Bad Neustadt
Ochsenfurt
Ellwangen
Aalen
Backnang
Vogelsberg
Sauerland
Loreley

Eichstätt · Neustadt · Abensberg · Mallersdorf-Pfaffenberg · Ganacker · Wallersdorf · Osterhofen · Vilshofen

Oettingen · Wemding · Lenting · Ingolstadt · Neufahrn · Weichshofen · Landau · Aidenbach

Wallerstein · Monheim · Manching · Rottenburg · Ergoldsbach · Dingolfing · Bad Griesbach

Nördlingen · Harburg · Kaisheim · Neuburg · Karlshuld · Geisenfeld · Elsendorf · Pfeffenhausen · Essenbach · Frontenhausen · Landshut · Simbach

Donauwörth · Rain · Pottmes · Schrobenhausen · Pfaffenhofen · Mainburg · Au · Moosburg · Geisenhausen · Vilsbiburg · Gangkofen · Bad Griesbach

Dillingen · Meitingen · Aichach · Langenbruck · Pörnbach · Allershausen · Freising · Erding · Taufkirchen · Ampfing · Neumarkt-St. Veit · Pfarrkirchen · Braunau

Günzburg · Burgau · Zusmarshausen · Gersthofen · Dasing · Friedberg · Odelzhausen · Unterschleissheim · Ismaning · Dorfen · Mühldorf · Altötting · Burghausen

AUGSBURG · Mering · Dachau · Karlsfeld · Markt Indersdorf · Waldkraiburg · Garching · Haag · Hohenlinden

Thannhausen · Bobingen · Königsbrunn · Maisach · Fürstenfeldbruck · Germering · **MÜNCHEN** · Wasserburg · Trostberg · Tittmoning

Krumbach · Schwabmünchen · Gilching · Gräfelfing · Unterhaching · Ottobrunn · Ebersberg · Grafing · Obing · Altenmarkt · Traunreut · Laufen · Oberndorf

Babenhausen · Türkheim · Buchloe · Landsberg · Inning · Gauting · Starnberg · Grünwald · Hofolding · Rott · Bad Endorf · Seebruck · Waging · Traunstein · Freilassing · **SALZBURG**

Mindelheim · Bad Wörishofen · Utting · Herrsching · Sauerlach · Bruckmühl · Kolbermoor · Prien · Grabenstätt · Chieming

Memmingen · Ottobeuren · Kaufbeuren · Dießen · Feldafing · Tutzing · Wolfratshausen · Holzkirchen · Geretsried · Bad Aibling · Rosenheim · Bernau · Ruhpolding · Inzell · Berchtesgaden

Obergünzburg · Schongau · Peißenberg · Weilheim · Penzberg · Bad Tölz · Schliersee · Dagerndorf · Reit im Winkl · Lofer · Ramsau

Kempten · Marktoberdorf · Peiting · Hohenpeißenberg · Bichl · Bad Wiessee · Tegernsee · Bayrischzell · Oberaudorf · Kiefersfelden · Walchsee · St. Johann in Tirol · Waidring · Leogang · Saalfelden

Roßhaupten · Steingaden · Wies · Großweil · Benediktbeuern · Rottach-Egern · Kreuth · Kufstein · Fieberbrunn

Mittelberg · Nesselwang · Füssen · Oberammergau · Linderhof · Murnau · Kochel · Urfeld · Achenpaß · Ursprungpaß · Kaisergebirge · **Kitzbühel** · Saalbach

Pfronten · Reutte · Königsschlösser · Garmisch-Partenkirchen · Oberau · Vorderriß · Achenkirch · Rattenberg · Wörgl · Soll · Kirchberg · Westendorf · Zell am See · Bruck

Oberstdorf · Tannheim · Weißenbach · Berwang · Grainau · Mittenwald · Krün · Pertisau · Wiesing · Brixlegg · Auffach · Paß Thurn · Uttendorf · Kaprun

Fischen · Nebelhorn · Lermoos · Ehrwald · Scharnitz · Jenbach · Alpbach · Neukirchen · Mittersill · Salzach

Hirschegg · Nassereith · Seefeld · Telfs · Hall in Tirol · Schwaz · Fügen · Gerlospaß · Krimml

Elbigenalp · Imst · Obsteig · **INNSBRUCK** · Wattens · Volders · Zell · Gerlos · Krimmler Wasserfälle · Felbertauerntunnel

Holzgau · Silz · Stams · Axams · Schönberg · Igls · Europabrücke · Lanersbach · Mayrhofen · Großvenediger · Großglockner

Lech · Zürs · Landeck · Oetz · Gries im Sellrain · Fulpmes · Matrei · Steinach · Hintertux · Ginzling · Prägraten · Virgen · Kals · Hochtor

St. Anton · St. Leonhard · Ried · Umhausen · Längenfeld · Neustift · Gries · **OSTTIROL** · Lienz

Serfaus · Sölden · Zuckerhütl · Ranalt · Brenner · Hochfeiler · S. Giacomo · Cadipietra · Steinhaus · Erlsbach

Ischgl · Pfunds · Mittelberg · Wildspitze · Obergurgl · Timmelsjoch / Pso. del Rombo · Colle Isarco / Gossensass · S. Jakob · Campo Tures / Sand in Taufers · Stallersattel / Pso. di Stalle · Hochgrabe

Galtür · Nauders · Reschenpaß / Pso. di Resia · Monte Giovo / Jaufenpaß · Vipiteno / Sterzing · Brunico / Bruneck · Monguelfo / Welsberg · Dobbiaco / Toblach · Sillian · St. Lorenzen

Martina · Scuol (Schuls) · S. Valentino alla Muta / St. Valentin a. d. Haide · S. Leonardo / St. Leonhard · Pso. di Pennes / Penserjoch · Anterselva / Antholz · S. Candido / Innichen · Sesto / Sexten · Sappada

Silvrettagruppe · Ardez · Susch · Sluderno / Schluderns · Merano / Meran · Bressanone / Brixen · Vigilio di Marebbe / St. Vigil Enneberg · Pso. di M. Croce di Comelico (Kreuzbergpass) · Auronzo di C. · S. Stefano di C.

Zernez · Tubre / Taufers i. M. · Malles Venosta / Mals · Lana · Sarentino / Sarnthein · Funes · Ortisei / St. Ulrich · Selva / Wolkenstein · Corvara in B. · Misurina · **Cortina d'Ampezzo** · Sauris di Sopra

Müstair · Pass Umbraïl · Trafoi · Silandro / Schlanders · Chiusa / Klausen · Castelrotto / Kastelruth · la Villa · Arabba · S. Vito di C. · Forni di Sopra

Livigno · Pso. d. Stelvio / Stilfserjoch · M. Cevedale · Zufallspitze · Nova Levante / Welschnofen · Siusi / Seis · Canazei · Pso. di Falzarego · Pieve di C. · Tramonti di Sopra

Poschiavo · Bormio · Sta. Caterina Valfurva · Peio · Appiano / Eppan · Kaltern · Pso. d. Costalunga / Karerpass · Moena · Alleghe · Forno di Zoldo

Pso. di Foscagno · M. Cevedale · Zufallspitze · Fondo · Ora / Auer · Vigo di Fassa · Marmolada · Cencenighe · Longarone · Barcis

Pso. del Bernina · Pso. di Gavia · Malè · Cles · Pso. della Mendola / Mendelpass · S. Pellegrino · Falcade · Agordo · Maniago

Pso. del Gallo · Campo Carlo Magno · Madonna di Campiglio · Cima d'Asta · Predazzo · Pso. di Rolle · Sedico · Belluno

Ponte di Legno · Pso. di Tonale · Cima Presanella · Mezzolombardo · S. Michele all'A. · Fiera di Primiero · Cavalese · Pso. di Mauria · Piancavallo

Cima Tosa · Mezzocorona · S. Martino di Castrozza · Gosaldo · Monreale · Farra d'Alpago

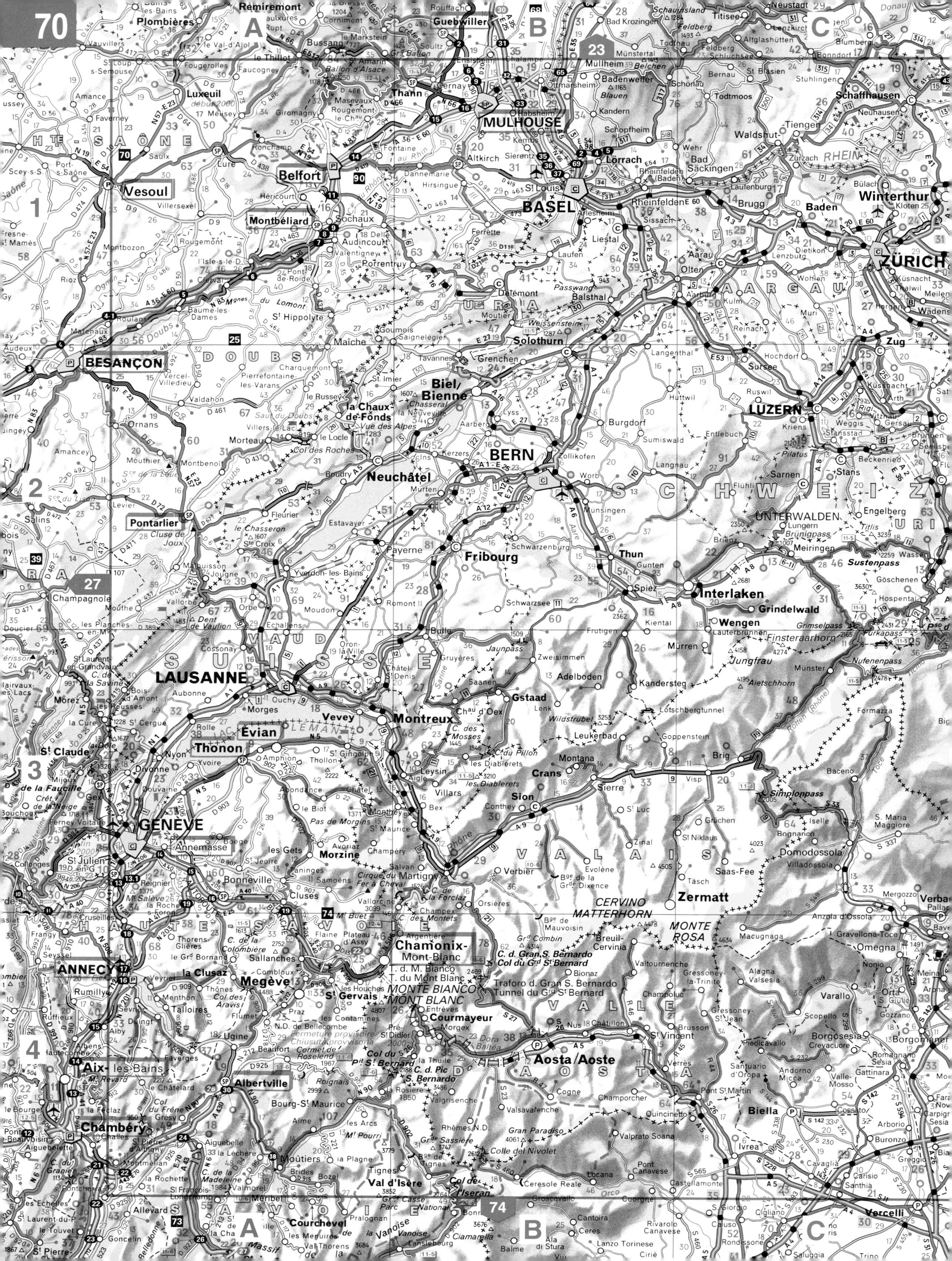

MULHOUSE
BASEL
ZÜRICH
Winterthur
Baden
Schaffhausen
Belfort
Vesoul
Montbéliard
BESANÇON
Biel/Bienne
la Chaux-de-Fonds
Solothurn
LUZERN
AARGAU
Zug
Neuchâtel
BERN
Fribourg
Thun
Interlaken
Grindelwald
Pontarlier
Wengen
Jungfrau
Finsteraarhorn
Sustenpass
SCHWEIZ
UNTERWALDEN
URI
Engelberg
Meiringen
Champagnole
VAUD
LAUSANNE
Vevey
Montreux
Gstaad
Leukerbad
Brig
Simplonpass
Morez
St Claude
Évian
Thonon
Nyon
GENÈVE
Annemasse
Morzine
Sion
Crans
Sierre
VALAIS
Zermatt
CERVINO MATTERHORN
MONTE ROSA
Domodossola
ANNECY
Megève
Chamonix-Mont-Blanc
MONTE BIANCO MONT BLANC
Courmayeur
Aosta/Aoste
VALLE D'AOSTA
Biella
Aix-les-Bains
Albertville
Chambéry
Bourg-St Maurice
Val d'Isère
Courchevel
Vercelli

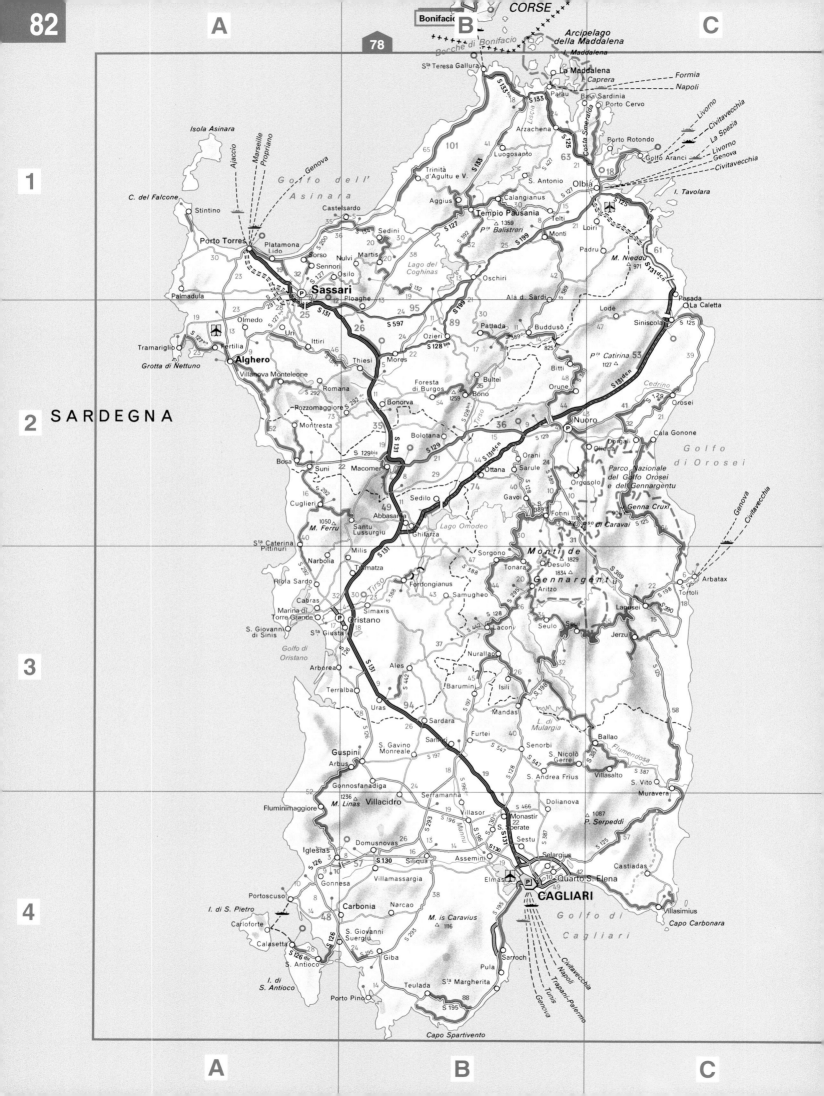

SICILIA

MARE TIRRENO

I. di Ustica

Livorno
Genova
Cagliari

Napoli

Capo Gallo

Sferracavallo
Mondello
M. Pellegrino

Punta Raisi
Capaci
Carini
Cinisi

PALERMO

Bagheria
Solunto
Casteldaccia

Cefalù

S. Stefar
di Camas

98

S. Vito lo Capo
Torre d. Impiso
Golfo di
Castellammare

Monreale
Misilmeri
Piana
d. Albanesi

Altavilla
Trabia
Termini
Imerese

Collesano
Castelbuono

Mis

Cagliari

Castellammare
d. Golfo

Partinico
Marineo

Caccamo

Buonfornello

P.
Carbonara

C. del

Trapani

Isole
Egadi

I. Levanzo

Paceco

Fulgatore

Alcamo

S. Cipirello

Villafrati

Montemaggiore
Belsito

Petralia

Gangi

I-Maréttimo

Segesta
Calatafimi

R.ca Busambra

Roccapalumba

Alia

Caltavuturo

M

I. Favignana

Birgi

Salemi

Corleone

Lercara
Friddi

Resuttano

Tunis
I. di Pantelleria

Marsala

Sto Ninfa
Partanna

S.ta Margherita
di Belice

Chiusa Sclafani

Prizzi

S.ta Caterina
Villarmosa

Castelvetrano

Sambuca
di Sicilia

Alessandria
d. Rocca

S. Stefano
Quisquina
Castelterminí

Mussomeli

Caltanissetta

S. Cataldo

Pietrap

Mazara d. Vallo

Campobello
di Mazara
Selinunte
Marinella

Menfi

Caltabellotta

Ribera

S. Biagio Platani

Montedoro

Serradifalco

Delia

Sommatino

Sciacca

Raffadali

Aragona

Canicattì

Agrigento

Favara
Naro

Campobello
di Licata

Riesi
Ravanusa

Porto Empedocle

I. di Linosa

Palma
di Montechiaro

Licata

I. di Linosa

Isole

Pelagie

Porto Empedocle

Trapani

Pantelleria
Tracino

836

I. di Pantelleria

I. di Lampedusa

Lampedusa

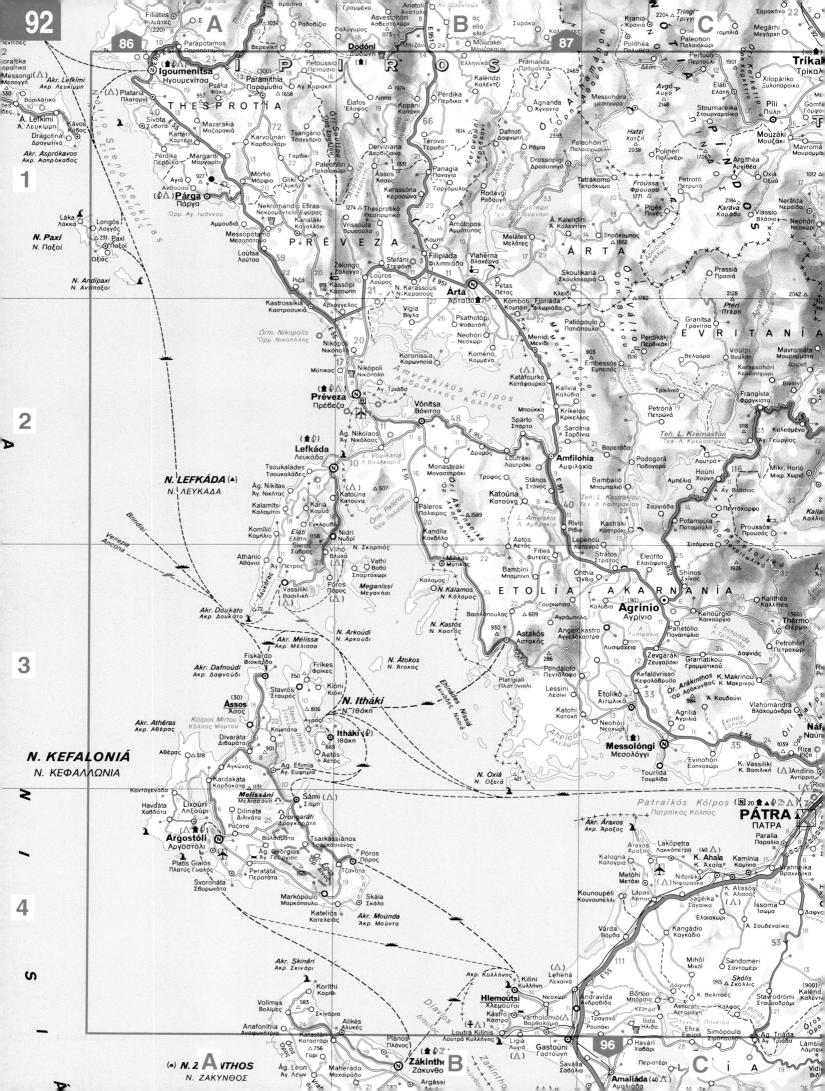

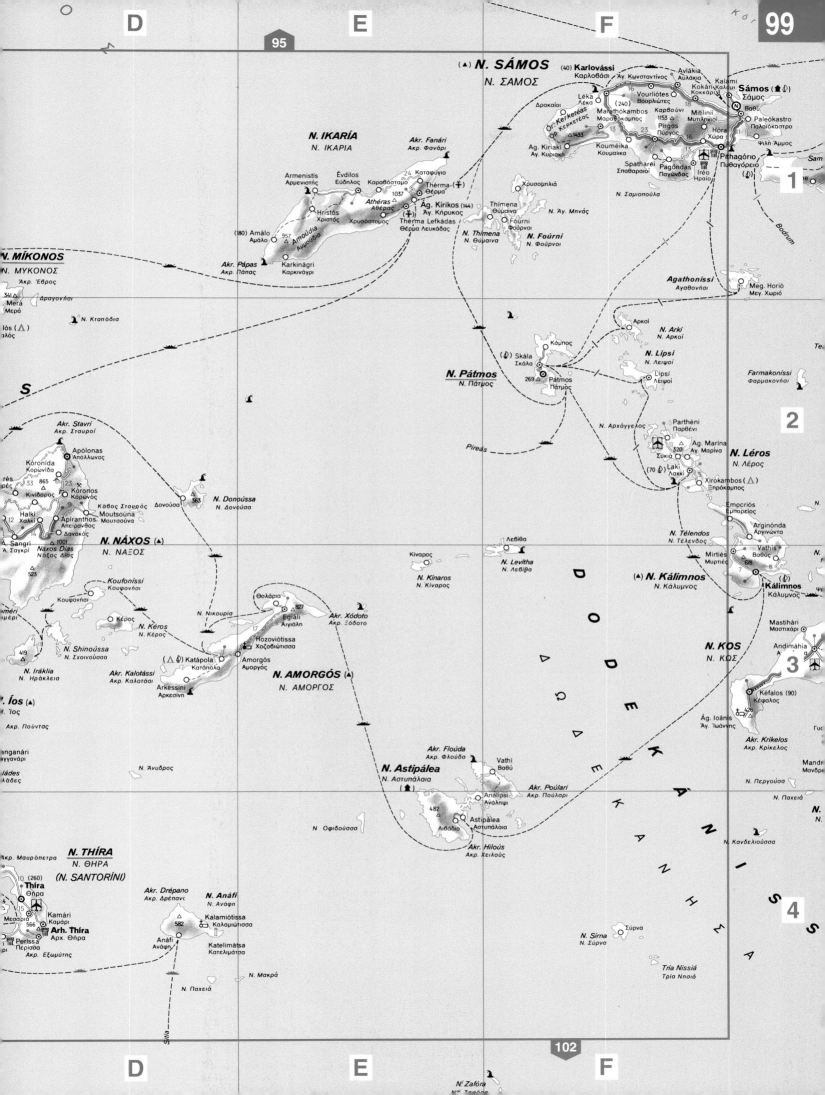

(▲) **N. SÁMOS**   (40) **Karlovássi**
Ν. ΣΑΜΟΣ   Καρλοβάσι

Avlákia
Αυλάκια

Kalámi
Καλάμι

Sámos (▲) (♦)
Σάμος

Áγ. Κωνσταντίνος

Kokári Kalami
Κοκκάρι

Léka
Λέκα

Vourliótes
Βουρλιώτες

Mitilinii
Μυτιλήνιοι

Vathú
Βαθύ

Drakaíoi

Ol. Kerketéas
Ολ. Κερκετέας

Marathókambos
Μαραθόκαμπος

Karboúni
Καρβούνι

Pírgos
Πύργος

Paleókastro
Παλαιόκαστρο

N. IKARÍA
Ν. ΙΚΑΡΙΑ

Akr. Fanári
Άκρ. Φανάρι

1153

Háni
Χώρα

Psilí Ámmos
Ψιλή Άμμος

1433

13

23

16

Ag. Kiriakí
Αγ. Κυριακή

Kouméika
Κουμέικα

Pithagório
Πυθαγόρειο

Sam

Armenistís
Αρμενιστής

Évdilos
Εύδηλος

Karavóstamo
Καραβόσταμο

24 Katafýgio

Thérma (✦)
Θέρμα

Spatharéi
Σπαθαραίοι

Pagóndas
Παγώνδας

Iréo
Ηραίο

(♦)

1037

Chrysomhliá
Χρυσομηλιά

Hristós
Χριστός

Chrysóstomos
Χρυσόστομος

Athéras △
Αθέρας

Áγ. Kirikos (144)
Άγ. Κήρυκος

Thimena
Θύμαινα

N. Áγ. Mínás
Ν. Άγ. Μηνάς

Bodrum
Βοτρούμ

(180) Amálo
Αμάλο

957

Amoúdia
Αμμούδια

Thérma Lefkádas
Θέρμα Λευκάδας

Fourni
Φούρνοι

Akr. Pápas
Άκρ. Πάπας

Karkinágri
Καρκινάγρι

N. Thimena
Ν. Θύμαινα

N. Foúrni
Ν. Φούρνοι

N. Samiopoúla
Ν. Σαμιοπούλα

N. MÍKONOS
Ν. ΜΥΚΟΝΟΣ

Ákr. Évros
Άκρ. Έβρος

Dragonísi
Δραγονήσι

341 △

Merá
Μερά

Agathoníssi
Αγαθονήσι

Meg. Horió
Μεγ. Χωριό

1

Íos (△)
ός

N. Ktapódia
Ν. Κταπόδια

Arkoí
Αρκοί

N. Arkí
Ν. Αρκοί

Farmakoníssi
Φαρμακονήσι

S

Akr. Stavrí
Άκρ. Σταυροί

Apólonas
Απόλωνας

(♦) Skála
Σκάλα

Kámpos
Κάμπος

N. Lipsí
Ν. Λειψοί

2

Kóronída
Κορωνίδα

865

23

Kóronos
Κόρωνος

N. Pátmos
Ν. Πάτμος

Lipsí
Λειψοί

N. Archángelos
Ν. Αρχάγγελος

Parthéni
Παρθένι

33 △

Kinídaros
Κινίδαρος

Apíranthos
Απείρανθος

Kávos Stavrós
Κάβος Σταυρός

Donoúsa
Δονούσα

563

N. Donoússa
Ν. Δονούσσα

269 △

Ag. Marína
Αγ. Μαρίνα

N. Léros
Ν. Λέρος

Halki
Χαλκί

Danakós
Δανακός

Moutsoúna
Μουτσούνα

320

Sykiá
Συκιά

Sangri
Σαγκρί

1001

N. NÁXOS (▲)
Ν. ΝΑΞΟΣ

Náxos Dias
Νάξος Διάς

Laki
Λακκί

Xirókambos (△)
Ξηρόκαμπος

523

Koufoníssi
Κουφονήσι

Emoriós
Εμπορειός

Arginónda
Αργινώντα

Kéros
Κέρος

Koufoníssi
Κουφονήσι

N. Nikouria
Ν. Νικουριά

Tholária
Θολάρια

827

N. Télendos
Ν. Τέλενδος

419 △

N. Shinoússa
Ν. Σχοινούσσα

N. Kéros
Ν. Κέρος

Egiáli
Αιγιάλη

Akr. Xádoto
Άκρ. Ξόδοτο

Levítha
Λεβίθα

Mirtiés
Μυρτιές

Vathús
Βαθύς

N. Iráklia
Ν. Ηράκλεια

17

Hozoviótissa
Χοζοβιώτισσα

Kínaros
Κίναρος

N. Levítha
Ν. Λεβίθα

7

678

méri

(△) (♦) Katápola
Κατάπολα

Amorgós
Αμοργός

N. Kínaros
Ν. Κίναρος

(▲) **N. Kálimnos**
Ν. Κάλυμνος

Kálimnos
Κάλυμνος

Ios (▲)
Ίος

Akr. Kalotássi
Άκρ. Καλοτάσι

Arkessíni
Αρκεσίνη

N. AMORGÓS (▲)
Ν. ΑΜΟΡΓΟΣ

Mastihári
Μαστιχάρι

Akr. Poúntas
Άκρ. Πούντας

3

Andimáhia

N. KOS
Ν. ΚΩΣ

anganári

N. Astipálea
Ν. Αστυπάλαια

Akr. Floúda
Άκρ. Φλούδα

Vathí
Βαθύ

Kéfalos (90)
Κέφαλος

Áγ. Ioánis
Άγ. Ιωάνης

426

Akr. Krikelos
Άκρ. Κρίκελος

Análipsi
Ανάληψη

Akr. Poúlari
Άκρ. Πούλαρι

N. Pergoúsa
Ν. Περγούσα

láder
láδες

N. Ányros
Ν. Άνυδρος

482

Astipálea
Αστυπάλαια

Libádio
Λιβάδιο

N. Pacheiá
Ν. Παχειά

N. Ofidoússa
Ν. Οφιδούσσα

Akr. Hiloús
Άκρ. Χειλούς

N.

N. THÍRA
Ν. ΘΗΡΑ

(N. SANTORÍNI)

Akr. Maurópetra
Άκρ. Μαυρόπετρα

Akr. Drépano
Άκρ. Δρέπανς

N. Anáfi
Ν. Ανάφη

N. Kandelioússa
Ν. Κανδελιούσσα

4

10 (260)

Thíra
Θήρα

Kalamiótissa
Καλαμιώτισσα

Síryna
Σύρνα

Kamári
Καμάρι

582

N. Sirna
Ν. Σύρνα

Mesaria
Μεσαριά

566

Arh. Thíra
Αρχ. Θήρα

Anáfi
Ανάφη

Katelimátsa
Κατελιμάτρα

Perissa
Περίσσα

Akr. Exomýtis
Άκρ. Εξωμύτης

N. Makrá
Ν. Μακρά

Tría Nissiá
Τρία Νησιά

Sikia

N. Pacheiá
Ν. Παχειά

N. Zafora

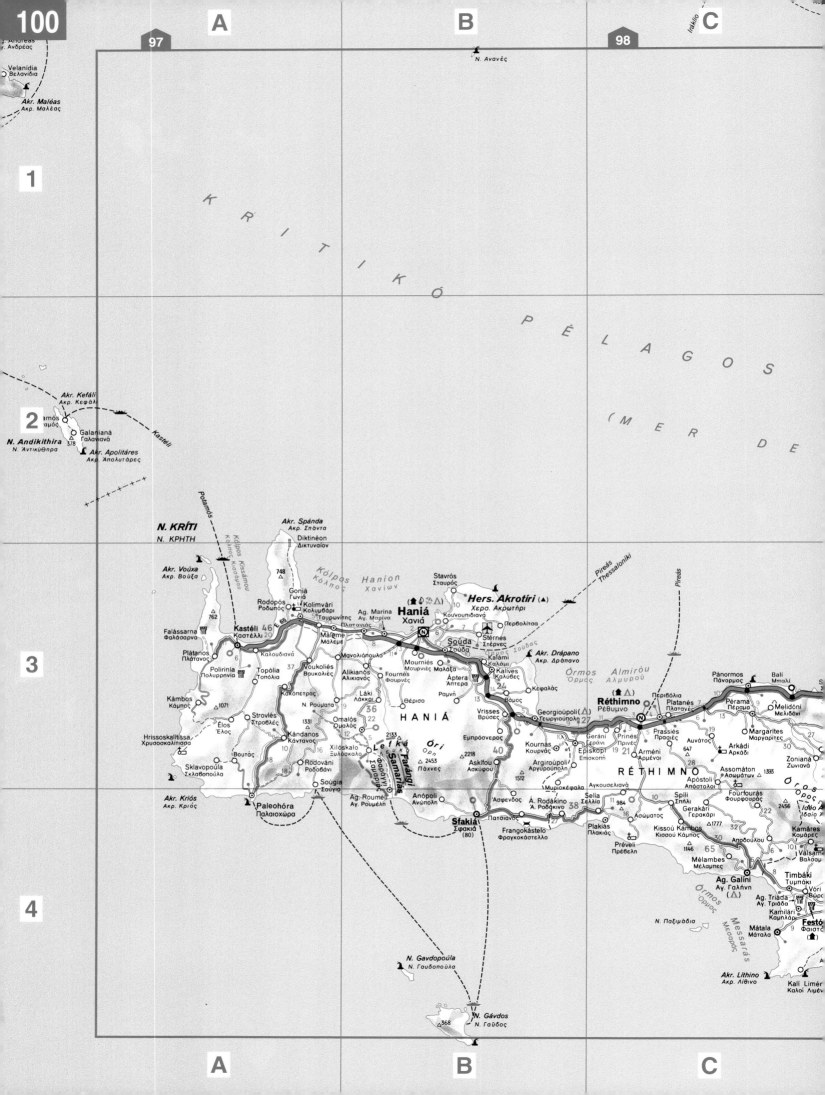

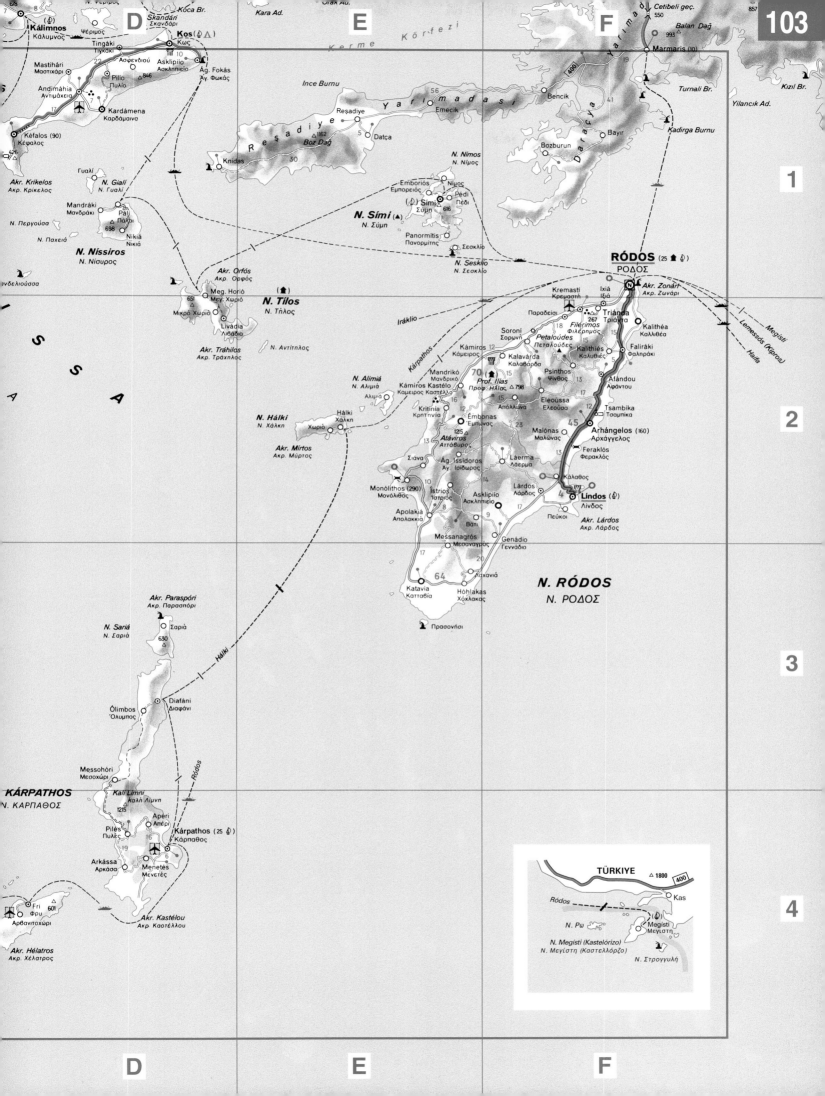

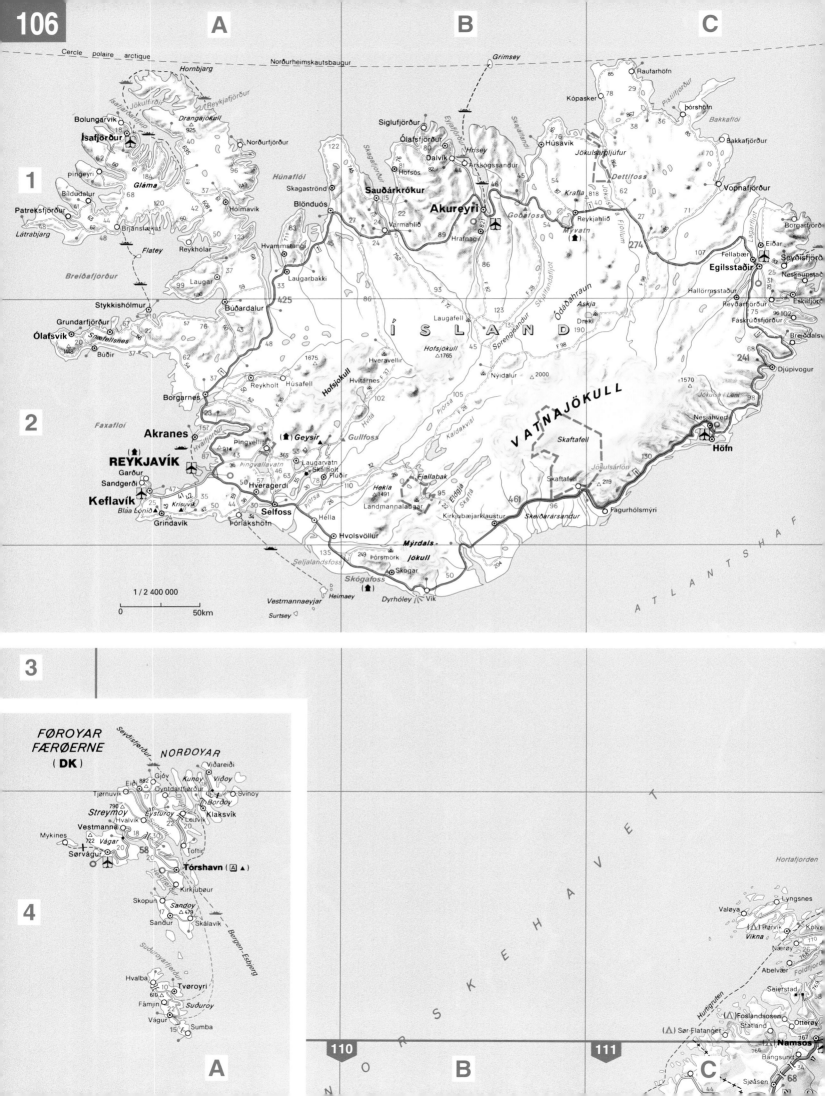

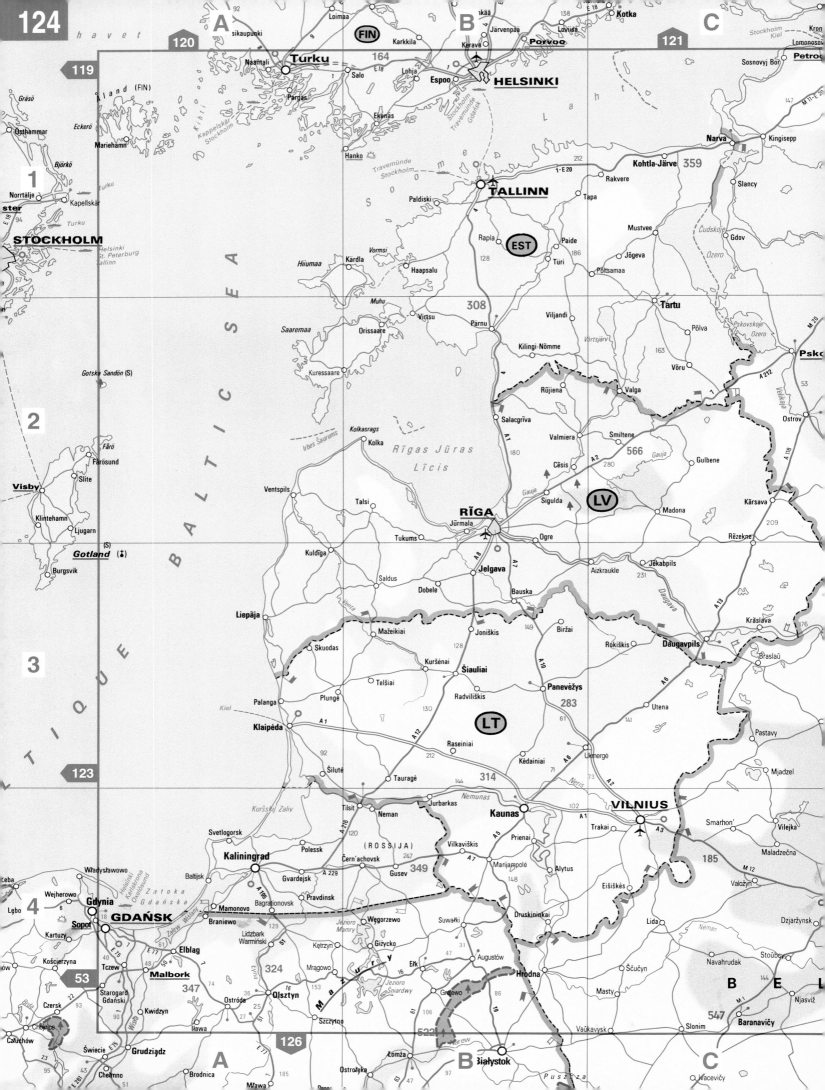

A, Å, Ä

A. Drossiní GR 91 D2
Á. Hóra GR 93 D3
Á. Kalendíni GR 92 B1
Á. Kaliníki GR 87 E1
Á. Kómi GR 87 F3
Á. Lefkími GR 92 A1
Á. Melás GR 87 E2
Á. Merá GR 98 C2
Á. Polidéndri GR 88 B4
A. Poróia GR 88 B1
Á. Rodákino GR 100 B4
Á. Sangrí GR 99 D2
Á. Síros GR 98 C2
Á. Viános GR 101 E4
Á. Vrondoú GR 88 C1
Á. Zervohóri GR 87 F2
Aachen D 61 E2
Aalen D 66 C1
Aalsmeer NL 54 B3
Aalst B 17 E2
Aalten NL 55 D4
Aalter B 15 F4
Äänekoski FIN 115 D3
Aapajärvi FIN 109 E1
Aarau CH 23 F4
Aarberg CH 27 F1
Aarburg CH 23 F4
Aarschot B 17 E1
Aavasaksa FIN 108 C2
Abades E 42 B1
Abadiño E 37 D1
Abanilla E 49 E1
Abano Terme I 72 A4
Abbadia S. Salvatore I 76 B4
Abbasanta I 82 B2
Abbeville F 16 B3
Abbey Town GB 9 D4
Abbeyfeale IRL 4 B3
Abbeyleix / Mainistir Laoise IRL 5 D2
Abbiategrasso I 71 D4
Abborrträsk S 108 A4
Abbots Bromley GB 11 D4
Abbotsbury GB 13 E3
Abcoude NL 54 B3
Abejar E 36 C3
Abejuela E 43 F2
Abela P 46 A1
Abelvær N 106 C4
Abenberg D 63 D4
Abenójar E 42 A4
Åbenrå DK 122 B3
Abensberg D 63 E4
L'Aber-Wrac'h F 18 A2
Aberaeron GB 10 A4
Aberdare / Aberdâr GB 13 D1
Aberdaron GB 10 A3
Aberdeen GB 9 E1
Aberdovey / Aberdyfi GB 10 B4
Aberfeldy GB 9 D1
Aberfoyle GB 8 C2
Abergavenny / Y-Fenni GB 13 D1
Abergele GB 10 B3
Aberlady GB 9 D2
Aberporth GB 12 C1
Abersoch GB 10 A3
Abertillery GB 13 D1
Aberystwyth GB 10 A4
Abetone I 75 F2
Abiego E 38 A3
Abingdon GB 13 F2
Abington GB 9 D3
Abisko S 104 B4
Abla E 48 C3
Ablis F 21 E3
Abondance F 27 E2
Abony H 126 A4
Aboyne GB 9 E1
Abrantes P 40 B2
Abreschviller F 23 E2
Les Abrets F 27 D3
Abriès F 27 F4
Abtenau A 68 A2
Åby S 119 D3
Åbybro DK 122 B1
Acceglio I 31 F1
Accettura I 80 C3
Acciaroli I 80 B4
Accous F 28 B4
Accrington GB 10 C2
Acebo E 41 D1
Acedo E 37 D2
Acehuche E 41 D2
Acerno I 80 B3
Acerra I 80 A3
Aceuchal E 41 D4
Achenkirch A 67 E2
Achern D 23 F2
Acheux-en-Amiénois F 16 C3
Achim D 50 B4
Achnacroish GB 8 B1
Achnasheen GB 6 C4
Aci Castello I 85 E3
Aci Trezza I 85 E3
Acıpayam TR 129 F4
Acireale I 85 E3
Acle GB 15 D1
Acqualagna I 76 C3
Acquapendente I 76 B4
Acquasanta Terme I 77 D4
Acquasparta I 76 C4
Acquaviva delle Fonti I 81 D2
Acqui Terme I 75 D2
Acri I 83 E2
Adak S 108 A4
Adámandas GR 98 B3
Adamclisi RO 129 E1
Adamuz E 47 F1
Adanero E 36 A4
Adapazarı TR 129 F3
Adare IRL 4 C2
Adelboden CH 27 F2
Adelfia I 81 D2
Adelsheim D 62 B4
Ademuz E 43 E2
Adenau D 61 F2
Ádendro GR 88 A2
Adjud RO 127 D4
Admont A 68 B2
Adolfsström S 107 F3
Adorf D 63 E2
Adra E 48 B3
Adrada (La) E 42 A1
Adradas E 37 D4
Adrall E 38 C3
Adrano I 85 D3
Adria I 76 B1
Ænes N 116 B1
Aerinó GR 93 E1
Ærøskøbing DK 122 B4
Aetópetra GR 86 C4
Aetoráhi GR 92 C4
Aetós GR 87 E2
Aetós GR 92 B2
Aetós GR 92 A3
Äetsä FIN 120 B3
Afándou GR 103 F2
Åfarnes N 110 C2
Aféa GR 97 F1
Affi I 71 F4
Afiónas GR 86 B4
Áfissos GR 93 F1
Áfitos GR 88 C3
Afjord N 111 D1
Aflenz Kurort A 68 C2
Afráti GR 94 A3
Afyon TR 129 F4
Ag. Ána GR 94 A2
Ag. Ána GR 93 F4
Ag. Anárgiri GR 97 D3
Ag. Anárgiri GR 93 E1
Ag. Andónios GR 88 B3
Ag. Andréas GR 97 D2
Ag. Apóstoli GR 97 E4
Ag. Apóstoli GR 94 B3
Ag. Apóstoli GR 94 B4
Ag. Athanássios GR 89 D1
Ag. Athanássios GR 87 F2
Ag. Avgoustínos GR 96 C3
Ag. Déka GR 101 D4
Ag. Dimítrios GR 94 C4
Ag. Dimítrios GR 97 D3
Ag. Dimítrios GR 93 D3
Ag. Dimítrios GR 87 F3
Ag. Efimía GR 92 A3
Ag. Efstrátios (Nissí) GR 95 D1
Ag. Efthimía GR 93 E3
Ag. Fokás GR 103 D1
Ag. Fotiá GR 101 F4
Ag. Galíni GR 100 C4
Ag. Geórgios GR 92 A4
Ag. Geórgios GR 101 E4
Ag. Geórgios GR 93 F2
Ag. Geórgios GR 93 D2
Ag. Geórgios (Nissí) GR 98 A1
Ag. Germanós GR 87 E2
Ag. Górdis GR 86 B4
Ag. Harálambos GR 91 D2
Ag. Ioánis GR 97 A1
Ag. Ioánis GR 93 E2
Ag. Ioánis GR 93 F1
Ag. Ioánis GR 93 F4
Ag. Issídoros GR 103 E2
Ag. Kiriakí GR 96 B2
Ag. Kiriakí GR 87 D2
Ag. Kiriakí GR 99 F1
Ág. Kírikos GR 99 E1
Ág. Konstandínos GR 93 F2
Ág. Konstandínos GR 93 E1
Ág. Kosmás GR 89 E1
Ág. Kosmás GR 87 E3
Ág. Léon GR 96 A1
Ág. Loukás GR 94 B3
Ág. Mámas GR 88 C3
Ág. Marína GR 100 B3
Ág. Marína GR 94 B4
Ág. Marína GR 93 E2
Ág. Marína GR 99 F2
Ág. Marína GR 97 F1
Ág. Márkos GR 88 B1
Ág. Mathéos GR 86 B4
Ág. Míronas GR 101 D3
Ág. Nikítas GR 92 A2
Ág. Nikólaos GR 92 B2
Ág. Nikólaos GR 96 C3
Ág. Nikólaos GR 88 C3
Ág. Nikólaos GR 86 C4
Ág. Nikólaos GR 101 E4
Ág. Nikólaos GR 97 F1
Ág. Nikólaos GR 93 D3
Ág. Nikólaos GR 93 F2
Ág. Nikólaos GR 97 D3
Ág. Pandeleímonas GR 87 F2
Ág. Paraskeví GR 88 B1
Ág. Paraskeví GR 89 D1
Ág. Paraskeví GR 87 D3
Ág. Paraskeví GR 95 F1
Ág. Paraskiés GR 101 D4
Ág. Pávlos GR 88 B3
Ág. Pelagía GR 101 D3
Ág. Pelagía GR 97 E4
Ág. Pétros GR 97 D2
Ág. Pnévma GR 88 C1
Ág. Pródromos GR 88 C2
Ág. Rouméli GR 100 B3
Ág. Sofía GR 94 A3
Ág. Sofía GR 97 D2
Ág. Sóstis GR 93 D2
Ág. Sotíra GR 94 A4
Ág. Stéfanos GR 94 A4
Ág. Stéfanos GR 98 C1
Ág. Theódori GR 87 E4
Ág. Theódori GR 93 F4
Ág. Theódori GR 93 F2
Ág. Thomás GR 94 A4
Ág. Thomás GR 101 D4
Ág. Tríada GR 94 A4
Ág. Triáda GR 96 B1
Ág. Triáda GR 88 B2
Ág. Varvára GR 101 D4
Ág. Vassílios GR 88 B2
Ág. Vassílios GR 93 F4
Ág. Vissários GR 93 D1
Agathonissí GR 99 F1
Agay F 31 F3
Agazzano I 75 E1
Agde F 30 A3
Agen F 29 D2
Áger E 38 B3
Ageranós GR 97 D3
Agerbæk DK 122 A3
Aggius I 82 B1
Aggsbach A 68 C1
Agiá GR 88 A4
Agía Lávra GR 93 A4
Agía Triáda GR 100 C4
Agíasma GR 89 E1
Agiásmata GR 95 E3
Agiássos GR 95 F2
Agio Óros GR 90 A4
Agiófilo GR 87 E4
Agiókambos GR 88 B4
Agiókambos GR 93 F2
Agionóri GR 97 E1
Agiopigí GR 93 D1
Agira I 85 D3
Agnanda GR 92 B1
Agnanderó GR 93 D1
Ágnandi GR 93 F3
Agnóndas GR 94 A2
Agnone I 80 A1
Agoitz E 28 A4
Agon-Coutainville F 19 E2
Agorá GR 89 D1
Agordo I 67 F4
Agost E 49 F1
Agramunt E 38 B3
Agrate Brianza I 71 D4
Ágreda E 37 D3
Agreliá GR 87 F4
Agriá GR 93 F1
Agrigento I 84 C4
Agriliá GR 92 C3
Agrínio GR 92 C3
Agriovótano GR 93 F2
Agropoli I 80 B4
Ågskaret N 107 E2
Aguadulce E 48 C3
Aguadulce E 47 F2
Aguaviva E 44 A1
Agudo E 42 A4
Águeda P 40 B1
Aguiar P 40 B4
Aguiar da Beira P 34 C4
Aguilafuente E 36 B4
Aguilar de la Frontera E 47 F2
Aguilar de Campóo E 36 B1
Aguilar del Alfambra E 43 F1
Águilas E 49 D2
Aharnés GR 94 A4
Ahaus D 55 E3
Åheim N 110 B3
Ahendriás GR 101 D4
Ahigal E 41 E1
Ahílio GR 86 B4
Ahílio GR 93 E1
Ahinós GR 88 C1
Ahjärvi FIN 121 F2
Ahladerí GR 94 B3
Ahladohóri GR 88 C1
Ahlainen FIN 120 B2
Ahlbeck D 52 A2
Ahlen D 55 F4
Ahlhorn D 55 F2
Ahrensbök D 50 C3
Ahrensburg D 50 C3
Ähtäri FIN 114 C4
Ahtopol BG 136 E2
Ahun F 25 F3
Åhus S 123 E3
Ahvenselkä FIN 109 E2
Aichach D 67 E1
Aidenbach D 68 A1
Aidone I 85 D3
Aidonia GR
Aidonia GR 97 D1
Aigen im Mühlkreis A 64 B4
L'Aigle F 20 C2
Aigle CH 27 E2
Aignan F 28 C2
Aignay-le-Duc F 22 B4
Aigre F 24 C3
Aigrefeuille-d'Aunis F 24 B2
Aigrefeuille-sur-Maine F 24 B1
Aigua Blava E 39 E3
Aiguebelette-le-Lac F 27 D3
Aiguebelle F 27 E3
Aigueperse F 26 A3
Aigues-Mortes F 30 B3
Aiguilles F 31 E1
Aiguillon F 29 D1
L'Aiguillon-sur-Mer F 24 B2
Aigurande F 25 E2
Ailefroide F 27 E4
Aillant-sur-Tholon F 21 F4
Ailly-le-Haut-Clocher F 16 B3
Ailly-sur-Noye F 16 C4
Aimargues F 30 B2
Aime F 27 E3
Ainhoa F 28 A3
Ainsa E 28 C4
Ainsdale GB 10 C2
Ainzón E 37 E3
Airaines F 16 B3
Airasca I 27 F4
Airdrie GB 8 C3
Aire-sur-la-Lys F 15 E4
Aire-sur-l'Adour F 28 C2
Airisto FIN 120 B4
Airolo CH 66 B4
Airvault F 24 C1
Aiterhofen D 63 F4
Aitrach D 66 C2
Aiud RO 126 C4
Les Aix-d'Angillon F 25 F1
Aix-en-Othe F 22 A3
Aix-en-Provence F 31 D3
Aix-les-Bains F 27 D3
Aixe-sur-Vienne F 25 E3
Aizenay F 24 A1
Aizkraukle LV 124 C3
Ajaccio F 78 A4
Ajaureforsen S 107 F3
Ajdovščina SLO 73 D3
Ajka H 69 F2
Ajo E 36 B1
Ajos FIN 109 D3
Ajtos BG 129 E2
Äkäsjokisuu FIN 108 C1
Äkäslompolo FIN 108 C1
Akçakoca TR 129 F2
Aken D 57 E3
Åkers styckebruk S 119 E2
Åkersberga S 119 F2
Akhisar TR 129 E4
Åkirkeby DK 123 E4
Akkerhaugen N 116 C2
Akranes IS 106 A2
Akráta GR 93 E4
Akréfnio GR 93 F3
Åkrehamn N 116 A2
Akrestrømmen N 111 E4
Akrítas GR 87 E2
Akrogiáli GR 88 C2
Akropótamos GR 89 D2
Akrotíri GR 99 D4
Akrotíri GR 99 D4
Akrotíri (Hers.) GR 100 B3
Akrovoúni GR 89 D1
Akujärvi FIN 105 F3
Akureyri IS 106 B1
Ål N 110 C4
Ala I 71 F4
Alà dei Sardi I 82 B2
Ala di Stura I 27 F4
Ala-Honkajoki FIN 120 B2
Ala-Vuokki FIN 115 E1
Alacant / Alicante E 49 F1
Alaejos E 35 F4
Alagí GR 96 C2
Alagna Valsesia I 70 C4
Alagón E 37 E3
Alagoniá GR 96 C2
Alahärmä FIN 114 B3
Alaior E 45 F2
Alakylä FIN 109 D1
Alalkomenés GR 93 F3
Alameda E 47 F3
Alamillo E 42 A4
Alanäs S 112 B1
Alandroal P 40 C4
Alange E 41 E4
Alanís E 47 E1
Alapitkä FIN 115 E3
Alaraz E 41 F1
Alarcón E 43 D3
Alar del Rey E 36 B2
Alaşehir TR 129 F4
Alassio I 74 C3
Alastaro FIN 120 B3
Alatoz E 43 E4
Alatri I 79 E2
Alavieska FIN 114 C2
Alavus / Alavo FIN 114 C4
Alba I 74 C2
Alba Adriatica I 77 D4
Albacete E 43 E4
Albacken S 112 B2
Alba de Tormes E 41 F1
Ålbæk DK 122 C1
Albaida E 43 F4
Alba Iulia RO 126 C4
Albaladejo E 42 C4
Albalate de Cinca E 38 A4
Albalate del Arzobispo E 37 F4
Albalate de las Nogueras E 43 D2
Alban F 29 F2
Albánchez E 49 D3
Albano di Lucania I 80 C3
Albano Laziale I 79 E2
Albarca E 38 B4
Albares de la Ribera E 33 D4
Albarracín E 43 E2
Albatana E 49 E1
Albatera E 49 E1
Albena BG 129 E1
Albenga I 74 C3
Albens F 27 D3
Alberca (La) E 41 E1
Alberca de Záncara (La) E 43 D3
Alberga S 119 D2
Albergaria-a-Velha P 34 B4
Alberguería de Argañán (La) E 41 D1
Alberic E 43 F4
Albernoa P 46 B1
Alberobello I 81 E2
Albersdorf D 50 B3
Albert F 16 C3
Albertville F 27 E3
Albestroff F 23 D2
Albi F 29 F2
Albiano d'Ivrea I 70 C4
Albinia I 78 C1
Albino I 71 E4
Albissola Marina I 75 D2
Albocàsser E 44 A2
Alboloduy E 48 C3
Albolote E 48 B3
Alborea E 43 E3
Ålborg DK 122 B1
Albox E 49 D2
Albstadt D 66 B2
Albuera (La) E 41 D4
Albufeira P 46 A2
Albujón E 49 E2
Albuñol E 48 B3
Alburquerque E 41 D3
Alby S 112 B3
Alby-sur-Chéran F 27 D3
Alcácer do Sal P 40 B4
Alcáçovas P 40 B4
Alcadozo E 43 D4
Alcafozes P 41 D2
Alcains P 40 C2
Alcalà de Xivert E 44 A2
Alcalá de Guadaira E 47 E2
Alcalá de Henares E 42 C1
Alcalá de la Selva E 43 F2
Alcalá de los Gazules E 47 E4
Alcalá del Río E 47 D2
Alcalá la Real E 48 A2
Alcalá del Júcar E 43 E4
Alcalfar E 45 F3
Alcamo I 84 B3
Alcampel E 38 A3
Alcanar E 44 B1
Alcanede P 40 A2
Alcanena P 40 B2
Alcanhões P 40 B3
Alcántara E 41 D2
Alcantarilha P 46 A2
Alcantarilla E 49 E2
Alcañices E 35 E3
Alcañiz E 44 A1
Alcaracejos E 47 F1
Alcaraz E 43 D4
Alcaria Ruiva P 46 B1
Alcarràs E 38 B4
Alcaudete E 48 A2
Alcaudete de la Jara E 42 A2
Alcázar de San Juan E 42 C3
Alcázares (Los) E 49 E2
Alceda E 36 B1
Alcester GB 13 F1
Alcobaça P 40 A2
Alcoba de los Montes E 42 A3
Alcobendas E 42 B1
Alcocer E 43 D1
Alcochete P 40 A3
Alcoi / Alcoy E 43 F4
Alcolea E 47 F1
Alcolea de Cinca E 38 A3
Alcolea del Pinar E 37 D4
Alcolea del Río E 47 E2
Alconchel E 41 D4
Alcora (L') E 44 A2
Alcorisa E 44 A1
Alcossebre E 44 A2
Alcoutim P 46 B2
Alcover E 38 B4
Alcoy / Alcoi E 43 F4
Alcubierre E 37 F3
Alcubilla de Avellaneda E 36 C3
Alcublas E 43 F3
Alcúdia de Crespins (L') E 43 F4
Alcúdia (L') E 43 F4
Alcúdia E 45 E3
Alcudia de Guadix E 48 B3
Alcuéscar E 41 E3
Aldea (L') E 44 B1
Aldeacentenera E 41 F3
Aldea del Cano E 41 E3
Aldea del Fresno E 42 B1
Aldea del Rey E 42 B4
Aldea Quintana E 47 F2
Aldeanueva de Ebro E 37 E3
Aldeanueva de la Vera E 41 F2
Aldeanueva del Camino E 41 E1
Aldeburgh GB 15 D2
Aldeia da Ponte P 41 D1
Aldeia Gavinha P 40 A3
Aldershot GB 14 B3
Aledo E 49 D2
Aleksandrov RUS 125 F2
Aleksin RUS 125 F3
Aleksinac YU 128 B2
Alençon F 20 C3
Alenquer P 40 A3
Alepohóri GR 97 D2
Alepohóri GR 93 F4
Aléria F 78 B3

Alès F.............. 30 B2
Ales I.............. 82 B3
Alesd RO.......... 126 B4
Alessandria I...... 75 D1
Alessandria della
Rocca I.......... 84 B3
Ålestrup DK....... 122 B4
Ålesund N......... 110 B2
Alexándria GR..... 88 A2
Alexandria GB..... 8 C2
Alexandria RO..... 129 D1
Alexandroúpoli GR .. 91 D2

Alf D.............. 61 F3
Alfajarín E........ 37 F4
Alfambra P........ 46 A2
Alfambra E........ 43 F1
Alfândega da Fé P .. 35 D4
Alfaro E.......... 37 E3
Alfarràs E........ 38 B3
Alfàs del Pi (L') E .. 49 F1
Alfedena I........ 79 F2
Alfeizerão P...... 40 A2
Alfeld D.......... 56 C3
Alfeld D.......... 63 E3

Alfiós GR 96 C1
Alfonsine I......... 76 B1
Alford GB.......... 7 E4
Alfreton GB........ 11 D3
Alfta S............ 112 B4
Algaba (La) E...... 47 D2
Algaida E.......... 45 E3
Algar E............ 47 E3
Algar de Palància E .. 44 A3
Algar (El) E........ 49 E2
Algarinejo E........ 48 A2

Algarrobo E........ 48 A3
Algatocín E........ 47 E3
Algeciras E........ 47 E4
Algemesí E........ 43 F4
Alghero I.......... 82 A2
Alginet E.......... 43 F3
Algodonales E...... 47 E3
Algora E.......... 43 D1
Algorta E.......... 36 C1
Algoz P........... 46 A2
Alhama de Granada
E................. 48 A3

Alhama de Almería
E................. 48 C3
Alhama de Aragón
E................. 37 D4
Alhama de Murcia E.. 49 E2
Alhambra E........ 42 C4
Alhaurín el Grande
E................. 47 F3
Alhóndiga E....... 42 C1
Ali Terme I........ 83 D4
Alia I............. 84 C3
Alía E............ 41 F3

Aliaga E........... 43 F1
Aliaguilla E........ 43 E3
Alíartos GR........ 93 F3
Alibunar YU........ 128 B1
Alicante / Alacant E .. 49 F1
Alicún de Ortega E .. 48 B2
Alife I............ 80 A2
Alijó P........... 34 C4
Alikés GR.......... 92 B4
Aliki GR........... 98 C3
Alikianós GR....... 100 B3
Alimiá (Nissí) GR..... 103 E2

Alingsås S 118 B4
Alinyà E 38 C3
Alise-Ste-Reine F 22 B4
Aliseda E 41 D3
Alistráti GR 89 D1
Alivéri GR 94 B3
Aljezur P 46 A2
Aljucén E 41 E3
Aljustrel P 46 B1
Alkmaar NL 54 B3
Allaire F 19 D4
Allanche F 26 A4
Alland A 69 D1
Allariz E 32 B4
Alleen N 116 B3
Alleghe I 67 F4
Allègre F 26 B4
Allensbach D 66 B2
Allentsteig A 64 C4
Allepuz E 43 F1
Allersberg D 63 E4
Allershausen D 67 E1
Alleuze F 26 A4
Allevard F 27 D4
Allinge Sandvig DK 123 E3
Allo E 28 A4
Alloa GB 9 D2
Allonnes F 24 C1
Alloza E 43 F1
Allstedt D 57 D4
Almacelles E 38 A3
Almáchar E 48 A3
Almada P 40 A3
Almadén E 42 A4
Almadén de la Plata E 47 D1
Almadenejos E 42 A4
Almagro E 42 B4
Almajano E 37 D3
Almancil P 46 B2
Almansa E 43 F4
Almanza E 33 F4
Almaraz E 41 F2
Almarcha (La) E 43 D3
Almargen E 47 F3
Almarza E 37 D3
Almassora E 44 A2
Almazán E 37 D4
Almedinilla E 48 A2
Almeida P 35 D4
Almeida E 35 E4
Almeirim P 40 B3
Almelo NL 55 D3
Almenar E 38 B3
Almenara E 44 A3
Almenar de Soria E 37 D3
Almendral E 41 D4
Almendralejo E 41 E4
Almendro (El) E 46 C2
Almere-Stad NL 54 C3
Almería E 48 C3
Almerimar E 48 C4
Almese I 27 F4
Älmhult S 123 E2
Almirí GR 97 E1
Almiró GR 96 C3
Almiropótamos GR 94 B4
Almirós GR 93 E1
Almodôvar P 46 B2
Almodóvar del Campo E 42 A4
Almodóvar del Pinar E 43 E3
Almodóvar del Río E 47 F1
Almogía E 47 F3
Almoguera E 42 C2
Almoharín E 41 E3
Almonacid de Toledo E 42 B2
Almonacid de Zorita E 42 C2
Almonació de la Sierra E 37 E4
Almonaster la Real E 46 C1
Almonte E 47 D2
Almoradí E 49 E1
Almorox E 42 A2
Almudévar E 37 F3
Almunia de Doña Godina (La) E 37 E4
Almuñécar E 48 A3
Almuradiel E 48 B1
Alness GB 7 D4
Alnö S 112 C3
Alnwick GB 9 F3
Alónia GR 88 A3
Alónissos GR 94 A2
Alónissos (Nissí) GR 94 B1
Álora E 47 F3
Alosno E 46 C2
Alozaina E 47 F3
Alp E 38 C2
Alpalhão P 40 C3
Alpbach A 67 F3
Alpe-d'Huez F 27 D4
Alpedrinha P 40 C1
Alpera E 43 E4
Alphen aan den Rijn NL 54 B3
Alpiarça P 40 B3
Alpignano I 27 F4
Alpirsbach D 23 F3
Alpua FIN 114 C2
Alqueva P 40 C4
Alquían (El) E 48 C3
Als DK 122 B2
Alsdorf D 61 E2
Alsen S 112 A2
Alsfeld D 62 B2
Alsleben D 57 E4
Alstahaug N 107 D3
Alston GB 9 E4
Alt Ruppin D 51 E4
Alta N 105 D2
Altamura I 81 D3
Altastenberg D 62 A1
Altaussee A 68 B2
Altavilla Milicia I 84 B2
Altdöbern D 58 A3
Altdorf CH 66 B4
Altdorf b. Nürnberg D 63 E4
Altea E 49 F1
Altedo I 76 A1
Altena D 61 F1
Altenahr D 61 F2
Altenau D 56 C4
Altenberg D 64 A1
Altenberge D 55 E4
Altenburg D 63 E1
Altenholz D 50 B2
Altenhundem D 62 A1
Altenkirchen D 51 F1
Altenkirchen i. Westerwald D 61 F2
Altenmarkt A 68 A2
Altenmarkt bei St. Gallen A 68 C2
Altenmarkt a. d. Alz D 67 F2
Altenstadt D 66 C2
Altensteig D 23 F2
Altentreptow D 51 F3
Altenwalde D 50 A3
Alter do Chão P 40 C3
Altglashütten D 23 F3
Altheim A 68 A1
Althofen A 68 C3
Altkirch F 23 E4
Altlandsberg D 57 F2
Altlengbach A 69 D1
Altmünster A 68 B2
Altnaharra GB 7 D3
Altötting D 67 F1
Alton GB 14 B4
Altopascio I 75 F3
Altorricón E 38 A3
Altrincham GB 10 C3
Altsasu E 37 D1
Altshausen D 66 C2
Altstätten CH 66 C3
Altura E 43 F3
Altweilnau D 62 A2
Alustante E 43 E1
Alva GB 9 D2
Alvaiázere P 40 B2
Alvalade P 46 A1
Alvdal N 111 D3
Älvdalen S 112 A4
Alverca do Ribatejo P 40 A3
Alvesta S 123 E2
Alvignac F 29 E1
Ålvik N 116 B1
Alvito P 40 B4
Älvkarleby S 119 E1
Alvor P 46 A2
Älvros S 112 B3
Älvsbyn S 108 B3
Alyth GB 9 D1
Alytus LT 124 B4
Alzenau D 62 B3
Alzey D 62 A3
Alzira E 43 F4
Alzola E 37 D1
Alzon F 30 A2
Alzonne F 29 F3
Amadora P 40 A3
Åmål S 118 B2
Amalfi I 80 A3
Amaliáda GR 96 B1
Amaliápoli GR 93 E1
Amálo GR 99 E1
Amance F 23 D4
Amancey F 27 D1
Amandola I 77 D4
Amantea I 83 E2
Amárandos GR 93 D1
Amárandos GR 87 D3
Amarante P 34 C3
Amareleja P 46 C1
Amares P 34 B3
Amárinthos GR 94 B3
Amatrice I 77 D4
Amay B 17 F2
Ambarès-et-Lagrave F 24 C4
Ambasaguas E 33 E3
Ambazac F 25 E3
Ambelákia GR 88 A4
Ambelákia GR 91 E1
Ambelía GR 93 E1
Ambelikó GR 95 F2
Ambelióna GR 96 C2
Ambelónas GR 88 A4
Amberg D 63 E3
Ambérieu-en-Bugey F 27 D3
Ambert F 26 B3
Ambès F 24 C4
Ambierle F 26 B2
Amble GB 9 F4
Ambleside GB 10 C1
Amboise F 21 D4
Ambra I 76 B3
Ambrières-les-Vallées F 19 F3
Ameixial P 46 B2
Amelia I 79 D1
Amélie-les-Bains-Palalda F 29 F4
Amelinghausen D 50 C4
Amer E 39 D3
Amerongen NL 54 C4
Amersfoort NL 54 C3
Amersham GB 14 B3
Amesbury GB 13 F2
Ametlla de Mar (L') E 44 B1
Amfiaraío GR 94 A4
Amfíklia GR 93 E3
Amfilohía GR 92 B2
Amfípoli GR 88 C2
Ámfissa GR 93 E3
Amiens F 16 C3
Amigdaleónas GR 89 D1
Amigdaliá GR 93 D3
Amilly F 21 F3
Amíndeo GR 87 E2
Åmli N 116 C2
Amlwch GB 3 F4
Ammanford / Rhydaman GB 12 C1
Ämmänsaari FIN 115 E1
Ammarnäs S 107 F3
Amohóri GR 87 E2
Amolianí GR 89 D3
Amolianí (Nissí) GR 89 D3
Amorbach D 62 B3
Amorebieta E 37 D1
Amorgós GR 99 D3
Amorgós (Nissí) GR 99 D3
Amório GR 91 E1
Åmot N 116 C2
Åmot S 112 C4
Åmot N 117 D1
Åmotfors S 118 B2
Amótopos GR 92 B1
Amou F 28 B3
Amoudára GR 101 D4
Amoudára GR 101 E4
Ampezzo I 68 A4
Ampfing D 67 F1
Amphion-les-Bains F 27 E2
Amplepuis F 26 B3
Ampolla (L') E 44 B1
Amposta E 44 B1
Ampthill GB 14 B2
Ampudia E 36 A3
Ampuero E 36 C1
Amriswil CH 66 C3
Amsele S 113 D1
Amstelveen NL 54 B3
Amsterdam NL 54 B3
Amstetten A 68 C1
Amurrio E 36 C1
Amusco E 33 F4
Åna Sira N 116 A3
Anadia P 40 B1
Anáfi GR 99 D4
Anáfi (Nissí) GR 99 D4
Anafonítria GR 92 A4
Anagni I 79 E2
Análipsi GR 99 E4
Análipsi GR 93 F3
Análipsis GR 96 C2
Anan'ïv UA 127 E3
Anaráhi GR 87 E2
Anárgiri GR 87 E2
Anascaul IRL 4 A3
Ånäset S 113 E1
Anatolí GR 88 A4
Anatolí GR 87 D4
Anatolí GR 101 E4
Anatolikó GR 87 E2
Anávatos GR 95 F3
Anávissos GR 98 A1
Anávra GR 93 D1
Anávra GR 93 E2
Ancenis F 19 E4
Ancerville F 22 B2
Anchuras E 42 A3
Ancona I 77 D3
Ancy-le-Franc F 22 A4
Anda N 110 B3
Andalo I 71 F3
Åndalsnes N 110 C3
Andartikó GR 87 E2
Andebu N 117 D2
Andelot F 22 C3
Les Andelys F 16 B4
Andenes N 104 A3
Andenne B 17 F2
Anderlues B 17 E2
Andermatt CH 66 B4
Andernach D 61 F2
Andernos-les-Bains F 28 B1
Anderstorp S 123 E1
Andígonos GR 87 F2
Andikíra GR 93 E3
Andikíthira (Nissí) GR 100 A2
Andimáhia GR 103 D1
Andímilos (Nissí) GR 98 A3
Andíparos GR 98 C3
Andíparos (Nissí) GR 98 C3
Andípaxi (Nissí) GR 92 A1
Andípsara (Nissí) GR 95 E3
Andírio GR 92 C3
Ándissa GR 95 E1
Andoain E 28 A3
Andorno Micca I 70 C4
Andorra E 44 A1
Andosilla E 28 A4
Andover GB 13 F2
Andratx E 45 D3
Andravída GR 92 B4
Andretta I 80 B3
Andrézieux-Bouthéon F 26 B3
Andria I 80 C2
Andrijevica YU 128 B2
Andrítsena GR 96 C1
Ándros GR 98 C1
Ándros (Nissí) GR 94 C4
Androúsa GR 96 C2
Andselv N 104 B3
Andújar E 48 A1
Anduze F 30 B2
Aneby S 118 C4
Ånes N 110 C2
Anet F 21 D2
Angáli GR 94 A2
Ånge S 112 A2
Ånge S 112 B3
Angeja P 34 B4
Ängelholm S 123 D2
Angeli FIN 105 E3
Angelohóri GR 87 F2
Angelókastro GR 92 C3
Angelókastro GR 97 E1
Anger A 69 D2
Angera I 71 D4
Angermünde D 52 A4
Angern a. d. March A 65 E4
Angers F 19 F4
Angerville F 21 E3
Anghiari I 76 B3
Angístri GR 97 F1
Angístri (Nissí) GR 97 F1
Angístro GR 88 C1
Anglès E 39 D3
Anglès F 29 F3
Angles-sur-l'Anglin F 25 D2
Anglesola E 38 B4
Anglet F 28 A3
Anglure F 22 A2
Angoulême F 24 C3
Angri I 80 A3
Angüés E 38 A3
Anguiano E 36 C2
Anguillara Veneta I 72 B4
Aniane F 30 B2
Aniche F 17 D3
Ánixi GR 87 E4
Anizy-le-Château F 17 D4
Anjalankoski FIN 121 E3
Anjum NL 55 D1
Ankaran SLO 73 D3
Ankarsrum S 119 D4
Anklam D 51 F3
Ankum D 55 E3
Ånn S 112 A2
Annaberg im Lammertal A 68 C1
Annaberg-Buchholz D 63 F1
Annaburg D 57 F3
Annan GB 9 D4
Anndalsvågen N 107 D3
Annecy F 27 D3
Annemasse F 27 E2
Annevoie-Rouillon B 17 F3
Annonay F 26 C4
Annone Veneto I 72 B3
Annot F 31 E2
Annweiler D 23 F1
Anógia GR 101 D3
Anógia GR 97 D3
Anópoli GR 100 B4
Ansbach D 63 D4
Anse F 26 C3
Ansedonia I 78 C1
Ansião P 40 B2
Ansnes N 111 D1
Ansó E 28 B4
Anstruther GB 9 E2
Antas E 49 D3
Antegnate I 71 E4
Antemil E 32 B2
Antemil E 36 B2
Antequera E 47 F3
Anterselva di Mezzo/ Antholz Mittertal I 67 F4
Anthí GR 88 C1
Ánthia GR 91 D2
Anthíli GR 93 E2
Anthótopos GR 93 E1
Antibes F 31 F2
Antilla (La) E 46 C2
Antnäs S 108 B3
Antraigues-sur-Volane F 30 B1
Antrain F 19 E3
Antrim GB 3 E2
Antrodoco I 79 E1
Anttola FIN 121 E2
Antwerpen B 17 E1
Antwerpen-Deurne B 17 E1
Anzano di Puglia I 80 B2
Anzio I 79 E2
Anzola d'Ossola I 70 C3
Anzy-le-Duc F 26 B2
Añover de Tajo E 42 B2
Aosta / Aoste I 27 F3
Apecchio I 76 B3
Apel (Ter) NL 55 E2
Apeldoorn NL 54 C3
Apen D 55 E2
Apéri GR 103 D4
Aphrodisias TR 129 F4
Apidiá GR 97 D3
Apikia GR 98 C1
Apíranthos GR 99 D2
Apolakiá GR 103 E2
Apolda D 63 E1
Apólonas GR 99 D2
Apolonía GR 98 B3
Apolonía GR 88 C2
Apóstoli GR 100 C3
Apostolove UA 127 F3
Äppelbo S 118 C1
Appenweier D 23 F2
Appenzell CH 66 C3
Appiano s. str. d. vino / Eppan I 67 E4
Appingedam NL 55 D1
Appleby GB 10 C1
Aprica I 71 E3
Apricena I 80 B1
Aprilia I 79 E2
Ápsalos GR 87 F1
Apt F 31 D2
Apta N 116 B3
Áptera GR 100 B3
Aquileia I 72 C3
Arabba I 67 F4
Aracena E 47 D1
Arad RO 126 B4
Aragona I 84 C3
Arahal (El) E 47 E2
Aráhova GR 93 D3
Aráhova GR 93 E3
Aramits F 28 B3
Aranda de Duero E 36 B3
Aranđelovac YU 128 B1
Aranjuez E 42 B2
Arantzazu E 37 D1
Aras de Alpuente E 43 F2
Arasluokta S 107 F1
Áratos GR 91 D2
Aravaca E 42 B1
Aravissós GR 88 A2
Áraxos GR 92 C4
Arazede P 40 B1
Arbatax I 82 C3
Arbeca E 38 B4
Arbesbach A 64 C4
Arboga S 119 D2
Arbois F 27 D1
Arbon CH 66 C3
Arborea (Località) I 82 A3
Arborio I 70 C4
Arbrå S 112 B4
L'Arbresle F 26 C3
Arbroath GB 9 E1
Arbúcies E 39 D3
Arbus I 82 B3
Arc-en-Barrois F 22 B3
Arcachon F 28 B1
Arce I 79 F2
Arcen NL 61 E1
Arcevia I 76 C3
Archena E 49 E1
Archiac F 24 C3
Archidona E 48 A3
Arcidosso I 76 B4
Arcis-sur-Aube F 22 A3
Arco I 71 F3
Arco de Baulhe P 34 C3
Arcos E 36 B2
Arcos (Los) E 37 D2
Arcos de Jalón E 37 D4
Arcos de la Frontera E 47 E3
Arcos de Valdevez P 32 A4
Les Arcs F 27 E3
Les Arcs F 31 E3
Arcusa E 38 A3
Arcyz UA 127 E4
Ardales E 47 F3
Årdalstangen N 110 C4
Ardánio GR 91 E2
Ardara IRL 2 C2
Ardberg GB 8 A3
Ardee / Baile Átha Fhirdhia IRL 3 D3
Ardentes F 25 E1
Ardentinny GB 8 B2
Ardes F 26 A4
Ardez CH 67 D4
Ardglass GB 3 E3
Ardisa E 37 F3
Ardlussa GB 8 B2
Ardmore / Aird Mhór IRL 5 D3
Ardrahan IRL 2 B4
Ardres F 15 E4
Ardrishaig GB 8 B2
Ardrossan GB 3 F1
Arduaine GB 8 B2
Ardvasar GB 6 B4
Åre S 112 A2
Areeta E 36 C1
Arenas de Cabrales E 33 F3
Arenas de Iguiña E 36 B1
Arenas de San Juan E 42 B3
Arenas de San Pedro E 41 F2
Arendal N 116 C3
Arendonk B 17 F1
Arendsee D 51 D4
Arenys de Mar E 39 D4
Arenzano I 75 D2
Areópoli GR 97 D3
Ares N 116 A2
Arès F 28 B1
Ares E 32 B2
Aréthoussa GR 88 C2
Aretí GR 88 B2
Arévalo E 36 A4
Arez P 40 C2
Arezzo I 76 B3
Arfará GR 96 C2
Argalastí GR 93 F1
Argamasilla de Alba E 42 C4
Argamasilla de Calatrava E 42 B4
Arganda E 42 C2
Arganil P 40 C1
Argássi GR 96 A1
Argelès-Gazost F 28 C4
Argelès-sur-Mer F 30 A4
Argent-sur-Sauldre F 21 E4

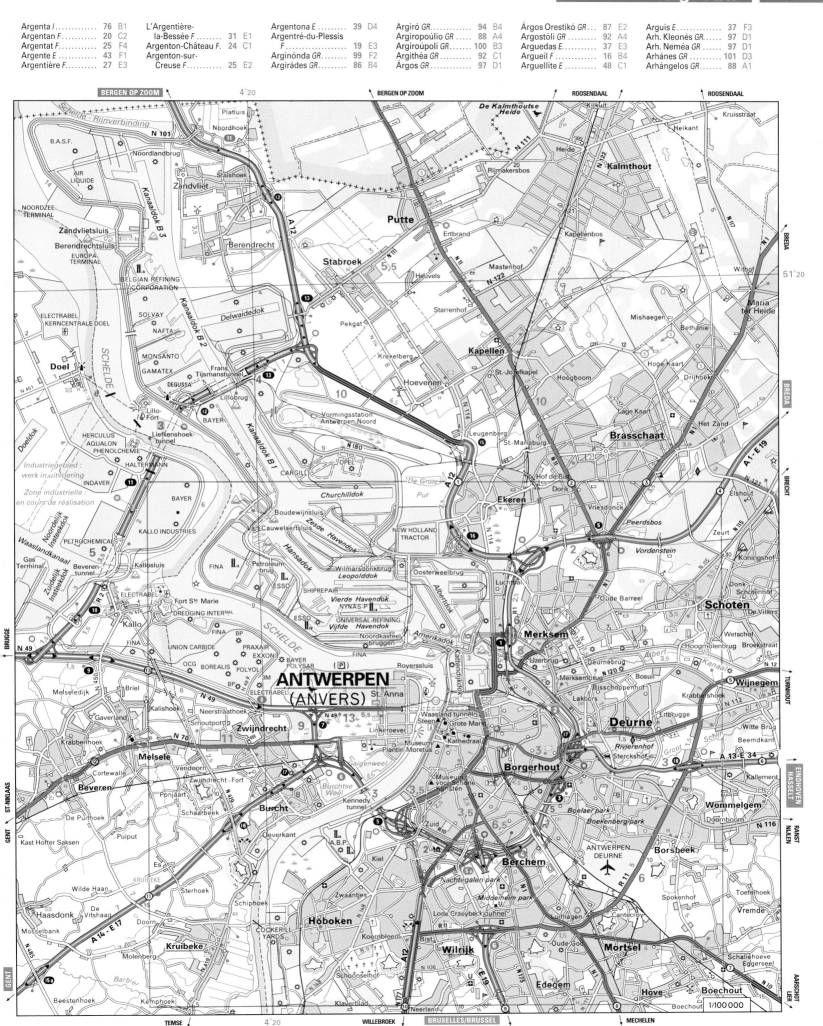

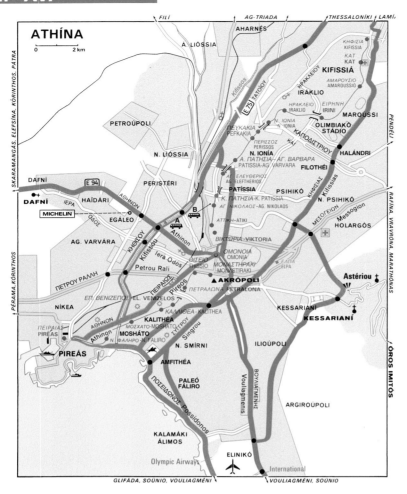

Arhángelos GR ... 103 F2
Arhéa Epídavros GR ... 97 E1
Arhéa Kórinthos GR ... 93 F4
Arhéa Olympía GR ... 96 B1
Arhéa Thíra GR ... 99 D4
Århus DK ... 122 B2
Arianá GR ... 91 D2
Ariano Irpino I ... 80 B2
Ariano nel Polesine I ... 76 B1
Aribe E ... 28 B4
Aridéa GR ... 87 F1
Arija E ... 36 B1
Arild S ... 123 D2
Arinagour GB ... 8 A1
Aríni GR ... 96 B1
Arinthod F ... 27 D2
Ariño E ... 43 F1
Arisaig GB ... 8 B1
Arísti GR ... 87 D4
Aristoménis GR ... 96 C2
Arísvi GR ... 91 D2
Aritzo I ... 82 B3
Ariza E ... 37 D4
Årjäng S ... 118 B2
Arjeplog S ... 108 A3
Arjona E ... 48 A1
Arkádi GR ... 100 C3
Arkalohóri GR ... 101 D4
Arkássa GR ... 103 D4
Arkessíni GR ... 99 D3
Arkí (Nissí) GR ... 99 F2
Arkítsa GR ... 93 F2
Arklow / An tInbhear Mór IRL ... 5 E2
Arkoúdi (Nissí) GR ... 92 A3
Arlanc F ... 26 B4
Arlanda S ... 119 E2
Arlanzón E ... 36 C2
Arlempdes F ... 26 B4
Arles F ... 30 C2
Arles-sur-Tech F ... 29 F4
Arlesheim CH ... 23 E4
Arlon B ... 22 C1
Arma di Taggia I ... 74 C3
Armadale GB ... 9 D2
Armagh GB ... 3 D3
Armamar P ... 34 C4
Arméni GR ... 100 C3
Armenií GR ... 96 B2
Armenistís GR ... 99 E1

Armentières F ... 15 F4
Armilla E ... 48 B3
Armólia GR ... 95 F4
Árna GR ... 97 D3
Arnac-Pompadour F ... 25 E4
Arnay-le-Duc F ... 26 B1
Arnéa GR ... 88 C2
Arneburg D ... 57 E2
Arnedillo E ... 37 D3
Arnedo E ... 37 D3
Arnés E ... 44 A1
Årnes N ... 117 E1
Arnhem NL ... 54 C4
Arni I ... 75 F2
Árnissa GR ... 87 F2
Arnoldstein A ... 68 B4
Arnsberg D ... 62 A1
Arnstadt D ... 63 D1
Arnstein D ... 62 C3
Aroania GR ... 93 D4
Aroche E ... 46 C1
Arogí GR ... 89 F1
Arolsen D ... 56 B4
Arona I ... 70 C4
Aroniádika GR ... 97 E4
Aronkylä FIN ... 114 B4
Åros N ... 117 D2
Arosa CH ... 66 C4
Arouca P ... 34 B4
Arøysund N ... 117 D2
Arpajon F ... 21 E2
Arpela FIN ... 109 D3
Arquata del Tronto I ... 77 D4
Arques F ... 15 E4
Arques-la-Bataille F ... 16 A3
Arquillos E ... 48 B1
Arrabal E ... 32 A4
Arracourt F ... 23 D2
Arraiolos P ... 40 B4
Arras F ... 16 C3
Arrasate / Mondragón E ... 37 D1
Arreau F ... 29 D4
Arredondo E ... 36 C1
Arrens-Marsous F ... 28 C4
Arrifana P ... 41 D1
Arrigorriaga E ... 36 C1
Arriondas E ... 33 F2
Arroba de los Montes E ... 42 A3
Arrochar GB ... 8 C2

Arromanches-les-Bains F ... 19 F1
Arronches P ... 40 C3
Arroyo de la Luz E ... 41 D3
Arroyo del Ojanco E ... 48 C1
Arroyo de San Serván E ... 41 D4
Arroyomolinos de Léon F ... 47 D1
Arroyomolinos de Montánchez E ... 41 E3
Arruda dos Vinhos P ... 40 A3
Års DK ... 122 B1
Ars-en-Ré F ... 24 A2
Ars-sur-Moselle F ... 22 C2
Arsié I ... 72 A3
Arsiero I ... 72 A3
Arskógssandur IS ... 106 B1
Årsunda S ... 119 E1
Arsy F ... 16 C4
Árta GR ... 92 B1
Artà E ... 45 E3
Arta Terme I ... 68 A4
Artajona E ... 28 A4
Artemissía GR ... 96 C2
Artemíssio GR ... 93 F2
Artemónas GR ... 98 B3
Artena I ... 79 E2
Artenay F ... 21 E3
Artern D ... 57 D4
Artés E ... 38 C3
Artesa de Segre E ... 38 B3
Artessianó GR ... 93 D1
Arth CH ... 66 B4
Arth D ... 67 F1
Arthurstown IRL ... 5 E3
Arties E ... 29 D4
Artjärvi FIN ... 121 D3
Artotína GR ... 93 D3
Artziniega E ... 36 C1
Arudy F ... 28 C3
Arundel GB ... 14 B4
Árvi GR ... 101 E4
Arvidsjaur S ... 108 A3
Árvik N ... 110 B3
Arvika S ... 118 B2
Årviksand N ... 104 C2
Arzachena I ... 78 A3
Arzacq-Arraziguet F ... 28 C3
Arzano F ... 18 C3
Arzberg D ... 63 E2
Arzignano I ... 72 A4

Árzos GR ... 91 E1
Arzúa E ... 32 B3
As B ... 17 F1
Åsa S ... 118 B4
Åsarna S ... 112 A3
Åsarp S ... 118 C4
Ascain F ... 28 A3
Ascha D ... 63 F4
Aschach an der Donau A ... 68 B1
Aschaffenburg D ... 62 B3
Aschau i. Chiemgau D ... 67 F2
Aschbach-Markt A ... 68 C1
Ascheberg D ... 50 C2
Ascheberg D ... 55 E4
Aschendorf (Ems) D ... 55 E2
Aschersleben D ... 57 D4
Asciano I ... 76 B4
Asco F ... 78 A3
Ascó E ... 38 B4
Ascoli Piceno I ... 77 D4
Ascoli Satriano I ... 80 B2
Ascona CH ... 71 D3
Åse N ... 104 A3
Åseda S ... 123 F1
Åsele S ... 112 C1
Åsen N ... 111 E1
Asenovgrad BG ... 129 D2
Åseral N ... 116 B3
Asfáka GR ... 87 D4
Asfeld F ... 17 E4
Åsgårdstrand N ... 117 D2
Ashbourne GB ... 11 D3
Ashbourne IRL ... 3 D4
Ashburton GB ... 13 D3
Ashby de la Zouch GB ... 11 D4
Ashford GB ... 15 D4
Ashington GB ... 9 F4
Ashton-under-Lyne GB ... 11 D3
Asiago I ... 72 A3
Asikkala FIN ... 121 D3
Asín E ... 37 F3
Asipovičy BY ... 125 D4
Ask N ... 117 D1
Askainen FIN ... 120 B4
Askeaton IRL ... 4 C2
Askersund S ... 119 D2
Askífou GR ... 100 B3
Askim N ... 117 D2

Asklipiío GR ... 103 D1
Asklipío GR ... 103 D1
Askola FIN ... 121 D3
Askós GR ... 88 C2
Askvoll N ... 110 A3
Asmunti FIN ... 109 E3
Asola I ... 71 F4
Asolo I ... 72 A3
Aspang Markt A ... 69 D2
Aspatria GB ... 9 D4
Aspe E ... 49 F1
Asperg D ... 66 B1
Aspet F ... 29 D4
Áspra Spítia GR ... 93 E3
Aspres-lès-Corps F ... 31 D1
Áspro GR ... 87 F2
Aspróhoma GR ... 96 C2
Asprópirgos GR ... 94 A4
Asproválta GR ... 88 C2
Asse B ... 17 E2
Assemini I ... 82 B4
Assen NL ... 55 D2
Assens DK ... 122 B3
Assergi I ... 79 E1
Assíni GR ... 97 E1
Assisi I ... 76 C4
Assmannshausen D ... 62 A3
Assopía GR ... 94 A4
Assopós GR ... 97 E3
Ássos GR ... 92 A3
Ássos GR ... 92 B1
Astaffort F ... 29 D2
Astakída (Nissí) GR ... 102 C3
Astakós GR ... 92 A3
Asten A ... 68 B1
Asti I ... 74 C1
Astillero (El) E ... 36 B1
Astipálea GR ... 99 E4
Astipálea (Nissí) GR ... 99 E4
Astorga E ... 33 D4
Åstorp S ... 123 D2
Ástros GR ... 97 D2
Astudillo E ... 36 B2
Asvestádes GR ... 91 E1
Asvestohóri GR ... 87 D4
Asvestópetra GR ... 87 E2
Atalándi GR ... 93 F3
Átali GR ... 94 A3
Ataquines E ... 36 A4
Atarfe E ... 48 A3
Ateca E ... 37 E4
Atella I ... 80 C3
Atessa I ... 80 A1
Ath B ... 17 D2
Athánio GR ... 92 A3
Athenry / Baile Átha an Rí IRL ... 2 B4
Atherstone GB ... 11 D4
Athína GR ... 94 A4
Áthira GR ... 88 A2
Athlone / Baile Átha Luain IRL ... 2 C4
Áthos GR ... 89 D3
Athy / Baile Átha Í IRL ... 5 E2
Atienza E ... 36 C4
Atina I ... 79 F2
Atios E ... 32 B2
Átokos (Nissí) GR ... 92 B3
Atri I ... 77 E4
Atsikí GR ... 89 F4
Attendorn D ... 62 A1
Attersee A ... 68 A2
Attigliano I ... 79 D1
Attigny F ... 17 E4
Attleborough GB ... 15 D1
Attnang-Puchheim A ... 68 B1
Åtvidaberg S ... 119 D4
Atzeneta d'Albaida E ... 43 E4
Atzeneta del Maestrat E ... 44 A2
Au D ... 67 E1
Aub D ... 62 C3
Aubagne F ... 31 D3
Aubange B ... 22 C1
Aubenas F ... 30 B1
Aubenton F ... 17 E3
Aubergenville F ... 21 E2
Auberive F ... 22 B4
Aubeterre F ... 22 A3
Aubeterre-sur-Dronne F ... 24 C2
Aubigny-sur-Nère F ... 21 E4
Aubin F ... 29 F1
Aubonne CH ... 27 E2
Aubrac F ... 30 A1
Aubusson F ... 25 F3

Auch F ... 29 D2
Auchencairn GB ... 8 C4
Auchterarder GB ... 9 D2
Auchtermuchty GB ... 9 D2
Audenge F ... 28 B1
Audeux F ... 27 D1
Audierne F ... 18 A3
Audincourt F ... 23 D4
Audlem GB ... 10 C3
Audruicq F ... 15 E4
Audun-le-Roman F ... 22 C1
Audun-le-Tiche F ... 22 C1
Aue D ... 63 F1
Auerbach D ... 63 F2
Auerbach i. d. Oberpfalz D ... 63 E3
Auffach A ... 67 F3
Aughnacloy GB ... 3 D2
Aughrim IRL ... 5 E2
Augsburg D ... 67 D1
Augusta I ... 85 E3
Augustenborg DK ... 122 B3
Augustów PL ... 124 B4
Augustusburg D ... 63 F1
Aukan N ... 110 C2
Aukra N ... 110 C2
Auletta I ... 80 B3
Aulla I ... 75 E2
Aullène F ... 78 A4
Aulnay F ... 24 C3
Aulnoye-Aymeries F ... 17 D3
Ault F ... 16 B3
Aulus-les-Bains F ... 29 E4
Auma D ... 63 F1
Aumale F ... 16 B4
Aumetz F ... 22 C1
Aumont-Aubrac F ... 30 A1
Aunay-sur-Odon F ... 19 F2
Auneau F ... 21 E3
Auneuil F ... 16 B4
Auning DK ... 122 C2
Aups F ... 31 E2
Aura FIN ... 120 B3
Auray F ... 18 C4
Aurdal N ... 111 D4
Aure N ... 110 C2
Aurec-sur-Loire F ... 26 B4
Aurich D ... 55 E1
Aurignac F ... 29 D3
Aurillac F ... 25 F4
Auritz E ... 28 A3
Auron F ... 31 F1
Auronzo di Cadore I ... 67 F4
Auros F ... 28 C1
Ausonia I ... 79 F2
Aussa-Corno I ... 72 C3
Außernbrünst D ... 64 C3
Austbygd N ... 116 C1
Auterive F ... 29 D3
Authon-du-Perche F ... 21 D3
Autol E ... 37 D3
Autrans F ... 27 D4
Autrey-lès-Gray F ... 22 C4
Autti FIN ... 109 E2
Auttoinen FIN ... 121 D3
Autun F ... 26 B1
Auvillar F ... 29 D2
Auxerre F ... 22 A4
Auxi-le-Château F ... 16 C3
Auxonne F ... 27 D1
Auzances F ... 25 F3
Auzon F ... 26 A4
Availles-Limouzine F ... 25 D2
Avaldsnes N ... 116 A2
Avallon F ... 22 A4
Ávas GR ... 91 D2
Avavíken S ... 108 A3
Avebury GB ... 13 F2
Aveiras de Cima P ... 40 A3
Aveiro P ... 34 B4
Avellino I ... 80 A3
Aversa I ... 80 A3
Avesnes-le-Comte F ... 16 C3
Avesnes-sur-Helpe F ... 17 E3
Avesta S ... 119 D1
Avetrana I ... 81 E3
Avezzano I ... 79 E1
Avgerinós GR ... 87 E3
Avía GR ... 96 C3
Aviano I ... 72 B3
Aviemore GB ... 7 D4
Avigliana I ... 27 F4
Avigliano I ... 80 C3
Avignon F ... 30 C2
Ávila E ... 42 A1
Avilés E ... 33 E2
Avintes P ... 34 B4

Avión E ... 32 B4
Avioth F ... 17 F4
Avis P ... 40 C3
Avize F ... 22 A2
Avlákia GR ... 99 F1
Avlémonas GR ... 97 E4
Avlés GR ... 87 F3
Avlí GR ... 89 D2
Avliótes GR ... 86 B4
Avlóna GR ... 94 A4
Avlum DK ... 122 B2
Avola I ... 85 E4
Avonmouth GB ... 13 E2
Avord F ... 25 F1
Avoriaz F ... 27 E2
Avranches F ... 19 E2
Ax-les-
Thermes F ... 29 A4
Axams A ... 67 E3
Axat F ... 29 F4
Axiohóri GR ... 88 A2
Axioúpoli GR ... 88 A1
Axminster GB ... 13 D3
Axós GR ... 100 C3
Ay F ... 22 A2
Ayamonte E ... 46 B2
Aydın TR ... 129 E4
Ayerbe E ... 37 F3
Aylesbury GB ... 14 B2
Ayllón E ... 36 C4
Aylsham GB ... 15 D1
Ayna E ... 49 D1
Ayora E ... 43 F4
Ayr GB ... 3 F1
Ayvacık TR ... 129 E4
Ayvalık TR ... 129 E4
Aywaille B ... 17 F2
Azaila E ... 37 F4
Azambuja P ... 40 A3
Azaruja P ... 40 C4
Azay-le-Ferron F ... 25 E1
Azay-le-
Rideau F ... 25 D1
Azinheira dos Barros
P ... 46 A1
Azkoitia E ... 37 D1
Aznalcázar E ... 47 D2
Aznalcóllar E ... 47 D2
Azohía (La) E ... 49 E2

Azpeitia E ... 37 D1
Azuaga E ... 47 E1
Azuara E ... 37 F4
Azuel E ... 48 A1
Azuqueca de
Henares E ... 42 C1
Azzano
Decimo I ... 72 B3

B
Baad A ... 67 D3
Baal D ... 61 E1
Baamonde E ... 32 C2
Baarle-
Nassau NL ... 17 F1
Baarn NL ... 54 C3
Babadag RO ... 129 E1
Babajevo RUS ... 125 E1
Babelsberg D ... 57 F2
Babenhausen D ... 62 B3
Babenhausen D ... 67 D2
Babrujsk BY ... 125 D4
Bacău RO ... 127 D4
Baccarat F ... 23 D1
Baceno I ... 70 C3
Bacharach D ... 62 A3
Bachmač UA ... 127 F1
Bäckaskog S ... 123 E2
Backe S ... 112 C1
Bäckebo S ... 123 F2
Bäckefors S ... 118 B3
Backnang D ... 62 C4
Bacoli I ... 80 A3
Bacqueville-en-Caux
F ... 16 A2
Bad Aussee A ... 68 B2
Bad Brambach D ... 63 F2
Bad Deutsch
Altenburg A ... 69 E1
Bad Doberan D ... 51 D2
Bad Elster D ... 63 E2
Bad Gleichenberg A ... 69 D3
Bad Goisern A ... 68 A2
Bad Hall A ... 68 B1
Bad Hofgastein A ... 68 A3
Bad Ischl A ... 68 A2
Bad Kleinen D ... 51 D3

Bad Kleinkirchheim
A ... 68 B3
Bad Leonfelden A ... 64 B4
Bad Liebenstein D ... 62 C1
Bad Mitterndorf A ... 68 B2
Bad Radkersburg A ... 69 D3
Bad Salzungen D ... 62 C1
Bad St. Leonhard im
Lavanttal A ... 68 C3
Bad Schallerbach A ... 68 B1
Bad Soden am
Taunus D ... 62 A3
Bad Soden-
Salmünster D ... 62 B2
Bad Sülze D ... 51 E2
Bad Tatzmannsdorf
A ... 69 E2
Bad Vöslau A ... 69 D1
Bad Aibling D ... 67 F2
Badajoz E ... 41 D3
Badalona E ... 39 D4
Bad Bentheim D ... 55 E3
Bad Bergzabern D ... 23 F1
Bad Berka D ... 63 D1
Bad Berleburg D ... 62 A1
Bad Berneck D ... 63 E3
Bad Bertrich D ... 61 F3
Bad Bevensen D ... 50 C4
Bad Bibra D ... 63 E1
Bad Blankenburg D ... 63 D1
Bad Bramstedt D ... 50 B3
Bad Brückenau D ... 62 C2
Bad Buchau D ... 66 C2
Bad Camberg D ... 62 A2
Bad Driburg D ... 56 B4
Bad Düben D ... 57 F4
Bad Dürkheim D ... 23 F1
Bad Dürrenberg D ... 57 E4
Bad Dürrheim D ... 23 F3
Bad Ems D ... 62 A2
Baden A ... 69 D1
Baden CH ... 23 F4
Baden-Baden D ... 23 F2
Bad Endorf D ... 67 F2
Badenweiler D ... 23 E4
Bad Essen D ... 55 F3
Bad Frankenhausen
D ... 57 D4
Bad Freienwalde D ... 52 A4

Bad Friedrichshall D ... 62 B4
Bad Gandersheim D ... 56 C4
Badgastein A ... 68 A3
Bad Godesberg D ... 61 F2
Bad Gottleuba D ... 64 A1
Bad Griesbach i.
Rottal D ... 68 A1
Bad Grund D ... 56 C4
Bad Harzburg D ... 56 C4
Bad Herrenalb D ... 23 F2
Bad Hersfeld D ... 62 C1
Bad Hönningen D ... 61 F2
Bad Homburg D ... 62 A2
Bad Honnef D ... 61 F2
Badia Polesine I ... 76 A1
Badia Tedalda I ... 76 B3
Bad Iburg D ... 55 F3
Bad Karlshafen D ... 56 B4
Bad Kissingen D ... 62 C2
Bad König D ... 62 B3
Bad Königshofen D ... 62 C2
Bad Kösen D ... 63 E1
Bad Kreuznach D ... 62 A3
Bad Krozingen D ... 23 E3
Bad Laasphe D ... 62 A1
Bad Langensalza D ... 63 D1
Bad Lauchstädt D ... 57 E4
Bad Lausick D ... 57 F4
Bad Lauterberg D ... 56 C4
Bad Liebenwerda D ... 57 F4
Bad Liebenzell D ... 23 F2
Bad Lippspringe D ... 55 F4
Bad Mergentheim D ... 62 C4
Bad Münder D ... 56 B3

Bad Münster a. Stein
D ... 62 A3
Bad Münstereifel D ... 61 E2
Bad Muskau D ... 58 B4
Bad Nauheim D ... 62 B2
Bad Nenndorf D ... 56 B3
Bad Neuenahr-
Ahrweiler D ... 61 F2
Bad Neustadt D ... 62 C2
Bad Oeynhausen D ... 55 F3
Badolato I ... 83 E3
Badolatosa E ... 47 F2
Bad Oldesloe D ... 50 C3
Bad Orb D ... 62 B2
Bad Peterstal-
Griesbach D ... 23 F2
Bad Pyrmont D ... 56 B3
Bad Rappenau D ... 62 B4
Bad Reichenhall D ... 68 A2
Bad Rothenfelde D ... 55 F3
Bad Saarow-
Pieskow D ... 58 A2
Bad Sachsa D ... 56 C4
Bad Säckingen D ... 23 F4
Bad Salzdetfurth D ... 56 C3
Bad Salzschlirf D ... 62 B2
Bad Salzuflen D ... 55 F3
Bad Schandau D ... 64 A1
Bad Schmiedeberg
D ... 57 F4
Bad Schönborn D ... 23 F1
Bad Schussenried D ... 66 C2
Bad Schwalbach D ... 62 A3

Bad Schwartau D ... 50 C3
Bad Segeberg D ... 50 C3
Bad Sooden-
Allendorf D ... 62 C1
Bad Sulza D ... 63 E1
Bad Tennstedt D ... 63 D1
Bad Tölz D ... 67 E2
Badules E ... 37 E4
Bad Urach D ... 66 C1
Bad Vilbel D ... 62 B2
Bad Waldsee D ... 66 C2
Bad Wiessee D ... 67 E2
Bad Wildungen D ... 62 B1
Bad Wilsnack D ... 51 E4
Bad Wimpfen D ... 62 B4
Bad Windsheim D ... 63 D3
Bad Wörishofen D ... 67 D2
Bad Wurzach D ... 66 C2
Bad Zwischenahn D ... 55 E2
Baena E ... 48 A2
Bärnau D ... 63 F3
Baeza E ... 48 B1
Bàga E ... 38 C3
Bâgé-
le-Châtel F ... 26 C3
Bagenalstown /
Muine Bheag IRL ... 5 E2
Bagenkop DK ... 122 C4
Bagheria I ... 84 B2
Bagn N ... 111 D4
Bagnacavallo I ... 76 B2
Bagnara Calabra I ... 83 E4
Bagnères-de-Bigorre
F ... 28 C3

Barcelona

E POBLE ESPANYOL
M⁴ MUSEU D'ART DE CATALUNYA
M⁵ MUSEU ARQUEOLÒGIC
P¹ PALAU SANT JORDI
T¹ TEATRE GREC
W FUNDACIÓ JOAN MIRÓ
Z PAVELLÓ MIES VAN DER ROHE

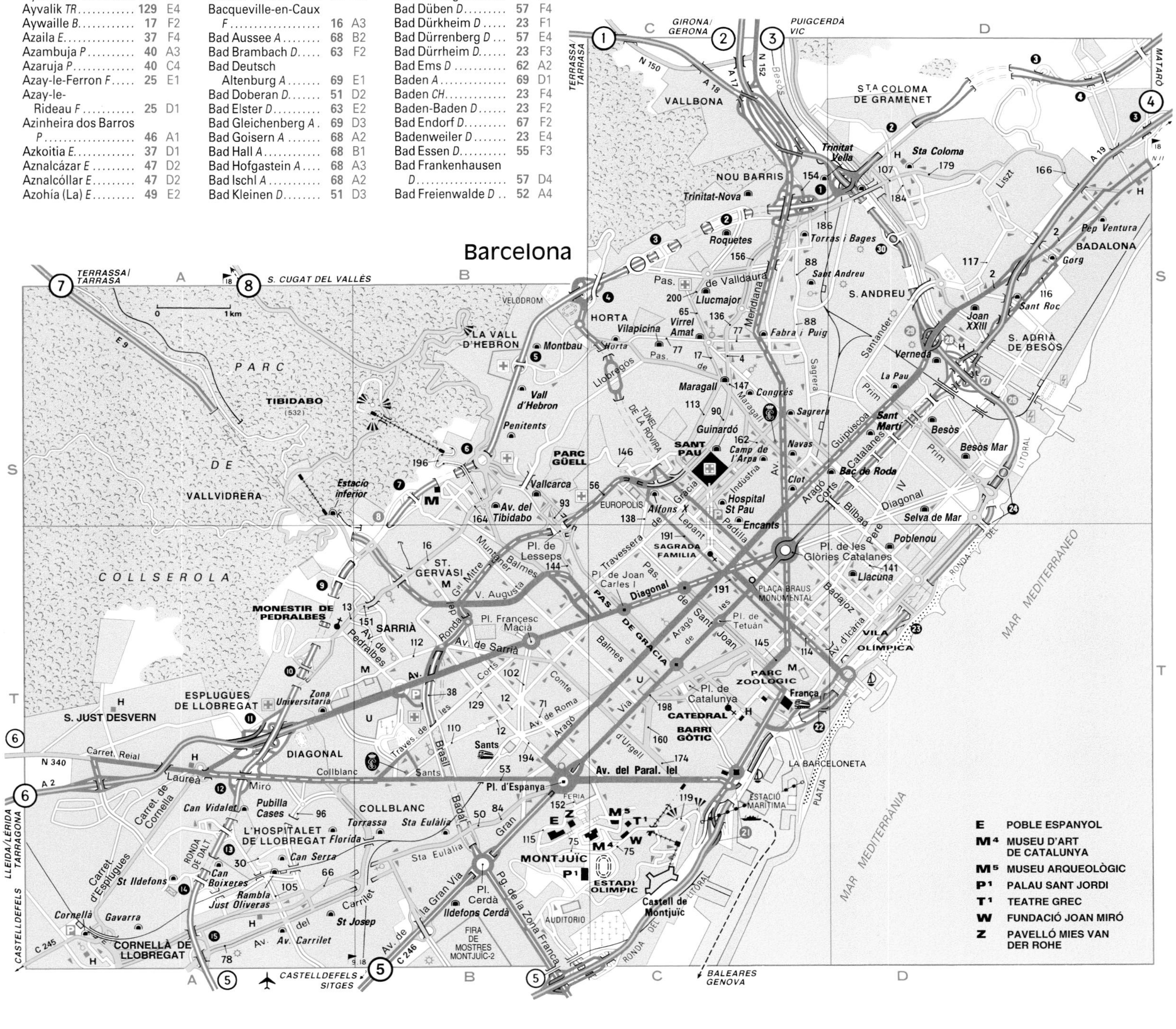

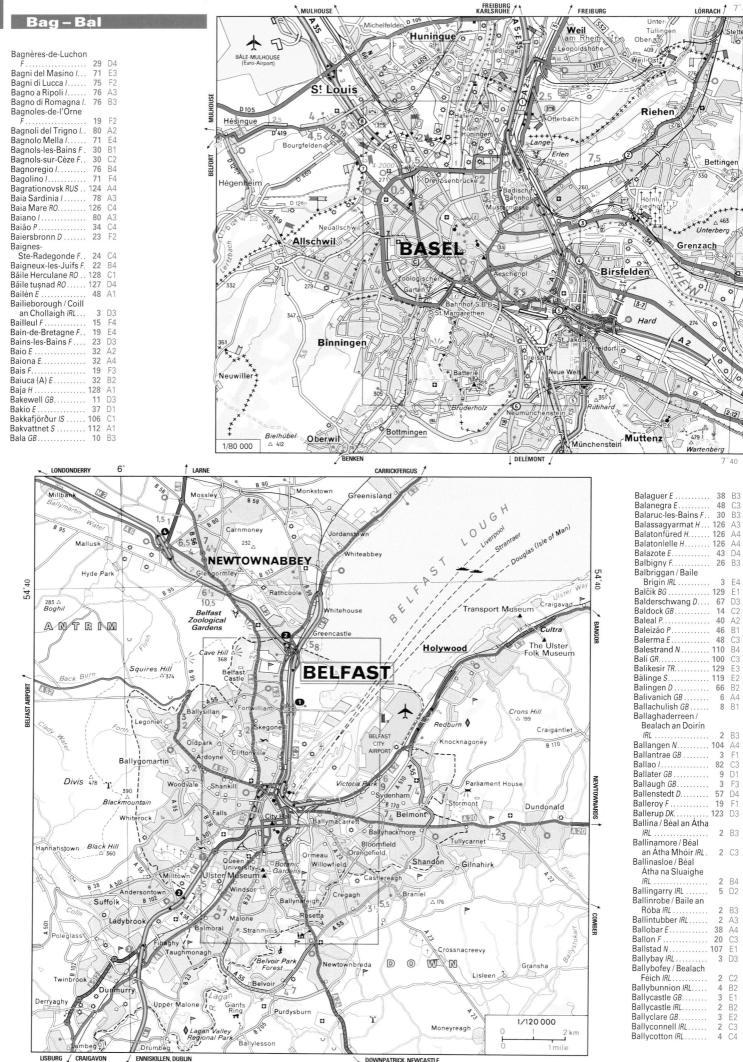

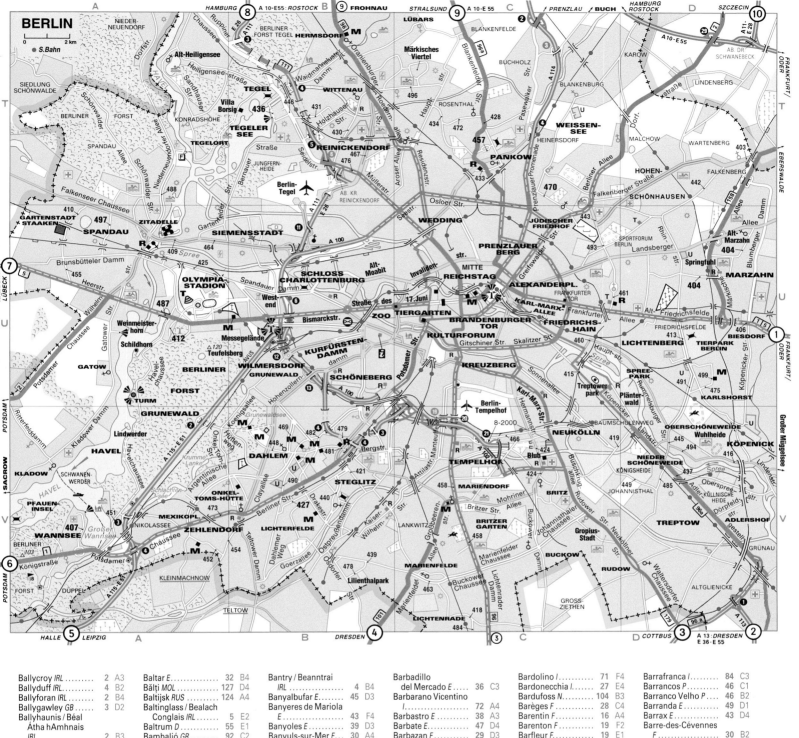

BERLIN

0 2 km
● S.Bahn

Ballycroy *IRL* 2 A3
Ballyduff *IRL* 4 B2
Ballyforan *IRL* 2 B4
Ballygawley *GB* 3 D2
Ballyhaunis / Béal
  Átha hAmhnais
  IRL 2 B3
Ballyheige *IRL* 4 B2
Ballyjamesduff *IRL* ... 3 D3
Ballymahon / Baile
  Uí Mhatháin *IRL* .. 2 C4
Ballymena *GB* 3 E2
Ballymoe *IRL* 2 C4
Ballymoney *GB* 3 D1
Ballymore *IRL* 2 C4
Ballymote / Baile an
  Mhóta *IRL* 2 B3
Ballynahinch *GB* 3 E3
Ballysadare *IRL* 2 B3
Ballyshannon / Béal
  Átha Seanaidh
  IRL 2 C2
Ballyvaughan *IRL* 2 A4
Balmaseda *E* 36 C1
Balme *I* 27 F4
Balneario de
  Panticosa *E* 28 C4
Balsareny *E* 38 C3
Balsicas *E* 49 E2
Balsorano *I* 79 F2
Bålsta *S* 119 E2
Balsthal *CH* 23 E4
Balta *UA* 127 E3
Baltanás *E* 36 B3

Baltar *E* 32 B4
Bălți *MOL* 127 D4
Baltijsk *RUS* 124 A4
Baltinglass / Bealach
  Conglais *IRL* 5 E2
Baltrum *D* 55 E1
Bambalió *GR* 92 C2
Bamberg *D* 63 D3
Bambíni *GR* 92 B3
Bamburgh Castle
  GB 9 F3
Bampton *GB* 13 D3
Banagher *IRL* 2 C4
Banbridge *GB* 3 E3
Banbury *GB* 13 F1
Banchory *GB* 9 E1
Bande *E* 32 B4
Bandirma *TR* 129 E3
Bandol *F* 31 D3
Bandon / Droichead
  na Bandan *IRL* ... 4 C4
Banff *GB* 7 E4
Bangor *GB* 10 B3
Bangor *GB* 3 E2
Bangor *IRL* 2 A3
Bangsund *N* 111 E1
Banja Luka *BIH* ... 128 A1
Bankeryd *S* 118 C4
Bannalec *F* 18 B3
Banon *F* 31 D2
Bansin *D* 52 A2
Banská Bystrica *SK* 126 A3
Banská
  Štiavnica *SK* 126 A3

Bantry / Beanntrai
  IRL 4 B4
Banyalbufar *E* 45 D3
Banyeres de Mariola
  E 43 F4
Banyoles *E* 39 D3
Banyuls-sur-Mer *F*.. 30 A4
Bañeza (La) *E* 33 E4
Bañón *E* 43 F1
Baños de Cerrato *E* . 36 A3
Baños de la Encina *E*. 48 B1
Baños de la
  Fuensanta *E* 49 D2
Baños de Molgas *E* . 32 B4
Baños de
  Montemayor *E* ... 41 F1
Bapaume *F* 16 C3
Baqueira 1500 *E* ... 29 D4
Bar *YU* 128 A3
Bar *UA* 127 D2
Barajas *E* 42 B1
Barajas de Melo *E* .. 42 C2
Barakaldo *E* 36 C1
Baralla *E* 32 C3
Baranavičy *BY* 124 C4
Baraona *E* 36 C4
Baraque-
  de-Fraiture *B* 61 D3
Baraque-Michel *B* . 61 E2
Baraqueville *F* 29 F1

Barbadillo
  del Mercado *E* 36 C3
Barbarano Vicentino
  I 72 A4
Barbastro *E* 38 A3
Barbate *E* 47 D4
Barbazan *F* 29 D3
Barberino di
  Mugello *I* 76 A2
Barbezieux *F* 24 C3
Barbizon *F* 21 F3
Barbotan-
  les-Thermes *F* ... 28 C2
Barby *D* 57 E3
Barca de Alva *P* ... 35 D4
Barca de la Florida
  (La) *E* 47 D3
Barcarrota *E* 41 D4
Barcelona *E* 39 D4
Barcelonnette *F* ... 31 E1
Barcelos *P* 34 B3
Barchfeld *D* 62 C1
Barcis *I* 72 B3
Barco (O) *E* 32 C4
Barco
  de Ávila (El) *E* ... 41 F1
Barcones *E* 36 C4
Barcs *H* 128 A1
Bardal *N* 111 E1
Bardejov *SK* 126 B3
Bardi *I* 75 E2
Bardineto *I* 74 C2

Bardolino *I* 71 F4
Bardonecchia *I* 27 E4
Bardufoss *N* 104 B3
Barèges *F* 28 C4
Barentin *F* 16 A4
Barenton *F* 19 F2
Barfleur *F* 19 E1
Bargas *E* 42 B2
Bargoed *GB* 13 D1
Bargteheide *D* 50 C3
Bari *I* 81 D2
Barisciano *I* 79 F1
Barjac *F* 30 B3
Barjols *F* 31 E3
Bârlad *RO* 127 D4
Barletta *I* 80 C2
Barmouth /
  Abermaw *GB* 10 B4
Barmstedt *D* 50 B3
Barna / Bearna *IRL* . 2 A4
Barnard Castle *GB* . 11 D1
Barneveld *NL* 54 C3
Barneville-Carteret
  F 19 E1
Barnsley *GB* 11 D2
Barnstaple *GB* 12 C2
Barnstorf *D* 55 F2
Barntrup *D* 56 B3
Barqueiro *P* 40 B2
Barr *F* 23 E2
Barracas *E* 43 F2
Barrachina *E* 43 F1
Barraco *E* 42 A1

Barrafranca *I* 84 C3
Barrancos *P* 46 C1
Barranco Velho *P* .. 46 B2
Barranda *E* 49 D1
Barrax *E* 43 D4
Barre-des-Cévennes
  F 30 B2
Barrea *I* 79 F2
Barreiro *P* 40 A4
Barrela (La) *E* 32 B3
Barrême *F* 31 E2
Barrhead *GB* 8 C3
Barrhill *GB* 3 F1
Barrière-
  de-Champlon *B* .. 17 F3
Barrios (Los) *E* 47 E4
Barrow-in-Furness
  GB 10 C1
Barruecopardo *E* .. 35 D4
Barruelo de
  Santullán *E* 36 B1
Barry / Barri *GB* ... 13 D2
Barsinghausen *D* .. 56 B3
Barth *D* 51 E2
La Barthe-
  de-Neste *F* 29 D3
Barton-upon-
  Humber *GB* 11 E2
Barumini *I* 82 B3
Baruth *D* 57 F3
Barvas *GB* 6 B2
Barysaŭ *BY* 125 D2
Barzio *I* 71 E3
Bas-en-Basset *F* ... 26 B4

Bàscara E............ 39 E3
Baschi I............ 76 B4
Basconcillos del Tozo E............ 36 B2
Basel CH............ 23 E4
Baselga di Pinè I............ 72 A3
Basildon GB......... 14 C3
Basingstoke GB......... 13 F2
Baslow GB......... 11 D3
Basovizza I......... 73 D3
Bassano del Grappa I............ 72 A3
La Bassée F......... 16 C2
Bassens F......... 24 C4
Bassum D......... 55 F2
Båstad S......... 123 D2
Bastelica F......... 78 A4
Bastia F......... 78 B2
La Bastide-Clairence F............ 28 B3
La Bastide-de-Sérou F............ 29 E4
Bastogne B......... 61 D3
Bastuträsk S......... 108 B4
Batak BG......... 129 D3
Batalha P......... 40 B2
Batea E......... 44 B1
Bath GB......... 13 E2
Bathgate GB......... 9 D2
La Bâtie-Neuve F......... 31 E1
Båtsfjord N......... 105 F1
Batsí GR......... 98 B1
Battaglia Terme I......... 72 A4
Battenberg D......... 62 A1
Battice B......... 61 D2
Battipaglia I......... 80 B3
Battle GB......... 14 C4
Batuecas (Monasterio Las) E............ 41 E1
Batz-sur-Mer F......... 19 D4
Baud F......... 18 C3
Baugé F......... 19 F4
Baugy F......... 25 F1
La Baule F......... 19 D4
Baume-les-Dames F......... 23 D4
Baumholder D......... 23 E1
Bauska LV......... 124 B3
Bautzen D......... 58 B4
Les Baux-de-Provence F......... 30 C2
Bavay F......... 17 D3
Bavella F......... 75 D3
Baveno I......... 70 C4
Bawtry GB......... 11 E3
Bayerisch Eisenstein D............ 64 A4
Bayeux F......... 19 F1
Bayhirivagh GB......... 6 A4
Bayındır TR......... 129 E4
Bayon F......... 23 D3
Bayonne F......... 28 A3
Bayreuth D......... 63 E3
Bayrischzell D......... 67 F2
Baza E......... 48 C2
Bazas F......... 28 C1
Bazoches-sur-Hoëne F......... 20 C2
Bazzano I......... 76 A2
Beaconsfield GB......... 14 B3
Beaminster GB......... 13 E3
Beariz E......... 32 B3
Beas E......... 46 C2
Beasain E......... 37 D1
Beas de Segura E......... 48 C1
Beattock GB......... 9 D4
Beaucaire F......... 30 C2
Beaufort F......... 27 D2
Beaufort F......... 27 E3
Beaufort-en-Vallée F......... 19 F4
Beaugency F......... 21 D4
Beaujeu F......... 26 C2
Beaulieu GB......... 13 F3
Beaulieu-sur-Dordogne F......... 25 E4
Beaulieu-sur-Mer F......... 31 F2
Beaumaris GB......... 10 B3
Beaumesnil F......... 20 C2
Beaumetz-lès-Loges F......... 16 C3
Beaumont F......... 29 D1
Beaumont B......... 17 E3
Beaumont-de-Lomagne F......... 29 D2
Beaumont-Hague F......... 19 E1
Beaumont-le-Roger F......... 21 D2
Beaumont-sur-Oise F......... 21 E2

Beaumont-sur-Sarthe F......... 20 C3
Beaune F......... 26 C1
Beaune-la-Rolande F......... 21 E3
Beaupréau F......... 24 B1
Beauraing B......... 17 F3
Beaurepaire F......... 26 C4
Beaurepaire-en-Bresse F......... 27 D2
Le Beausset F......... 31 D3
Beauvais F......... 16 C4
Beauvoir-sur-Mer F......... 24 A1
Beauvoir-sur-Niort F......... 24 C2
Bebington GB......... 10 C3
Bebra D......... 62 C1
Le Bec-Hellouin F......... 16 A4
Beccles GB......... 15 D1
Becedas E......... 41 F1
Beceite E......... 44 A1
Bečej YU......... 128 B1
Becerreá E......... 32 C3
Bécherel F......... 19 D3
Bechet RO......... 128 C2
Bechhofen D......... 63 D4
Becilla de Valderaduey E......... 33 E4
Beckenried CH......... 66 B4
Beckington GB......... 13 E2
Beckum D......... 55 F4
Bedale GB......... 11 D1
Bédarieux F......... 30 A3
Beddgelert GB......... 10 B3
Bederkesa D......... 50 A3
Bedford GB......... 14 B2
Bedlington GB......... 9 F4
Bedmar E......... 48 B2
Bedonia I......... 75 E2
Bedum NL......... 55 D2
Bedwas GB......... 13 D2
Bedworth GB......... 11 D4
Beeford GB......... 11 E2
Beelitz D......... 57 F3
Beerfelden D......... 62 B3
Beeskow D......... 58 A3
Beesten D......... 55 E3
Beetzendorf D......... 57 D2
Beg-Meil F......... 18 B3
Bégard F......... 18 C2
La Bégude-de-Mazenc F......... 30 C1
Begues E......... 38 C4
Begur E......... 39 E3
Behobia E......... 28 A3
Behringersmühle D......... 63 E3

Beiarn N......... 107 E2
Beilen NL......... 55 D2
Beilngries D......... 63 E4
Beisfjord N......... 104 B4
Beith GB......... 8 C3
Beitostølen N......... 110 C4
Beiuș RO......... 126 B4
Beja P......... 46 B1
Béjar E......... 41 F1
Békés H......... 126 B4
Békéscsaba H......... 126 B4
Bel E......... 44 A1
Bela Palanka YU......... 128 C2
Bélâbre F......... 25 E2
Belalcázar E......... 41 F4
Belcaire F......... 29 F4
Belchite E......... 37 F4
Belcoo GB......... 2 C3
Belev RUS......... 125 F3
Belfast GB......... 3 E2
Belford GB......... 9 E3
Belfort F......... 23 D4
Belforte all'Isauro I......... 76 B3
Belgern D......... 57 F4
Belgodère F......... 78 A3
Belgodère F......... 75 D2
Beli Manastir HR......... 128 A1
Belianes E......... 38 B4
Belin-Béliet F......... 28 B1
Bell-lloc d'Urgell E......... 38 B4
Bellac F......... 25 D2
Bellagio I......... 71 D3
Bellano I......... 71 D3
Bellaria-Igea Marina I......... 76 B2
Bellcaire d'Urgell E......... 38 B3
Belle-Isle-en-Terre F......... 18 C2
Belleek GB......... 2 C2
Bellegarde F......... 30 C2
Bellegarde F......... 21 E3
Bellegarde-en-Marche F......... 25 F3
Bellegarde-sur-Valserine F......... 27 D2
Bellême F......... 20 C3
Bellencombre F......... 16 B4
Bellerive-sur-Allier F......... 26 A2
Belleville F......... 26 C2
Belley F......... 27 D3
Bellinzona CH......... 71 D3
Bello E......... 43 E1
Bellpuig E......... 38 B4
Belluno I......... 72 B3
Bellver de Cerdanya E......... 38 C2

Bélmez E......... 47 F1
Belmont GB......... 7 F2
Belmont-de-la-Loire F......... 26 B2
Belmont-sur-Rance F......... 30 A2
Belmonte P......... 41 D1
Belmonte E......... 43 D3
Belmonte de Miranda E......... 33 D2
Belmullet / Béal an Mhuirthead IRL......... 2 A2
Beloeil B......... 17 D2
Belogradčik BG......... 128 C2
Belorado E......... 36 C2
Belpech F......... 29 E3
Belper GB......... 11 D3
Belsay GB......... 9 E4
Beltinci SLO......... 73 F1
Belturbet / Béal Tairbirt IRL......... 2 C3
Belvedere Marittimo I......... 83 D2
Belver E......... 38 A4
Belvès F......... 29 D1
Belvis de la Jara E......... 42 A2
Belyj RUS......... 125 E2
Belz F......... 18 C4
Belzig D......... 57 E3
Bełchatów PL......... 59 F3
Bembibre E......... 33 D4
Bemposta P......... 40 B3
Benabarre E......... 38 B3
Benaguasil E......... 43 F3
Benahadux E......... 48 C3
Benalmádena-Costa E......... 47 F4
Benalúa de Guadix E......... 48 B2
Benalúa de las Villas E......... 48 B2
Benamargosa E......... 48 A3
Benamaurel E......... 48 C2
Benameji E......... 47 F2
Benamocarra E......... 48 A3
Benaoján E......... 47 E3
Benasque E......... 29 D4
Benassal E......... 44 A2
Benavente P......... 40 A3
Benavente E......... 35 F3
Benavides E......... 33 E4
Benderi MOL......... 127 E4
Bendorf D......... 61 F2
Benediktbeuern D......... 67 E2
Bénévent-l'Abbaye F......... 25 E2
Benevento I......... 80 A2

Benfeld F......... 23 E3
Benfleet GB......... 14 C3
Bengtsfors S......... 118 B2
Benicarló E......... 44 B2
Benicàssim / Benicasim E......... 44 A2
Benidorm E......... 49 F1
Benifaió E......... 43 F3
Benissa E......... 44 A4
Benitses GR......... 86 B4
Benneckenstein D......... 57 D4
Bénodet F......... 18 B3
Benquerencia de la Serena E......... 41 E4
Bensberg D......... 61 F1
Bensersiel D......... 55 E1
Bensheim D......... 62 B3
Bentley GB......... 11 E3
Le Bény-Bocage F......... 19 F2
Beograd YU......... 128 B1
Bera E......... 28 A3
La Bérarde F......... 27 E4
Berane YU......... 128 B2
Berat AL......... 128 B3
Berazino BY......... 125 D4
Berbegal E......... 38 A3
Berberana E......... 36 C1
Berceto I......... 75 E2
Berching D......... 63 E4
Berchtesgaden D......... 68 A2
Berck-Plage F......... 16 B2
Berdyčiv UA......... 127 D2
Bereguardo I......... 75 D1
Berehove UA......... 126 B3
Bere Regis GB......... 13 E3
Beret E......... 29 D4
Berettyóújfalu H......... 126 B4
Berezivka UA......... 127 E3
Berezovka UA......... 127 D2
Berg S......... 112 B2
Berg N......... 107 D2
Berg A......... 69 E1
Berga E......... 38 C3
Berga D......... 57 D4
Bergby S......... 119 D1
Bergamo I......... 71 E4
Bergama TR......... 129 E4
Bergara E......... 37 D1
Bergedorf (Hamburg-) D......... 50 C3
Bergen N......... 110 A4
Bergen D......... 56 C2
Bergen D......... 51 F2
Bergen NL......... 54 B3
Bergen aan Zee NL......... 54 B3
Bergen (Dumme) D......... 51 D4
Bergen op Zoom NL......... 17 E1

Bergerac F......... 29 D1
Berggießhübel D......... 64 A1
Bergheim D......... 61 E1
Bergisch Gladbach D......... 61 F1
Bergnäset S......... 108 C3
Bergneustadt D......... 61 F1
Bergö FIN......... 114 A3
Bergsjö S......... 112 C3
Bergsviken S......... 108 B4
Bergues F......... 15 E4
Bergün / Bravuogn CH......... 66 C4
Beringel F......... 46 B1
Beringen B......... 17 F1
Berja E......... 48 B3
Berka D......... 62 C1
Berkåk N......... 111 D2
Berkhamsted GB......... 14 B3
Berkheim D......... 66 C2
Berkhof D......... 56 B2
Berkovica BG......... 128 C2
Berlaimont F......... 17 D3
Berlanga E......... 47 E1
Berlanga de Duero E......... 36 C4
Berlebeck D......... 56 B4
Berlevåg N......... 105 F1
Berlin D......... 57 F2
Bermeo E......... 37 D1
Bermillo de Sayago E......... 35 E4
Bern CH......... 27 F1
Bernalda I......... 81 D3
Bernau D......... 51 F4
Bernau D......... 23 F4
Bernau a. Chiemsee D......... 67 F2
Bernaville F......... 16 C3
Bernay F......... 20 C2
Bernburg D......... 57 E4
Berndorf A......... 69 D1
Berne D......... 50 A4
Bernhardsthal A......... 65 E4
Bernkastel-Kues D......... 61 F3
Bernsdorf D......... 58 A4
Bernstein A......... 69 E2
Beroun CZ......... 64 C4
Berra I......... 76 B1
Berre-l'Étang F......... 30 C2
Berrón (El) E......... 33 E2
Beršad' UA......... 127 E3
Bersenbrück D......... 55 E3
Bertamiráns E......... 32 A3
Bertinoro I......... 76 B2
Bertrix B......... 17 F3
Berwang A......... 67 D3

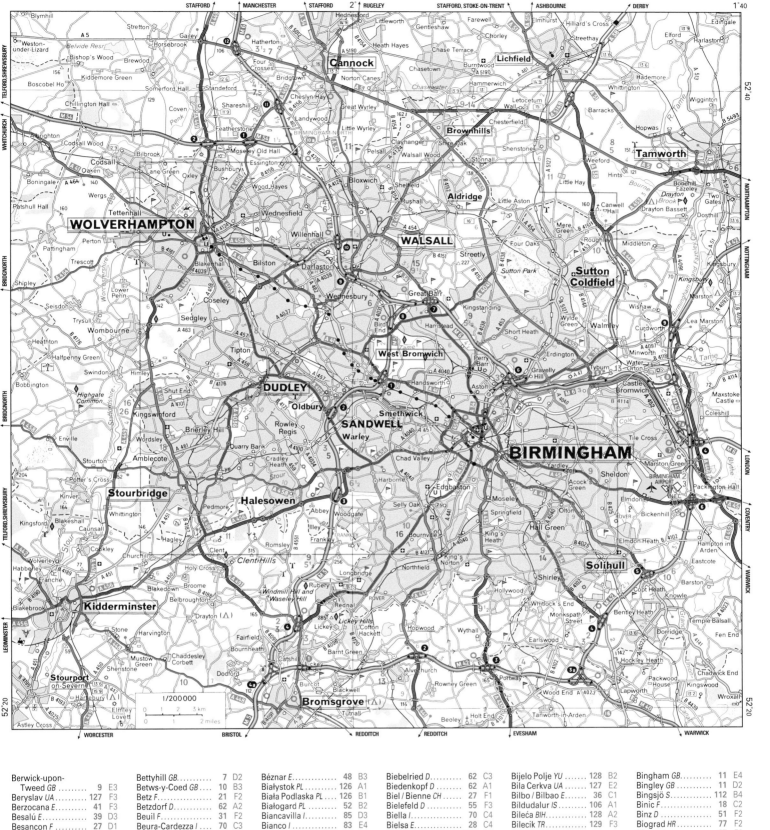

Berwick-upon-Tweed GB 9 E3
Beryslav UA 127 F3
Berzocana E 41 F3
Besalú E 39 D3
Besançon F 27 D1
Besande E 33 F3
Besigheim D 62 B4
Besse-en-Chandesse F 26 A3
Besse-sur-Issole F ... 31 E3
Bessèges F 30 B1
Bessines F 24 C2
Bessines-sur-Gartempe F ... 25 E2
Betanzos E 32 B2
Betelu E 28 A3
Bétera E 43 F3
Beteta E 43 D1
Bethesda GB 10 B3
Béthune F 16 C2
Bettna S 119 E3
Bettola I 75 E1
Bettolle I 76 B4

Bettyhill GB 7 D2
Betws-y-Coed GB 10 B3
Betz F 21 F2
Betzdorf D 62 A2
Beuil F 31 F2
Beura-Cardezza I ... 70 C3
Beuron D 66 B2
Beuzeville F 16 A4
Bevagna I 76 C4
Beveren B 17 E1
Beverley GB 11 E2
Beverstedt D 50 A4
Beverungen D 56 B4
Beverwijk NL 54 B3
Bewdley GB 10 C4
Bex CH 27 E2
Bexhill GB 14 C4
Beynac-et-Cazenac F 29 E1
Beynat F 25 E4
Les Bézards F 21 F4
Bezas E 43 E2
Bežeck RUS 125 F1
Béziers F 30 A3

Béznar E 48 B3
Białystok PL 126 A1
Biała Podlaska PL .. 126 B1
Białogard PL 52 B2
Biancavilla I 85 D3
Bianco I 83 E4
Biandrate I 70 C4
Biar E 49 F1
Biarritz F 28 A3
Biasca CH 71 D3
Biasteri E 37 D3
Bibbiena I 76 B3
Biberach a. d. Riß D .. 66 C2
Biberach i. Kinzigtal D ... 23 F3
Bibione I 72 C3
Bibury GB 13 F3
Bicaz RO 127 D4
Bicester GB 13 F1
Bichl D 67 E2
Bidache F 28 B3
Bidart F 28 A3
Biddenden GB 14 C4
Biddulph GB 12 C4
Bideford GB 12 C2

Biebelried D 62 C3
Biedenkopf D 62 A1
Biel / Bienne CH 27 F1
Bielefeld D 55 F3
Biella I 70 C4
Bielsa E 28 C4
Bielsk Podlaski PL .. 126 B1
Bielsko-Biała PL 126 A3
Bienne / Biel CH 27 F1
Bientina I 75 F3
Bienvenida E 47 D1
Bierné F 19 F4
Bierre-lès-Semur F ... 22 B4
Biescas E 28 C4
Biesenthal D 51 F4
Bietigheim-Bissingen D 62 B4
Biga TR 129 E3
Biggar GB 9 D3
Biggleswade GB 14 C2
Bignasco CH 70 C3
Bihać BIH 73 F4
Bijelina BIH 128 A1

Bijelo Polje YU 128 B2
Bila Cerkva UA 127 E2
Bilbo / Bilbao E 36 C1
Bilecik TR 129 F3
Bileća BIH 128 A2
Bilhorod-Dnistrovs'kyj UA ... 127 E4
Billerbeck D 55 E4
Billericay GB 14 C3
Billingham GB 11 E1
Billingshurst GB 14 B4
Billom F 26 A3
Billund DK 122 B3
Bilopillja UA 127 F1
Bilt (De) NL 54 C4
Bilto N 104 C3
Bilzen B 17 F2
Biłgoraj PL 126 B2
Binaced E 38 A3
Binasco I 71 D4
Binche B 17 E2
Binéfar E 38 A3
Bingen D 62 A3

Bingham GB 11 E4
Bingley GB 11 D2
Bingsjö S 112 B4
Binic F 18 C2
Binz D 51 F2
Biograd HR 77 F2
Bionaz I 27 F3
Le Biot F 27 E2
Birchington GB 15 D3
Biri N 111 D4
Birkeland N 116 C3
Birkenfeld D 23 E1
Birkenhead GB 10 C3
Birkenwerder D 51 F4
Birkerød DK 123 D3
Birkfeld A 69 D2
Birmingham GB 11 D4
Birnau D 66 B2
Birr / Biorra IRL 2 C4
Biržai LT 124 B3
Birzebugga M 85 F4
Bisaccia I 80 B3
Bisbal de Falset (La) E 38 B4

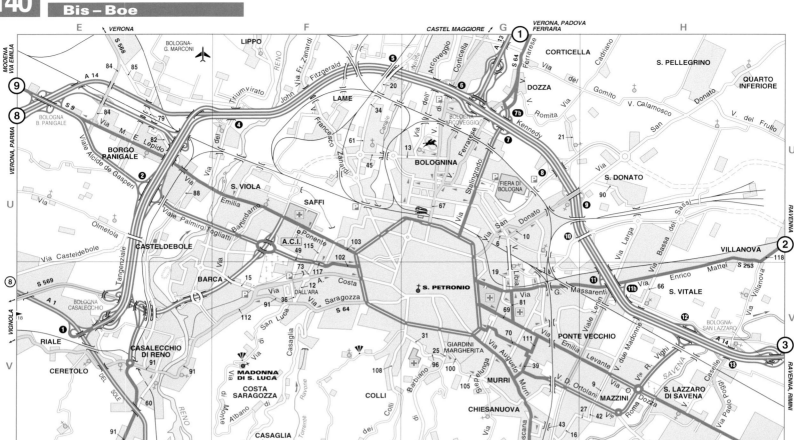

Bologna

Bisbal d'Empordà (La) E	39	E3
Biscarrosse F	28	B1
Biscarrosse-Plage F .	28	B1
Bisceglie I	81	D2
Bischofsgrün D	63	E2
Bischofsheim a. d. Rhön D	62	C2
Bischofshofen A	68	A2
Bischofswerda D	58	A4
Bischofswiesen D	68	A2
Bischofszell CH	66	C3
Bischwiller F	23	E2
Bisenti I	77	D4
Bishop Auckland GB	11	D1
Bishop's Castle GB	10	C4
Bishop's Stortford GB	14	C2
Bisignano I	83	E2
Bismark D	57	D2
Bismo N	110	C3
Bispgården S	112	C2
Bispingen D	50	C4
Bistrica ob. S. SLO	73	F2
Bistrița RO	126	C4
Bitburg D	61	E3
Bitche F	23	E2
Bitetto I	81	D2
Bitola MK	128	B3
Bitonto I	81	D2
Bitterfeld D	57	E4
Bitti I	78	A4
Bizau A	66	C3
Bjala BG	129	D2
Bjaroza BY	126	C1
Bjästa S	112	D2
Bjelovar HR	128	A1
Bjerkreim N	116	A2
Bjerkvik N	104	B4
Bjerringbro DK	122	B2
Bjørkelangen N	117	E2
Björketorp S	123	F2
Björkliden S	104	B4
Björklinge S	119	E2
Björköby FIN	114	A3
Björksele S	108	A4
Bjorli N	110	C3
Björna S	113	D2
Bjørnevatn N	105	F2
Björsäter S	119	D3
Bjurholm S	113	D1
Bjursås S	119	D1
Bjuv S	123	D2
Blackburn GB	10	C2
Blackpool GB	10	C2
Blackwater IRL	5	E3
Blackwaterfoot GB	3	F1
Blaenau Ffestiniog GB	10	B3
Blaenavon GB	13	D1
Blagnac F	29	E3
Blagoevgrad BG	128	C3
Blåhammaren S	112	A2
Blain F	19	E4
Blainville-sur-l'Eau F	23	D2
Blair Atholl GB	9	D1
Blairgowrie GB	9	D1
Blakeney GB	15	D1
Blakstad N	116	C3
Blâmont F	23	D2
Le Blanc F	25	E2
Blanca E	49	E1
Blandford Forum GB	13	E3
Blanes E	39	D4
Blangy-le-Château F	16	A4
Blangy-sur-Bresle F	16	B3
Blankenberge B	15	F3
Blankenburg D	57	D4
Blankenhain D	63	D1
Blankenheim D	61	E2
Blanquefort F	24	B4
Blanzac F	24	C3
Blanzy F	26	B1
Blarney IRL	4	C3
Blattniksele S	107	F4
Blaubeuren D	66	C1
Blaufelden D	62	C4
Blaustein D	66	C1
Blaye F	24	B4
Bleckede D	50	C4
Bled SLO	73	D2
Bleiburg A	68	C4
Bleicherode D	56	C4
Bleik N	104	A3
Bléneau F	21	F4
Blénod-lès-Pont-à-Mousson F	22	C2
Blérancourt F	17	D4
Bléré F	21	D4
Blesle F	26	A4
Bletchley GB	14	B2
Bletterans F	27	D1
Blexen D	50	A4
Le Bleymard F	30	B1
Blieskastel D	23	E1
Bligny-sur-Ouche F	26	C1
Bloemendaal NL	54	B3
Blois F	21	D4
Blokhus DK	122	B2
Blomberg D	56	B4
Blönduós IS	106	A1
Blonville-sur-Mer F	20	C1
Blosenberg D	63	E2
Bloška polica SLO	73	D3
Bludenz A	66	C3
Blumberg D	57	F2
Blumberg D	23	F3
Blyth GB	9	F4
Bo' Ness GB	9	D2
Bø N	116	C2
Boal E	33	D2
Boara Pisani I	76	A1
Bobbio I	75	E1
Bobbio Pellice I	27	F4
Bobigny F	21	E2
Bobingen D	67	D1
Boblitz D	58	A3
Bobrovycja UA	127	E1
Bobrynec' UA	127	F3
Bocairent E	43	F4
Boceguillas E	36	B4
Bocholt D	55	D4
Bochum D	55	E4
Bockenem D	56	C3
Bockum-Hövel D	55	E4
Bocognano F	78	A3
Boda S	112	B4
Böda S	123	F1
Bodafors S	118	C4
Bodegraven NL	54	B4
Boden S	108	B3
Bodenmais D	64	A4
Bodenteich D	56	C2
Bodenwerder D	56	B3
Bodenwöhr D	63	F4
Bodman D	66	B2
Bodmin GB	12	C3
Bodø N	107	E2
Bodón (El) E	41	E1
Böblingen D	66	B1
Boecillo E	36	A3

Bonn

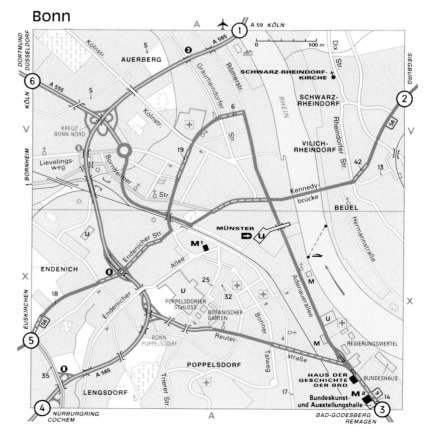

Böckstein A 68 A3
Boëge F 27 E2
Böhlen D 57 E4
Böhmenkirch D 66 C1
Bömenzien D 51 D4
Boën F 26 B3
Börger D 55 D2
Börnicke D 57 F2
Boeza E 33 D3
Boffalora sopra
  Ticino I 71 D4
Bogarra E 49 D1
Bogen N 104 A4
Bogen D 63 F4
Bogense DK 122 B3
Bognanco I 70 C3
Bognes N 107 F1
Bognor Regis GB 14 B4
Bohain-
  en-Vermandois F 17 D3
Boherboy IRL 4 B3
Bohinjska Bistrica
  SLO 73 D2
Bohmte D 55 F3
Bohoduchiv UA 127 F1
Böhönye H 69 D3
Bohuslav UA 127 E2
Boiro E 32 A3
Bois-d'Amont F 27 E2
Boitzenburg D 51 F4
Bóixols E 38 B3
Boizenburg D 50 C4
Bojano I 80 A2
Bøjden DK 122 B3
Bøla N 111 E1

Bolaños de
  Calatrava E 42 B4
Bolbec F 16 A4
Bolchov RUS 125 F3
Bolesławiec PL 58 C4
Bolhrad UA 127 E4
Boliden S 108 B4
Boliqueime P 46 A2
Bolkesjø N 116 C2
Bollebygd S 118 B3
Bollène F 30 C1
Bollnäs S 112 B4
Bollstabruk S 112 C2
Bollullos de la
  Mitación E 47 D2
Bollullos del
  Condado E 47 D2
Bolo (O) E 32 C4
Bolochovo RUS 125 F3
Bologna I 76 A2
Bologne F 22 B3
Bologoje RUS 125 E1
Bolotana I 82 B2
Bolsena I 76 B4
Bolsward NL 54 C2
Boltaña E 28 C4
Boltenhagen D 51 D3
Bolton GB 10 C2
Bolungarvik IS 106 A1
Bolzano / Bozen I 67 E4
Bombarral P 40 A3
Bom Jesus do
  Monte P 34 B3
Bonar Bridge GB 7 D3
Bonares E 46 C2

Bonassola I 75 E2
Bondeno I 76 A1
Bonefro I 80 A1
Bonete E 43 E4
Bonifacio F 78 A4
Bonillo (El) E 43 D4
Bonn D 61 F2
Bonnåsjøen N 107 F1
Bonnat F 25 E2
Bonnétable F 20 C3
Bonneuil-
  Matours F 25 D2
Bonneval F 21 D3
Bonneville F 27 E2
La Bonneville-
  sur-Iton F 21 D2
Bonnières-sur-Seine
  F 21 D2
Bonnieux F 31 D2
Bono I 82 B2
Bonorva I 82 B2
Bønsnes N 117 D1
Boñar E 33 E3
Boo S 119 F2
Boom B 17 E1
Boos F 16 B4
Bootle GB 10 C2
Bopfingen D 63 D4
Boppard D 61 F2
Bor YU 128 C2
Borås S 118 B4
Borba P 40 C4
Borbona I 79 E1
Bordeaux F 28 C1

Bordères-Louron F ... 29 D4
Bordesholm D 50 B2
Bordighera I 74 C3
Bore I 75 E1
Borello I 76 B2
Borensberg S 119 D3
Le Boréon F 31 F2
Borgafjäll S 107 E4
Borgarfjörður IS 106 C1
Borgarnes IS 106 A2
Borger NL 55 D2
Borges Blanques
  (Les) E 38 B4
Borghetto I 79 D1
Borghetto Sto
  Spirito I 74 C3
Borgholm S 123 F2
Borgholzhausen D 55 F3
Borghorst D 55 E3
Borgia I 83 E3
Borgo S. Dalmazzo I . 31 F1
Borgo S. Lorenzo I ... 76 A2
Borgo Tufico I.......... 76 C3
Borgo Val di Taro I .. 75 E2
Borgo Valsugana I ... 72 A3
Borgomanero I 70 C4
Borgone Susa I 27 F4
Borgonovo Val
  Tidone I 75 E1
Borgorose I 79 E1
Borgosesia I 70 C4
Borgsjö S. 112 B3
Borgund N 110 C4
Borgvattnet S 112 B2
Borja E 37 E3

Borken D 55 D4
Borkenes / Kvæfjord
  N 104 A3
Børkop DK 122 B3
Borkum D 55 D1
Borlänge S 119 D1
Bormes-
  les-Mimosas F 31 E3
Bormio I 67 D4
Born D 51 E2
Borna D 63 F1
Bornes P 35 D3
Bornhöved D 50 C3
Bornos E 47 E3
Boroughbridge GB ... 11 D2
Borovec BG 128 C2
Boroviči RUS 125 E1
Borovnica SLO 73 D3
Borovsk RUS 125 F2
Borre N 117 D2
Borriana / Burriana
  E 44 A2
Borriol E 44 A2
Borris IRL 5 E2
Borrisokane / Buirios
  Uí Chéin IRL 4 C2
Borşa RO 126 C3
Børselv N 105 E2
Bórsio GR 92 C4
Bort-les-Orgues F 25 F4
Börtnan S 112 A2
Boryspil' UA 127 E2
Borzna UA 127 F1
Borzonasca I 75 E2
Bosa I 82 A2

Bosanska Dubica
  BIH 128 A1
Bosanska Krupa BIH . 73 F4
Bosanski Novi BIH ... 128 A1
Bosanski Petrovac
  BIH 128 A1
Bosansko Grahovo
  BIH 128 A2
Bosco I 76 C4
Bosco Chiesanuova
  I 71 F4
Boscoreale I 80 A3
Bosjökloster S 123 D3
Boskoop NL 54 B4
Bosque (El) E 47 E3
Bossolasco I 74 C2
Bossöst E 29 D4
Boštanj SLO 73 E2
Boston GB 11 F3
Botevgrad BG 128 C2
Bothel GB. 9 D4
Boticas P 34 C3
Botley GB. 13 F3
Botngård N. 111 D1
Botoşani RO 127 D3
Botsmark S. 113 D1
Bottrop D. 55 E4
Bouaye F 24 A1
Boucau F 28 A3
Bouchain F. 17 D3
Les Bouchoux F. 27 D2
Boudry CH. 27 E1
Bouillon B. 17 F3
Bouilly F 22 A3
Boúka GR 96 C2

Boulay-Moselle F.	23	D1
Boulogne-sur-Gesse F.	29	D3
Boulogne-sur-Mer F.	15	D4
Bouloire F.	20	C3
Le Boulou F.	30	A4
Bourbon-Lancy F.	26	B2
Bourbon-l'Archambault F.	26	A2
Bourbonne-les-Bains F.	22	C3
La Bourboule F.	25	F3
Bourbourg F.	15	E4
Bourbriac F.	18	C2
Bourdeaux F.	30	C1
Bourdeilles F.	25	D4
Bourg F.	24	C4
Bourg-Achard F.	16	A4
Bourg-Argental F.	26	C4
Bourg-de-Péage F.	26	C4
Bourg-de-Visa F.	29	D1
Le Bourg-d'Oisans F.	27	D4
Bourg-en-Bresse F.	26	C2
Bourg-Lastic F.	25	F3
Bourg-Madame F.	39	A4
Bourg-St-Andéol F.	30	C1
Bourg-St-Maurice F.	27	E3
Bourganeuf F.	25	E3
Bourges F.	25	F1
Le Bourget-du-Lac F.	27	D3
Bourgneuf-en-Retz F.	24	A1
Bourgoin-Jallieu F.	26	C3
Bourgtheroulde-Infreville F.	16	A4
Bourgueil F.	25	D1
Bourmont F.	22	C3
Bourne GB.	11	E4
Bournemouth GB.	13	F3
Le Bousquet-d'Orb F.	30	A2
Boussac F.	25	F2
Boussens F.	29	D3
Bouxwiller F.	23	E2
Bouzonville F.	23	D1
Bova Marina I.	83	E4
Bovalino Marina I.	83	E4
Bovec SLO	72	C2
Bóveda E.	32	C3
Bóveda de Toro (La) E.	35	F4
Bøverdal N.	110	C3
Boves F.	16	C3
Boves I.	31	F1
Bovey Tracey GB.	13	D3
Bovolone I.	72	A4
Bowes GB.	11	D1
Bowness-on-Windermere GB.	10	C1
Bowness-on-Solway GB.	9	D4
Boxholm S.	119	D4
Boxmeer NL.	54	C4
Boxtel NL.	54	C4
Boyle / Mainistir na Búille IRL.	2	C3
Bozdoğan TR.	129	F4
Bozel F.	27	E3
Bozen / Bolzano I.	67	E4
Bozouls F.	29	F1
Bozüyük TR.	129	F3
Bozzolo I.	75	F1
Bra I.	74	C2
Brač HR.	128	A2
Bracadale GB.	6	B4
Bracciano I.	79	D1
Bracieux F.	21	D4
Bräcke S.	112	B3
Brackenheim D.	62	B4
Brackley GB.	13	F1
Bracknell GB.	14	B3
Brackwede D.	55	F4
Brad RO.	126	C4
Bradford GB.	11	D2
Bradford-on-Avon GB.	13	E2
Brading GB.	13	F3
Bradwell-on-Sea GB.	15	D3
Braemar GB.	9	D1
Braga P.	34	B3
Bragança P.	35	D3
Brăila RO.	127	E4
Braine F.	17	D4
Braine-le-Comte B.	17	E2
Braintree GB.	14	C2
Brake (Unterweser) D.	50	A4
Brakel D.	56	B4
Bräkne-Hoby S.	123	E2
Brallo di Pregola I.	75	D1
Brálos GR.	93	E3
Bramming DK.	122	A3
Brampton GB.	9	D4
Bramsche D.	55	F3
Brancaleone Marina I.	83	E4
Brancion F.	26	C2
Brand-Erbisdorf D.	63	F1
Brand A.	66	C3
Brandbu N.	117	D1
Brande DK.	122	B2
Brande-Hörnerkirchen D.	50	B3
Brandenburg D.	57	E2
Brandis D.	57	F4
Brändö FIN.	120	A4
Brandon GB.	11	F4
Braniewo PL.	124	A4
Branne F.	28	C1
Br'ansk RUS.	125	F4
Brantôme F.	25	D4
Brañosera E.	36	B1
Brasschaat B.	17	E1
Bratislava SK.	126	A3
Brattvåg N.	110	B2
Braubach D.	61	F2
Braunau A.	68	A1
Braunfels D.	62	A2
Braunlage D.	56	C4
Braunsbedra D.	57	E4
Braunschweig D.	56	C3
Braunton GB.	12	C2
Bravães P.	34	B3
Bray / Bré IRL.	3	E4
Bray-Dunes F.	15	E4
Bray-sur-Seine F.	21	F3
Bray-sur-Somme F.	16	C3
Brazatortas E.	42	A4
Brčko BIH.	128	A1
Brea E.	37	E4
Brécey F.	19	E2
Brechin GB.	9	E1
Brecht B.	17	E1
Brecon / Aberhonddu GB.	13	D1
Breda E.	39	D3
Breda NL.	17	E1
Bredbyn S.	112	C2
La Brède F.	28	C1
Bredelar D.	56	B4
Bredstedt D.	50	A2
Bree B.	17	F1
Breganze I.	72	A4
Bregenz A.	66	C3
Bréhal F.	19	E2
Brehna D.	57	E4
Breiðdalsvík IS.	106	C2
Breil-sur-Roya F.	31	F2
Breisach D.	23	E3
Breitengüßbach D.	63	D3
Breitungen D.	62	C1
Breivikbotn N.	104	C1
Breivikeidet N.	104	B2
Brekke N.	110	A4
Brekken N.	111	E2
Brekkvasselv N.	107	D4
Brekstad N.	111	D1
Bremen D.	50	A4
Bremerhaven D.	50	A4
Bremervörde D.	50	B4
Bremsnes N.	110	C2
Brenes E.	47	E2
Brennilis F.	18	B3
Breno I.	71	F3
Brénod F.	27	D2
Brentwood GB.	14	C3
Brescia I.	71	E4
Breskens NL.	17	D1
Bresles F.	16	C4
Bressanone / Brixen I.	67	E4
La Bresse F.	23	D3
Bressuire F.	24	C1
Brest BY.	126	B1
Brest F.	18	B2
Brestanica SLO.	73	F2
Bretenoux F.	25	E4
Breteuil F.	16	C4
Breteuil-sur-Iton F.	21	D2
Bretten D.	23	F1
Breuil Cervinia I.	27	F3
Brevik N.	116	C2
Brežice SLO.	73	F3
Brezno SK.	126	A3
Brézolles F.	21	D2
Briançon F.	27	E4
Briare F.	21	F4
Bricquebec F.	19	E1
Brides-les-Bains F.	27	E3
Bridge of Allan GB.	8	C2
Bridgend / Pen-y-bont GB.	13	D2
Bridgend GB.	8	A2
Bridgnorth GB.	10	C4
Bridgwater GB.	13	D2
Bridlington GB.	11	F2
Bridport GB.	13	E3
Brie-Comte-Robert F.	21	F2
Briec F.	18	B3
Brielle NL.	54	B4
Brienne-le-Château F.	22	B3
Brienon-sur-Armançon F.	22	A3
Brienz CH.	66	A4
Brienza I.	80	C3
Briey F.	22	C1
Brig CH.	70	C3
Brigg GB.	11	E3
Brighouse GB.	11	D2
Brightlingsea GB.	15	D3
Brighton GB.	14	C4
Brignogan-Plages F.	18	B2
Brignoles F.	31	E3
Brihuega E.	42	C1
Briksdal N.	110	B3
Brilon D.	62	A1
Brimnes N.	116	B1
Brinches P.	46	B1
Brindisi I.	81	E3
Brinon-sur-Beuvron F.	26	A1
Brionne F.	16	A4
Brioude F.	26	A4
Brioux-sur-Boutonne F.	24	C2
Briouze F.	19	F2
Brisighella I.	76	B2
Brissac-Quincé F.	19	F4
Brissago CH.	71	D3
Bristol GB.	13	E2
Brive-la-Gaillarde F.	25	E4
Briviesca E.	36	C2
Brixham GB.	13	D3
Brixlegg A.	67	F3
Brjánslækur IS.	106	A1
Brno CZ.	65	D3
Bro S.	119	F4
Bro S.	119	E2
Broadford GB.	6	B4
Broadford IRL.	4	C2
Broadstairs GB.	15	D3
Broadway GB.	13	F1
Broager DK.	122	B4
Broby S.	123	E2
Brodick GB.	3	F1
Brodnica PL.	126	A1
Brody UA.	126	C2
Broglie F.	20	C2
Brohl Lützing D.	61	F2
Brolo I.	85	D2
Bromarv FIN.	120	C4
Brome D.	57	D2
Bromölla S.	123	D2
Bromsgrove GB.	11	D4
Bromyard GB.	13	E1
Bronchales E.	43	E1

BRATISLAVA

0 — 2 km

Map labels: BRNO, PEZINOK, RAČA, VAJNORY, VÝCHODNÉ NÁDRAŽIE, KRASŇANY, Vydrica, LAMAČ, DÚBRAVKA, Kamzík 440, KOLIBA, KRAMÁRE, Lamačská cesta, KÚTIKY, Karloveská, SLÁVIČIE ÚDOLIE, HORSKÝ PARK, KARLOVA VES, Mlynská dol., Brnianska, Pražská, Sancová, Račianska, Vajnorská, NOVÉ MESTO, VINOHRADY, JURAJOV DVOR, TRNÁVKA, Trnavská, Rožňavská, ŠTRKOVEC, OSTREDKY, Zlaté piesky, STARÉ MESTO, Trnavská cesta, Karadžičova, NIVY, RUŽINOV, POŠEŇ, Prievozska, Gagarinova, PRIEVOZ, E 575, VRAKUŇA, Ulica, Nábr. gen. L. Svobodu, DUNAJ, Most SNP, Einsteinova, Malý Dunaj, Slovnaftská, PODUNAJSKÉ BISKUPICE, svornosti, COLNICA, E 58, E 61, DVORY, Panónska, Bratská, PETRŽALKA, Kutlikova, cesta, Dolnozemská, Pajštúnska, LÚKY, ÖSTERREICH, BERG, KITTSEE, WIEN, E 65, E 65 · E 75, EISENSTADT, GYÖR, BUDAPEST, E 75-E 571, E 61

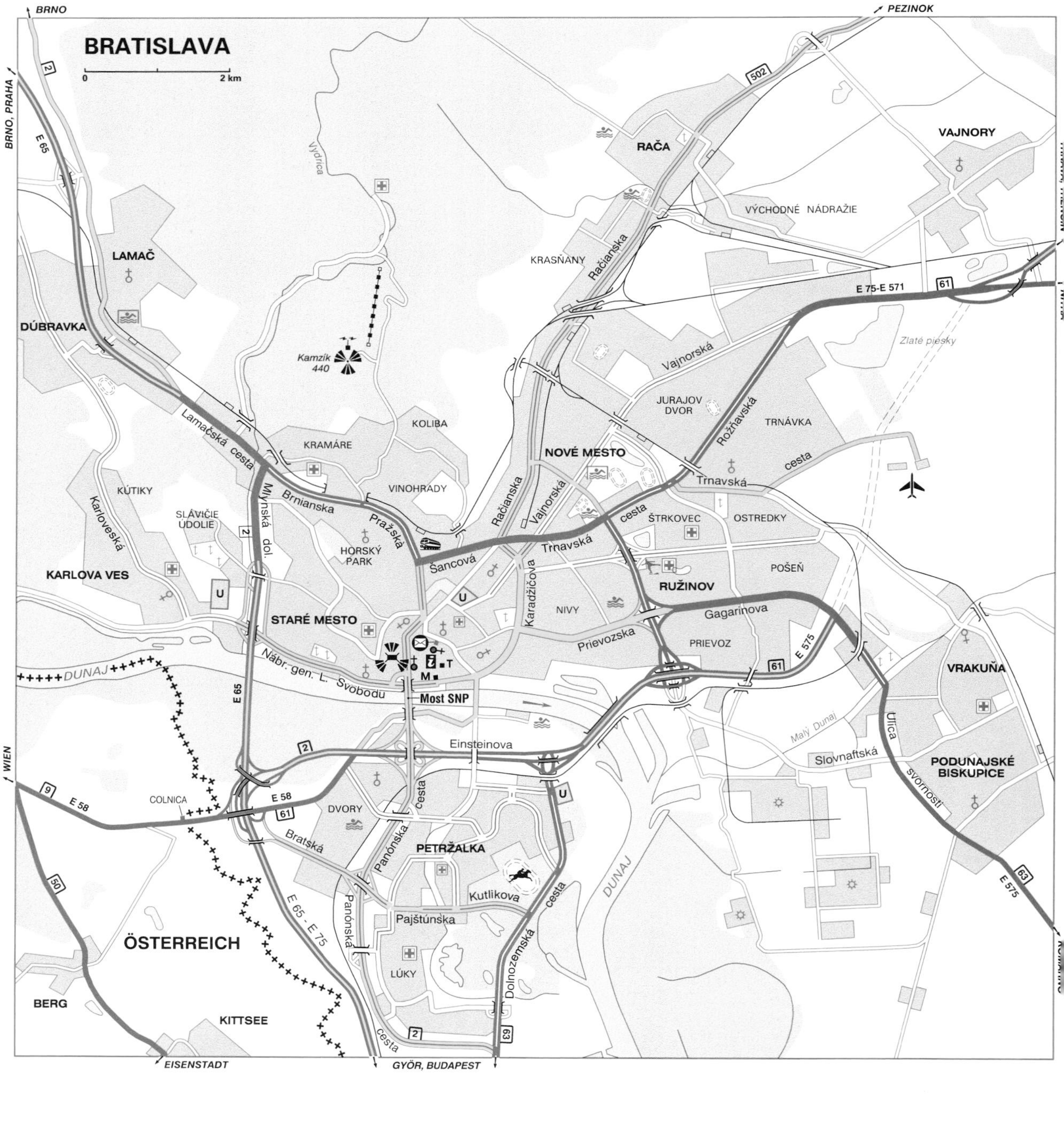

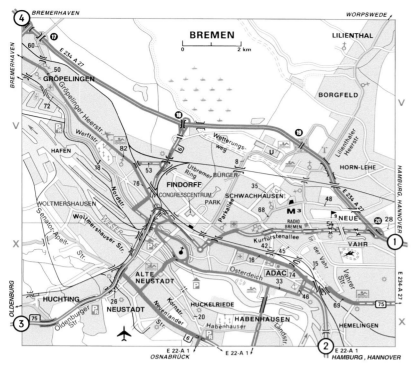

Burntisland GB	9	D2
Buronzo I	70	C4
Burrel AL	128	B3
Burry Port / Porth Tywyn GB	12	C1
Bursa TR	129	F3
Burscheid D	61	F1
Burton-upon-Trent GB	11	D4
Burträsk S	113	E1
Bury GB	10	C2
Bury St. Edmunds GB	15	D2
Busalla I	75	D2
Busca I	31	F1
Bushmills GB	3	E1
Busko-Zdrój PL	126	B2
Bussang F	23	D3
Busseto I	75	E1
Bussière-Badil F	25	D3
Bussolengo I	71	F4
Bussum NL	54	C3
Busto Arsizio I	71	D4
Busto de Bureba E	36	C2
Butera I	84	C4
Buttermere GB	10	C1
Buttevant IRL	4	C3
Buttstädt D	63	D1
Butzbach D	62	B2
Buxtehude D	50	B4
Buxton GB	11	D3
Buxy F	26	C1
Buzançais F	25	E1
Buzancy F	17	F4
Buzău RO	129	D1
Bychaŭ BY	125	D4
Bydgoszcz PL	53	E3
Bygdeå S	113	E1
Bygdin N	110	C4
Bygdsiljum S	113	E1
Bygland N	116	B2
Byglandsfjord N	116	B3
Bykle N	116	B2
Bylderup-Bov DK	122	A3
Byrkjelo N	110	B3
Byske S	108	B4
Bytom PL	65	F1
Bytów PL	126	A2
Byxelkrok S	123	F1
Bützow D	51	D3

C, Č, CH

Cabaco (El) E	41	E1
Cabanes E	44	A2
Les Cabannes F	29	E4
Cabañaquinta E	33	E3
Cabeceiras de Basto P	34	C3
Cabeço de Vide P	40	C3
Cabella Ligure I	75	D2
Cabeza del Buey E	41	F4
Cabezas de San Juan (Las) E	47	D3
Cabezas Rubias E	46	C1
Cabezón E	36	C1
Cabezón de la Sal E	36	B1
Cabezuela del Valle E	41	F2
Cabo de Gata E	48	C3
Cabo de Palos E	49	F2
Cabourg F	20	C1
Cabra E	48	A2
Cabra del Santo Cristo E	48	B2
Cabras I	82	A3
Cabreiros E	32	C2
Cabrera (La) E	42	B1
Cabrerets F	29	E1
Cabrillas E	41	E1
Cabuerniga E	36	B1
Cacabelos E	33	D3
Čačak YU	128	B2
Caccamo I	84	C3
Cacela Velha P	46	B2
Cáceres E	41	E3
Cachafeiro E	32	B3
Cachopo P	46	B2
Cádabo (O) E	32	C3
Cadalso de los Vidrios E	42	A2
Cadaqués E	39	E3
Cadaval P	40	A3
Cadelbosco di Sopra I	75	F1
Cadenabbia I	71	D3
Cadenberge D	50	A3
Cadenet F	31	D2
Cádiar E	48	B3
Cadillac F	28	C1
Cadipietra / Steinhaus /	67	F3
Cádiz E	47	D3

Brønderslev DK	122	B1
Broni I	75	D1
Brønnøysund N	107	D3
Brøns DK	122	A3
Bronte I	85	D3
Broons F	19	D3
Brora GB	7	D3
Brösarp S	123	E3
Brossac F	24	C4
Brøstadbotn N	104	B3
Brotas P	40	B3
Broto E	28	C4
Brotton GB	11	E1
Brøttum N	111	D4
Brou F	26	C2
Brou F	21	D3
Brouage F	24	B3
Brough GB	10	C1
Broughshane GB	3	E2
Broughton-in-Furness GB	10	C1
Brovst DK	122	B1
Brownhills GB	11	D4
Brozas E	41	D2
Bruay-la-Buissière F	16	C2
Bruay-sur-l'Escaut F	17	D2
Bruchsal D	23	F1
Bruck i. d. Oberpfalz D	63	F4
Bruck an der Großglockner straße A	68	A3
Bruck an der Leitha A	69	E1
Bruck an der Mur A	68	C2
Brückl A	68	C3
Bruckmühl D	67	F2
Brück D	57	F3
Brüel D	51	D3
Brügge D	61	F1
Brühl D	61	E2
Brués E	32	B4
Brüssow D	52	A3
Brugg CH	23	F4
Brugge B	15	F3
Bruksvallarna S	112	A3
Brûlon F	19	F3
Brumath F	23	E2
Brummen NL	55	D4
Brumunddal N	111	D4
Brunete E	42	B1
Brunflo S	112	B2
Brunico / Bruneck I	67	F4
Bruniquel F	29	D2
Brunkeberg N	116	C2
Brunnen CH	66	B4
Brunsbüttel D	50	B3
Brunssum NL	61	E1
Bruntál CZ	65	E2
Bruravik N	110	B4
Brusand N	116	A2
Brusasco I	74	C1
Brusson I	27	F3
Bruton GB	13	E2
Bruxelles / Brussel B	17	E2

Bruxelles-Brussel-National B	17	E2
Bruyères F	23	D3
Bryne N	116	A2
Brynmawr GB	13	D1
Brzeg PL	59	E4
Břeclav CZ	65	E4
Buarcos P	40	B1
Buavåg N	116	A1
Bubry F	18	C3
Bučač UA	126	C3
Buçaco P	40	B1
Buccheri I	85	D4
Bucchianico I	79	F1
Bucelas P	40	A3
Buchen D	62	B4
Buchenwald D	63	D1
Buchholz i. d. Nordheide D	50	B4
Buchloe D	67	D2
Buchs CH	66	C3
Buchy F	16	B4
Bucine I	76	B3
Buckfastleigh GB	13	D3
Buckhaven GB	9	D2
Buckie GB	7	E4
Buckingham GB	14	B2
Buckow D	58	A2
Bucureşti RO	129	D1
Bud N	110	C2
Budapest H	126	A4
Búðardalur IS	106	A1
Buddusò I	82	B2
Budleigh Salterton GB	13	D3
Budrio I	76	A1
Budva YU	128	A3
Büchen D	50	C4
Büchen-Pötrau D	50	C4
Bückeburg D	56	B3
Bückwitz D	51	E4
Büdelsdorf D	50	B2
Büdingen D	62	B2
Bühl D	23	F2
Buenache de Alarcón E	43	D3
Buenavista de Valdavia E	33	F4
Buendía E	43	D2
Büren D	55	F4
Bürgel D	63	E1
Bürstadt D	62	A1
Büsum D	50	A3
Bugeat F	25	E3
Bugojno BIH	128	A2
Bugøynes N	105	F2
Le Bugue F	25	D4
Builth Wells / Llanfair-ym-Muallt GB	13	D1
Buis-les-Baronnies F	31	D1

Le Buisson-Cussac F	29	D1
Buitrago del Lozoya E	36	B4
Bujalance E	48	A1
Bujaraloz E	38	A4
Bülach CH	23	F4
Buldan TR	129	F4
Bulgnéville F	22	C3
Bullas E	49	D1
Bulle CH	27	F2
Büllingen B	61	E2
Bully-les-Mines F	16	C2
Bultei I	82	B2
Bunclody IRL	5	E2
Bunde D	55	E2
Bundoran / Bun Dobhráin IRL	2	C2
Bunessan GB	8	A2
Bungay GB	15	D1
Bunmahon IRL	5	D3
Buntingford GB	14	C2
Buñuel E	37	E3
Buñol E	43	F3
Buonabitàcolo I	80	C4
Buonalbergo I	80	B2
Buonconveto I	76	A4
Buonfornello I	84	C2
Burbach D	62	A2
Burbáguena E	43	E1
Burdur TR	129	F4
Bureå S	108	B4
Burela E	32	C1
Buren NL	54	C1
Burfjord N	104	C2
Burford GB	13	F1
Burg D	57	E3
Burg a. Fehmarn D	51	D2
Burgas BG	129	E2
Burgau D	67	D1
Burgbernheim D	62	C4
Burgdorf D	56	C3
Burgdorf CH	27	F1
Burgess Hill GB	14	C4
Burggrub D	63	D2
Burghasungen D	62	B1
Burghausen D	67	F1
Burgjoß D	62	B2
Burgkunstadt D	63	D2
Burglengenfeld D	63	E4
Burgo (El) E	47	F3
Burgo de Osma (El) E	36	C4
Burgohondo E	42	A1
Burgo Ranero (El) E	33	E4
Burgos E	36	B3
Burgsinn D	62	C2
Burgstädt D	63	F1
Burg Stargard D	51	D2
Burgsvik S	119	F4
Burgui E	28	B4

Burguillos del Cerro E	41	D4
Burgum NL	54	C2
Burgwedel D	56	B3
Burhaniye TR	129	E4
Burhave D	50	A4
Burie F	24	C3
Burjassot E	44	A3
Burkau D	58	A4
Burnham-on-Crouch GB	15	D3
Burnham-on-Sea GB	13	D2
Burnley GB	10	C2

Brugge

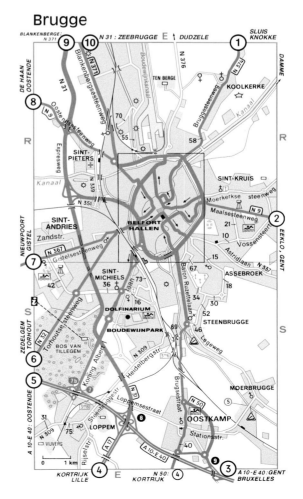

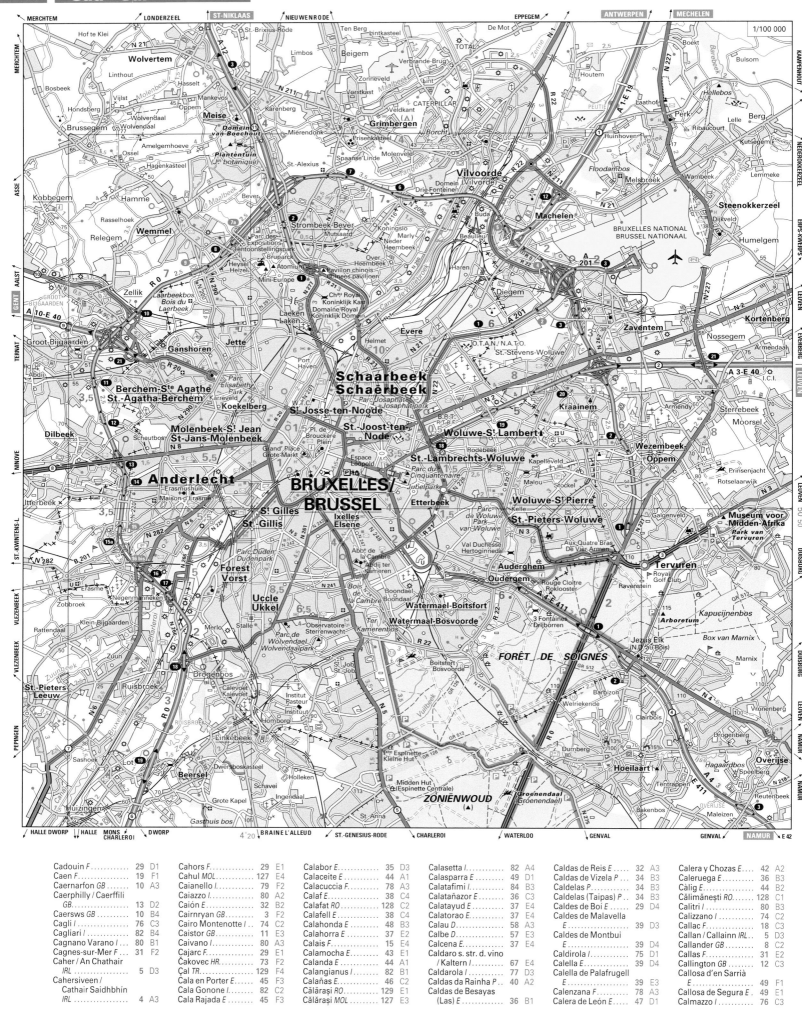

Cadouin *F*............. 29 D1	Cahors *F*............. 29 E1	Calabor *E*............. 35 D3	Calasetta *I*............ 82 A4	Caldas de Reis *E* 32 A3	Calera y Chozas *E*..... 42 A2
Caen *F*............. 19 F1	Cahul *MOL*....... 127 E4	Calaceite *E*......... 44 A1	Calasparra *E*......... 49 D1	Caldas de Vizela *P* ... 34 B3	Caleruega *E*........ 36 B3
Caernarfon *GB* 10 A3	Caianello *I*........ 79 F2	Calacuccia *F*....... 78 A3	Calatafimi *I*........ 84 B3	Caldelas *P*........ 34 B3	Càlig *E*........... 44 B2
Caerphilly / Caerffili	Caiazzo *I*........ 80 A2	Calaf *E*............ 38 C4	Calatañazor *E*....... 36 C3	Caldelas (Taipas) *P* ... 34 B3	Călimăneşti *RO*....... 128 C1
GB............. 13 D2	Caión *E*........ 32 B2	Calafat *RO*........ 128 C2	Calatayud *I*........ 37 E4	Caldes de Boí *E* 29 D4	Calitri *I*........... 80 B3
Caersws *GB* 10 B4	Cairnryan *GB* 3 F2	Calafell *E*........ 38 C4	Calatorao *E*........ 37 E4	Caldes de Malavella	Calizzano *I*........ 74 C2
Cagli *I*........ 76 C3	Cairo Montenotte *I* .. 74 C2	Calahonda *E*....... 48 B3	Calau *D*........... 58 A3	*E*......... 39 D3	Callac *F*........... 18 C3
Cagliari *I*....... 82 B4	Caistor *GB*....... 11 E3	Calahorra *E*....... 37 E2	Calbe *D*........... 57 E3	Caldes de Montbui	Callan / Callainn *IRL*... 5 D3
Cagnano Varano *I* ... 80 B1	Caivano *I*........ 80 A3	Calais *F*........ 15 E4	Calcena *E*........ 37 E4	*E*......... 39 D4	Callander *GB* 8 C2
Cagnes-sur-Mer *F* ... 31 F2	Cajarc *F*........ 29 E1	Calamocha *E*....... 43 E1	Caldaro s. str. d. vino	Caldirola *I*........ 75 D1	Callas *F*........... 31 E2
Caher / An Chathair	Čakovec *HR*....... 73 F2	Calanda *E*........ 44 A1	/ Kaltern *I*........ 67 D2	Calella *E*........ 39 D4	Callington *GB* 12 C3
IRL 5 D3	Çal *TR*........... 129 F4	Calangianus *I*....... 82 B1	Caldarola *I*........ 77 D3	Calella de Palafrugell	Callosa d'en Sarrià
Cahersiveen /	Cala en Porter *E*..... 45 F3	Calañas *E*........ 46 C2	Caldas da Rainha *P*... 40 A2	*E*......... 39 E3	*E*......... 49 F1
Cathair Saidhbhín	Cala Gonone *I*....... 82 C2	Călăraşi *RO*....... 129 E1	Caldas de Besayas	Calenzana *F*........ 78 A3	Callosa de Segura *E* .. 49 E1
IRL 4 A3	Cala Rajada *E*....... 45 F3	Călăraşi *MOL*....... 127 E3	(Las) *E*........ 36 B1	Calera de León *E*..... 47 D1	Calmazzo *I*........ 76 C3

Calmbach D	23 F2	Calzada de Calatrava		Camariñas E	32 A2	Camburg D	63 E1	Campanario E	41 F4	Campillo de Llerena	
Calne GB	13 F2	E	42 B4	Camarzana de Tera		Camelford GB	12 C3	Campanas E	28 A4	E	41 E4
Caló de Sant Agustí		Calzada de Oropesa		E	35 E3	Camerino I	76 C4	Campaspero E	36 B4	Campillos E	47 F3
E	44 C4	(La) E	41 F2	Camas E	47 D2	Camigliatello Silano		Campbeltown GB	3 E1	Campitello Matese I	80 A2
Calolziocorte I	71 E4	Calzada de		Cambados E	32 A3	I	83 E2	Campello (El) E	49 F1	Campli I	77 D4
Calonge E	39 E3	Valdunciel E	35 F4	Cambas P	40 C2	Caminha P	32 A4	Campi Bisenzio I	76 A3	Campo di Giove I	79 F1
Calp / Calpe E	49 F1	Camaiore I	75 F3	Camberley GB	14 B3	Caminomorisco E	41 E1	Campi Salentina I	81 F3	Campo E	29 D4
Caltabellotta I	84 B3	Camaldoli		Cambil E	48 B2	Caminreal E	43 E1	Campiglia Marittima		Campo Ligure I	75 D2
Caltagirone I	85 D3	(Convento) I	76 B3	Cambo-les-Bains F	28 A3	Camogli I	75 D2	I	75 F4	Campo Tures / Sand	
Caltanissetta I	84 C3	Camaleño E	33 F3	Camborne GB	12 B4	Campagna I	80 B3	Campiglio de		in Taufers I	67 F3
Caltavuturo I	84 C3	Camarasa E	38 B3	Cambrai F	17 D3	Campagne-		Altobuey E	43 E3	Campobasso I	80 A2
Caluso I	74 C1	Camarena E	42 B2	Cambre E	32 B2	lès-Hesdin F	16 B3	Campillo de Aragón		Campobello di Licata	
Calvi F	78 A3	Camarès F	30 A2	Cambremer F	20 C1	Campan F	28 C3	E	37 E4	I	84 C4
Calvörde D	57 D3	Camaret-sur-Mer F	18 A3	Cambridge GB	14 C2	Campana I	83 F2	Campillo de Arenas		Campobello di	
Calw D	23 F2	Camarillas E	43 F1	Cambrils de Mar E	44 B1	Campana (La) E	47 E2	E	48 B2	Mazara I	84 A3

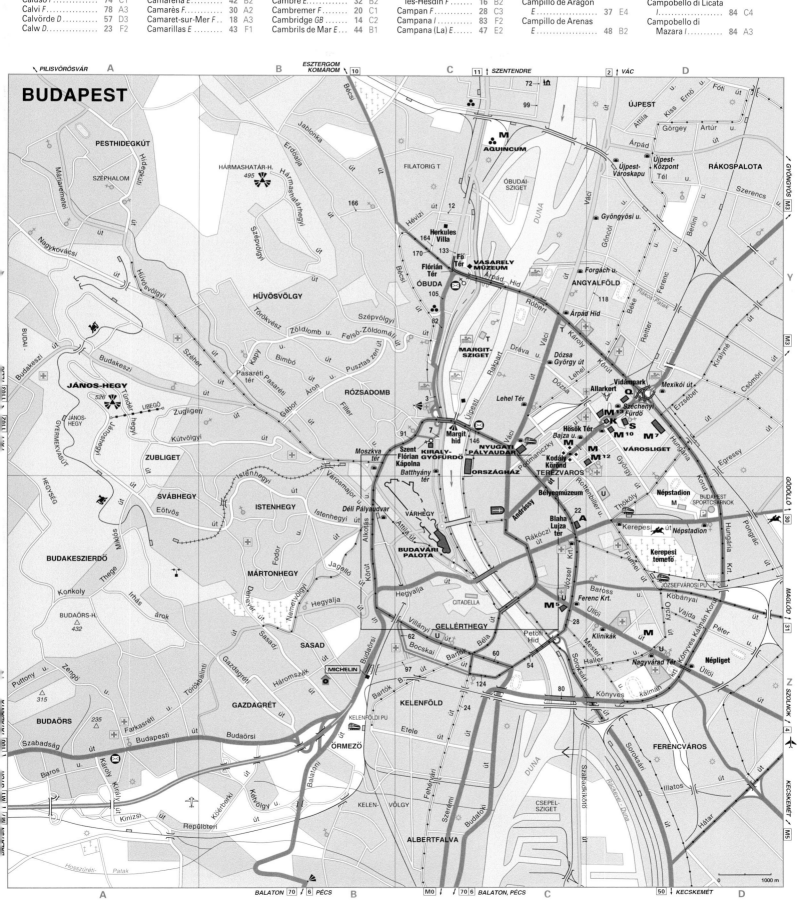

Campo de Beisteros P . 40 C1
Campo de Caso E . 33 E3
Campo de Criptana E . 42 C3
Campo del Hospital E . 32 B2
Campo de Peñaranda (El) E . 35 F4
Campodonico I . 76 C3
Campoformido I . 72 C3
Campogalliano I . 75 F1
Campo Maior P . 41 D3
Campomanes E . 33 E3
Campomarino I . 80 A1
Campóo (Alto) E . 36 B1
Campora S. Giovanni I . 83 E3
Camporrobles E . 43 E3
Campos E . 45 E3
Camposampiero I . 72 A4
Camprodon E . 39 D3
Camucia I . 76 B3
Camuñas E . 42 C3
Çanakkale TR . 129 F1
Canal S. Bovo I . 72 A3
Canales E . 36 C3
Canals E . 43 F4
Canas de Senhorim P . 40 C1
Canazei I . 67 F4
Cancale F . 19 E2
Cancarix E . 49 E1
Cancon F . 29 D1
Candanchú E . 28 B4
Candás E . 33 E2
Candasnos E . 38 A4
Candé F . 19 E4
Candela I . 80 B2
Candelario E . 41 F1
Candeleda E . 41 F2
Candes-St-Martin F. . 24 C1
Canelli I . 74 C2
Canero E . 33 D2
Canet-Plage F . 30 A4
Canet de Mar E . 39 D4
Canfranc-Estación E . 28 B4
Cangas E . 32 A4
Cangas del Narcea E . 33 D3
Cangas de Onis E . 33 F2
Canha P . 40 B3
Canicattì I . 84 C3
Canicattini Bagni I . 85 E4
Caniles E . 48 C2
Canino I . 78 C1
Canisy F . 19 E2
Canjáyar E . 48 C3
Cannero Riviera I . 71 D3
Cannes F . 31 F2
Canneto I . 75 F4
Cannich GB . 6 C4
Cannobio I . 71 D3
Cannock GB . 11 E4
Canonbie GB . 9 D4
Canosa di Puglia I . 80 C2
La Canourgue F . 30 A1
Cansano I . 79 F1
Cantalapiedra E . 35 F4
Cantalejo E . 36 B4
Cantalpino E . 35 F4
Cantanhede P . 40 B1
Cantavieja E . 44 A1
Canterbury GB . 15 D3
Cantillana E . 47 E2
Cantoira I . 27 F4
Cantoral E . 33 F3
Cantoria E . 49 D3
Cantù I . 71 D4
Canvey Island GB . 14 C3
Cany-Barville F . 16 A3
Cañigral (El) E . 43 E2
Cañada de Benatanduz E . 43 F1
Cañamero E . 41 F3
Cañaveral E . 41 E2
Cañaveral de Léon E . 47 D1
Cañaveras E . 43 D2
Cañete E . 43 E2
Cañete de las Torres E . 48 A1
Cañete la Real E . 47 F3
Cañiza (A) E . 32 B4
Cañizal E . 35 F4
Caorle I . 72 C4
Caorso I . 75 E1
Le Cap-d'Agde F . 30 A3
Cap-Ferret F. . 28 B1
Capaccio I . 80 B4
Capaci I . 84 B2
Capalbio I . 78 C1
Caparroso E . 37 E2
Capbreton F. . 28 A2
Capdenac-Gare F . 29 F1

Capel Curig GB . 10 B3
Capellades E . 38 C4
La Capelle F . 17 E3
Capendu F . 29 F3
Capestang F. . 30 A3
Capestrano I . 79 F1
Capileira E . 48 B3
Capistrello I . 79 E1
Capmany E . 39 E2
Capo d'Orlando I . 85 D2
Cappelle sul Tavo I . 77 E4
Cappoquin / Ceapach Choinn IRL . 5 D3
Capracotta I . 80 A1
Capri I . 80 A3
Capriati a Volturno I . 79 F2
Captieux F. . 28 C1
Capua I . 80 A3
Capvern F . 28 C3
Caracal RO . 128 C1
Caracuel de Calatrava E . 42 B4
Caraman F . 29 E3
Caramanico Terme I . 79 F1
Caramulo P . 40 C1
Caransebeş RO . 128 B1
Carantec F . 18 B2
Caravaca de la Cruz E . 49 D1
Carbajales de Alba E . 35 E3
Carballiño E . 32 B4
Carballo E . 32 A2
Carbon-Blanc F . 24 C4
Carboneras E . 49 D3
Carboneras de Guadazaón E . 43 E2
Carbonero el Mayor E . 36 A4
Carbonia I . 82 B4
Carbonin / Schluderbach I . 67 F4
Carbonne F . 29 E3
Carcaboso E . 41 E2
Carcabuey E . 48 A2
Carcaixent E . 43 F4
Carcans F . 24 B4
Carcans-Plage F . 24 B4
Carcare I . 74 C2
Carcassonne F . 29 F3
Carcastillo E . 28 A4
Carcès F . 31 E3
Çardak TR . 129 F4
Cardedeu E . 39 D4
Cardenete E . 43 E3
Cardeña E . 48 A1
Cardiff / Caerdydd GB . 13 D2
Cardigan / Aberteifi GB . 12 C1
Cardona E . 38 C3
Carei RO . 126 B4
Carentan F . 19 E1
Carevo BG . 129 F2
Cargèse F . 78 A3
Carhaix-Plouguer F. . 18 C3
Caria P . 41 D1
Cariati I . 83 F2
Carignan F . 17 F4
Carignano I . 27 F4
Carini I . 84 B2
Carinola I . 79 F2
Cariñena E . 37 E4
Cariño E . 32 C1
Carisio I . 70 C4
Carlet E . 43 F4
Carling F . 23 D1
Carlingford IRL . 3 E3
Carlisle GB . 9 D4
Carloforte I . 82 A4
Carlota (La) E . 47 F2
Carlow / Ceatharlach IRL . 5 E2
Carloway GB . 6 B2
Carluke GB . 8 C3
Carmagnola I . 27 F4
Carmarthen / Caerfyrddin GB . 12 C1
Carmaux F . 29 F2
Carmona E . 47 E2
Carna IRL . 2 A4
Carnac F . 18 C4
Carndonagh / Carn Domhnach IRL . 3 D1
Carnew IRL . 5 E2
Carnforth GB . 10 C1
Carnia I . 68 A4
Carnlough GB . 3 E2
Carnon-Plage F . 30 B3
Carnota E . 32 A3
Carnoustie GB . 9 E2
Carnwath GB . 9 D3

Carolina (La) E . 48 B1
Carolles F . 19 E2
Carovigno I . 81 E3
Carpaneto Piacentino I . 75 E1
Carpegna I . 76 B3
Carpenedolo I . 71 F4
Carpentras F . 30 C2
Carpi I . 75 F1
Carpignano Sesia I . 70 C4
Carpineti I . 75 F2
Carpineto Romano I . 79 E2
Carpinone I . 80 A2
Carpio (El) E . 47 F1
Carpio de Tajo (El) E . 42 A2
Carquefou F . 19 E4
Carqueiranne F . 31 E3
Carracedelo E . 33 D4
Carradale GB . 3 F1
Carrapateira P . 46 A2
Carrara I . 75 F2
Carrascosa del Campo E . 43 D2
Carrazeda de Ansiães P . 35 D4
Carrazedo de Montenegro P . 34 C3
Carrbridge GB . 7 D4
Carregado P . 40 A3
Carregal do Sal P . 40 C1
Carrenza E . 36 C1
Carreña E . 33 F3
Carrick-on-Shannon-Cora Droma Rúisc IRL . 2 C3
Carrick-on-Suir / Carraig na Siúire IRL . 5 D3
Carrickfergus GB . 3 E2
Carrickmacross / Carraig Mhachaire Rois IRL . 3 D3
Carrigart / Carraig Airt IRL . 2 C1
Carrió E . 32 B2
Carrión de Calatrava E . 42 B4
Carrión de los Condes E . 33 F4
Carrizo E . 33 E4
Carro F . 30 C3
Carrouges F . 19 F2
Carrù I . 74 C2
Carry-le-Rouet F . 30 C3
Carsoli I . 79 E1
Cartagena E . 49 E2
Cártama E . 47 F3
Cartaxo P . 40 A3
Cartaya E . 46 C2
Carteret F. . 19 E1
Carviçais P . 35 D4
Carvin F . 16 C2
Carvoeiro P . 46 A2
Casabermeja E . 47 F3
Casa Branca P . 40 C3
Casa Branca P . 40 A4
Casacalenda I . 80 A1
Casaio E . 33 D4
Casal di Principe I . 80 A3
Casalarreina E . 36 C2
Casalbordino I . 80 A1
Casalbuttano ed Uniti I . 75 E1
Casale Monferrato I . 74 C1
Casale sul Sile I . 72 B4
Casalecchio di Reno I . 76 A2
Casalmaggiore I . 75 F1
Casalpusterlengo I . 75 E1
Casamari (Abbazia di) I . 79 F2
Casamassima I . 81 D2
Casamicciola Terme I . 79 F3
Casarabonela E . 47 F3
Casarano I . 81 F4
Casar de Cáceres E . 41 E2
Casar de Talamanca (El) E . 42 C1
Casares E . 47 E4
Casares de las Hurdes E . 41 E1
Casariche E . 47 F2
Casarsa della Delizia I . 72 B3
Casas de Don Pedro E . 41 F3
Casas de Fernando Alonso E . 43 D3
Casas de Juan Núñez E . 43 E4
Casas del Puerto E . 49 E1

Casas de Luján E . 42 C2
Casas de Miravete E . 41 F2
Casas Ibáñez E . 43 E3
Casasimarro E . 43 D3
Casas Nuevas E . 49 E2
Casatejada E . 41 F2
Casavieja E . 42 A1
Cascais P . 40 A3
Cascante E . 37 E3
Cascia I . 76 C4
Casciana Terme I . 75 F3
Cascina I . 75 F3
Casei Gerola I . 75 D1
Caselle in Pittari I . 80 C4
Caselle Torinese I . 27 F4
Caserta I . 80 A3
Caserta Vecchia I . 80 A3
Casetas E . 37 E4
Cashel / Caiseal IRL . 5 D3
Casicas del Río Segura E . 48 C1
Casillas de Coria E . 41 D2
Casina I . 75 F2
Casinos E . 43 F3
Casola in Lunigiana I . 75 F2
Casoli I . 79 F1
Casoria I . 80 A3
Caspe E . 38 A4
Cassà de la Selva E . 39 E3
Cassagnes-Bégonhès F . 29 F2
Cassano allo Ionio I. . 81 D4
Cassano delle Murge I . 81 D2
Cassel F . 15 E4
Cassino I . 79 F2
Cassis F . 31 D3
Castalla E . 49 F1
Castanet-Tolosan F . 29 E3
Castanheira de Pêra P . 40 B1
Castasegna CH . 71 E3
Casteggio I . 75 D1
Castejón E . 37 E3
Castejón de Monegros E . 38 A4
Castejón de Sos E . 29 D4
Castejón de Valdejasa E . 37 F3
Castel del Monte I . 80 C2
Castel del Monte I . 79 F1
Castel del Rio I . 76 A2
Castel di Sangro I . 79 F2
Castel Gandolfo I . 79 E2
Castel Madama I . 79 E1
Castel S. Giovanni I . 75 E1
Castel S. Lorenzo I . 80 B4
Castel S. Pietro Terme I . 76 A2
Castel Volturno I . 79 F3
Castelbuono I . 84 C2
Casteldaccia I . 84 B2
Casteldelfino I . 31 F1
Castelfidardo I . 77 D3
Castelfiorentino I . 76 A3
Castelfranco Emilia I . 76 A1
Castelfranco in Miscano I . 80 B2
Castelfranco Veneto I . 72 A4
Casteljaloux F . 28 C1
Castellabate I . 80 B4
Castellammare del Golfo I . 84 B2
Castellammare di Stabia I . 80 A3
Castellamonte I . 27 F3
Castellana Grotte I . 81 D2
Castellane F . 31 E2
Castellaneta I . 81 D3
Castellar de la Muela E . 43 E1
Castellar del Vallès E . 39 D4
Castellar de Santiago E . 42 C4
Castellar de Santisteban E . 48 B1
Castell'Arquato I . 75 E1
Castelldans E . 38 B4
Castelldefels E . 38 C4
Castell de Ferro E . 48 B3
Castelleone I . 71 E4
Castellfollit de la Roca E . 39 D3
Castellina in Chianti I . 76 A3
Castelló de Rugat E . 44 A4
Castello di Lago I . 80 B3

Castello Tesino I . 72 A3
Castelló de la Plana / Castellón de la Plana E . 44 A2
Castelló d'Empúries E . 39 E3
Castellolí E . 38 C4
Castellón de la Plana / Castelló de la Plana E . 44 A2
Castellote E . 44 A1
Castellterçol E . 39 D3
Castelluccia I . 77 D4
Castelmassa I . 76 A1
Castelmauro I . 80 A1
Castelmoron-sur-Lot F . 29 D1
Castelnau-de-Médoc F . 24 B4
Castelnau-de-Montmiral F . 29 E2
Castelnau-Magnoac F . 29 D3
Castelnau-Montratier F . 29 E1
Castelnau-Rivière-Basse F . 28 C3
Castelnaudary F . 29 F3
Castelnovo ne' Monti I . 75 F2
Castelnuovo Berardenga I . 76 A3
Castelnuovo Bocca d'Adda I . 75 E1
Castelnuovo della Daunia I . 80 B2
Castelnuovo di Garfagnana I . 75 F2
Castelnuovo di Porto I . 79 D1
Castelnuovo Scrivia I . 75 D1
Castelo Branco P . 40 C2
Castelo de Paiva P . 34 B4
Castelo de Vide P . 40 C3
Castelraimondo I . 76 C3
Castelrotto / Kastelruth I . 67 E4
Castelsardo I . 82 B1
Castelsarrasin F . 29 E2
Castelserás E . 44 A1
Casteltermini I . 84 C3
Castelvecchio Subequo I . 79 F1
Castelvetrano I . 84 A3
Castets F . 28 B2
Castiadas I . 82 C4
Castiglion Fiorentino I . 76 B3
Castiglioncello I . 75 F3
Castiglione d'Adda I . 75 E1
Castiglione dei Pepoli I . 76 A2
Castiglione del Lago I . 76 B4
Castiglione della Pescaia I . 76 A4
Castiglione delle Stiviere I . 71 F4
Castiglione in Teverina I . 76 B4
Castiglione Messer Marino I . 80 A1
Castiglione Olona I. . 71 D4
Castilblanco E . 41 F3
Castilblanco de los Arroyos E . 47 D2
Castilleja del Campo E . 47 D2
Castilléjar E . 48 C2
Castillejo de Martín Viejo E . 41 E1
Castillo de las Guardas (El) E . 47 D2
Castillo de Locubín E . 48 A2
Castillon-en-Couserans F . 29 D4
Castillon-la-Bataille F . 24 C4
Castillonnès F . 29 D1
Castillo y Elejabeitia E . 37 D3
Castilruiz E . 37 D3
Castions di Strada I . 72 C3
Castle Douglas GB . 8 C4
Castlebar / Caisleán an Bharraigh IRL . 2 B3
Castlebay GB . 6 A4
Castlebellingham IRL . 3 E3
Castleblayney / Baile na Lorgán IRL . 3 D3

Castlecomer / Caisleán an Chomair IRL . 5 D2
Castledawson GB . 3 D2
Castlederg GB . 2 C2
Castledermot IRL . 5 E2
Castleford GB . 11 D2
Castleisland / Oileán Ciarraí IRL . 4 B3
Castlemaine IRL . 4 B3
Casltepollard IRL . 2 C4
Castlerea / An Caisleán Riabhach IRL . 2 B3
Castlerock GB . 3 D1
Castleton GB . 11 D3
Castletown GB . 7 E2
Castletown GB . 3 F3
Castletownbere IRL . 4 A4
Castlewellan GB . 3 E3
Castrejón E . 35 F4
Castres F . 29 F3
Castries F . 30 B2
Castril E . 48 C2
Castrillo de la Reina E . 36 C3
Castrillo de Villavega E . 33 F4
Castro Caldelas E . 32 C4
Castro E . 32 C3
Castrocalbón E . 33 E4
Castrocaro Terme I . 76 B2
Castrocontrigo E . 33 D4
Castro Daire P . 34 C4
Castro del Río E . 47 F2
Castrojeriz E . 36 B2
Castro Laboreiro P . 32 B4
Castro Marim P . 46 B2
Castromonte E . 36 A3
Castronuevo E . 35 F3
Castronuño E . 35 F4
Castrop-Rauxel D . 55 E4
Castropol E . 32 C2
Castroreale I . 83 D4
Castroreale Terme I . 83 D4
Castrotierra E . 33 E4
Castro-Urdiales E . 36 C1
Castro Verde P . 46 B1
Castroverde E . 32 C3
Castroverde de Campos E . 35 F3
Castrovillari I . 81 D4
Castuera E . 41 F4
Catania I . 85 E3
Catanzaro I . 83 E3
Catanzaro Lido I . 83 E3
Catarroja E . 44 A4
Le Cateau-Cambrésis F . 17 D3
Le Catelet F . 17 D3
Catenanuova I . 85 D3
Catez SLO . 73 F3
Catignano I . 79 F1
Catoira E . 32 A3
Catral E . 49 F1
Cattenom F . 23 D1
Cattolica I . 76 C2
Catus F . 29 E1
Caudebec-en-Caux F . 16 A4
Caudete E . 43 F4
Caudiel E . 43 F2
Caudry F . 17 D3
Caulnes F. . 19 D3
Caulonia I . 83 E4
Caumont-l'Éventé F . 19 F2
Caunes-Minervois F . 29 F3
Căuşani MOL . 127 E4
Caussade F . 29 E2
Cauterets F . 28 C4
Cava de' Tirreni I . 80 A3
Cava (La) E . 44 B1
Cavaglià I . 70 C4
Cavaillon F . 30 C2
Cavalaire-sur-Mer F . 31 E3
La Cavalerie F . 30 A2
Cavalese I . 72 A3
Cavalière F . 31 E3
Cavan / An Cabhán IRL . 2 C3
Cavarzere I . 72 B4
Cavazzo Carnico I . 68 A4
Çavdarhisar TR . 129 F4
Cavezzo I . 76 A1
Cavo I . 75 F4
Cavour I . 27 F4
Çavuşy BY . 125 D1
Cayeux-sur-Mer F . 16 B3
Le Caylar F . 30 A2
Caylus F . 29 E2
Cayres F . 26 B3

Cazalla de la Sierra E ... 47 E1
Cazals F ... 29 E1
Cazaubon F ... 28 C2
Cazaux F ... 28 B1
Cazères F ... 29 D3
Cazorla E ... 48 C2
Cea E ... 32 B4
Ceadîr-Lunga MOL ... 127 E4
Ceanannus Mór (Kells) / Ceanannas IRL ... 3 D4
Cebolla E ... 42 A2
Cebreros E ... 42 A1
Ceccano I ... 79 E2
Cece H ... 126 A4
Čechov RUS ... 125 F2
Cecina I ... 75 F4
Ceclavín E ... 41 D2
Cedeira E ... 32 B2
Cedillo E ... 40 C2
Cedrillas E ... 43 F2
Cefalù I ... 84 C2
Ceglédé H ... 126 A4
Ceglie Messapia I ... 81 F3
Cehegín E ... 49 D1
Ceknica SLO ... 73 D3
Celano I ... 79 F1
Celanova E ... 32 B4
Celje SLO ... 73 E2
Cella E ... 43 E2
Celle D ... 56 C2
Celle Ligure I ... 75 D2
Celles-sur-Belle F ... 24 C2
Celorico da Beira P ... 41 D1
Celorico de Basto P ... 34 C3
Cencenighe Agordino I ... 67 F4
Cenicero E ... 37 D2
Centelles E ... 39 D3
Centenillo (El) E ... 48 B1
Cento I ... 76 A1
Centuripe I ... 85 D3
Cepagatti I ... 79 F1
Ceppo di Rocca Sta Maria I ... 77 D4
Ceprano I ... 79 F2
Cerbère F ... 30 A4
Cercal P ... 40 A3
Cercal P ... 46 A1
Cercedilla E ... 42 B1
Cerchiara di Calabria I ... 81 D4
Cerdedo E ... 32 B3
Cerdeira P ... 41 D1
Cerea I ... 72 A4
Čerepovec RUS ... 125 F1
Ceres I ... 27 F4
Ceresole Reale I ... 27 F3
Céret F ... 30 A4
Cerezo de Abajo E ... 36 A4
Cerezo de Riotirón E ... 36 C2
Cerignola I ... 80 C2
Cérilly F ... 26 A2
Cerisiers F ... 22 A3
Cerisy-la-Salle F ... 19 E2
Cerizay F ... 24 C1
Čerkasy UA ... 127 F2
Cerkno SLO ... 73 D3
Cerler E ... 29 D4
Cernache de Bonjardim P ... 40 B2
Čern'achovsk RUS ... 124 B4
Cernavodă RO ... 129 E1
Cernay F ... 23 E4
Černihiv UA ... 127 E1
Černivci UA ... 127 D3
Cernobbio I ... 71 D4
Cerreto Sannita I ... 80 A2
Cerrigydrudion GB ... 10 B3
Cërrik AL ... 128 B3
Cerro de Andévalo (El) E ... 46 C1
Certaldo I ... 76 A3
Cervatos E ... 36 B1
Cervatos de la Cueza E ... 33 F4
Červen' BY ... 125 D4
Cervera E ... 38 B4
Cervera de la Cañada E ... 37 E4
Cervera del Río Alhama E ... 37 D3
Cervera de Pisuerga E ... 33 F3
Cerveteri I ... 79 D1
Cervia I ... 76 B2
Cervignano del Friuli I ... 72 C3
Cervinara I ... 80 A3
Cervione F ... 78 B3
Cervo E ... 32 C2
Červonohrad UA ... 126 C2

Cesana Torinese I ... 27 E4
Cesarò I ... 85 D2
Cesena I ... 76 B2
Cesenatico I ... 76 B2
Cēsis LV ... 124 B2
Çeşme TR ... 129 E4
Cespedosa E ... 41 F1
Cessalto I ... 72 B3
Cetina E ... 37 D4
Cetinje YU ... 128 A3
Cetraro I ... 83 D2
Ceuta E ... 47 E4
Ceutí E ... 49 E1
Ceva I ... 74 C2
Cevico de la Torre E ... 36 A3
Ceyrat F ... 26 A3
Ceyzériat F ... 27 D2
Chabanais F ... 25 D3
Chabeuil F ... 26 C4
Chablis F ... 22 A4
Chabris F ... 25 E1
Chagny F ... 26 C1
Chailland F ... 19 F3
Chaillé-les-Marais F ... 24 B2
La Chaise-Dieu F ... 26 B4
Chalabre F ... 29 F4
Chalais F ... 24 C4
Chalamont F ... 26 C3
Chalampé F ... 23 E4
Chalindrey F ... 22 C4
Chalkis GR ... 94 A3
Challans F ... 24 A1
Challes-les-Eaux F ... 27 D3
Chalon-sur-Saône F ... 26 C1
Chalonnes-sur-Loire F ... 19 F4
Châlons-en-Champagne F ... 22 B2
Châlus F ... 25 D3
Cham D ... 63 F4
Chambéry F ... 27 D3
Chambley-Bussières F ... 22 C2
Chambly F ... 21 E2
Le Chambon-Feugerolles F ... 26 B4
Le Chambon-sur-Lignon F ... 26 B4
Chambon-sur-Voueize F ... 25 F2
Chambord F ... 21 D4
La Chambre F ... 27 E4
Chamonix-Mont-Blanc F ... 27 E3
Champagnac-de-Belair F ... 25 D4
Champagne-Mouton F ... 25 D3
Champagnole F ... 27 D1
Champdeniers-Saint-Denis F ... 24 C2
Champeaux F ... 19 E3
Champeix F ... 26 A3
Champéry CH ... 27 E2
Champex CH ... 27 F2
Champlitte-et-le-Prélot F ... 22 C4
Champoluc I ... 27 F3
Champorcher I ... 27 F3
Champs-sur-Tarentaine F ... 25 F4
Champtoceaux F ... 19 E4
Chamrousse F ... 27 D4
Chamusca P ... 40 B2
Chanac F ... 30 A1
Chanas F ... 26 C4
Chantada E ... 32 B3
Chantelle F ... 26 A2
Chantemerle F ... 27 E4
Chantilly F ... 16 C4
Chantonnay F ... 24 B1
Chaource F ... 22 A3
Chapel-en-le-Frith GB ... 11 D3
La Chapelle-d'Angillon F ... 21 E4
La Chapelle-de-Guinchay F ... 26 C2
La Chapelle-en-Valgaudémar F ... 27 E4
La Chapelle-en-Vercors F ... 27 D4
Chapinería E ... 42 B1
Charbonnières-les-Bains F ... 26 C3
Chard GB ... 13 D3

Charenton-du-Cher F ... 25 F1
La Charité-sur-Loire F ... 26 A1
Charleroi B ... 17 E2
Charlestown IRL ... 2 B3
Charleville-Mézières F ... 17 E3
Charlieu F ... 26 B2
Charlottenberg S ... 118 B2
Charly F ... 21 F2
Charmes F ... 23 D3
Charny F ... 21 F4
Charny-sur-Meuse F ... 17 F4
Charolles F ... 26 B2
Chârost F ... 25 F1
Charquemont F ... 27 E1
Charroux F ... 25 D2
La Chartre-sur-le-Loir F ... 20 C4
Chartres F ... 21 D3
Chasseneuil-sur-Bonnieure F ... 25 D3
La Châtaigneraie F ... 24 B2
Château-Arnoux-St-Auban F ... 31 D2
Château-Chinon F ... 26 B1
Le Château-d'Oléron F ... 24 B3
Château-du-Loir F ... 20 C4
Château-Gontier F ... 19 F4
Château-la-Vallière F ... 20 C4
Château-Landon F ... 21 F3
Château-Porcien F ... 17 E4
Château-Queyras F ... 31 E1
Château-Regnault F ... 17 E3
Château-Renard F ... 21 F4
Château-Renault F ... 21 D4
Château-Salins F ... 23 D2
Château-Thierry F ... 21 F2
Châteaubourg F ... 19 E3
Châteaubriant F ... 19 E4
Château-d'Oex CH ... 27 E2
Châteaudun F ... 21 D3
Châteaugiron F ... 19 E3
Châteaulin F ... 18 B3
Châteaumeillant F ... 25 F2
Châteauneuf-de-Randon F ... 30 B1
Châteauneuf-d'Ille-et-Vilaine F ... 19 D2
Châteauneuf-du-Faou F ... 18 B3
Châteauneuf-du-Pape F ... 30 C2
Châteauneuf-en-Thymerais F ... 21 D2
Châteauneuf-la-Forêt F ... 25 E3
Châteauneuf-les-Bains F ... 26 A3
Châteauneuf-sur-Charente F ... 24 C3
Châteauneuf-sur-Cher F ... 25 F1
Châteauneuf-sur-Loire F ... 21 E4
Châteauneuf-sur-Sarthe F ... 19 F4
Châteauponsac F ... 25 E2
Châteaurenard F ... 30 C2
Châteauroux F ... 25 E1
Châteauvillain F ... 22 B3
Châtel F ... 27 E2
Châtel-Montagne F ... 26 B2
Châtel-St. Denis CH ... 27 E2
Châtel-sur-Moselle F ... 23 D3
Châtelaillon-Plage F ... 24 B2
Le Châtelard F ... 27 E3
Châtelaudren F ... 18 C2
Châteldon F ... 26 A3
Châtelet B ... 17 E2
Le Châtelet-en-Brie F ... 21 F3
Châtelguyon F ... 26 A3
Châtellerault F ... 25 D1
Châtelus-Malvaleix F ... 25 E2
Châtenois F ... 22 C3
Chatham GB ... 14 C3
Châtillon I ... 27 F3
Châtillon-Coligny F ... 21 F4
Châtillon-en-Bazois F ... 26 B1
Châtillon-en-Diois F ... 31 D1
Châtillon-sur-Chalaronne F ... 26 C2
Châtillon-sur-Indre F ... 25 E1

Châtillon-sur-Loire F ... 21 F4
Châtillon-sur-Marne F ... 22 A2
Châtillon-sur-Seine F ... 22 B3
La Châtre F ... 25 F2
Chatteris GB ... 11 F4
Chaudes-Aigues F ... 30 A1
Chauffailles F ... 26 B2
Chaufour-lès-Bonnières F ... 21 D2
Chaulnes F ... 16 C3
Chaumergy F ... 27 D1
Chaumont F ... 22 B3
Chaumont-en-Vexin F ... 16 B4
Chaumont-sur-Loire F ... 21 D4
Chauny F ... 17 D4
Chaussin F ... 27 D1
Chauvigny F ... 25 D2
Chaux-de-Fonds (La) CH ... 27 E1
Chaves P ... 34 C3
Chazelles-sur-Lyon F ... 26 B3
Cheb CZ ... 63 F2
Chef-Boutonne F ... 24 C2
Cheles E ... 40 C4
Chelmsford GB ... 14 C3
Cheltenham GB ... 13 E1
Chelva E ... 43 F3
Chełm PL ... 126 B2
Chemillé F ... 24 B1
Chemin F ... 26 C1
Chemnitz D ... 63 F1
Chénérailles F ... 25 F2
Chenonceaux F ... 21 D4
Chepstow / Cas-Gwent GB ... 13 E2
Chera E ... 43 F3
Cherbourg F ... 19 E1
Chéroy F ... 21 F3
Cherson UA ... 127 F3
Cheshunt GB ... 14 C3
Le Chesne F ... 17 E4
Cheste E ... 43 F3
Chester GB ... 10 C3
Chester-le-Street GB ... 9 F4
Chesterfield GB ... 11 D3
Chevagnes F ... 26 A2
Chevillon F ... 22 B3
Chevreuse F ... 21 E2
Le Cheylard F ... 26 C4
La Chèze F ... 19 D3
Chiampo I ... 72 A4
Chianciano Terme I ... 76 B4
Chiaramonte Gulfi I ... 85 D4
Chiaravalle I ... 77 D3
Chiaravalle Centrale I ... 83 E3
Chiari I ... 71 E4
Chiasso CH ... 71 D4
Chiavari I ... 75 E2
Chiavenna I ... 71 D3
Chichester GB ... 14 B4
Chiclana de la Frontera E ... 47 D4
Chieming D ... 67 F2
Chieri I ... 74 C1
Chiesa in Valmalenco I ... 71 E3
Chiesina Uzzanese I ... 75 F3
Chieti I ... 79 F1
Chimay B ... 17 E3
Chinchilla de Monte Aragón E ... 43 E4
Chinchón E ... 42 C2
Chinon F ... 25 D1
Chioggia I ... 72 B4
Chipiona E ... 47 D3
Chippenham GB ... 13 E2
Chipping Campden GB ... 13 F1
Chipping Norton GB ... 13 F1
Chipping Sodbury GB ... 13 E2
Chirivel E ... 48 C2
Chișinău MOL ... 127 E3
Chișineu-Criș RO ... 126 C4
Chiusa di Pesio I ... 31 F1
Chiusa / Klausen I ... 67 E4
Chiusa Sclafani I ... 84 B3
Chiusaforte I ... 68 A4
Chiusi I ... 76 B4
Chiva E ... 43 F3
Chivasso I ... 74 C1
Chmel'nyc'kyj UA ... 127 D2
Chmil'nyk UA ... 127 D2
Chojnice PL ... 53 D2
Chojniki BY ... 127 E1

Cholet F ... 24 B1
Chollerford GB ... 9 E4
Cholm RUS ... 125 D2
Chomutov CZ ... 64 A1
Chorges F ... 31 E1
Chorley GB ... 10 C2
Chorol UA ... 127 F2
Choszczno PL ... 52 B3
Chotyn UA ... 127 D3
Chouto P ... 40 B3
Christchurch GB ... 13 F3
Christiansfeld DK ... 122 B3
Chur CH ... 66 C4
Church Stretton GB ... 10 C4
Chust UA ... 127 C3
Cicciano I ... 80 A3
Cidones E ... 37 D3
Ciechanów PL ... 126 A1
Ciechocinek PL ... 126 A1
Cieszyn PL ... 126 A3
Cieza E ... 49 E1
Cifuentes E ... 43 D1
Cigliano I ... 74 C1
Cilavegna I ... 75 D1
Cillas E ... 43 E1
Cilleros E ... 41 D2
Cilleruelo de Bezana E ... 36 B1
Cimișlia MOL ... 127 E4
Cîmpeni RO ... 126 C4
Cîmpina RO ... 129 D1
Cîmpulung RO ... 129 D1
Cîmpulung Moldovenesc RO ... 127 D3
Cinctorres E ... 44 A1
Ciney B ... 17 F3
Cinfães P ... 34 C4
Cingoli I ... 77 D3
Cinigiano I ... 76 A4
Cinisi I ... 84 B2
Cintegabelle F ... 29 E3
Cintruénigo E ... 37 E3
La Ciotat F ... 31 D3
Cirencester GB ... 13 F1
Cirey-sur-Vezouze F ... 23 D2
Ciria E ... 37 D4
Cirié I ... 27 F4
Cirò I ... 83 F2
Cirò Marina I ... 83 F2
Čirpan BG ... 129 D2
Cisneros E ... 33 F4
Cisterna di Latina I ... 79 E2
Cisternino I ... 81 E3
Cistierna E ... 33 F3
Città della Pieve I ... 76 B4
Città di Castello I ... 76 B3
Città S. Angelo I ... 77 E4
Cittadella I ... 72 A4
Cittaducale I ... 79 E1
Cittanova I ... 83 E4
Cittareale I ... 77 D4
Ciudad Real E ... 42 B4
Ciudad Rodrigo E ... 41 E1
Ciutadella de Menorca E ... 45 F2
Cividale del Friuli I ... 72 C3
Civita Castellana I ... 79 D1
Civitanova Marche I ... 77 D3
Civitavecchia I ... 78 C1
Civitella del Tranto I ... 77 D4
Civitella Roveto I ... 79 E1
Civray F ... 25 D2
Çivril TR ... 129 F4
Čjurupyns'k UA ... 127 F3
Clacton-on-Sea GB ... 15 D3
Clairvaux-les-Lacs F ... 27 D2
Clamecy F ... 22 A4
Claonaig GB ... 8 B3
Clapham GB ... 10 C1
Clara / Clóirtheach IRL ... 2 C4
Clare GB ... 14 C2
Claremorris / Clár Chlainne Mhuiris IRL ... 2 B3
Claudy GB ... 3 D2
Clausthal-Zellerfeld D ... 56 C4
Claut I ... 68 A4
Clavière I ... 27 E4
Clay Cross GB ... 11 D3
Claye-Souilly F ... 21 F2
La Clayette F ... 26 B2
Clécy F ... 19 F2
Cleethorpes GB ... 11 F3
Clefmont F ... 22 C3
Cléguérec F ... 18 C3
Clelles F ... 31 D1
Clères F ... 16 A4
Clermont F ... 16 C4

Clermont-en-Argonne F ... 22 B2
Clermont-Ferrand F ... 26 A3
Clermont-l'Hérault F ... 30 A3
Clerval F ... 23 D4
Clervaux L ... 61 E3
Cléry-St-André F ... 21 E4
Cles I ... 67 E4
Clevedon GB ... 13 E2
Cleveleys GB ... 10 C2
Clifden / An Clochán IRL ... 2 A4
Clisson F ... 24 B1
Clitheroe GB ... 10 C2
Clogh Mills GB ... 3 E1
Cloghan IRL ... 2 C4
Clogheen IRL ... 4 C3
Clogherhead IRL ... 3 E3
Clonakilty / Cloich na Coillte IRL ... 4 B4
Clonbur / An Fhairche IRL ... 2 A4
Clondalkin IRL ... 3 D4
Clones / Cluain Eois IRL ... 3 D3
Clonmel / Cluain Meala IRL ... 5 D3
Cloppenburg D ... 55 F2
Clovelly GB ... 12 C3
Cloyes-sur-le-Loir F ... 21 D3
Cluj-Napoca RO ... 126 C4
Clun GB ... 10 C4
Cluny F ... 26 C2
La Clusaz F ... 27 E3
Cluses F ... 27 E2
Clusone I ... 71 E3
Clydebank GB ... 8 C2
Coachford IRL ... 4 C3
Coalisland GB ... 3 D2
Coalville GB ... 11 D4
Coaña E ... 33 D2
Coatbridge GB ... 8 C3
Cobeña E ... 42 C1
Cobh / An Cóbh IRL ... 4 C4
Coburg D ... 63 D2
Coca E ... 36 A4
Cocconato I ... 74 C1
Cocentaina E ... 43 F4
Cochem D ... 61 F3
Cockburnspath GB ... 9 E3
Cockermouth GB ... 9 D4
Codevigo I ... 72 B4
Codigoro I ... 76 B1
Codogno I ... 75 E1
Codos E ... 37 E4
Codosera (La) E ... 41 D3
Codroipo I ... 72 C3
Cölbe D ... 62 B1
Coesfeld D ... 55 E4
Coevorden NL ... 55 D3
Cofrentes E ... 43 F4
Cognac F ... 24 C3
Cogne F ... 27 F3
Cogolin F ... 31 E3
Cogolludo E ... 42 C1
Coimbra P ... 40 B1
Coín E ... 47 F3
Coina P ... 40 A4
Col SLO ... 73 D3
Colares P ... 40 A3
Colchester GB ... 15 D2
Coldbackie GB ... 7 D2
Colditz D ... 57 F4
Coldstream GB ... 9 E3
Coleford GB ... 13 E1
Coleraine GB ... 3 D1
Colfiorito I ... 76 C4
Colico I ... 71 D3
Coligny F ... 27 D2
Colinas E ... 47 D2
Colindres E ... 36 C1
Colintraive GB ... 8 B2
Coll de Nargó E ... 38 C3
Colle di Val d'Elsa I ... 76 A3
Colle Isarco / Gossensaß I ... 67 E3
Colle Sannita I ... 80 A2
Collecchio I ... 75 F1
Colleferro I ... 79 E2
Collesalvetti I ... 75 F3
Collesano I ... 84 C2
Colli a Volturno I ... 79 F2
Collinée F ... 19 D3
Collio I ... 71 F4
Collioure F ... 30 A4
Collobrières F ... 31 E3
Collodi I ... 75 F3
Collonges F ... 27 D2
Collonges-la-Rouge F ... 25 E4
Colmar F ... 23 E3
Colmars F ... 31 E2
Colmenar E ... 48 A3

Colmenar de Oreja E ... 42 C2
Colmenar Viejo E ... 42 B1
Colnabaichin GB ... 7 E4
Colne GB ... 11 D2
Colobraro I ... 81 D4
Cologna Veneta I ... 72 A4
Cologne F ... 29 D2
Colombey-les-Belles F ... 22 C2
Colombey-les-Deux-Églises F ... 22 B3
Colombres E ... 33 F2
Colomera E ... 48 A2
Colorno I ... 75 F1
Colosimi I ... 83 E2
Colunga E ... 33 F2
Colwyn Bay / Bae Colwyn E. ... 10 B3
Comacchio I ... 76 B1
Comăneşti RO ... 127 D4
Coma-ruga E ... 38 C4
Combarro E ... 32 A3
Combeaufontaine F. ... 22 C4
Combe Martin GB ... 12 C2
Combloux F ... 27 E3
Combourg F ... 19 E3
Combronde F ... 26 A3
Comeglians I ... 68 A4
Comillas E ... 33 F2
Comines F ... 15 F4
Comines B ... 15 F4
Comiso I ... 85 D4
Commentry F ... 25 F2
Commercy F ... 22 C2
Como I ... 71 D4
Cómpeta E ... 48 A3
Compiègne F ... 16 C4
Comporta P ... 40 A4
Comps-sur-Artuby F ... 31 E2
Comrat MOL ... 127 E4
Comunanza I ... 77 D4
Concarneau F ... 18 B3
Conches-en-Ouche F ... 21 D2
Concordia sulla Secchia I ... 76 A1
Condat F ... 26 A4
Condé-en-Brie F ... 22 A2
Condé-sur-l'Escaut F ... 17 D2
Condé-sur-Noireau F ... 19 F2
Condeixa-a-Nova P ... 40 B1
Condom F ... 29 D2
Condrieu F ... 26 C4
Conegliano I ... 72 B3
Conflans-en-Jarnisy F ... 22 C1
Confolens F ... 25 D3
Cong / Conga IRL ... 2 A4
Conga / Cong IRL ... 2 A4
Congleton GB ... 10 C3
Congosto de Valdavia E ... 33 F4
Congresbury GB ... 13 E2
Conil de la Frontera E ... 47 D4
Conisbrough GB ... 11 D3
Coniston GB ... 10 C1
Conlie F ... 20 C3
Conliège F. ... 27 D2
Connel GB ... 8 B1
Connerré F ... 20 C3
Conques F ... 29 F1
Le Conquet F ... 18 A2
Conquista E ... 48 A1
Conselice I ... 76 B1
Conselve I ... 72 B4
Consett GB ... 9 E4
Constância P ... 40 B2
Constanţa RO ... 129 E1
Constantina E ... 47 E1
Consuegra E ... 42 B3
Consuma I ... 76 A3
Les Contamines-Montjoie F ... 27 E3
Contarina I ... 76 B1
Conthey CH ... 27 F2
Contigliano I ... 79 E1
Contin GB ... 6 C4
Contres F ... 21 D4
Contrexéville F ... 22 C3
Conty F ... 16 C4
Conversano I ... 81 D2
Conwy GB ... 10 B3
Cookstown GB ... 3 D2
Cootehill / Muinchille IRL ... 3 D3
Čop UA ... 126 B3

Cope E ... 49 E2
Copertino I ... 81 F3
Copparo I ... 76 B1
Corabia RO ... 128 C2
Corato I ... 80 C2
Coray F ... 18 B3
Corbeil-Essonnes F ... 21 E2
Corbie F ... 16 C3
Corbigny F ... 26 B1
Corbola I ... 76 B1
Corbridge GB ... 9 E4
Corby GB ... 11 E4
Corcieux F ... 23 D3
Corconte E ... 36 B1
Corcubión E ... 32 A3
Cordes-sur-Ciel F ... 29 F2
Córdoba E ... 47 F1
Cordobilla de Lácara E ... 41 E3
Corduente E ... 43 E1
Corella E ... 37 E3
Coreses E ... 35 F3
Corfe Castle GB ... 13 E3
Corgo E ... 32 C3
Cori I ... 79 E2
Coria E ... 41 E2
Coria del Río E ... 47 D2
Corias E ... 33 D3
Corigliano Calabro I ... 83 E3
Corinaldo I ... 76 C3
Coripe E ... 47 E3
Corleone I ... 84 B3
Corleto Perticara I ... 80 C3
Çorlu TR ... 129 E3
Cormatin F ... 26 C2
Cormeilles F ... 16 A4
Cormery F ... 25 D1
Cormons I ... 72 C3
Cornago E ... 37 D3
Cornellana E ... 33 E2
Corniglio I ... 75 F2
Cornimont F ... 23 D3
Čornobyl' UA ... 127 E1
Čornomors'ke UA ... 127 F4
Cornuda I ... 72 B3
Cornus F ... 30 A2
Coronada (La) E ... 41 F4
Coronil (El) E ... 47 E3
Corps F ... 31 D1
Corral de Almaguer E ... 42 C2
Corrales de Buelna (Los) E ... 36 B1
Corrales del Vino E ... 35 F4
Corran GB ... 8 B1
Corredoiras E ... 32 B3
Correggio I ... 75 F1
Corrèze F ... 25 E4
Corridonia I ... 77 D3
Corrofin IRL ... 4 C2
Corsham GB ... 13 E2
Corte F ... 78 A3
Corte de Peleas E ... 41 D4
Cortegada E ... 32 B4
Cortegana E ... 46 C1
Cortemaggiore I ... 75 E1
Cortemilia I ... 74 C2
Corteolona I ... 75 E1
Cortes de Aragón E ... 43 F1
Cortes de Baza E ... 48 C2
Cortes E ... 37 E3
Cortes de la Frontera E ... 47 E3
Cortijos de Abajo (Los) E ... 42 B3
Cortijos Nuevos E ... 48 C1
Cortina d'Ampezzo I ... 67 F4
Čortkiv UA ... 126 C3
Cortona I ... 76 B3
Coruche P ... 40 B3
Coruña (A) / La Coruña E ... 32 B2
Corvara in Badia I ... 67 F4
Corvera E ... 49 E2
Corvera de Toranzo E ... 36 B1
Corwen GB ... 10 B3
Cosenza I ... 83 E2
Cosham GB ... 13 F3
Cosne-d'Allier F ... 26 A2
Cosne-sur-Loire F ... 21 F4
Cossato I ... 70 C4
Cossé-le-Vivien F ... 19 F3
Cossonay CH ... 27 E2
Costa de Caparica P ... 40 A4
Costa de Santo André P ... 40 A4
Costigliole d'Asti I ... 74 C1
Coswig D ... 58 A4
Coswig D ... 57 E3
La Côte-St-André F ... 26 C4

Cotignac F ... 31 E3
Cottbus D ... 58 A3
Couches F ... 26 C1
Couço P ... 40 B3
Coucy-le-Château-Auffrique F ... 17 D4
Couhé F ... 24 C2
Couilly-Pont-aux-Dames F ... 21 F2
Couiza F ... 29 F4
Coulanges-la-Vineuse F ... 22 A4
Coulanges-sur-Yonne F ... 22 A4
Coulommiers F ... 21 F2
Coulon F ... 24 C2
Coulonges-sur-l'Autize F ... 24 C2
Coupar Angus GB ... 9 D1
Couptrain F ... 19 F3
Cour-Cheverny F ... 21 D4
Courçon F ... 24 B2
Courmayeur I ... 27 F3
Cournon-d'Auvergne F ... 26 A3
La Couronne F ... 24 C3
Courpière F ... 26 A3
Cours F ... 26 B2
Coursan F ... 30 A3
Coursegoules F ... 31 F2
Courseulles-sur-Mer F ... 19 F1
Courson-les-Carrières F ... 22 A4
Courtenay F ... 21 F3
Courthézon F ... 30 C2
La Courtine F ... 25 F3
Courtomer F ... 20 C2
Courtown IRL ... 5 E2
Courville-sur-Eure F ... 21 D3
Coussey F ... 22 C3
Coutances F ... 19 E2
Coutras F ... 24 C4
La Couvertoirade F ... 30 A2
Couvin B ... 17 E3
Cova da Iria P ... 40 B2
Covadonga E ... 33 F3
Covarrubias E ... 36 B3
Coventry GB ... 11 D4
Coves de Vonromà (Les) E ... 44 A2
Covilhã P ... 40 C1
Cowbridge / Bont-faen GB ... 13 D2
Cowdenbeath GB ... 9 D2
Cowes GB ... 13 F3
Cowfold GB ... 14 B4
Cozes F ... 24 B3
Craco I ... 81 D3
Craigavon GB ... 3 E2
Craigellachie GB ... 7 E4
Craighouse GB ... 8 A2
Craignure GB ... 8 B1
Crail GB ... 9 E2
Crailsheim D ... 62 C4
Craiova RO ... 128 C1
Cranborne GB ... 13 F3
Crans-sur-Sierre CH ... 27 F2
Craon F ... 19 F4
Craonne F ... 17 D4
Craponne-sur-Arzon F ... 26 B4
Crato P ... 40 C3
La Crau F ... 31 E3
Craughwell IRL ... 2 B4
Craven Arms GB ... 10 C4
Crawinkel D ... 63 D1
Crawley GB ... 14 C4
Creagorry GB ... 6 A4
Crécy-en-Ponthieu F ... 16 B3
Crécy-la-Chapelle F ... 21 F2
Crécy-sur-Serre F ... 17 D4
Crediton GB ... 13 D3
Creegh IRL ... 4 B2
Creeslough IRL ... 2 C1
Creglingen D ... 62 C4
Creil F ... 16 C4
Crema I ... 71 E4
Crémieu F ... 26 C3
Cremona I ... 75 E1
Créon F ... 28 C1
Crépy-en-Valois F ... 16 C4
Cres HR ... 77 E1
Cres HR ... 73 E4
Crescentino I ... 74 C1
Crespino I ... 76 B1
Crest F ... 30 C1
Cresta CH ... 66 C4
Créteil F ... 21 E2
Creully F ... 19 F1
Le Creusot F ... 26 B1

Creußen D ... 63 E3
Creutzwald F ... 23 D1
Creuzburg D ... 62 C1
Crevacuore I ... 70 C4
Crevalcore I ... 76 A1
Crèvecœur-le-Grand F ... 16 C4
Crevillent E ... 49 E1
Crewe GB ... 10 C3
Crewkerne GB ... 13 E3
Crianlarich GB ... 8 C2
Criccieth GB ... 10 A3
Crickhowell GB ... 13 D1
Cricklade GB ... 13 F2
Crieff GB ... 9 D2
Criel-sur-Mer F ... 16 B3
Crikvenica HR ... 73 E4
Crimmitschau D ... 63 E1
Crinan GB ... 8 B2
Criquetot-l'Esneval F ... 16 A4
Crissolo I ... 31 F1
Crivitz D ... 51 D3
Črmošnjice SLO ... 73 E3
Črna SLO ... 73 E2
Crni Vrh SLO ... 73 D3
Crnomelj SLO ... 73 E3
Crocq F ... 25 F3
Le Croisic F ... 19 D4
La Croix-Valmer F ... 31 E3
Crolly / Croithlí IRL ... 2 C1
Cromarty GB ... 7 D4
Cromer GB ... 15 D1
Crook GB ... 11 D1
Croom IRL ... 4 C2
Cross Hands GB ... 12 C1
Crosshaven IRL ... 4 C4
Crossmaglen GB ... 3 D3
Crossmolina / Crois Mhaoilíona IRL ... 2 B3
Crotone I ... 83 F2
Le Crotoy F ... 16 B3
Crowborough GB ... 14 C4
Crowland GB ... 11 F4
Crowle GB ... 11 E3
Croyde GB ... 12 C2
Croydon GB ... 14 C3
Crozant F ... 25 E2
Crozon F ... 18 B3
Cruden Bay GB ... 7 F4
Crudgington GB ... 10 C4
Crumlin GB ... 3 E2
Cruseilles F ... 27 D3
Cruzamento de Pegões P ... 40 B4
Cruz da Légua P ... 40 A2
Csorna H ... 69 F1
Cuacos de Yuste E ... 41 F2
Cualedro E ... 32 B4
Cuba P ... 46 B1
Cubel E ... 37 E4
Cubillo (El) E ... 43 E3
Cubo de Don Sancho (El) E ... 35 E4
Cubo de Tierra del Vino (El) E ... 35 F4
Cuckfield GB ... 14 C4
Cudillero E ... 33 E2
Čudovo RUS ... 125 D1
Cuéllar E ... 36 A4
Cuenca E ... 43 D2
Cuers F ... 31 E3
Cuerva E ... 42 B3
Cuervo (El) E ... 47 D3
Cuevas del Almanzora E ... 49 D3
Cuevas del Becerro E ... 47 F3
Cuevas del Campo E ... 48 C2
Cuevas del Valle E ... 42 A1
Cuevas de San Clemente E ... 36 B3
Cuevas de San Marcos E ... 48 A2
Cuijk NL ... 54 C4
Cuiseaux F ... 27 D2
Cuisery F ... 26 C2
Culan F ... 25 F2
Culdaff IRL ... 3 D1
Culemborg NL ... 54 C4
Cúllar Baza E ... 48 C2
Cullen GB ... 7 E4
Cullera E ... 44 A4
Cullompton GB ... 13 D3
Culoz F ... 27 D3
Culross GB ... 9 D2
Cumbernauld GB ... 8 C2
Cumbre (La) E ... 41 E3
Cumbres Mayores E ... 47 D1
Cumiana I ... 27 F4
Cumnock GB ... 8 C3
Cunault F ... 19 F4

Cuneo I ... 31 F1
Cunlhat F ... 26 A3
Cuntis E ... 32 A3
Cuorgnè I ... 27 F3
Cupar GB ... 9 D2
Cupello I ... 80 A1
Cupramontana I ... 76 C3
Ćuprija YU ... 128 B2
La Cure F ... 27 D2
Curia P ... 40 B1
Curtea de Argeş RO ... 128 C1
Curtis E ... 32 B2
Cusano Mutri I ... 80 A2
Cushendall GB ... 3 E1
Cushendun GB ... 3 E1
Cusset F ... 26 A2
Cutro I ... 83 F2
Cuxhaven D ... 50 A3
Cwmbrân GB ... 13 D1
Cysoing F ... 17 D2
Czarnków PL ... 52 C4
Czersk PL ... 53 D2
Częstochowa PL ... 126 A2
Człuchów PL ... 53 D2
Čadca SK ... 126 A3
České Budějovice CZ ... 64 B4
Český Krumlov CZ ... 64 B4
Csongrád H ... 126 B4

D

D. Miholjac HR ... 128 A1
Dabo F ... 23 E2
Dachau D ... 67 E1
Dadiá GR ... 91 E2
Dáfnes GR ... 93 D4
Dafni GR ... 94 A4
Dáfni GR ... 96 C1
Dáfni GR ... 93 D3
Dáfni GR ... 89 D3
Dáfni GR ... 89 F4
Dáfnio GR ... 97 D3
Dafnónas GR ... 93 D3
Dafnónas GR ... 89 E1
Dafnotí GR ... 92 B1
Dagali N ... 116 C1
Dagebüll D ... 50 A2
Dagenham GB ... 14 C3
Dahlen D ... 57 F4
Dahlenburg D ... 50 C4
Dahme D ... 50 C2
Dahme D ... 57 F3
Dahn D ... 23 E1
Daimiel E ... 42 B4
Daimús E ... 44 A4
Dakovica YU ... 128 B3
Đakovo HR ... 128 A1
Dal N ... 117 E1
Dalbeattie GB ... 8 C4
Dalby S ... 123 D3
Dale N ... 110 A3
Dale N ... 110 B4
Dalen N ... 116 C2
Dalhem S ... 119 F4
Dalías E ... 48 C3
Daliburgh GB ... 6 A4
Dalkeith GB ... 9 D3
Dalkey IRL ... 3 E4
Dalmally GB ... 8 B2
Dalmellington GB ... 8 C3
Dalmine I ... 71 E4
Dals Långed S ... 118 B3
Dalsbruk FIN ... 120 B4
Dalsjöfors S ... 118 B4
Dalton in Furness GB ... 10 C1
Dalvík IS ... 106 B1
Dalwhinnie GB ... 8 C1
Damaskiniá GR ... 87 E3
Damássi GR ... 87 F4
Damazan F ... 28 C1
Damelevières F ... 23 D2
Damgan F ... 19 D4
Damianó GR ... 88 A2
Dammartin-en-Goële F ... 21 F2
Damme D ... 55 F3
Dampierre F ... 27 D1
Dampierre-sur-Salon F ... 22 C4
Damville F ... 21 D2
Damvillers F ... 17 F4
Dangé-St-Romain F ... 25 D1
Danilov RUS ... 125 F1
Dannemarie F ... 23 E4
Dannenberg (Elbe) D ... 51 D4
Daoulas F ... 18 B3
Dardesheim D ... 57 D3

Darfo-Boario Terme I ... 71 E3
Dargun D ... 51 E3
Darlington GB ... 11 D1
Darłowo PL ... 52 C1
Darmstadt D ... 62 B3
Darney F ... 22 C3
Daroca E ... 37 E4
Darque P ... 34 B3
Dartford GB ... 14 C3
Dartmouth GB ... 13 D4
Daruvar HR ... 128 A1
Darwen GB ... 10 C2
Dasburg D ... 61 E3
Dasing D ... 67 D1
Dassel D ... 56 B4
Dassohóri GR ... 89 E2
Dassow D ... 50 C3
Datteln D ... 55 E4
Daugavpils LV ... 124 C3
Daun D ... 61 F3
Dava GB ... 7 D4
Daventry GB ... 13 F1
Daviá GR ... 96 C1
Dávlia GR ... 93 E3
Davos CH ... 66 C4
Dawlish GB ... 13 D3
Dax F ... 28 B2
Deal GB ... 15 D3
Deauville F ... 20 C1
Deba E ... 37 D1
Debar MK ... 128 C3
Debrecen H ... 126 B4
Decazeville F ... 29 F1
Decize F ... 26 A1
Děčín CZ ... 64 A1
Dedemsvaart NL ... 55 D3
Degaña E ... 33 D3
Degerfors S ... 118 C2
Degerndorf a. Inn D ... 67 F2
Deggendorf D ... 64 A4
Dego I ... 74 C2
Degracias P ... 40 B1
Dehesa de Montejo E ... 33 F3
Deià E ... 45 E3
Deidesheim D ... 23 F1
Deinze B ... 17 D2
Deiva Marina I ... 75 E2
Dej RO ... 126 C4
Deje S ... 118 C2
Delčevo MK ... 128 C3
Delden NL ... 55 D3
Deleitosa E ... 41 F2
Delémont CH ... 23 E4
Deléria GR ... 88 A4
Delfi GR ... 93 E3
Delft NL ... 54 B4
Delfzijl NL ... 55 D1
Delia I ... 84 C3
Delianuova I ... 83 E4
Deliceto I ... 80 B2
Delitzsch D ... 57 E4
Delle F ... 23 E4
Delme F ... 23 D2
Delmenhorst D ... 50 A4
Delnice HR ... 73 E4
Delsbo S ... 112 C4
Deltebre E ... 44 B1
Delvin IRL ... 3 D4
Delvináki GR ... 86 C4
Demidov RUS ... 125 D4
Demirci TR ... 129 F4
Demmin D ... 51 E3
Demonia GR ... 97 E4
Denain F ... 17 D3
Denbigh / Dinbych GB ... 10 B3
Dendermonde B ... 17 D1
Dendrohóri GR ... 87 D2
Denekamp NL ... 55 E3
Dénia E ... 44 A4
Denizli TR ... 129 F4
Denkendorf D ... 63 E4
Dennington GB ... 15 D2
Derby GB ... 11 D4
Dereköy TR ... 129 E3
Derenburg D ... 57 D4
Dermbach D ... 62 C1
Derneburg D ... 56 C3
Deruta I ... 76 C4
Dervaig GB ... 8 A1
Derval F ... 19 E4
Dervéni GR ... 93 E4
Derventa BIH ... 128 A1
Derviziana GR ... 92 B1
Desborough GB ... 11 E4
Descartes F ... 25 D1
Desenzano del Garda I ... 71 F4
Desfina GR ... 93 E3

Dijon

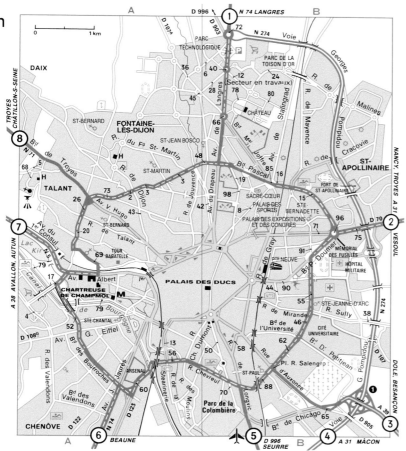

Döbern D 58 B3
Dörpstedt D 50 B2
Dörzbach D 62 C4
Doesburg NL 55 D4
Doetinchem NL 55 D4
Dogliani I 74 C2
Doiráni GR 88 B1
Dokka N 111 D4
Dokkum NL 54 C1
Dokós (Nissí) GR 97 E2
Dol-de-Bretagne F 19 E2
Dole F 27 D1
Dølemo N 116 C2
Dolenjavas SLO 73 E3
Dolenjske Toplice
SLO 73 E3
Dolgas Vas SLO 73 F1
Dolgellau GB 10 B4
Doliana GR 86 C4
Dolianova I 82 B4
Dolíhi GR 87 F3
Dolla IRL 4 C2
Döllach A 68 A3
Dollar GB 9 D2
Dolle D 57 D3
Dolly I 72 B4
Dolores E 49 F1
Dolores (Los) E 49 E2
Dolyna UA 126 C3
Domart-en-Ponthieu
F 16 C3
Domažlice CZ 63 D3
Dombås N 111 D3
Dombasle-
sur-Meurthe F 23 D2
Dombóvár H 126 A4
Domburg NL 15 F3
Domène F 27 D4
Doméniko GR 87 F4
Domèvre-
en-Haye F 22 C2
Domfront F 19 F2
Domme F 29 E1
Dommitzsch D 57 F4
Domnista GR 93 D2
Domodedovo RUS . . . 125 F2
Domodossola I 70 C3
Domokós GR 93 E2
Dompaire F 23 D3
Dompierre-
sur-Besbre F 26 B2
Domrémy-la-Pucelle
F 22 C3
Domusnovas I 82 B4
Domžale SLO 73 E2
Don Benito E 41 E4
Donaghadee GB 3 E2
Donaueschingen D 23 F3
Donauwörth D 67 D1
Donawitz A 68 C2
Doncaster GB 11 E3
Donegal /
Dún na nGall IRL . . . 2 C2
Doneztebe E 28 A3

Dongen NL 54 B4
Donges F 19 D4
Donington GB 11 F4
Donji Vakuf BIH 128 A2
Le Donjon F 26 B2
Donnemarie-
Dontilly F 21 F3
Donnersbachwald A . . . 68 B2
Dønnes N 107 D3
Donostia / San
Sebastián E 28 A3
Donoússa (Nissí) GR . . . 99 D2
Donzenac F 25 E4
Donzère F 30 C1
Donzy F 21 F4
Doña María Ocaña E . . . 48 C3
Doña Mencía E 48 A2
Doorn NL 54 C4
Le Dorat F 25 E2
Dorchester GB 13 E3
Dordives F 21 F3
Dordrecht NL 54 B4
Dorfen D 67 F1
Dorfmark D 56 B2
Dorgali I 82 C2
Dório GR 96 C2
Dorkáda GR 88 B2
Dorking GB 14 B3
Dormagen D 61 E1
Dormans F 22 A2
Dornbirn A 66 C3
Dornburg D 63 E1
Dorndorf D 62 C1
Dornes F 26 A2
Dornie GB 6 B4
Dornoch GB 7 D3
Dornstetten D 23 F2
Dornum D 55 E1
Dorog H 126 A4
Dorogobuž RUS 125 E3
Dorohoi RO 127 D3
Dorotea S 112 C1
Dorsten D 55 E4
Dortan F 27 D2
Dortmund D 55 E4
Dorum D 50 A3
Dosbarrios E 42 C2
Dos Hermanas E 47 D2
Douai F 17 D3
Douarnenez F 18 B3
Doucier F 27 D2
Doudeville F 16 A4
Doué-la-Fontaine F . . . 24 C1
Douglas GB 8 C3
Douglas GB 3 F3
Doulaincourt F 22 B3
Doulevant-le-
Château F 22 B3
Doullens F 16 C3
Doune GB 8 C2
Dourdan F 21 E3
Dourgne F 29 F3
Doûsk BY 125 E4
Douvaine F 27 E2

Desio I 71 D4
Deskáti GR 87 F4
Despotikó (Nissí) GR . . . 98 C3
Dessau D 57 E3
Destriana E 33 D4
Desulo I 82 B3
Desvres F 15 E4
Deta RO 128 B1
Detmold D 56 B4
Dettelbach D 62 C2
Deurne NL 17 F1
Deutschkreutz A 69 E2
Deutschlandsberg A . . . 69 D3
Deutsch Wagram A . . . 65 E2
Les Deux-Alpes F 27 E4
Deva RO 126 C4
Deventer NL 55 D3
Devil's Bridge /
Pontarfynach GB . . 10 B4
Devizes GB 13 F2
Devnja BG 129 E2
Dewsbury GB 11 D2
Deza E 37 D4
Dezzo I 71 E3
Dębica PL 126 B2
Dęblin PL 126 B1
Día (Nissí) GR 101 D3
Diablerets (Les) CH . . . 27 F2
Diafáni GR 103 D3
Diakófti GR 97 E4
Diakoftó GR 93 D4
Diamante I 83 D2
Diano Marina I 74 C3
Diápora Nissiá GR 97 E1
Diavolítsi GR 96 C2
Dibbersen D 50 B4
Dicomano I 76 A3
Dídima GR 97 E2
Didimótiho GR 91 E1
Die F 31 D1
Dieburg D 62 B3
Diedorf D 62 C1
Diego Alvaro E 41 F1
Diekirch L 61 E3
Diemelstadt D 56 B4
Diepholz D 55 F3
Dieppe F 16 A3
Dierdorf D 61 F2
Dieren NL 55 D4
Diesdorf D 56 C2
Dießen a. Ammersee
D 67 E2
Diest B 17 F1
Dietenheim D 66 C2
Dietfurt a. d. Altmühl
D 63 E4

Dietikon CH 23 F4
Dietmannsried D 67 D2
Dietzenbach D 62 B3
Dieulefit F 30 C1
Dieulouard F 22 C2
Dieuze F 23 D2
Diez D 62 A2
Diezma E 48 B3
Differdange L 22 C1
Digermulen N 104 A4
Digne-les-Bains F 31 E2
Digoin F 26 B2
Dijon F 22 B4
Dikanäs S 107 F4
Díkea GR 91 E1
Díkela GR 91 D2
Diksmuide B 15 F4
Diktéo Ándro GR 101 E4
Dílessi GR 94 A3
Dilináta GR 92 A4
Dillenburg D 62 A2
Dillingen D 67 D1
Dillingen D 23 D1
Dílofos GR 91 E1
Dílos (Nissí) GR 98 C2
Dímena GR 97 E1
Dímitra GR 88 A4
Dimitritsi GR 88 C1
Dimitrovgrad YU 128 C2
Dimitrovgrad BG 129 D2
Dimitsána GR 96 C1
Dinali M 85 F4
Dinami I 83 E3
Dinan F 19 D3
Dinant B 17 F3
Dinar TR 129 F4
Dinard F 19 D2
Dingelstädt D 56 C4
Dingle / An Daingean
IRL 4 A3
Dingle S 118 B3
Dingolfing D 67 F1
Dingwall GB 7 D4
Dinkelsbühl D 63 D4
Dinklage D 55 F2
Dinslaken D 55 D4
Dío GR 88 A3
Diónissos GR 94 B4
Dipótama GR 90 B1
Dippoldiswalde D 64 A1
Diráhio GR 96 C2
Dirdal N 116 A2
Diroú (Spílea) GR 97 D3
Disentis / Mustér CH . . 23 B4

Diss GB 15 D2
Dissen D 55 F3
Dístomo GR 93 E3
Dístos GR 94 B3
Ditzingen D 66 B1
Divača SLO 73 D3
Divaráta GR 92 A3
Dives-sur-Mer F 20 C3
Divonne-les-Bains F . . . 27 D2
Divoúnia (Nissí) GR . . . 102 C3
Dívri GR 93 E2
Djúpivogur IS 106 C2
Djupvik N 104 C2
Djurås S 119 D1
Dmitrov RUS 125 F2
Dniprodzeržyns'k
UA 127 F2

Dnipropetrovs'k UA . . 127 F2
Dno RUS 125 D2
Dobbiaco / Toblach I . . 67 F4
Dobel D 23 F2
Dobele LV 124 B3
Doberlug-Kirchhain
D 58 A4
Dobersberg A 64 C4
Doboj BIH 128 A1
Döbriach A 68 B3
Dobrič BG 129 E1
Dobrna SLO 73 E2
Dobrovnik SLO 73 F1
Dobruš BY 125 E4
Docksta S 113 D2
Dodóni GR 92 B1
Döbeln D 57 F4

DÜSSELDORF

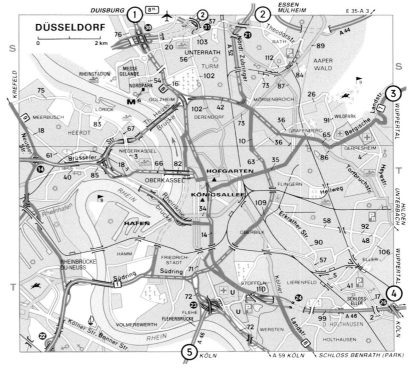

Douvres-la-
 Délivrande F 19 F1
Dover GB 15 D4
Dovre N 111 D3
Downham Market
 GB 11 F4
Downpatrick GB...... 3 E3
Dowra IRL 2 C3
Doxarás GR 93 E1
Doxáto GR 89 D1
Dozulé F 20 C1
Drachten NL 55 D2
Drag N 107 F1
Drăgășani RO 128 C1
Dragoman BG 128 C2
Dragoni I 80 A2
Dragør DK 123 D3
Dragotiná GR 92 A1
Dragsfjärd FIN 120 B4
Dragsvik N 110 B4
Draguignan F 31 E3
Dráma GR 89 D1
Drammen N 117 D2
Drangedal N 116 C2
Dranske D 51 E1
Drasenhofen A 65 E4
Dravograd SLO 73 E2
Drawsko Pomorskie
 PL 52 B3
Drebkau D 58 A3
Dreki IS 106 B1
Drépano GR 97 E1
Drépano GR 87 F3
Dresden D 58 A4
Dreux F 21 D2
Driebergen-
 Rijsenburg NL 54 C4
Driebes E 42 C2
Driméa GR 93 E3
Drimós GR 88 B2
Driopída GR 98 B2

Driós GR 98 C3
Drnovo SLO 73 F3
Drøbak N 117 D2
Drobeta-Turnu
 Severin RO 128 C1
Drochtersen D 50 B3
Drogheda /
 Droichead Átha
 IRL 3 D4
Drohobyč UA 126 C3
Droitwich GB 13 E1
Drokija MOL 127 D3
Dromcolliher IRL 4 C3
Dromore GB 3 E2
Dromore GB 2 C2
Dronero I 31 F1
Dronfield GB 11 D3
Drongaráti GR 92 A4
Dronninglund DK 122 C1
Dronten NL 54 C3
Drosendorf Stadt A ... 64 C4
Drossáto GR 88 B1
Drosseró GR 88 A2
Drossiá GR 94 A3
Drossohóri GR 93 E3
Drossopigí GR 92 B1
Drossopigí GR 87 E2
Drossopigí GR 87 D3
Drottningholm S 119 E2
Droué F 21 D3
Drulingen F 23 E2
Drumkeeran IRL 2 C3
Drummore GB 3 F2
Drumnadrochit GB.... 6 C4
Drumshanbo IRL 2 C3
Drusenheim F 23 F2
Druskininkai LT 124 B4
Druten NL 54 C4
Drvar BIH 128 A2
Dryburgh Abbey GB .. 9 E3
Drymen GB........... 8 C2

Dubăsari MOL 127 E3
Duben D 58 A3
Dublin / Baile Átha
 Cliath IRL 3 D4
Dubna RUS 125 F2
Dubno UA 126 C2
Dubrovnik HR 128 A2
Ducey F 19 E2
Ducherow D 51 F3
Duchovščina RUS ... 125 E3
Duclair F 16 A4
Dudelange L 22 C1
Duderstadt D 56 C4
Dudley GB 11 D4
Dudweiler D 23 D1
Dülken D 61 E1
Dülmen D 55 E4
Dueñas E 36 A3
Düren D 61 E2
Dürnkrut A 65 E4
Dürnstein A 68 C1
Düsseldorf D 61 E1
Duesund N 110 A4
Dufftown GB 7 E4
Dugi otok HR 77 E2
Duingt F 27 E3
Duino-Aurisina I 72 C3
Duisburg D 61 E1
Duleek IRL 3 D4
Dulnain Bridge GB ... 7 D4
Dulovo BG 129 E1
Dumbarton GB 8 C2
Dumbría E 32 A2
Dumfries GB 9 D4
Dun Laoghaire IRL ... 3 E4
Dun-le-Palestel F ... 25 E2
Dun-sur-Auron F 25 F1
Dunaföldvár H 126 A4
Dunaïvci UA 127 D3
Dunaújváros H 126 A4
Dunbar GB 9 E2

Dunblane GB 8 C2
Dundalk / Dún
 Dealgan IRL 3 D3
Dundee GB 9 D2
Dundonnell GB 6 C3
Dunfanaghy IRL 2 C1
Dunfermline GB 9 D2
Dungannon GB 3 D2
Dungarvan / Dún
 Garbhán IRL 5 D3
Dungiven GB 3 D2
Dunglow / An
 Clochán Liath IRL .. 2 C1
Dunkeld GB 9 D1
Dunkerque F 15 E4
Dunmanway / Dún
 Mánmhaí IRL 4 B4
Dunmore / Dún Mór
 IRL 2 B4
Dunmore East IRL 5 D3
Dunnamanagh GB 3 D2
Dunnet GB 7 E2
Dunoon GB 8 B2
Duns GB 9 E3
Dunshaughlin IRL 3 D4
Dunstable GB 14 B2
Dunster GB 13 D2
Dunvegan GB 6 B4
Dupnica BG 128 C2
Durango E 37 D1
Duras F 28 C1
Durban-Corbières F .. 30 A4
Durbuy B 17 F3
Dúrcal E 48 B3
Đurđevac HR 128 A1
Durham GB 9 F4
Durlach D 23 F2
Durness GB 6 C2
Durrës AL 128 B3
Durrow IRL 5 D2
Dursley GB 13 E1

Durtal F 19 F4
Duruelo E 36 C3
Duved S 112 A2
Düzce TR 129 F3
Dverberg N 104 A3
Dyrnes N 110 C1
Dzermiádo GR 101 E4
Dzierżoniów PL 65 D3
Dzjaržynsk BY 124 C4
Dömitz D 51 D4

E

Eaglescliffe GB 11 D1
Eándio GR 94 A4
Eaní GR 87 F3
Earith GB 14 C2
Earlston GB 9 E3
Easingwold GB 11 E2
Easky IRL 2 B3
East Dereham GB 15 D1
East Grinstead GB ... 14 C4
East Kilbride GB 8 C3
East Linton GB 9 E2
Eastbourne GB 14 C4
Eastleigh GB 13 F3
Eaux-Bonnes F 28 C4
Eauze F 28 C2
Ebbw Vale / Glyn
 Ebwy GB 13 D1
Ebeleben D 57 D4
Ebeltoft DK 122 C2
Eben im Pongau A ... 68 A2
Ebenfurth A 69 E1
Ebensee A 68 B2
Eberbach D 62 B4
Ebermannstadt D 63 D3
Ebern D 63 D2
Eberndorf A 68 C4
Ebersbach D 58 B4

Ebersberg D 67 F2
Eberstein A 68 C3
Eberswalde D 52 A4
Ebmath D 63 E2
Eboli I 80 B3
Ebrach D 63 D3
Ébreuil F 26 A2
Ebstorf D 50 C4
Eccleshall GB 10 C4
Eceabat TR 129 E3
Echallens CH 27 E2
Les Écharmeaux F ... 26 B2
Les Échelles F 27 D4
Echo E 28 B4
Echt NL 61 D1
Echte D 56 C4
Echternach L 61 E3
Écija E 47 F2
Eckartsberga D 63 E1
Eckernförde D 50 B2
Eckerö FIN 120 A4
Écommoy F 20 C4
Écos F 21 D2
Écouché F 19 F2
Écueillé F 25 E1
Ed S 118 B3
Eda glasbruk S 118 B3
Edam NL 54 B3
Edane S 118 B2
Ede NL 54 C4
Edelény H 126 B3
Édenderry / Éadan
 Doire IRL 3 D4
Edenkoben D 23 F1
Édessa GR 87 F2
Edinburgh GB 9 D2
Edineți MOL 127 D3
Edipsós GR 93 F2
Edirne TR 129 E3
Edland N 116 B1

Edolo I............. 71 F3
Edremit TR......... 129 E4
Edsåsdalen S........ 112 A2
Edsbro S........... 119 F2
Edsbyn S........... 112 B4
Edsele S........... 112 C2
Eeklo B............ 17 D1
Eelde NL........... 55 D2
Eemshaven NL...... 55 D1
Eferding A......... 68 B1
Efes TR........... 129 E4
Efíra GR........... 96 B1
Efkarpía GR........ 88 B1
Efkarpía GR........ 88 C2
Eforie RO.......... 129 E1
Efxinoúpoli GR...... 93 E1
Egeln D........... 57 D3
Eger H............ 126 B4
Egersund N......... 116 A3
Egeskov DK......... 122 B3
Egestorf D......... 50 C4
Egg A............. 66 C3
Eggenburg A........ 65 D4
Eggenfelden D...... 67 F1
Eggesin D.......... 52 A3
Eggum N........... 107 E1
Eghezée B.......... 17 F2
Egiáli GR.......... 99 E3
Egie GR........... 97 D3
Egilsstaðir IS....... 106 C1
Égina GR.......... 97 F1
Égina (Nissí) GR.... 97 F1
Egínio GR.......... 88 A2
Égio GR........... 93 D4
Égira GR.......... 93 E4
Égletons F......... 25 F4
Egloffstein D....... 63 E3
Egmond aan Zee NL . 54 B3
Egósthena GR...... 93 F4
Egremont GB....... 10 B1
Egtved DK......... 122 B3
Egüés E........... 28 A4
Éguzon F.......... 25 E2
Ehinádes Nissiá GR .. 92 B3
Ehingen D......... 66 C1
Ehínos GR......... 89 F1
Ehra-Lessien D..... 56 C2
Ehrang D.......... 61 E3
Ehrenberg D........ 62 C2
Ehrenhausen A...... 69 D3
Ehrwald A......... 67 E3
Eibar E........... 37 D1
Eibenstock D....... 63 F2
Eibiswald A........ 69 D3
Eichstätt D......... 63 E4
Eiðar IS........... 106 C1
Eide N............ 110 C2
Eidfjord N......... 116 B1
Eidi DK........... 106 A3
Eidkjosen N........ 104 B2
Eidsborg N......... 116 C2
Eidsbugarden N..... 110 C4
Eidsdal N......... 110 C3
Eidsfoss N......... 117 D2
Eidsvåg N......... 110 C2
Eidsvoll N......... 117 E1
Eikelandsosen N..... 116 A1
Eiken N........... 116 B3
Eikesdal N......... 110 C2
Eilenburg D........ 57 F4
Eilsleben D......... 57 D3
Einbeck D......... 56 C4
Eindhoven NL....... 17 F1
Eindhoven NL....... 17 F1
Einsiedeln CH....... 66 B3
Eisenach D......... 62 C1
Eisenberg D........ 63 E1
Eisenerz A......... 68 C2
Eisenhüttenstadt D .. 58 B3
Eisenkappel A....... 68 C4
Eisenstadt A....... 69 E1
Eisfeld D.......... 63 D2
Eišiškės LT........ 124 C4
Eisleben Lutherstadt
 D.............. 57 D4
Eislingen D........ 66 C1
Eitorf D........... 61 F2
Eivissa / Ibiza E..... 44 C4
Ejea de los
 Caballeros E....... 37 E3
Ejido (El) E......... 48 C3
Ejulve E........... 43 F1
Ekára GR.......... 93 D1
Ekenäs / Tammisaari
 FIN............ 120 C4
Ekshärad S......... 118 C1
Eksjö S........... 118 C4
Elafohóri GR........ 91 E1
Elafoníssi GR....... 97 E4
Élafos GR.......... 92 B2
Elassóna GR........ 87 F4
Eláti GR........... 92 C3

Elátia GR.......... 93 E3
Elatohóri GR........ 88 A3
Elatoú GR.......... 93 D3
Elatóvrissi GR....... 93 D3
Elbasan AL......... 128 B3
Elbeuf F........... 16 A4
Elbigenalp A........ 67 D3
Elbingerode D....... 57 D4
Elbląg PL.......... 124 A4
Elburg NL.......... 54 C3
Elche / Elx E........ 49 F1
Elche de la Sierra E... 49 D1
Elda E............ 49 F1
Eldena D.......... 51 D4
Elefsína GR......... 94 A4
Eleftherés GR....... 94 A4
Eleftherés GR....... 89 D2
Eleftherés GR....... 93 E1
Eléfthero GR........ 87 D3
Eleftherohóri GR.... 87 D3
Eleftheroúpoli GR... 89 D1
Elena BG.......... 128 D2
Eleófito GR......... 92 C3
Eleohóri GR........ 89 D3
Eleohória GR....... 88 B3
Eleónas GR......... 93 E3
Eleoússa GR........ 103 F2
Elgå N............ 111 E3
Elgin GB........... 7 D3
Elgoibar E.......... 37 D1
Elgol GB.......... 6 B4
Elhovo BG......... 129 D2
Eliá GR........... 97 D3
Elie GB........... 9 E2
Elimäki FIN........ 121 D3
Eliniko GR......... 96 C1
Elinohóri GR........ 91 E1
Elizondo E......... 28 A3
Ellesmere GB....... 10 C3
Ellesmere Port GB... 10 C3
Ellingen D......... 63 D4
Ellon GB.......... 7 F4
Ellös S........... 118 A3
Ellrich D.......... 56 C4
Ellwangen D........ 62 C4
Elmas I........... 82 B4
Elmshorn D........ 50 B3
Elne F............ 30 A4
Elóna GR.......... 97 D3
Elopía GR.......... 93 F4
Elorrio E........... 37 D1
Élos GR........... 100 A3
Élos GR........... 97 D3
Eloúnda GR........ 101 E3
Éloyes F........... 23 D3
Elphin IRL.......... 2 C3
Elsdorf D.......... 61 E1
Elsendorf D........ 67 E1
Elsfleth D.......... 50 A4
Elsterberg D........ 63 E1
Elsterwerda D....... 58 A4
Eltisley GB......... 14 C2
Elvanfoot GB....... 9 D3
Elvas P........... 41 D3
Elvekrok N......... 110 C3
Elven F........... 19 D4
Elverum N......... 111 E4
Elx / Elche E........ 49 F1
Ely GB........... 11 F4
Elzach D.......... 23 F3
Elze D............ 56 B3
Ełk PL............ 124 B4
Em. Papás GR....... 88 C1
Embessós GR....... 92 C2
Embid E........... 43 E1
Embid de Ariza E.... 37 D4
Émbonas GR........ 103 E2
Emboriós GR........ 103 E1
Emboriós GR........ 99 F2
Emboriós GR........ 95 F4
Embrun F.......... 31 E1
Emden D.......... 55 E1
Emet TR........... 129 F4
Emlichheim D....... 55 D3
Emmaboda S....... 123 F2
Emmeloord NL...... 54 C3
Emmen NL......... 55 D2
Emmendingen D.... 23 F3
Emmerich D........ 55 D4
Empoli I........... 76 A3
Emsdetten D....... 55 E3
Emskirchen D....... 63 D3
Enafors S.......... 112 A3
Enäjärvi FIN........ 121 E3
Encausse-
 les-Thermes F.... 29 D3
Encinas de Abajo E .. 35 F4
Encinasola E........ 46 C1
Encinedo E......... 33 D4
Endrinal E......... 41 F1
Enego I........... 72 A3
Enfesta E.......... 32 B3
Eng D............ 67 E3

Engarés GR......... 99 D2
Engelberg CH....... 66 B4
Engelhartszell A..... 68 A1
Engelsdorf D........ 57 E4
Engelskirchen D 61 F1
Engen D........... 66 B2
Enger D........... 55 F2
Engerdal N......... 111 E3
Engstingen D....... 66 B1
Enguera E.......... 43 F4
Enguídanos E....... 43 E3
Enkhuizen NL....... 54 C3
Enköping S......... 119 D2
Enna I............ 85 D3
Ennepetal D........ 61 F1
Ennezat F.......... 26 A3
Ennis / Inis IRL...... 4 C2
Enniscorthy / Inis
 Córthaidh IRL..... 5 E3
Enniskerry IRL....... 3 D4
Enniskillen IRL...... 2 C2
Ennistimon / Inis
 Díomáin IRL 4 B2
Enns A............ 68 B1
Eno FIN........... 115 F3
Enonkoski FIN...... 115 F4
Enontekiö FIN...... 105 D4
Enschede NL....... 55 D3
Ensisheim F........ 23 E4
Entlebuch CH....... 66 A4
Entraygues-sur-
 Truyère F....... 29 F1
Entre-os-Rios P..... 34 B4
Entrevaux F........ 31 E2
Entrèves I......... 27 E3
Entroncamento P... 40 B2
Envermeu F........ 16 B3
Enviken S.......... 119 D1
Enzklösterle D....... 23 F2
Epanomí GR........ 88 B3
Epe NL........... 54 C3
Épernay F......... 22 A2
Épernon F......... 21 D2
Épila E............ 37 E4
Épinac F.......... 26 C1
Épinal F........... 23 D3
L'Épine F.......... 22 B2
Episkopi GR........ 100 B3
Episkopí GR........ 101 D3
Episkopí GR........ 87 F2
Episkopí GR........ 97 F2
Epitálio GR......... 96 B1
Epping GB......... 14 C3
Eppingen D......... 62 B4

Epsom GB.......... 14 B3
Eptahóri GR........ 87 D3
Eptálofos GR....... 93 E3
Epworth GB........ 11 E3
Eraclea I.......... 72 B4
Eraclea Mare I...... 72 B4
Eräjärvi FIN........ 120 C2
Eratiní GR.......... 93 D3
Eratinó GR......... 89 E1
Erátira GR......... 87 E3
Erba I............ 71 D4
Erbach i. Odenwald
 D............. 62 B3
Erbalunga F........ 78 B2
Erbendorf D........ 63 E3
Ercolano I......... 80 A3
Érd H............ 126 A4
Erdek TR.......... 129 E3
Erding D.......... 67 E1
Ereğli TR.......... 129 F2
Eresfjord N......... 110 C2
Eressós GR......... 95 E1
Erétria GR......... 94 A3
Erezée B.......... 17 F3
Erfde D........... 50 B2
Erftstadt D......... 61 E2
Erfurt D........... 63 D1
Ergoldsbach D...... 67 F1
Erice I............ 84 A3
Ericeira P......... 40 A3
Erikoússa
 (Nissí) GR...... 86 B4
Eriksberg S......... 119 D3
Eriksmåle S........ 123 F2
Erithrés GR........ 93 F4
Erkelenz D......... 61 E1
Erkner D.......... 58 A2
Erla E............ 37 F3
Erlangen D......... 63 D3
Erlsbach A......... 67 F3
Ermenonville F..... 21 F2
Ermidas-Aldeia P... 46 A1
Ermióni GR......... 97 E2
Ermoúpoli GR...... 98 C2
Ermsleben D....... 57 D4
Ernée F........... 19 F3
Ernstbrunn A....... 65 D4
Erquy F........... 19 D2
Erratzu E.......... 28 A3
Erstein F.......... 23 E3
Ervidel P.......... 46 B1
Ervy-le-Châtel F..... 22 A3
Erwitte D.......... 55 F4
Erzberg A......... 68 C2

Esbjerg DK......... 122 A3
Esblada E.......... 38 C4
Escairón E......... 32 C3
Escala (L') / La Escala
 E............. 39 E3
Escalada E......... 36 B1
Escalante E......... 36 C1
Escalona E......... 42 A2
Escalonilla E........ 42 A2
Escalos de Cima P ... 40 C2
L'Escarène F....... 31 F2
Escároz E.......... 28 B4
Escatrón E......... 37 F4
Esch-sur-Alzette L... 22 C1
Esch-sur-Sûre L..... 61 E3
Esch (Waldems-) D .. 62 A2
Eschede D......... 56 C2
Eschenbach i. d.
 Oberpfalz D..... 63 E3
Eschershausen D ... 56 B4
Eschwege D........ 62 C1
Eschweiler D....... 61 E2
Escombreras E...... 49 E2
Escorial (El) E....... 42 B1
Escorihuela E....... 43 F1
Escullar E.......... 48 C3
Escurial E.......... 41 E3
Esens D........... 55 E1
Esguevillas de
 Esgueva E....... 36 A3
Esher GB.......... 14 B3
Eskifjörður IS....... 106 C1
Eskilstuna S........ 119 D2
Eskişehir TR........ 129 F3
Eskoriatza E........ 37 D1
Eslarn D.......... 63 F3
Eslohe D.......... 62 A1
Eslöv S........... 123 D3
Esmoriz P......... 34 B4
Espa N........... 117 E1
Espadañedo E...... 33 D4
Espalion F......... 30 A1
Esparreguera E..... 38 C4
Espedal N......... 111 D3
Espejo E.......... 47 F2
Espelette F......... 28 A3
Espelkamp D....... 55 F3
Espenschied D...... 62 A3
Espera E.......... 47 E3
Espiel E........... 47 F1
Espina (La) E....... 33 D2
Espinama E........ 33 F3
Espinar (El) E....... 42 B1
Espinho P......... 34 B4
Espinilla E.......... 36 B1

Espinosa de Cerrato
 E................ 36 B3
Espinosa de los
 Monteros E........ 36 C1
Espluga de Francolí
 (L') E............ 38 B4
Espoo / Esbo FIN 121 D4
Esporles E......... 45 D2
Esposende P....... 34 B3
Espot E........... 29 D4
Espunyola (L') E 38 C3
Esquedas E........ 37 F3
Esquivias E........ 42 B2
Les Essarts F....... 24 B1
Esse FIN 114 B3
Essen D........... 55 E2
Essen D........... 61 F1
Essenbach D....... 67 F1
Essími GR.......... 91 D2
Esslingen D........ 66 B1
Essoyes F......... 22 B3
Estación de Salinas
 E............. 48 A3
Estadilla E......... 38 A3
Estagel F.......... 29 F4
Estaing F.......... 29 F1
Estaires F......... 15 F4
Estarreja P........ 34 B4
Estartit (L') E 39 E3
Estavayer-le-Lac CH . 27 E1
Este I............ 72 A4
Estepa E.......... 47 F2
Estepona E........ 47 F4
Esteras de
 Medinaceli E...... 37 D4
Esternay F......... 22 A2
Esterri d'Àneu E 29 D4
Estissac F.......... 22 A3
Estói P........... 46 B2
Estoril P.......... 40 A3
Estrada (A) E....... 32 B3
Estrées-St-Denis F .. 16 C4
Estremoz P........ 40 C3
Esztergom H....... 126 A4
Étables-sur-Mer F.... 18 C2
Étain F........... 17 F4
Étampes F......... 21 E3
Étang-sur-Arroux F.. 26 B1
Étaples F.......... 16 B2
Étel F............ 18 C4
Etelhem S......... 119 F4
Etne N........... 116 A1
Etolikó GR......... 92 C3
Étrépagny F........ 16 B4
Étretat F.......... 20 C1

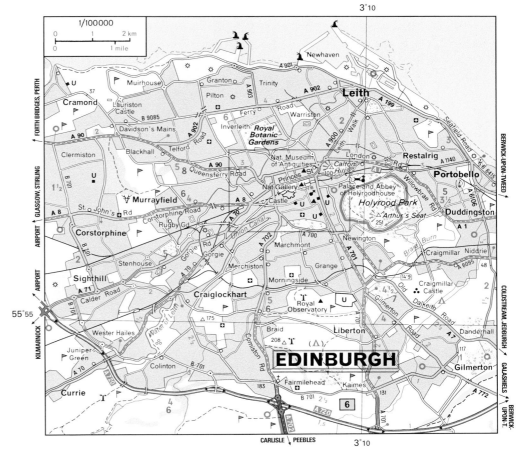

EDINBURGH

1/100000

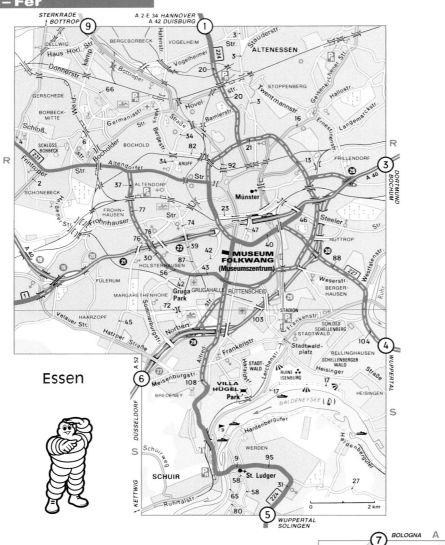

Essen

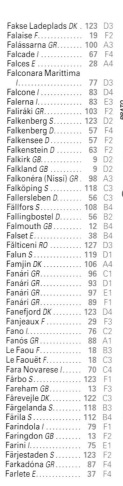

Farmakoníssi GR..... 99 F2
Farnborough GB..... 14 B3
Farnese I............ 78 C1
Farnham GB.......... 14 B3
Faro P.............. 46 B2
Fårösund S.......... 119 F4
Farra d'Alpago I.... 72 B3
Fársala GR.......... 93 E1
Farsø DK............ 122 A3
Farsund N........... 116 B3
Farum DK............ 123 D3
Fasano I............ 81 E2
Fáskrúðsfjörður IS... 106 C1
Fastiv UA........... 127 E2
Fatež RUS........... 125 E4
Fátima P............ 40 B2
Fatmomakke S........ 107 E4
Faucogney-et-la-Mer
   F.............. 23 D4
Faulquemont F...... 23 D2
Fauquembergues F.. 15 E4
Fauske N............ 107 E2
Fauville-en-Caux F... 16 A4
Favara E............ 44 A4
Favara I............ 84 C4
Faverges F.......... 27 E3
Faverney F.......... 23 D4
Faversham GB........ 15 D3
Fawley GB........... 13 F3
Fay-sur-Lignon F... 26 A3
Fayence F........... 31 E2
Fayl-Billot F....... 22 C4
Fayón E............. 38 A4
Fécamp F............ 16 A4
Feces de Abaixo P... 35 D3
La Féclaz F......... 27 D3
Feda N.............. 116 B3
Fehmarn D........... 50 C2
Fehrbellin D........ 51 E4
Fehring A........... 69 D3
Felanitx E.......... 45 E3
Feldafing D......... 67 E2
Feld am See A....... 68 B3
Feldbach A.......... 69 D3
Feldberg D.......... 23 F3
Feldberg D.......... 51 F3
Feldkirch A......... 66 C3
Feldkirchen in
   Kärnten A........ 68 B3

Felgueiras P......... 34 B3
Felgueras E.......... 33 E3
Felixstowe GB........ 15 D2
Fellabær IS.......... 106 C1
Fellbach D........... 66 B3
Felletin F........... 25 F3
Fellingsbro S........ 119 D2
Felton GB............ 9 F4
Feltre I............. 72 A3
Fene E............... 32 B2
Fener I.............. 72 A3
Fenestrelle I........ 27 F4
Fénétrange F......... 23 D2
Feolin Ferry GB...... 8 A2
Feraklós GR.......... 103 F2
Ferbane IRL.......... 2 C4
Ferdinandshof D...... 51 E2
La Fère F............ 17 D4
Fère-Champenoise
   F................ 22 A2
Fère-en-Tardenois F. 17 D4
Ferentino I.......... 79 E2
Féres GR............. 91 E1
Feria E.............. 41 D4
Ferlach A............ 68 C4
Fermo I.............. 77 D3
Fermoselle E......... 35 E4
Fermoy / Mainistir
   Fhear Maí IRL..... 4 C3
Fernancaballero E... 42 B3
Fernán Núñez E....... 47 F2
Ferney-Voltaire F.... 27 E3
Ferrandina I......... 81 D3
Ferrara I............ 76 A1
Ferreira E........... 32 C2
Ferreira do Alentejo
   P................ 46 B1
Ferreira do Zêzere P. 40 B2
Ferreiras P.......... 46 A2
Ferreras de Abajo E.. 35 E3
Ferreries E.......... 45 F2
Ferreruela de Huerva
   E................ 43 F1
Ferrette F........... 23 E4
Ferriere I........... 75 E2
Ferrières F.......... 21 F3
Ferrol E............. 32 B2
La Ferté-Alais F..... 21 E3
La Ferté-Bernard F... 20 B3
La Ferté-Frênel F.... 20 C2

Firenze

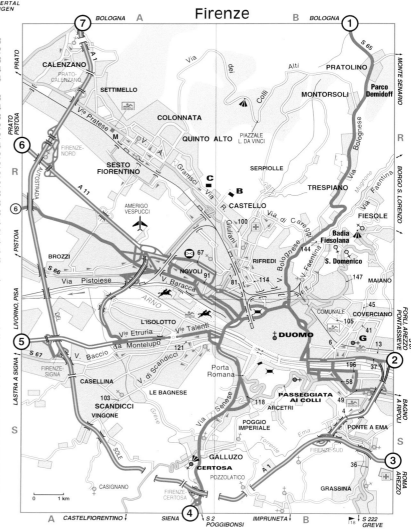

Ettelbruck L......... 61 E3
Ettenheim D.......... 23 E3
Etten-Leur NL........ 17 E1
Ettington GB......... 13 F1
Ettlingen D.......... 23 F2
Ettlingenweier D..... 23 F2
Etxarri-Aranatz E.... 28 A4
Eu F................. 16 B3
Eugénie-les-Bains F.. 28 C2
Eupen B.............. 61 E2
Eura FIN............. 120 B3
Eurajoki FIN......... 120 B3
Euratsfeld A......... 68 C1
Europoort NL......... 54 B4
Euskirchen D......... 61 E2
Eußenhausen D........ 62 C2
Eutin D.............. 50 C2
Evangelismós GR...... 88 A4
Evangelístria GR..... 93 F3
Évaux-les-Bains F.... 25 F2
Évdilos GR........... 99 E1
Evendorf D........... 50 C4
Evenes N............. 104 A4
Evenskjær /
   Skånland N....... 104 A4
Evergem B............ 17 D1
Everöd S............. 123 E3
Evertsberg S......... 112 A4
Evesham GB........... 13 F1
Évia (Nissí) GR...... 94 A2
Évian-les-Bains F.... 27 E2
Evijärvi FIN......... 114 C3
Evinohóri GR......... 92 C3
Évisa F.............. 78 A3
Evje N............... 116 B3
Évlalo GR............ 89 E1
Evolène CH........... 27 F2
Évora P.............. 40 B4
Évoramonte P......... 40 C4
Évran F.............. 19 D3
Évrecy F............. 19 F2
Évreux F............. 21 D2
Évron F.............. 19 F3
Evropós GR........... 88 A1
Evrostína GR......... 93 E4
Évry F............... 21 E2
Évzoni GR............ 88 A1
Exaplátanos GR....... 87 F1

Éxarhos GR........... 93 F3
Excideuil F.......... 25 D4
Exeter GB............ 13 D3
Exmes F.............. 20 C2
Exmouth GB........... 13 D3
Exohí GR............. 87 D3
Exohí GR............. 88 C1
Exohí GR............. 88 A3
Exómvourgo GR........ 98 C1
Exter D.............. 55 F3
Eydehavn N........... 116 C3
Eye GB............... 11 F4
Eyemouth GB.......... 9 E3
Eyguières F.......... 30 C2
Eygurande F.......... 25 F3
Eymet F.............. 29 D1
Eymoutiers F......... 25 E3
Les Eyzies-de-Tayac
   F................ 25 D4
Ezcaray E............ 36 C2
Èze F................ 31 F2
Ezine TR............. 129 E4

F

Faak A............... 68 B4
Fabara E............. 38 A4
Fåberg N............. 111 D4
Fabero E............. 33 D3
Fåborg DK............ 122 B3
Fabriano I........... 76 C3
Fábricas de Ríopar E. 48 C1
Facinas E............ 47 E4
Facture F............ 28 B1
Faenza I............. 76 B2
Faeto I.............. 80 B2
Fafe P............... 34 C3
Făgăraş RO........... 126 C4
Fagerhult S.......... 123 F1
Fagernes N........... 104 B3
Fagernes N........... 110 C4
Fagersta S........... 119 D2
Fagurhólsmýri IS..... 106 C1
Fairford GB.......... 13 F1
Fakenham GB.......... 15 D1
Fakse DK............. 123 D3

Fakse Ladeplads DK . 123 D3
Falaise F............ 19 F2
Falássarna GR........ 100 A3
Falcade I............ 67 F4
Falces E............. 28 A4
Falconara Marittima
   I................ 77 D3
Falcone I............ 83 D4
Falerna I............ 83 E3
Faliráki GR.......... 103 F2
Falkenberg S......... 123 D2
Falkenberg D......... 57 F2
Falkensee D.......... 57 F2
Falkenstein D........ 63 F2
Falkirk GB........... 9 D2
Falkland GB.......... 9 D2
Falkonéra (Nissí) GR. 98 A3
Falköping S.......... 118 C3
Fallersleben D....... 56 C3
Fallingbostel D...... 56 B2
Falmouth GB.......... 12 B4
Falset E............. 38 B4
Fälticeni RO......... 127 D3
Falun S.............. 119 D1
Famjin DK............ 106 A4
Fanári GR............ 96 C1
Fanári GR............ 93 D1
Fanári GR............ 97 E1
Fanári GR............ 89 F1
Fanefjord DK......... 123 D4
Fanjeaux F........... 29 F3
Le Faou F............ 18 B3
Le Faouët F.......... 18 C3
Fara Novarese I...... 70 C4
Fårbo S.............. 123 F1
Fareham GB........... 13 F3
Fårevejle DK......... 122 C3
Färgelanda S......... 118 B3
Färila S............. 112 B4
Farindola I.......... 79 F1
Faringdon GB......... 13 F1
Farini I............. 75 E1
Färjestaden S........ 123 F2
Farkadóna GR......... 87 F4
Farlete E............ 37 F4

La Ferté-Gaucher F	21 F2	Figueiró dos Vinhos		
La Ferté-Macé F	19 F2	P	40 B2	
La Ferté-Milon F	17 D4	Figueres / Figueras		
La Ferté-St-Aubin F	21 E4	E	39 E3	
La Ferté-		Figueruela de Arriba		
sous-Jouarre F	21 F2	E	35 E3	
La Ferté-Vidame F	21 D2	Fíhtio GR	97 D1	
Fertilia I	82 A2	Filadélfi GR	88 C2	
Festós GR	100 C4	Filadelfia I	83 E3	
Festvåg N	107 E1	Filáki GR	93 E1	
Fethard / Fiodh Ard		Filákio GR	91 E1	
IRL	5 D3	Filakopí GR	98 B3	
Fetsund N	117 D1	Filérimos GR	103 F2	
Feucht D	63 D4	Filey GB	11 E1	
Feuchtwangen D	63 D4	Filí GR	94 A4	
Feurs F	26 B3	Filia GR	96 C1	
Feyzin F	26 C3	Filia GR	95 F1	
Ffestiniog GB	10 B3	Filiátes GR	86 C4	
Fiamignano I	79 E1	Filiatrá GR	96 B2	
Fiano Romano I	79 D1	Filipi GR	89 D1	
Fiastra I	77 D4	Filipiáda GR	92 B1	
Ficarolo I	76 A1	Filipstad S	118 C2	
Fidenza I	75 E1	Filíra GR	91 D2	
Fieberbrunn A	67 F2	Fillan N	111 D1	
Fier AL	128 B3	Fílo GR	93 D1	
Fiera di Primiero I	72 A3	Filótas GR	87 F2	
Fiesole I	76 A3	Filottrano I	77 D3	
Figaró (El) E	39 D4	Finale Emilia I	76 A1	
Figeac F	29 F1	Finale Ligure I	74 C2	
Figline		Finchingfield GB	14 C2	
Valdarno I	76 A3	Fínikas GR	98 B2	
Figueira		Finikoúndas GR	96 B3	
da Foz P	40 B1	Finja S	123 D3	
Figueira de Castelo		Finneidfjord N	107 E3	
Rodrigo P	35 D4	Finnentrop D	62 A1	

Finnsnes / Lenvik N	104 B3	Fiumicino I	79 D2	
Finow D	51 F4	Fivemiletown GB	3 D2	
Finowfurt D	51 F4	Fivizzano I	75 F2	
Finspång S	119 C3	Fjærland N	110 B3	
Finsterau D	64 A4	Fjällåsen S	108 B1	
Finsterwalde D	58 A4	Fjällbacka S	118 A3	
Finström FIN	120 A4	Fjällnäs S	112 A3	
Fintona GB	3 D2	Fjärdhundra S	119 E2	
Fintown / Baile na		Fjätervålen S	112 A3	
Finne IRL	2 C2	Fjelie S	123 D3	
Fiñana E	48 C3	Fjellerup DK	122 C2	
Fionnphort GB	8 A2	Fjerritslev DK	122 B1	
Fiorenzuola d'Arda I	75 E1	Flå N	117 D1	
Firenze I	76 A2	Fladungen D	62 C2	
Firenzuola I	76 A2	Flaine F	27 E3	
Firminy F	26 B4	Flakk N	111 D2	
Firmo I	81 D2	Flåm N	110 B4	
Fischamend Markt		Flambourári GR	87 D4	
A	69 E1	Flámbouro GR	88 C1	
Fischbach D	63 D3	Flámbouro GR	87 E2	
Fischbeck D	57 E2	Flamouriá GR	87 F2	
Fischen i. Allgäu D	67 D3	Flattnitz A	68 B3	
Fishbourne GB	13 F3	Flatval N	111 D1	
Fishguard /		La Flèche F	19 F4	
Abergwaun GB	12 C1	Fleetwood GB	10 C2	
Fiskárdo GR	92 A3	Flekkefjord N	116 B3	
Fiskari FIN	120 C4	Flen S	119 E3	
Fiskebøl N	104 A4	Flensburg D	50 B1	
Fismes F	17 D4	Flers F	19 F2	
Fissini GR	89 F4	Flesberg N	116 C1	
Fisterra E	32 A3	Flesnes N	104 A3	
Fitero E	37 E3	Fleurance F	29 D2	
Fitíes GR	92 B3	Fleurier CH	27 E1	
Fitjar N	116 A1	Fleurus B	17 E2	
Fiuggi I	79 E2	Fleury-en-Bière F	21 E3	

Fleury-sur-Andelle F	16 B4	Fochabers GB	7 E4	
Fléves (Nissí) GR	97 F1	Fockbek D	50 B2	
Flims-Waldhaus CH	66 C4	Focşani RO	127 D4	
Flint / Fflint GB	10 C3	Fódele GR	101 D3	
Flintsbach D	67 F2	Förderstedt D	57 D3	
Flisa N	117 E1	Foggia I	80 B2	
Flix E	38 B3	Föglö FIN	120 A4	
Flixecourt F	16 C3	Fohnsdorf A	68 C3	
Flize F	17 E4	Foiano della Chiana		
Floda S	119 D1	I	76 B4	
Flöha D	63 F1	Foix F	29 E4	
Flörsheim-Dalsheim		Foldereid N	107 D4	
D	62 A3	Foleá GR	89 D2	
Flogny-la-Chapelle		Folégandros GR	98 C3	
F	22 A3	Folégandros (Nissí)		
Flomohóri GR	97 D3	GR	98 C3	
Florac F	30 B1	Folgaria I	72 A3	
Flor da Rosa P	40 C3	Le Folgoët F	18 B2	
Florennes B	17 E3	Folgoso de la Ribera		
Florensac F	30 A3	E	33 D3	
Florenville B	17 F4	Foligno I	76 C4	
Floreşti MOL	127 D3	Folkestad N	110 B3	
Floriáda GR	92 B2	Folkestone GB	15 D3	
Floridia I	85 E4	Follafoss N	111 E1	
Flórina GR	87 E2	Folldal N	111 D3	
Flötningen S	112 A3	Follebu N	111 D3	
Fluðir IS	106 A2	Follina I	72 B3	
Flüelen CH	66 B4	Föllinge S	112 B1	
Flühli CH	66 A4	Follonica I	76 A4	
Flumet F	27 E3	Fombellida E	36 B3	
Fluminimaggiore I	82 A4	Fondevila E	32 B4	
Flums CH	66 C3	Fondi I	79 E2	
Foča BIH	128 A2	Fondo I	67 E4	
Foça TR	129 E4	Fondó de les Neus		
Foce Verde I	79 E2	(El) E	49 E1	
		Fonfría E	43 F1	
		Fonn N	110 B3	
		Fonni N	82 B2	
		Fonollosa E	38 C3	
		Fonsagrada E	32 C3	
		Font de la Figuera		
		(La) E	43 F4	
		Font-Romeu-		
		Odeillo-Via F	29 F4	
		Fontaine F	23 E4	
		Fontaine-		
		de-Vaucluse F	30 C2	
		Fontaine-Française		
		F	22 C4	
		Fontaine-Henry F	19 F1	
		Fontaine-le-Dun F	16 A3	
		Fontainebleau F	21 F3	
		Fontanigorda I	75 E2	
		Fontenay-le-Comte		
		F	24 B2	
		Fontenay-Trésigny		
		F	21 F2	
		Fontevraud-		
		l'Abbaye F	24 C1	
		Fontgombault F	25 D2	
		Fontibre E	36 B1	
		Fontiveros E	35 F4	
		Fontoy F	22 C1	
		Fontvieille F	30 C2	
		Fonz E	38 A3	
		Fonzaso I	72 A3	
		Foppolo I	71 E3	
		Forbach F	23 D1	
		Forcall E	44 A1	
		Forcalquier F	31 D2	
		Forcarei E	32 B3	
		Forchheim D	63 D3	
		Førde N	116 A1	
		Førde N	110 B3	
		Fordingbridge GB	13 F3	
		Fordongianus I	82 B3	
		Forenza I	80 C3	
		Foresta di Burgos I	82 B2	
		Føresvik N	116 A2	
		Forfar GB	9 D1	
		Forges-les-Eaux F	16 B4	
		Forio I	79 F3	
		Forlì I	76 B2	
		Forlì del Sannio I	79 F2	
		Forlimpopoli I	76 B2	
		Formazza I	70 C3	
		Formby Point GB	10 C2	
		Formentor (Cap de)		
		E	45 E2	
		Formerie F	16 B4	
		Formia I	79 F2	
		Formigal (El) E	28 C4	
		Formigine I	75 F2	
		Fornaci di Barga I	75 F2	
		Fornells E	45 F2	
		Forni Avoltri I	68 A4	
		Forni di Sopra I	68 A4	
		Forno di Zoldo I	67 F4	
		Fornos de Algodres		
		P	40 C1	
		Fornovo di Taro I	75 E1	
		Forøy N	107 E2	
		Forres GB	7 D4	

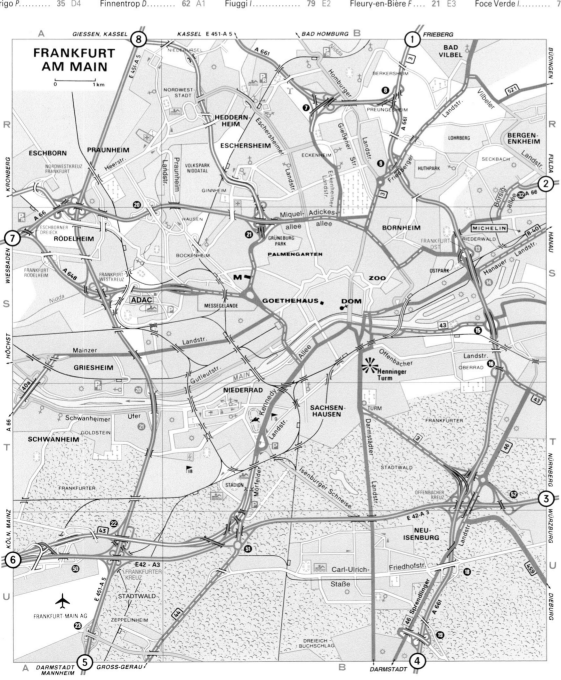

FRANKFURT AM MAIN

Forsa S 112 C4
Forserum S 118 C4
Forshaga S 118 C2
Forsnes N 110 C1
Forssa FIN 120 C3
Forst D 58 B3
Fort Augustus GB 6 C4
Fort-Mahon-Plage F .. 16 B3
Fort William GB 8 B1
Forte dei Marmi I 75 F3
Forth D 63 D3
Fortrose GB 7 D4
Fortuna E 49 E1
Forvik N 107 D3
Fos F 29 D4
Fos-sur-Mer F 30 C3
Foslandsosen N 106 C4
Fosnavåg N 110 B2
Fossacesia I 80 A1
Fossano I 74 C2
Fossanova (Abbazia di) I ... 79 E2
Le Fossat F 29 E3
Fossbakken N 104 B3
Fosses-la-Ville B 17 E2
Fossli N 116 B1
Fossombrone I 76 C3
Fotiná GR 88 A3
Fotolívos GR 89 D1
Fouesnant F 18 B3
Foug F 22 C2
Fougères F 19 E3
Fougerolles F 23 D3
Fouras F 24 B3
Fourchambault F 26 A1
Fourfourás GR 100 C4
Fourmies F 17 E3
Fourná GR 93 D2
Fournels F 30 A1
Fournés GR 100 B3
Foúrni GR 97 E2
Foúrni GR 101 E3
Foúrni GR 99 F1
Foúrni (Nissí) GR ... 99 F1
Fours F 26 B1
Le Fousseret F 29 D3
Foústani GR 87 F1
Fowey GB 12 C3
Foxford IRL 2 B3
Foyers GB 6 C4
Foz E 32 C2
Foz do Arelho P 40 A2
Foz Giraldo P 40 C2
Frabosa Soprana I ... 74 C2
Fraddon GB 12 B3
Fraga E 38 A4
Frailes E 48 A2
Fraize F 23 E3
Fram SLO 73 F2
Frammersbach D 62 B3
Franca (La) E 33 F2
Francavilla al Mare I . 77 E4
Francavilla di Sicilia I ... 85 E2
Francavilla Fontana I ... 81 E3
Francavilla in Sinni I . 80 C4
Francofonte I 85 D3
Francorchamps B ... 61 E2
Frändefors S 118 B3
Franeker NL 54 C2
Frangádes GR 87 D4
Frangísta GR 92 C2
Frangokástelo GR ... 100 B4
Frangy F 27 D3
Frankenberg D 62 B1
Frankenberg D 63 F1
Frankenburg A 68 A1
Frankenmarkt A 68 A2
Frankenstein D 23 E1
Frankenthal D 23 D1
Frankfurt a. Main D .. 62 B3
Frankfurt an der Oder D ... 58 A2
Františkovy Lázně CZ ... 63 F2
Franzburg D 51 D2
Franz Josephs-Höhe A ... 68 A3
Frascati I 79 E2
Frascineto I 81 D4
Fraserburgh GB 7 F4
Fratel P 40 C2
Fratta Polesine I 76 A1
Frauenfeld CH 66 B3
Frauenkirchen A 69 E1
Frauenstein D 64 A1
Frechen D 61 E1
Frechilla E 33 F4
Freckenhorst D 55 F4
Fredensborg DK 123 D3
Fredericia DK 122 B3

Frederikshavn DK ... 122 C1
Frederikssund DK ... 123 D3
Frederiksværk DK ... 123 D3
Fredrika S 113 D1
Fredriksberg S 118 C1
Fredrikstad N 117 D2
Fregenal de la Sierra E ... 47 D1
Fregene I 79 D2
Fregeneda (La) E 35 D4
Freiberg D 63 F1
Freiburg D 50 B3
Freiburg i. Breisgau D ... 23 F3
Freienhufen D 58 A4
Freihung D 63 E3
Freilassing D 68 A2
Freilingen D 62 A2
Freising D 67 E1
Freistadt A 64 B4
Freital D 64 A1
Freiwalde D 58 A3
Freixedas P 41 D1
Freixido E 32 C4
Freixo de Espada a Cinta P ... 35 D4
Fréjus F 31 E3
Frenchpark IRL 2 B3
Freren D 55 E3
Freshford IRL 5 D2
Freshwater GB 13 F3
Fresnay-sur-Sarthe F ... 20 C3
Fresne-St-Mamès F . 22 C4
Fresnes-en-Woëvre F ... 22 C2
Fresno Alhándiga E . 41 F1
Freudenberg D 62 A1
Freudenberg D 62 B3
Freudenstadt D 23 F2
Frévent F 16 C3
Freyburg D 57 E4
Freyenstein D 51 E4
Freyming-Merlebach F ... 23 D1
Freyung D 64 A4
Fri GR 103 D4
Frías E 36 C2
Frías de Albarracín E ... 43 E2
Fribourg CH 27 F1
Fridingen D 66 B2
Friedberg D 62 B2
Friedberg D 69 D2
Friedberg A 67 D1
Friedeburg D 55 E1
Friedersdorf D 58 A2
Friedland D 56 C4
Friedland D 51 F3
Friedrichroda D 63 D1
Friedrichshafen D ... 66 C3
Friedrichskoog D ... 50 A3
Friedrichsort D 50 B2
Friedrichstadt D 50 A2
Friedrichsthal D 23 E1
Friesach A 68 C3
Friesack D 57 E2
Friesoythe D 55 E2
Frigiliana E 48 A3
Frihetsli N 104 B3
Fríkes GR 92 A3
Frilingiánika GR 97 E4
Frinton-on-Sea GB .. 15 D2
Friol E 32 B3
Fristad S 118 B4
Fritsla S 118 B4
Fritzlar D 62 B1
Frizington GB 10 B1
Frodsham GB 10 C3
Frogner N 117 D1
Frohburg D 63 F1
Frohnleiten A 69 D2
Froissy F 16 C4
Froitzheim D 61 E2
Frome GB 13 E2
Fromentine F 24 A1
Frómista E 33 F4
Fronfría E 35 E3
Fronteira P 40 C3
Frontenay-Rohan-Rohan F ... 24 C2
Frontenhausen D ... 67 F1
Frontera (La) E 43 D2
Frontignan F 30 B3
Fronton F 29 E2
Frosinone I 79 E2
Frosolone I 80 A2
Frösön S 112 B2
Frosta N 111 E1
Frøstrup DK 122 B1
Frouard F 23 D2
Frövi S 119 D2
Frøyfjorden N 116 B1

Fruges F 16 C2
Frutigen CH 27 F2
Frýdek-Místek CZ ... 65 F2
Fteliá GR 89 D1
Ftéri GR 93 D4
Ftéri GR 87 F3
Fucecchio I 75 F3
Fügen A 67 F3
Fuencaliente E 48 A1
Fuendejalón E 37 E3
Fuendetodos E 37 F4
Fuengirola E 47 F4
Fuenlabrada E 42 B2
Fuenlabrada de los Montes E ... 42 A3
Fuenmayor E 37 D2
Fuensalida E 42 B2
Fuensanta E 33 E2
Fuensanta de Martos E ... 48 A2
Fuente Álamo E 43 E4
Fuente Álamo E 49 E2
Fuentecén E 36 B3
Fuente Dé E 33 F3
Fuente de Cantos E . 47 D1
Fuente del Maestre E ... 41 D4
Fuente de Pedro Naharro E ... 42 C2
Fuente de Piedra E .. 47 F3
Fuente de San Esteban (La) E ... 35 E4
Fuente el Fresno E .. 42 B3
Fuenteguinaldo E ... 41 D1
Fuentelapeña E 35 F4
Fuente Obejuna E ... 47 E1
Fuente Palmera E ... 47 F2
Fuentepinilla E 36 C4
Fuentes de Oñoro E ... 41 D1
Fuentes de Ropel E . 35 F3
Fuentesaúco E 35 F4
Fuentes de Andalucía E ... 47 E2
Fuentes de Ayódar E ... 44 A2

Fuentes de Ebro E ... 37 F4
Fuentes de León E ... 47 D1
Fuentes de Nava E ... 36 A3
Fuentes de Valdepero E ... 36 A3
Fuentidueña E 36 B4
Fuentidueña de Tajo E ... 42 C2
Fürstenau D 55 E3
Fürstenberg D 51 F4
Fürstenfeld A 69 D3
Fürstenfeldbruck D .. 67 E1
Fürstenwalde D 58 A2
Fürstenwerder D 51 F3
Fürstenzell D 68 A1
Fuerte del Rey E 48 A2
Fürth D 63 D3
Füssen D 67 D3
Fuglebjerg DK 122 C3
Fulda D 62 C2
Fulgatore I 84 A3
Fulpmes A 67 E3
Fumay F 17 F3
Fumel F 29 D1
Funäsdalen S 112 A3
Fundão P 40 C1
Funes / Villnöß I 67 F4
Furadouro P 34 B4
Furci I 80 A1
Furnace GB 8 B2
Furtei I 82 B3
Furth i. Wald D 63 F3
Furtwangen D 23 F3
Furudal S 112 B4
Furuflaten N 104 C3
Fusch a. d. Großglockner straße A ... 68 A3
Fuschl A 68 A2
Fusignano I 76 B2
Fustiñana E 37 E3
Fuzeta P 46 B2
Fynshav DK 122 B3

G

G. Straža SLO 73 E3
Gaaldorf A 68 C2
Gabarret F 28 C2
Gabia la Grande E ... 48 B3
Gabicce Mare I 76 C2
Gabrovka SLO 73 E3
Gabrovo BG 129 D2
Gacé F 20 C2
La Gacilly F 19 D4
Gäddede S 112 A1
Gadebusch D 51 D3
Gádor E 48 C3
Gaður IS 106 A2
Gaeta I 79 F3
Gagarin RUS 125 F2
Gaggenau D 23 F2
Gagliano del Capo I . 81 F4
Gagnef S 119 D1
Gaildorf D 62 C4
Gailey GB 11 D4
Gaillac F 29 E2
Gaillon F 21 D2
Gainsborough GB ... 11 E3
Gairloch GB 6 B3
Galan F 29 D3
Galanádo GR 99 D2
Galanianá GR 100 A2
Galanta SK 126 A3
Galapagar E 42 B1
Galarinós GR 88 B3
Galaroza E 47 D1
Galashiels GB 9 D3
Galatádes GR 88 A2
Galatás GR 97 F1
Galatás GR 97 D1
Galați RO 127 E4
Galatina I 81 F3
Galatini GR 87 E3
Galátista GR 88 B2
Galatone I 81 F3
Galaxídi GR 93 E3
Galdakao E 36 C1
Galeata I 76 B2

Galende E 33 D4
Galera E 48 C2
Galipsós GR 89 D2
Galisteo E 41 E2
Gallarate I 71 D4
Gallardon F 21 E3
Gallardos (Los) E ... 49 D3
Gallareto I 74 C1
Gallargues-le-Montueux F ... 30 B2
Galliate I 71 D4
Gallipoli I 81 F3
Gällivare S 108 A1
Gällö S 112 B2
Gallsbach A 68 B1
Gallur E 37 E3
Galston GB 8 C3
Galten DK 122 B2
Galtür A 67 D4
Galveias P 40 C3
Gálvez E 42 A2
Galway / Gaillimh IRL ... 2 B4
Gamaches F 16 B3
Gambarie I 83 F4
Gaming A 68 C1
Gamleby S 119 D1
Gammelstaden S ... 108 C3
Gammertingen D ... 66 B2
Gams CH 66 C3
Gamvik N 105 F1
Ganacker D 63 F4
Gándara E 32 B2
Ganderkesee D 50 A4
Gandesa E 44 B1
Gandia E 44 A4
Gandino I 71 E4
Gandria CH 71 D3
Gangáles GR 101 D4
Ganges F 30 B2
Gangi I 84 C3
Gangkofen D 67 F1
Gannat F 26 A2
Gänserndorf A 65 E2
Gañuelas E 49 E2

GENÈVE 1/80 000

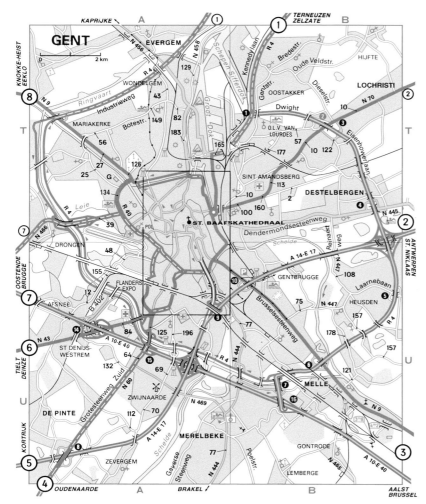

Garlstorf D	50	C4	Gedern D	62	B2	
Garmisch-Partenkirchen D	67	E3	Gediz TR	129	F4	
Garpenberg S	119	D1	Gedser DK	122	C4	
Garraf E	38	C4	Geel B	17	F1	
Garrafe de Torío E	33	E3	Geertruidenberg NL	54	B4	
Garray E	37	D3	Geesthacht D	50	C4	
Garrel D	55	F2	Gefell D	63	E2	
Garriga (La) E	39	D4	Géfira GR	88	A2	
Garrovillas E	41	E1	Géfira GR	97	E3	
Garrucha E	49	D3	Gefíria GR	93	D1	
Gars am Kamp A	65	D4	Gefrees D	63	E2	
Gartow D	51	D4	Gehren D	63	D1	
Gartz D	52	A3	Geilenkirchen D	61	E1	
Garvagh GB	3	D1	Geilo N	116	C1	
Garvão P	46	A1	Geiranger N	110	C3	
Garve GB	6	C4	Geisa D	62	C1	
Garynahine GB	6	B2	Geiselhöring D	63	E3	
Garz D	51	F2	Geisenfeld D	67	E1	
Gaschurn A	67	D4	Geisenhausen D	67	F1	
Gassino Torinese I	74	C1	Geising D	64	A1	
Gasteiz / Vitoria E	37	D2	Geisingen D	23	F3	
Gastoúni GR	96	A1	Geislingen a. d. Steige D	66	C1	
Gata E	41	E1	Geismar D	62	C1	
Gata de Gorgos E	44	A4	Geisnes N	107	D4	
Gatčina RUS	125	D1	Geithain D	63	F1	
Gatehouse of Fleet GB	8	C4	Gela I	85	D4	
Gateshead GB	9	F4	Geldern D	55	D4	
Gattinara I	70	C4	Geldrop NL	17	F1	
Gattorna I	75	D2	Geleen NL	61	D1	
Gaucín E	47	E4	Gelibolu TR	129	E3	
Gaulstad N	111	E1	Gelnhausen D	62	B2	
Gauteguiz de Arteaga E	37	D1	Gelsa E	37	F4	
Gauting D	67	E2	Gelsdorf D	61	F2	
Gavà E	38	C4	Gelsenkirchen D	55	E4	
Gavardo I	71	F4	Gelting D	50	B1	
Gavarnie F	28	C4	Gembloux B	17	E2	
Gavdopoúla (Nissí) GR	100	B4	Gemeaux F	22	B4	
Gávdos (Nissí) GR	100	B4	Gémenos F	31	D3	
Gavi I	75	D2	Gemert NL	17	F1	
Gavião P	40	C2	Gemlik TR	129	F3	
Gavirate I	71	D4	Gemona del Friuli I	68	A4	
Gävle S	119	E1	Gémozac F	24	B3	
Gavoi I	82	B2	Gemünd (Eifel) D	61	E2	
Gavray F	19	E2	Gemünden D	61	F3	
Gavrilov-Jam RUS	125	F1	Gemünden (Wohra) D	62	B1	
Gávrio GR	98	B1	Gemünden a. Main D	62	C3	
Gåvsta S	119	E2	Genádio GR	103	F2	
Gåxsjö S	112	B1	Gençay F	25	D2	
Gazzuolo I	75	F1	General-Toševo BG	129	E1	
Gdańsk PL	124	A4	Genève CH	27	D2	
Gdov RUS	125	C1	Genisséa GR	89	F1	
Gdynia PL	53	E1	Genk B	17	F1	
Geaune F	28	C2	Gennep NL	55	D4	
Gebesee D	63	D1	Gennes F	19	F4	
Gebze TR	129	F3	Génolhac F	30	B1	
			Genova I	75	D2	

Gap F	31	E1	Garde S	119	F4	Gardone Riviera I	71	F4	Gargellen A	66	C4
Garching a. d. Alz D	67	F1	La Garde-Freinet F	31	E3	Gardone Val Trompia I	71	E4	Gargilesse-Dampierre F	25	E2
Garcia E	38	B4	Gardelegen D	57	D2	Gärdslösa S	123	F2	Gargnano I	71	F4
Garciaz E	41	F3	Gardermoen N	117	D1	Garessio I	74	C2	Gargnäs S	108	A4
Garda (A) E	32	A4	Gardiki GR	93	D2	Garforth GB	11	D2	Garipa GR	101	D4
Garda I	71	F4	Garding D	50	A2	Garforth GB			Garlasco I	75	D1
Gardanne F	31	D3	Gardjönäs S	107	F4	Gargaliáni GR	96	B2	Garlin F	28	C3
Gårdby S	123	F2	Gärdnäs S	112	B1	Garganta la Olla E	41	F2			

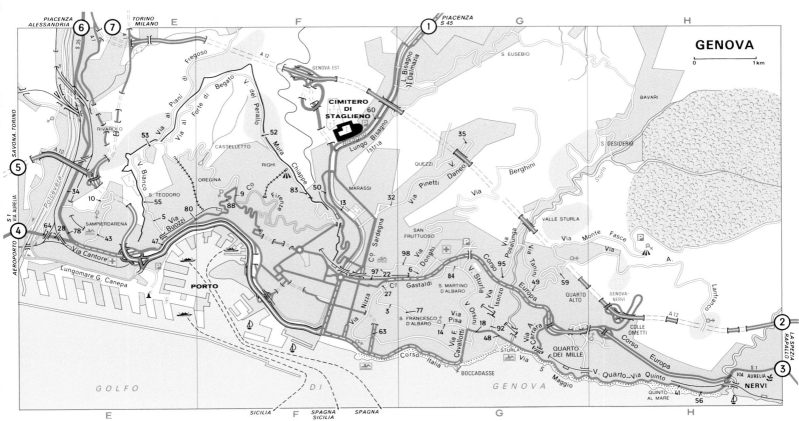

Gent *B*	17	D1	Gerswalde *D*	51	F4	Gilford *GB*	3	E3	Gladstad *N*	107	D3	Gmünd *A*	68	B3	Gómfi *GR*	92	C1
Genthin *D*	57	E2	Gescher *D*	55	E4	Gilleleje *DK*	123	D2	Glamis *GB*	9	D1	Gmünd *A*	64	C4	Gommern *D*	57	E3
Genzano di Lucania			Geseke *D*	55	F4	Gillhov *S*	112	B3	Glamsbjerg *DK*	122	B3	Gmunden *A*	68	B2	Goncelin *F*	27	D4
I	80	C3	Gesualdo *I*	80	B3	Gillingham *GB*	13	E3	Glan-Münchweiler			Gnarp *S*	112	C3	Gondomar *E*	32	A4
Genzano di Roma *I*	79	E2	Geta *FIN*	120	A4	Gillingham *GB*	14	C3	*D*	23	E1	Gnesta *S*	119	E3	Gondomar *P*	34	B4
Georgiani *GR*	87	F2	Getafe *E*	42	B2	Gilze *NL*	17	F1	Glandorf *D*	55	F3	Gniezno *PL*	53	D4	Gondrecourt-		
Georgioúpoli *GR*	100	B3	Les Gets *F*	27	E2	Gimenells *E*	38	A4	Glanshammar *S*	119	D2	Gnjilane *YU*	128	B2	le-Château *F*	22	C2
Georgítsi *GR*	96	C2	Gettorf *D*	50	B2	Gimnó *GR*	94	B3	Glarus *CH*	66	B4	Gnoien *D*	51	E2	Gönen *TR*	129	E3
Georgsmarienhütte			Getxo *E*	36	C1	Gimo *S*	119	E1	Glasgow *GB*	8	C3	Gnosjö *S*	123	E1	Góni *GR*	88	A4
D	55	F3	Gevelsberg *D*	61	F1	Gimont *F*	29	D3	Glastonbury *GB*	13	E2	Goce Delčev *BG*	128	C3	Goniá *GR*	100	A3
Gera *D*	63	E1	Gevgelija *MK*	128	C3	Gineta (La) *E*	43	D4	Glauchau *D*	63	F1	Goch *D*	55	D4	Goniés *GR*	101	D3
Geraardsbergen *B*	17	D2	Gevrey-Chambertin			Gingst *D*	51	F2	Glava *S*	118	B2	Godalming *GB*	14	B3	Gonnesa *I*	82	A4
Gerabronn *D*	62	C4	*F*	26	C1	Ginosa *I*	81	D3	Gleisdorf *A*	69	D3	Godby *FIN*	120	A4	Gonnosfanadiga *I*	82	B3
Gerace *I*	83	E4	Gex *F*	27	D2	Ginzling *A*	67	F3	Glenamoy / Gleann			Godelheim *D*	56	B4	Goole *GB*	11	E2
Gerakári *GR*	88	B1	Geyve *TR*	129	F3	Gioia del Colle *I*	81	D3	na Muaidhe *IRL*	2	A2	Goderville *F*	16	A4	Goppenstein *CH*	27	F2
Gerakári *GR*	100	C4	Gföhl *A*	64	C4	Gioia Tauro *I*	83	E4	Glenariff or			Godmanchester *GB*	14	C2	Gördalen *S*	112	A4
Gerakaroú *GR*	88	B3	Ghedi *I*	71	F4	Gioúra (Nissí) *GR*	94	B1	Waterfoot *GB*	3	E1	Godovič *SLO*	73	D3	Gordes *F*	30	C2
Gérakas *GR*	97	E3	Gheorgheni *RO*	127	D4	Giovinazzo *I*	81	D2	Glenarm *GB*	3	E2	Göggingen *D*	67	D1	Gorenja Vas *SLO*	73	D3
Geráki *GR*	97	D3	Ghilarza *I*	82	B2	Girifalco *I*	83	E3	Glenbeigh *IRL*	4	A3	Göhren *D*	51	F2	Gorey / Guaire *IRL*	5	E2
Gerakiní *GR*	88	C3	Ghisonaccia *F*	78	B3	Giromagny *F*	23	D4	Glencolumbkille /			Göllersdorf *A*	65	D4	Gorgonzola *I*	71	E4
Geráni *GR*	100	C3	Ghisoni *F*	78	A3	Girona / Gerona *E*	39	D3	Gleann Cholm			Göppingen *D*	66	C1	Gorgopótamos *GR*	87	D3
Gérardmer *F*	23	D3	Giali (Nissí) *GR*	103	D1	Gironella *E*	38	C3	Cille *IRL*	2	B2	Görzke *D*	57	E3	Gorinchem *NL*	54	B4
Geras *A*	65	D4	Giálova *GR*	96	B3	Girvan *GB*	3	F1	Glendalough *IRL*	5	E2	Goes *NL*	17	D1	Goritsá *GR*	97	D3
Gerbéviller *F*	23	D2	Giáltra *GR*	93	F2	Gisburn *GB*	10	C2	Glenelg *GB*	6	B4	Gößnitz *D*	63	E1	Gorizia *I*	72	C3
Gerbstedt *D*	57	D4	Gianitsá *GR*	88	A2	Gisors *F*	16	B4	Glenfinnan *GB*	8	B1	Gößweinstein *D*	63	E3	Gorlice *PL*	126	B3
Gerena *E*	47	D2	Gianitsi *GR*	94	C4	Gistel *B*	15	F4	Glengarriff /			Göstling *A*	68	C2	Görlitz *D*	58	B4
Gerês *P*	34	C3	Giannádes *GR*	86	B4	Gíthio *GR*	97	D3	Gleann Garbh *IRL*	4	B4	Göttingen *D*	56	C4	Gorna Orjahovica		
Geretsried *D*	67	E2	Gianoúli *GR*	91	E2	Gittun *S*	108	A3	Glenluce *GB*	3	F2	Götzis *A*	66	C3	*BG*	129	D2
Gérgal *E*	48	C3	Giáros (Nissí) *GR*	98	B1	Giugliano in			Glennamaddy *IRL*	2	B4	Goirle *NL*	17	F1	Gornja Radgona *SLO*	73	F1
Gergioúpoli *GR*	100	B3	Giarratana *I*	85	D4	Campania *I*	80	A3	Glenrothes *GB*	9	D2	Góis *P*	40	C1	Gornji Grad *SLO*	73	D2
Geringswalde *D*	63	F1	Giarre *I*	85	E3	Giulianova Lido *I*	77	E4	Glenties *IRL*	2	C2	Goito *I*	71	E4	Gornji Petrovci *SLO*	73	F1
Gerlos *A*	67	F3	Giat *F*	25	F3	Giurgiu *RO*	129	D1	Glífa *GR*	93	F2	Gol *N*	110	C4	Goro *I*	76	B1
Gérmas *GR*	87	E2	Giaveno *I*	27	F4	Give *DK*	122	B2	Glifáda *GR*	93	D3	Golada *E*	32	B3	Gorredijk *NL*	54	C2
Germering *D*	67	E2	Giba *I*	82	B4	Givet *F*	17	F3	Glifáda *GR*	97	F1	Goldbach *D*	62	B3	Gorron *F*	19	F3
Germersheim *D*	23	F1	Gibostad *N*	104	B3	Givors *F*	26	C3	Gliki *GR*	92	A1	Goldberg *D*	51	E3	Gorsleston-on-Sea		
Gernika-Lumo *E*	37	D1	Gibraleón *E*	46	C2	Givry *F*	26	C1	Glikóvrissi *GR*	97	D3	Goldenstedt *D*	55	F2	*GB*	15	E1
Gernrode *D*	57	D4	Gibraltar *GB*	47	E4	Givry-en-Argonne *F*	22	B2	Glina *HR*	73	F3	Golegã *P*	40	B2	Gort / An Gort *IRL*	2	B4
Gernsheim *D*	62	A3	Gideå *S*	113	D2	Gizéla *GR*	89	E1	Gliwice *PL*	126	A2	Goleniów *PL*	52	A3	Gorteen *IRL*	2	C3
Gerola Alta *I*	71	E3	Gieboldehausen *D*	56	C4	Giżycko *PL*	124	B4	Gloggnitz *A*	69	D2	Golfe-Juan *F*	31	F2	Gortin *GB*	3	D2
Geroliménas *GR*	97	D4	Gien *F*	21	F4	Gjendesheim *N*	110	C4	Glomfjord *N*	107	E2	Golfo Aranci *I*	78	A3	Górtis *GR*	101	D4
Gerolstein *D*	61	E3	Giengen *D*	67	D1	Gjermundshavn *N*	116	A1	Glommersträsk *S*	108	A4	Golling *A*	68	A2	Gortmore / An Gort		
Gerolzhofen *D*	62	C3	Giens *F*	31	E3	Gjesvær *N*	105	E1	Glossop *GB*	11	D3	Golnik *SLO*	73	D2	Mór *IRL*	2	A4
Gerona / Girona *E*	39	D3	Gießen *D*	62	B2	Gjirokastër *AL*	128	B4	Gloucester *GB*	13	E1	Golpejas *E*	35	E4	Gorzów		
Geroplátanos *GR*	88	C2	Giethoorn *NL*	55	D2	Gjøra *N*	111	D2	Glücksburg *D*	50	B1	Golßen *D*	58	A3	Wielkopolski *PL*	52	B4
Gerri de la Sal *E*	38	B3	Gifhorn *D*	56	C3	Gjov *DK*	106	A3	Glückstadt *D*	50	B3	Golzow *D*	57	E3	Gosaldo *I*	72	A3
Gersau *CH*	66	B4	Giglio Porto *I*	78	B1	Gjøvik *N*	111	E4	Glumsø *DK*	122	C3	Gómara *E*	37	D3	Gosau *A*	68	A2
Gersfeld *D*	62	C2	Gignac *F*	30	A2	Gla *GR*	93	F3	Głogów *PL*	58	C4	Gomáti *GR*	88	C3	Göschenen *CH*	66	B4
Gerstetten *D*	66	C1	Gijón *E*	33	E2	Gladbeck *D*	55	E4	Głubczyce *PL*	65	E1	Gombrèn *E*	39	D3	Gosforth *GB*	10	B1
Gersthofen *D*	67	D1	Gilching *D*	67	E2	Gladenbach *D*	62	A2	Głuchołazy *PL*	65	E1	Gomecello *E*	35	F4	Goslar *D*	56	C3

Gospić HR 77 F1
Gosport GB 13 F3
Gossau CH 66 C3
Gosselies B 17 E2
Gostyń PL 59 D3
Göteborg S 118 B4
Götene S 118 C3
Gotha D 63 D1
Gothem S 119 F4
Gouarec F 18 C3
Gouda NL 54 B4
Gouménissa GR 88 A1
Goumois F 23 E4
Goúra GR 93 E4
Gourdon F 29 E1
Gourin F 18 C3
Gournay-en-Bray F . . 16 B4
Goúrnes GR 101 E4
Gourniá GR 101 E4
Gourock GB 8 C2
Gouveia P 40 C1
Goúves GR 101 D3
Gouviá GR 86 B4
Gouzon F 25 F2
Göynük TR 129 F3
Gozd SLO 73 D2
Gozzano I 70 C4
Gödöllő H 126 A4
Graal-Müritz D 51 E2
Graben-Neudorf D 23 F1
Grabenstätt D 67 F2
Grabow D 51 D4
Graçay F 25 E1
Grächen CH 27 F2
Gradara I 76 C2
Gradefes E 33 F4
Gradisca
 d'Isonzo I 72 C3
Grado I 72 C3
Grado E 33 E2
Grado (El) E 38 A3
Gräfelfing D 67 E2
Gräfenberg D 63 D3
Gräfenhainichen D 57 E4
Grafenau D 64 A4
Grafenwöhr D 63 E3
Grafing D 67 F2
Gragnano I 80 A3
Grahovo SLO 73 D2
Graiguenamanagh /
 Graig na Manach
 IRL 5 E3
Grain GB 14 C3
Grainau D 67 E3
Grajewo PL 124 B4
Grajvoron RUS 127 F1
Gram DK 122 B3
Gramat F 29 E1
Gramatikó GR 93 D1
Gramatikoú GR 92 C3
Graméni GR 89 D1
Graméno GR 87 D4
Grametten A 64 C4
Grammichele I 85 D3
Gramzow D 52 A4
Gran N 117 D1
Granada E 48 B3
Granadella (La) E 38 B4
Gránard / Granard
 IRL 2 C3
Grancey-le-Château
 F 22 B4
Le Grand-Bornand F . . 27 E3
Le Grand-Bourg F 25 E2
Grand-Champ F 18 C3
La Grand-Combe F . . . 30 B2
Grand-
 Couronne F 16 A4
La Grand-Croix F 26 C3
Le Grand-Fougeray F . . 19 E4
Le Grand-Lemps F 27 D4
Le Grand-Lucé F 20 C1
Le Grand-Pressigny
 F 25 D1
Le Grand-Serre F 26 C4
Grandas
 de Salime E 33 D2
Grandcamp-Maisy F . . 19 F1
La Grande-Motte F 30 B3
Grândola P 40 B4
Grandpré F 17 F4
Grandrieu F 30 B1
Grandvilliers F 16 B4
Grangärde S 119 D1
Grange-over-Sands
 GB 10 C1
Grangemouth GB 9 D2
Granges-
 sur-Vologne F 23 D3
Grängesberg S 119 D1
Granitis GR 89 D1
Granítsa GR 92 C2
Granja P 40 C4

Granja de
 Torrehermosa E . . 47 E1
Granjuela (La) E 47 E1
Gränna S 118 C4
Granollers E 39 D4
Granön S 113 D1
Gransee D 51 F4
Grantham GB 11 E4
Grantown-on-Spey
 GB 7 D4
Granville F 19 E2
Granvin N 110 B4
Grañén E 37 F3
Grasleben D 57 D3
Grasmere GB 10 C1
Grassano I 80 C3
Grasse F 31 F2
Gråsten DK 122 B3
Grästorp S 118 B3
Gratangen N 104 B4
Gratiní GR 91 D2
Gratkorn A 69 D3
Grau de Castelló E 44 A2
Grau de València (El)
 E 44 A3
Le Grau-du-Roi F 30 B3
Graulhet F 29 F2
Graus E 38 A3
Grávalos E 37 D3
Gravdal N 107 E1
Grave NL 54 C4
La Grave F 27 E4
Gravedona I 71 D3
Gravelines F 15 E4
Gravellona Toce I 70 C4
Gravendeel ('s-) NL . . 54 B4
Gravesend GB 14 C3
Graviá GR 93 E3
Gravina in Puglia I 81 D3
Gravoúna GR 89 E1
Gray F 22 C4
Grays Thurrock GB 14 C3
Graz A 69 D3
Graz A 69 D3
Grazalema E 47 D3
Grazzanise I 80 A3
Great Driffield GB 11 E2
Great Dunmow GB 14 C2
Great Grimsby GB 11 F3
Great Malvern GB 13 E1
Great Torrington GB . . . 12 C3
Great Yarmouth GB . . . 15 E1
Grebbestad S 118 A3
Greccio I 79 D1
Greding D 63 E4
Greenhead GB 9 E4
Greenlaw GB 9 E3
Greenock GB 8 C2
Greenodd GB 10 C1
Greggio I 70 C4
Gregolímano GR 93 F2
Greifenburg A 68 A4
Greiffenberg D 52 A4
Greifswald D 51 F2
Grein A 68 C1
Greiz D 63 E1
Grenå DK 122 C2
Grenade F 29 E2
Grenade-sur-l'Adour
 F 28 C2
Grenchen CH 27 F1
Grenoble F 27 D4
Grense Jakobselv N . . 105 F2
Gréoux-les-Bains F . . 31 D2
Gresse-en-Vercors F . . 27 D4
Gressoney-la-Trinité
 I 27 F3
Gressoney-St. Jean
 I 27 F3
Gresten A 68 C1
Grésy-sur-Isère F 27 E3
Greußen D 63 D1
Greve in Chianti I 76 A3
Greve Strand DK 123 D3
Greven D 55 E3
Grevená GR 87 E3
Grevenbroich D 61 E1
Grevenbrück D 62 A1
Grevenitio GR 87 D4
Grevenmacher L 23 D1
Grevesmühlen D 51 D3
Greyabbey GB 3 E2
Greystones / Na
 Clocha Liatha IRL . . 5 F2
Grez-en-Bouère F 19 F4
Grezzana I 71 F4
Gries
 am Brenner A 67 E3
Gries im Sellrain A . . . 67 E3
Grieskirchen A 68 B1
Griffen A 68 C3
Grignan F 30 C1

Grigno I 72 A3
Grignols F 28 C1
Grimaldi I 83 E2
Grimaud F 31 E3
Grimma D 57 F4
Grimmen D 51 E2
Grimsbu N 111 D3
Grimstad N 116 C3
Grindaheim N 110 C4
Grindavík IS 106 A2
Grindelwald CH 66 A4
Grindsted DK 122 B3
Griñón E 42 B2
Gripsholm S 119 E2
Grisignano di Zocco
 I 72 A4
Grisolles F 29 E2
Grisslehamn S 119 F1
Griva GR 88 A1
Grizáno GR 87 F4
Grøa N 110 C2
Gröbming A 68 B2
Gröditz D 57 F4
Grödig D 67 F2
Grönenbach D 67 D2
Gröningen D 57 D3
Groenlo NL 55 D4
Groitzsch D 63 E1
Groix F 18 C4
Gronau (Westfalen)
 D 55 E3
Grong N 111 F1
Grönhögen S 123 F2
Groningen NL 55 D2
Grönskåra S 123 F1
Gropello Cairoli I 75 D1
Groscavallo I 27 F4
Grosio I 71 E3
Groß Schönebeck D . . . 51 F4
Großbreitenbach D 63 D2
Großenbrode D 50 C2
Großenhain D 58 A4
Großenkneten D 55 F2
Großenzersdorf A 69 E1
Grosseto I 76 A4
Groß-Gerau D 62 A3
Groß Gerungs A 64 C4
Großhabersdorf D 63 D4
Großheubach D 62 B3
Großpetersdorf A 69 E2
Großraming A 68 B1
Großraschen D 58 A4
Großreken D 55 E3
Großröhrsdorf D 58 A4
Großschönau D 64 B1
Groß-Siegharts A 64 C4
Groß-Umstadt D 62 B3
Großweil D 67 E2
Großwitzeetze D 51 D4
Grostenquin F 23 D2
Grosuplje SLO 73 D2
Grötlingbo S 119 F4
Grottaglie I 81 E3
Grottaminarda I 80 B2
Grottammare I 77 D4

Grotteria I 83 E4
Grove (O) E 32 A3
Grövelsjön S 112 A3
Grovfjord N 104 B4
Grudziądz PL 126 A1
Grünberg D 62 B2
Grünstadt D 23 F1
Grünwald D 67 E2
Gruissan F 30 A3
Grums S 118 B2
Grünau
 im Almtal A 68 B2
Grundarfjörður IS 106 A1
Grundforsen S 112 A4
Grundlsee A 68 B2
Grundsund S 118 A3
Grundtjärn S 112 C2
Gruyères CH 27 F2
Grycksbo S 119 D1
Gryfice PL 52 B2
Gryllefjord / Torsken
 N 104 A3
Grythyttan S 118 C2
Gstaad CH 27 F2
Gstadt D 67 F2
Guadahortuna E 48 B2
Guadalajara E 42 C1
Guadalaviar E 43 D2
Guadalcanal E 47 E1
Guadalest E 44 A4
Guadalupe E 41 F3
Guadarrama E 42 B1
Guadassuar E 43 F4
Guadiaro E 47 E4
Guadix E 48 B3
Gualdo Tadino I 76 C3
Guarda P 41 D1
Guardamar del
 Segura E 49 F1
Guardia (La) E 42 C2
Guardia
 Sanframondi I 80 A2
Guardia de Jaén (La)
 E 48 B2
Guardiagrele I 79 F1
Guardias Viejas E 48 C4
Guardo E 33 F3
Guareña E 41 E4
Guarromán E 48 B1
Guastalla I 75 F1
Gubbio I 76 C3
Guben D 58 B3
Gudhjem DK 123 E3
Gudiña (A) E 32 C4
Gudow D 50 C4
Gudvangen N 110 B4
Guebwiller F 23 E3
Güglingen D 62 B4
Guémené-Penfao F . . 19 D4
Guémené-sur-Scorff
 F 18 C3
Günzburg D 67 D1
Güeñes E 36 C1
Guer F 19 D3
Guérande F 19 D4

La Guerche-
 de-Bretagne F 19 E3
La Guerche-
 sur-l'Aubois F 26 A1
Guéret F 25 E2
Guérigny F 26 A1
Güssing A 69 E2
Güstrow D 51 E3
Gütersloh D 55 F4
Grünau
Guéthary F 28 A3
Gueugnon F 26 B2
Guglionesi I 80 A1
Guichen F 19 E3
Guidonia I 79 E1
Guignes F 21 F2
Guijo de Granadilla
 E 41 E1
Guijuelo E 41 F1
Guillaumes F 31 E2
Guillena E 47 D2
Guillestre F 31 E1
Guillon F 22 A4
Guildford GB 14 B3
Guilvinec F 18 B3
Guimarães P 34 B3
Guimiliau F 18 B2
Guînes F 15 E4
Guingamp F 18 C2
Guipavas F 18 B2
Guisborough GB 11 E1
Guiscard F 17 D4
Guise F 17 D3
Guissona E 38 C3
Guist GB 15 D1
Guitiriz E 32 B2
Guîtres F 24 C4
Gujan-Mestras F 28 B1
Gulbene LV 124 C2
Gullspång S 118 C3
Gumiel de
 Hizán E 36 B3
Gummersbach D 61 F1
Gundelfingen a.d.
 Donau D 67 D1
Gundelsheim D 62 B4
Gunnarn S 107 F4
Gunnarsbyn S 108 C3
Gunnarskog S 118 B2
Gunten CH 27 F1
Guntín
 de Pallares E 32 C3
Gunzenhausen D 63 D4
Gurk A 68 B3
Gurrea de
 Gállego E 37 D3
Gusev RUS 124 B3
Guspini I 82 B3
Gusum S 119 E3
Gutcher GB 7 F1
Gutenstein A 69 D1
Guyhirn GB 11 F4
Guzet-Neige F 29 D4
Gvardejsk RUS 124 A4
Gvarv N 116 C2
Gy F 22 C4

Győr H 69 F1
Gysinge S 119 E1
Gyula H 126 B4
Gyöngyös H 126 A4
Günterode D 56 C4
Gützkow D 51 F2

H

Haag A 68 B1
Haag am Hausruck
 A 68 A1
Haag (Den)=
 's-Gravenhage NL . 54 B4
Haag i. Oberbayern
 D 67 F1
Haaksbergen NL 55 D3
Haamstede NL 54 A4
Haan (De) B 15 F3
Haapajärvi FIN 114 C2
Haapakoski FIN 115 E4
Haapamäki FIN 120 C2
Haapamäki FIN 115 D2
Haapavesi FIN 114 C2
Haapsalu EST 124 B1
Haar D 67 E2
Haaren D 55 F4
Haarlem NL 54 B3
Habay-la-Neuve B 17 F4
Habo S 118 C4
Habsheim F 23 E4
Håbu N 117 D2
Hachenburg D 62 A2
Hachmühlen D 56 B3
Hackås S 112 B2
Hadamar D 62 A2
Haddington GB 9 E2
Hadersdorf am
 Kamp A 65 D4
Haderslev DK 122 B3
Hadjač UA 127 F1
Hadleigh GB 15 D2
Hadmersleben D 57 D3
Hadsten DK 122 B2
Hadsund DK 122 B2
Hægebostad N 116 B3
Hämelerwald D 56 C3
Hagen D 61 F1
Hagen i. Bremischen
 D 50 A4
Hagenow D 51 D4
Hagetmau F 28 B2
Hagfors S 118 C1
Häggdånger S 112 C3
Haggenås S 112 B2
Hagondange F 23 D1
Haguenau F 23 E2
Hahnbach D 63 E3
Haigerloch D 66 B1
Hailsham GB 14 C4
Hailuoto FIN 114 C1
Hainburg a.d.
 Donau A 69 E1
Hainfeld A 69 D1

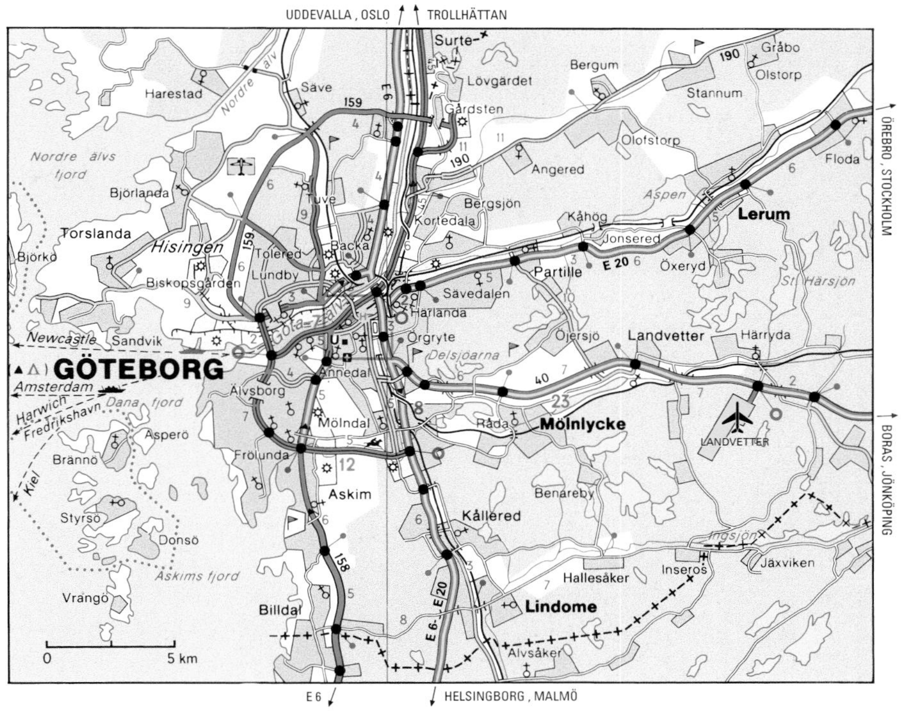

Map labels (Göteborg area):

UDDEVALLA, OSLO — TROLLHÄTTAN
ÖREBRO, STOCKHOLM
BORÅS, JÖNKÖPING
HELSINGBORG, MALMÖ
E 6

GÖTEBORG
Lerum
Mölnlycke
Landvetter
Härryda
Partille
Harestad
Save
Björlanda
Torslanda
Hisingen
Nordre älvs fjord
Björkö
Biskopsgården
Lundby
Backa
Angered
Olofstorp
Bergsjön
Kortedala
Kåhög
Jonsered
Öxeryd
St. Härsjön
Örgryte
Delsjöarna
Öjersjö
Sävedalen
Härlanda
Annedal
Älvsborg
Fredrikshavn
Dana fjord
Brännö
Asperö
Frölunda
Mölndal
Råda
Råra
Askim
Kållered
Benareby
Hallesåker
Inseros
Jäxviken
Styrsö
Donsö
Askims fjord
Vrångö
Billdal
Lindome
Älvsåker
Newcastle
Amsterdam
Harwich
Kiel
0 5 km

Hainichen D 63 F1	Halsa N 110 C2	Hanko / Hangö FIN ... 120 C4	Härryda S 118 B4	Hausach D 23 F3	Heerenberg ('s-) NL .. 55 D4
Hajdúböszörmény H. 126 B4	Hälsingtuna S 112 C4	Hann. Münden D 56 B4	Harsefeld D 50 B4	Hausham D 67 E2	Heerenveen NL 54 C2
Hajdúszoboszló H ... 126 B4	Halsskov DK 122 C3	Hannover D 56 B3	Harsprånget S 108 A2	Hausjärvi FIN 121 D3	Heerlen NL 61 E1
Hajnówka PL 126 B1	Halstead GB 14 C2	Hannut B 17 F2	Harstad N 104 A3	Hautajärvi FIN 109 F2	Heeze NL 17 F1
Hajsyn UA 127 E2	Halsua FIN 114 C3	Hansnes N 104 B2	Harsvik N 111 D1	Hautefort F 25 E4	Hegge N 110 C4
Hajvoron UA 127 E3	Haltdålen N 111 E2	Hanstedt D 50 C4	Hartberg A 69 D2	Hauteville-Lompnes	Hegra N 111 E2
Hakarp S 118 C4	Haltern D 55 E4	Hanstholm DK 122 B1	Hartha D 63 F1	F 27 D3	Heia N 104 B3
Hakkas S 108 B2	Halver D 61 F1	Haparanda S 108 C3	Hartlepool GB 11 E1	Hautmont F 17 E3	Heide D 50 A2
Häkkilä FIN 115 D3	Ham F 17 D4	Haradok BY 125 D3	Hartmannsdorf D ... 63 F1	Havant GB 14 B4	Heidelberg D 23 F1
Halandrítsa GR 93 D4	Hamar N 111 D4	Harads S 108 B3	Hartola FIN 121 D2	Havári GR 96 B1	Heidenau D 64 A1
Halbe D 58 A3	Hamarøy N 104 F1	Haraldshaugen N 116 A1	Harwich GB 15 D2	Havdáta GR 92 A4	Heidenheim a. d.
Halberstadt D 57 D3	Hamburg D 50 B3	Haravgí GR 87 F3	Harzgerode D 57 D4	Havelange B 17 F2	Brenz D 66 C1
Halden N 117 D2	Hamdorf D 50 B2	Harburg D 50 D1	Haslach an der Mühl	Havelberg D 51 E4	Heidenreichstein A .. 64 C4
Haldensleben D 57 D3	Hämeenkyrö FIN 120 C2	Harburg D 50 B4	A 64 B4	Haverfordwest /	Heikendorf D 50 C2
Halesowen GB 11 D4	Hämeenlinna FIN 120 C30	Hårby DK 122 B3	Haslach i. Kinzingtal	Hwlffordd GB 12 B1	Heikkila FIN 109 F3
Halesworth GB 15 D2	Hameln D 56 B3	Hardbakke N 110 A4	D 23 F3	Haverhill GB 14 C2	Heilbronn D 62 B4
Halhjem N 116 A1	Hamersleben D 57 D3	Hardegg A 65 D4	Hasle DK 123 E3	Haverö S 112 B2	Heiligenberg D 66 C2
Halikko FIN 120 C4	Hamili (Nissí) GR ... 102 B3	Hardegsen D 56 C4	Haslemere GB 14 B4	Havneby DK 122 A3	Heiligenblut A 68 A3
Halkeró GR 89 E1	Hamilton GB 8 C3	Hardelot-Plage F 15 D4	Haslev DK 122 C3	Havøysund N 105 D1	Heiligenhafen D 50 C2
Halki GR 99 D2	Hamina FIN 121 E3	Hardenberg NL 55 D3	Hasparren F 28 B3	Le Havre F 20 C1	Heiligenkirchen D ... 56 B4
Hálki GR 93 E1	Hamm (Westfalen)	Hardeshøj DK 122 B3	Hassela S 112 C3	Hawes GB 11 D1	Heiligenkreuz im
Hálki GR 103 E2	D 55 E4	Hardheim D 62 C3	Hasselfelde D 57 D4	Hawick GB 9 D3	Lafnitztal A 69 E3
Hálki (Nissí) GR 103 E2	Hammarland FIN 120 A4	Hareid N 110 B2	Hasselt B 17 F2	Hawkhurst GB 14 C4	Heiligenstadt D 56 C4
Halkiádes GR 93 E1	Hammarstrand S ... 112 C2	Harelbeke B 15 F4	Haßfurt D 63 D3	Hay-on-Wye GB 13 D1	Heilsbronn D 63 D4
Halkidóna GR 88 A2	Hammaslahti FIN ... 115 F3	Haren D 55 E2	Hässleholm S 123 E2	Hayange F 22 C1	Heimari FIN 121 E2
Halkió GR 95 F3	Hammel DK 122 B2	Haren NL 55 D2	Hastière-Lavaux B .. 17 F3	La Haye-du-Puits F ... 19 E1	Heimdal N 111 D2
Halle D 57 E4	Hammelburg D 62 C2	Harewood GB 11 D2	Hastings GB 14 C4	La Haye-Pesnel F ... 19 E2	Heimertingen D 67 D2
Halle D 55 F3	Hammerdal S 112 B2	Haritoméni GR 89 D1	Hasvik N 104 C1	Hayle GB 12 B4	Heinävaara FIN 115 F3
Halle B 17 E2	Hammerfest N 105 D1	Harjavalta FIN 120 B3	Hațeg RO 128 C1	Haywards	Heinävesi FIN 115 E3
Halle-Neustadt D ... 57 E4	Hammershus DK 123 E3	Harjunpää FIN 120 B2	Hatfield GB 14 C3	Heath GB 14 C4	Heinola FIN 121 D3
Hällefors S 118 C2	Hamningberg N 105 F1	Härkmeri FIN 120 B2	Hatherleigh GB 12 C3	Hazebrouck F 15 E4	Heinolan mlk FIN ... 121 D3
Hälleforsnäs S 119 D2	Hamoir B 17 F2	Harlech GB 10 B3	Hattem NL 55 D3	Headford / Áth Cinn	Heinsberg D 61 E1
Hallein A 68 A2	Hamra S 112 B4	Harlesiel D 55 E1	Hattfjelldal N 107 E3	IRL 2 B4	Heist B 15 F3
Hällekis S 118 C3	Hamre N 116 B3	Harleston GB 15 D2	Hattingen D 61 F1	Heanor GB 11 D3	Heist-op-den-Berg B. 17 E1
Hallenberg D 62 A1	Han-sur-Lesse B 17 F3	Harlingen NL 54 C2	Hattula FIN 120 C3	Héas F 28 C4	Hejde S 119 F4
Hallencourt F 16 B3	Hanákia GR 96 B1	Harlow GB 14 C3	Hattuvaara FIN 115 F2	Heathfield GB 14 C4	Heldburg D 63 D2
Hällesjö S 112 C2	Hanau D 62 B3	Harmånger S 112 C3	Hattuvaara FIN 115 F3	Heby S 119 E3	Helder (Den) NL 54 B2
Hällevadsholm S ... 118 B3	Hăncești MOL 127 E4	Harmanli BG 129 D2	Hatvan H 126 A4	Hechingen D 66 B1	Heldrungen D 57 D4
Hall in Tirol A 67 E3	Handrás GR 101 F4	Härnösand S 112 C2	Hatvik N 116 A1	Hechtel B 17 F1	Helechal E 41 F4
Hällnäs S 113 D1	Hanerau-	Haro E 36 C2	Haubourdin F 15 F4	Hecklingen D 57 D3	Helensburgh GB 8 C2
Hallörmsstaður IS .. 106 C1	Hademarschen D .. 50 B3	Harokopió GR 96 C3	Hauge N 116 A3	Hedal N 117 D1	Hella IS 106 A2
Hallsberg S 119 D3	Haniá GR 100 B3	Haroldswick GB 7 F2	Haugesund N 116 A1	Heddal N 116 C2	Hella N 110 B4
Hallstahammar S ... 119 D2	Hánia GR 97 D3	Haroué F 23 D3	Hauho FIN 120 C3	Hede S 112 A3	Hellendoorn NL 55 D3
Hallstadt D 63 D3	Hánia GR 93 F1	Harøysund N 110 C2	Haukeligrend N 116 B1	Hédé F 19 E3	Hellesylt N 110 B3
Hallstatt A 68 B2	Haniótis GR 88 C4	Harpenden GB 14 B2	Haukipudas FIN 114 C1	Hedemora S 119 D1	Hellevoetsluis NL .. 54 B4
Hallstavik S 119 F2	Hankamäki FIN 115 E2	Harplinge S 123 D2	Haukivuori FIN 121 E2	Hedenäset S 108 C3	Hellín E 49 D1
Halluin F 15 F4	Hankasalmen as FIN. 115 D4	Harpstedt D 55 F2	Haunstetten D 67 D2	Hedeviken S 112 A3	Hellvik N 116 A3
Halmstad S 123 D2	Hankasalmi FIN 115 D4	Harrislee D 50 B1	Haus A 68 B2	Hedon GB 11 F2	Helmbrechts D 63 E2
Hals DK 122 C1	Hankensbüttel D 56 C4	Harrogate GB 11 D2	Haus A 68 B2	Heemstede NL 54 B3	Helmond NL 17 F1
				Heerde NL 55 D3	Helmsdale GB 7 D3

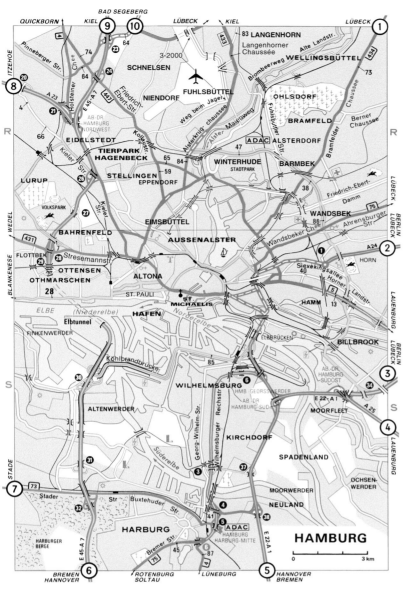

Helmsley GB 11 E1
Helmstadt D........... 62 C3
Helmstedt D........... 57 F3
Helsa D.............. 62 B1
Helsingborg S 123 D2
Helsinge DK 123 D2
Helsingør DK 123 D2
Helsinki / Helsingfors
FIN 121 D4
Helston GB 12 B4
Hemau D.............. 63 E4
Hemavan S........... 107 E3
Hemel Hempstead
GB................. 14 B3
Hemer D............... 61 F1
Hemnes N............. 117 C2
Hemnesberget N 107 E3
Hemsedal N........ 110 C4
Hendaye F............. 28 A3
Hengelo NL........... 55 D3
Hengersberg D...... 64 A4
Hénin-Beaumont F .. 16 C2
Henley GB 14 A2
Henley-on-Thames
GB................. 14 B3
Henneberg D......... 62 C2
Hennebont F......... 18 C4
Hennef D............. 61 F2
Hennigsdorf D....... 57 F2
Henrichemont F...... 25 F1
Henstedt-Ulzburg D . 50 B3
Henstridge GB 13 E3
Heppenheim a. d.
Weise D............ 23 F1
Herbault F........... 21 D4
Herbertingen D...... 66 C2
Les Herbiers F...... 24 B1
Herbignac F......... 19 D4
Herbolzheim D...... 23 E3
Herborn D........... 62 A2
Herbrechtingen D... 66 C1
Herbstein D......... 62 B2
Hercegnovi YU...... 128 A3

Hereford GB........... 13 E1
Herencia E 42 C3
Herentals B........... 17 E1
Herford D............ 55 F3
Héricourt F........... 23 D4
Heringsdorf D........ 52 A2
Herisau CH 66 C3
Hérisson F........... 25 F2
Herk-de-Stad B...... 17 F2
Herleshausen D...... 62 C1
Hermagor A.......... 68 A4
Hermannsburg D 56 C2
Hermansverk N 110 B4
L'Hermenault F 24 C1
Herment F........... 25 F3
Hermeskeil D......... 23 D1
Hermida (La) E 33 F3
Hermsdorf D......... 63 E1
Hernani E............ 28 A3
Hernansancho E..... 42 A1
Herne D.............. 55 E4
Herne Bay GB 15 D3
Heroldsberg D....... 63 D3
Herónia GR 93 F3
Herradura (La) E 48 A3
Herrala FIN.......... 121 D3
Herre N............. 116 C2
Herrenberg D........ 66 B1
Herrera E............ 47 E2
Herrera de Alcántara
E.................. 40 C2
Herrera del Duque E . 41 F3
Herrera de los
Navarros E........ 37 E4
Herrera de Pisuerga
E.................. 36 B2
Herrenhut D.......... 58 B4
Herrljunga S........ 118 B4
Herrnburg D......... 50 C3
Herrnhut D.......... 58 B4

Herrsching D......... 67 E2
Herrskog S 112 C2
Hersbruck D......... 63 E3
Herselt B............ 17 F1
Hérso GR 88 B1
Herstal B 17 F2
Herten D............. 55 E4
Hertford GB 14 C3
Hertogenbosch ('s-)
NL................. 54 C4
Hervás E............ 41 F1
Herzberg D.......... 56 C4
Herzberg D.......... 57 F4
Herzogenaurach D... 63 D3
Herzogenburg A 69 D1
Herzsprung D....... 51 E4
Hesdin F............ 16 B3
Hesel D............. 55 E1
Hesseng N.......... 105 F2
Hessisch Lichtenau
D.................. 62 C1
Hessisch Oldendorf
D.................. 56 B3
Hetekylä FIN........ 115 D1
Hettange-Grande F... 22 C1
Hettstedt D.......... 57 D4
Heubach D.......... 66 C1
Heuchin F........... 16 C2
Heukelum D......... 54 C3
Heysham GB 10 C2
Hiddensee D........ 51 E1
Hieflau A 68 C2
Hiersac F........... 24 C3
Hietaniemi FIN...... 109 F1
High Wycombe GB... 14 B3
Higham Ferrers GB . 14 B2
Higuera de Arjona E. 48 A1
Higuera de la Serena
E.................. 41 E4
Higuera de la Sierra
E.................. 47 D3
Higuera de Vargas E. 41 D4

Higuera la Real E..... 47 D1
Higueruela E......... 43 E4
Hiiumaa EST......... 124 B1
Híjar E.............. 37 F4
Hilchenbach D 62 A1
Hildburghausen D... 63 D2
Hilden D............ 61 F1
Hilders D............ 62 C2
Hildesheim D 56 C3
Hiliomódi GR........ 97 E1
Hillegom NL......... 54 B3
Hillerød DK 123 D3
Hillesøy N.......... 104 B2
Hillswick GB......... 7 F2
Hilpoltstein D 63 D4
Hiltula FIN.......... 121 E2
Hilvarenbeek NL ... 17 F1
Hilversum NL 54 C3
Himanka FIN........ 114 C2
Hímaros GR 88 B1
Hinckley GB 11 D4
Hindelang D........ 67 D3
Hindhead GB........ 14 B4
Hinojares E......... 48 C2
Hinojosa de Duero E. 35 D4
Hinojosa del Duque
E.................. 41 F4
Hinojosos (Los) E.... 42 C3
Hintersee D......... 52 A3
Hinterstoder A...... 68 C2
Hintertux A.......... 67 E3
Hinterweidenthal D.. 23 E1
Híos GR............. 95 F3
Híos (Nissí) GR...... 95 E1
Hirschau D.......... 63 E3
Hirschberg D........ 63 E2
Hirschegg A........ 67 D3
Hirsingue F......... 23 E4
Hirson F............ 17 E3
Hirtshals DK........ 122 B1
Hirvasvaara FIN.... 109 E2
Hirvensalmi FIN.... 121 E2
Hirvilahti FIN....... 115 E3

Hirwaun GB 13 D1
Hisarja BG.......... 129 D2
Histria RO.......... 129 E1
Hitchin GB.......... 14 B2
Hitzacker D......... 51 D4
Hjartdal N.......... 116 C2
Hjellestad N........ 112 A1
Hjelmeland N 116 A2
Hjo S............... 118 C3
Hjørring DK......... 122 B1
Hlemoútsi GR 92 B4
Hlobyne UA......... 127 F2
Hluboká CZ......... 64 B4
Hluchiv UA.......... 127 F1
Hlybokae BY........ 124 C3
Hobro DK........... 122 B2
Hochdorf CH 66 B3
Hochfelden F........ 23 E2
Hochosterwitz A.... 68 C3
Hochspeyer D....... 23 E1
Hockenheim D...... 23 F1
Hoddesdon GB...... 14 C3
Hodenhagen D...... 56 B2
Hódmezővásárhely
H 126 B4
Hodnanes N........ 116 A1
Hodnet GB.......... 10 C4
Hodoš SLO......... 73 F1
Höchberg D......... 62 C3
Höchst i. Odenwald
D.................. 62 B3
Höchstadt a. d. Aisch
D.................. 63 D3
Höchstädt a. d.
Donau D........... 67 D1
Hoedekenskerke NL.. 17 D1
Hoek van Holland
NL................. 54 B4
Hoemsbu N 110 C2
Hönebach D......... 62 C1
Hörnum D.......... 50 A2
Hösbach D.......... 62 B3
Höxter D............ 56 B4
Hof D............... 63 E2
Hofgeismar D....... 56 B4
Hofheim D.......... 63 D2
Hofles N............ 107 D4
Höfn IS 106 C2
Hofolding D......... 67 E2
Hofors S............ 119 D1
Hofsós IS........... 106 B1
Höganäs S 123 D2
Høgebru N 110 B3
Höglekardalen S.... 112 A2
Högsäter S 118 B3
Högsby S 123 E1
Hohenau A.......... 65 E4
Hohenberg A........ 69 D1
Hohenems A........ 66 C3
Hohengandern D ... 56 C4
Hohenlimburg D.... 61 F1
Hohenlinden D...... 67 F1
Hohenlockstedt D... 50 B3
Hohenmölsen D..... 63 E1
Hohenpeißenberg D. 67 E2
Hohenseeden D..... 57 E3
Hohenstein D....... 63 F1
Hohentauern A...... 68 C2
Hohenwestedt D.... 50 B3
Hóhlakas GR 103 E3
Le Hohwald F....... 23 E3
Højer D............. 122 A3
Hokksund N 117 D2
Hokstad N.......... 111 E1
Hol N............... 116 C1
Hola Prystan' UA.... 127 F3
Holbæk DK......... 122 C3
Holbeach GB 11 F4
Holdorf D........... 55 F3
Höljäkkä FIN........ 115 F2
Höljes S 118 B1
Hollabrunn A........ 65 D4
Høllen N............ 116 B3
Hollenstedt D....... 50 B4
Hollfeld D........... 63 D3
Hollingsholm N..... 110 C2
Hollola FIN......... 121 D3
Hollum NL.......... 54 C1
Hollywood IRL....... 5 E3
Holm S............ 112 C3
Holm N............ 107 D4
Hólmavík IS........ 106 A1
Holmec SLO........ 73 E2
Holmen N.......... 117 D1
Holmestrand N..... 117 D2
Holmfirth GB 11 D2
Holmön S 113 E1
Holmsund S........ 113 E1
Holstebro DK....... 122 A2
Holsted DK......... 122 A3
Holsworthy GB...... 12 C3
Holt GB............ 15 D1
Holwerd NL......... 54 C1

Holy Cross IRL....... 5 D2
Holyhead / Caergybi
GB................. 3 F4
Holywell /
Treffynnon GB.... 10 B3
Holywood GB 3 E2
Holzappel D......... 62 A2
Holzgau A.......... 67 D3
Holzkirchen D....... 67 E2
Holzminden D....... 56 B4
Homberg (Efze) D... 62 B1
Homberg
(Niederrhein) D... 61 E1
Homberg (Ohm) D... 62 B2
Homburg D.......... 23 E1
Homel' BY.......... 125 E4
Hommelstø N...... 107 D4
Hommelvik N....... 111 E1
Hommersåk N...... 116 A2
Hondarribia /
Fuenterrabía E.... 28 A3
Hondschoote F 15 E4
Hønefoss N 117 D1
Honfleur F.......... 20 C1
Høng DK........... 122 C3
Hónikas GR......... 97 D1
Honiton GB.......... 13 D3
Honkajoki FIN...... 120 B2
Honningsvåg N..... 105 E1
Honrubia E.......... 43 D3
Honrubia de la
Cuesta E.......... 36 B4
Hontalbilla E........ 36 B4
Hontoria del Pinar E. 36 C3
Hoogeveen NL 55 D2
Hoogezand
Sappemeer NL... 55 D2
Hoogstraten B...... 17 E1
Höör S............ 123 D3
Hoorn NL.......... 54 B3
Hopfgarten A....... 67 F3
Hopperstad N..... 110 B4
Hóra GR 96 B2
Hóra GR 99 F1
Horb D............. 23 F2
Hörby S 123 E3
Horcajada (La) E.... 41 F1
Horcajo de los
Montes E......... 42 A3
Horcajo de Santiago
E.................. 42 C2
Horcajo Medianero
E.................. 41 F1
Horche E........... 42 C1
Horden GB 11 E1
Horeftó GR 93 F1
Horezu RO......... 128 C1
Horgen CH......... 23 F4
Horki BY........... 125 E3
Horley GB 14 C4
Horn D.............. 66 B3
Horn N............. 107 D3
Horn A............. 65 D4
Horn-Bad Meinberg
D.................. 56 B4
Hornachos E........ 41 E4
Hornachuelos E..... 47 E1
Hornberg D......... 23 F3
Hornburg D......... 56 C3
Horncastle GB...... 11 F3
Horndal S 119 D1
Horneburg D....... 50 B4
Hörnefors S 113 D2
Hornindal N........ 110 B3
Hørning DK......... 122 B2
Hornindal N........ 110 B3
Hornos E........... 48 C1
Hornoy F........... 16 B3
Hornsea GB 11 F2
Horodnia UA........ 127 E1
Horodok UA........ 126 C2
Horodyšče UA...... 127 E2
Horra (La) E........ 36 B3
Horsens DK......... 122 B2
Horsham GB 14 B4
Hørsholm DK....... 123 D3
Horst D............ 50 C4
Horstmar D......... 55 E3
Horten N........... 117 D2
Hortezuela E........ 36 C4
Hortiátis GR 88 B2
Hospental CH....... 66 B4
Hospital IRL........ 4 C3
Hospital de Órbigo
E.................. 33 E4
Hospitalet de l'Infant
(L') E.............. 44 B1
Hossa FIN.......... 109 F3
Hossegor F......... 28 A2
Hostalric E......... 39 D3
Hotagen S.......... 112 A1
Hoting S........... 112 C1
Hotton B........... 17 F3
Les Houches F 27 E3

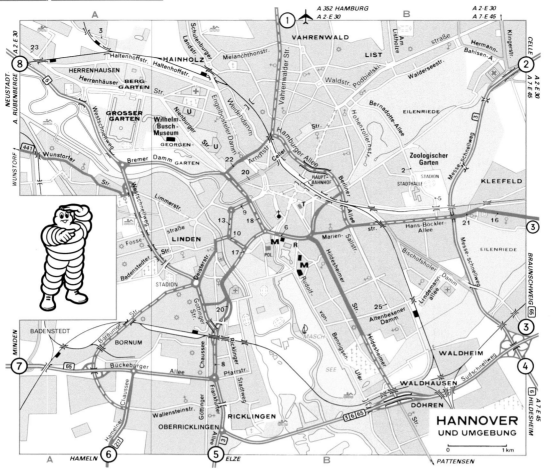

HANNOVER
UND UMGEBUNG

0   1 km

Hulst *NL* 17 E1
Hultsfred *S* 119 F1
Humada *E* 36 B2
Humanes *E* 42 C1
Humenné *SK* 126 B3
Humppila *FIN* 120 C3
Hundested *DK* 122 C3
Hundorp *N* 111 D4
Hunedoara *RO* 128 C1
Hungerford *GB* 13 F2
Hunnebostrand *S* 118 A3
Hunspach *F* 23 F2
Hunstanton *GB* 11 E4
Huntingdon *GB* 14 C2
Huntly *GB* 7 E4
Hurdal *N* 117 D1
Huriel *F* 25 F2
Hurort Semmering
  A 69 D2
Hurskaala *FIN* 115 E4
Hurum *N* 110 C4
Hurup *DK* 122 A1
Húsafell *IS* 106 A2
Husavik *N* 116 A1
Húsavík *IS* 106 B1
Husbands Bosworth
  GB 11 E4
Hushinish *GB* 6 A3
Huşi *RO* 127 E4
Huskvarna *S* 118 C4
Husnes *N* 116 A1
Husum *S* 113 D2
Husum *D* 50 A2
Hüttenberg *A* 68 C3
Hüttschlag *A* 68 A3
Huttula *FIN* 120 C2
Huttwil *CH* 27 F1
Huy *B* 17 F2
Hvalba *DK* 106 A4
Hvalpsund *DK* 122 A1
Hvalvik *DK* 106 A3
Hvammstangi *IS* 106 A1
Hvar *HR* 128 A2
Hvar *HR* 128 A2
Hveragerdi *IS* 106 A2
Hveravellir *IS* 106 B2
Hvidbjerg *DK* 122 A1
Hvide Sande *DK* 122 A2
Hvítárnes *IS* 106 B2
Hvittingfoss *N* 117 D2
Hvitträsk *FIN* 120 C4
Hvolsvöllur *IS* 106 A2
Hyaler *N* 117 D2
Hyde *GB* 11 D3

Houdain *F* 16 C2
Houdan *F* 21 D2
Houeillès *F* 28 C2
Houffalize *B* 61 D3
Houghton-le-Spring
  GB 9 F4
Houlgate *F* 20 C1
Houmnikó *GR* 88 C2
Houni *GR* 92 C2
Hourtin *F* 24 B4
Houtskär *FIN* 120 B4
Hov *DK* 122 B2
Hovden *N* 116 B2
Hove *GB* 14 C4
Hovet *N* 110 C4
Hovmantorp *S* 123 F2
Høvringen *N* 111 D3
Howden *GB* 11 E2
Howth / Binn Éadair
  IRL 3 E4
Hoya *D* 56 B2
Høyanger *N* 110 B4
Hoyerswerda *D* 58 A4
Hoylake *GB* 10 C3
Høylandet *N.* 107 D4
Hoym *D* 57 D4
Hoyo de Pinares (El)
  E 42 A1
Hoyos *E* 41 D1
Hozoviótissa *GR* 99 E3
Hradec Králové *CZ* .. 64 C2
Hrafnagil *IS* 106 B1
Hranice *CZ.* 65 F2
Hrastnik *SLO.* 73 E2
Hrastovlje *SLO* 73 D4
Hríssafa *GR.* 97 D2
Hrissi (Nissí) *GR* 101 E4
Hrissó *GR.* 88 C1
Hrissoúpoli *GR* 89 E1
Hrissovitsi *GR* 96 C1
Hristianí *GR* 96 B2
Hristianí (Nissí) *GR*... 98 C4
Hristós *GR* 99 E1
Hrodna *BY* 124 B4
Hrómio *GR* 87 F3
Hucknall *GB* 11 D3
Hucqueliers *F* 16 B2
Huddersfield *GB* 11 D2
Hude *D* 50 A4
Hudiksvall *S.* 112 C4
Hückeswagen *D.* 61 F1
Huedin *RO.* 126 C4
Hüfingen *D.* 23 F3
Huélago *E.* 48 B2
Huélamo *E* 43 E2

Huelgas (Real
  Monasterio de las)
  E 36 B2
Huelgoat *F* 18 B3
Huelma *E.* 48 B2
Huelva *E.* 46 C2
Huércal Overa *E* 49 D2
Huérguina *E.* 43 E2
Huerta del Rey *E.* ... 36 C3
Huerta de
  Valdecarábanos *E.* 42 B2

Hünfeld *D* 62 C2
Hürth *D* 61 F1
Huerto *E* 38 A3
Huesa *E* 48 B2
Huesca *E* 37 F3
Huéscar *E* 48 C2

Huertahernando *E* ... 43 D1
Huete *E* 43 D2
Huétor Santillán *E* .. 48 B3
Huétor Tájar *E* 48 A3
Huftarøy *N* 116 A1
Huittinen *FIN* 120 B3
Huizen *NL* 54 C3

Hyen N	110 B3	Ilche E	38 A3	Ingolstadt D	67 E1	Iréo GR	99 F1
Hyères F	31 E3	Ilchester GB	13 E3	Ingrandes F	19 F4	Iréo (Akr.) GR	93 F4
Hyltebruk S	123 D1	L'Ile-Bouchard F	25 D1	Ingwiller F	23 E2	Íria GR	97 E1
Hyrynsalmi FIN	115 E1	L'Ile-Rousse F	78 A2	Inhulec' UA	127 F3	Irixoa E	32 B2
Hythe GB	15 D4	Ilfracombe GB	12 C2	Iniesta E	43 E3	Iron-Bridge GB	10 C4
Hyvinkää FIN	121 D3	Ílhavo P	34 B4	Inió FIN	120 B4	Irschenberg D	67 F2
Hyypiö FIN	109 E2	Ilia GR	93 F3	Iniö GR	94 A4	Irsina I	80 C3
		Ílida GR	92 C4	Inis GR	96 B1	Irún E	28 A3
I		Iliki GR	93 F3	Inishcrone IRL	2	Iruñea / Pamplona E	28 A4
Ía GR	98 C4	Iliókastro GR	97 E2	Inkee FIN	109 F3	Irurtzun E	28 A4
Iaşi RO	127 D3	Ilirska Bistrica SLO	73 D3	Innbygda N	111 E4	Irvine GB	3 F1
Íasmos GR	89 F1	Ilkeston GB	11 D3	Inndyr N	107 D2	Irvinestown GB	2
Ibbenbüren D	55 E3	Ilkley GB	11 D2	Innellan GB	8 B2	Irxleben D	57 D3
Ibestad N	104 A3	Illana E	42 C2	Innerleithen GB	9 D3	Is-sur-Tille F	22 B4
Ibi E	49 F1	Illano E	33 D2	Innfield IRL	3 D3	Isaba E	28 B4
Ibiza / Eivissa E	44 C4	Illar E	48 C3	Innhavet N	107 F1	Isaccea RO	127 E4
Ičnja UA	127 F1	Ille-sur-Têt F	29 F4	Inning a. Ammersee		Ísafjörður IS	106 A1
Idanha-a-Nova P	41 D2	Illertissen D	66 C2	D	67 E2	Isane N	110 B3
Idar-Oberstein D	61 F3	Illescas E	42 B2	Innsbruck A	67 E3	Isbister GB	7
Idéo Ándro GR	100 C4	Illhaeusern F	23 E3	Innsbruck A	67 E3	Iscar E	36 A4
Idoméni GR	88 A1	Illičivs'k UA	127 F4	Innset N	104 B4	Ischgl A	67 D3
Ídra GR	97 F2	Illiers-Combray F	21 D3	Innvik N	110 B3	Ischia I	79 F3
Ídra (Nissí) GR	97 F2	Illingen D	62 B4	Inói GR	94 A4	Ise N	117 D2
Idre S	112 A3	Illmitz A	69 E1	Inói GR	96 B1	Iselle I	70 C3
Idrija SLO	73 D3	Illora E	48 A2	Inoússes GR	95 F3	Iselsberg A	68 A3
Idro I	71 F4	Illueca E	37 F4	Inoússes (Nissí) GR	95 F3	Iseo I	71 E4
Idstein D	62 A2	Ilmajoki FIN	114 B4	Inowrocław PL	126 A1	Iserlohn D	61 F1
Ieper B	15 F4	Ilmenau D	63 D1	Ins CH	27 F1	Isernia I	80 A2
Ierápetra GR	101 F4	Ilminster GB	13 D3	Interlaken CH	27 F1	Isfjorden N	110 C2
Ierissós GR	89 D3	Ilomantsi FIN	115 F3	Íntorsura		Isili I	82 B3
Ieropigí GR	87 D2	Ilsenburg D	56 C4	Buzăului RO	127 D4	Isla E	28 A3
Ifestía GR	89 F4	Ilsfeld D	62 B4	Inveraray GB	8 B2	Isla Cristina E	46 C2
Ifjord N	105 E1	Iława PL	124 A4	Inverbervie GB	9 E1	L'Isle-Adam F	21 E2
Ifta D	62 C1	Imatra FIN	121 F2	Invergarry GB	6 C4	L'Isle-d'Abeau F	26 C3
Ig SLO	73 D3	Ímeros GR	89 F1	Invergordon GB	7 D4	L'Isle-de-Noé F	29 D3
Iga vas SLO	73 D3	Imitós GR	94 A4	Inverkeithing GB	9 D2	L'Isle-en-Dodon F	29 D3
Iggesund S	112 C4	Immenstaad D	66 C3	Invermoriston GB	6 C4	L'Isle-Jourdain F	25 D2
Iglesias I	82 A4	Immenstadt D	67 D3	Inverness GB	7 D4	L'Isle-Jourdain F	29 D3
Iglesuela del Cid (La)		Immingham GB	11 D3	Inverurie GB	7 E4	L'Isle-sur-la-Sorgue	
E	44 A2	Immingham Dock		Inzell D	67 F2	F	30 C2
Igls A	67 E3	GB	11 F2	Ioánina GR	87 D4	L'Isle-sur-le-Doubs	
Igoumenitsa GR	92 A1	Imola I	76 A2	Ioanínon (L.) GR	87 D4	F	23 D4
Igualada E	38 C4	Imotski HR	128 A2	Ionia GR	88 B2	L'Isle-sur-Serein F	22 A4
Ihtiman BG	128 C2	Imperia I	74 C3	Íos GR	98 C3	Isle of Whithorn GB	8 C4
Ii FIN	114 C1	Imphy F	26 A1	Íos (Nissí) GR	98 C3	Isleornsay GB	6
Iisalmi FIN	115 D2	Impruneta I	76 A3	Ipáti GR	93 D2	Ismaning D	67 E1
Iisvesi FIN	115 E3	Imst A	67 D3	Ipéria GR	93 E1	Isnäs FIN	121 D4
Iitti FIN	121 D3	Inari FIN	105 E3	Iphofen D	62 C3	Isny D	66 C2
IJmuiden NL	54 B3	Inca E	45 E3	Ipsala TR	129 E3	Iso-Evo FIN	121 D3
IJsselmuiden NL	54 C3	Inchnadamph GB	6 C3	Ipsilí Ráhi GR	89 D1	Isojoki FIN	120 B2
IJzendijke NL	17 D1	Inchree GB	8 B1	Ípsos GR	86 B4	Isokylä FIN	109 E2
Ikaalinen FIN	120 C2	Incisa in Val d'Arno I.	76 A3	Ipsoúnda GR	96 C1	Isokyrö FIN	114 B3
Ikaría (Nissí) GR	99 E1	Indal S	112 C3	Ipswich GB	15 D2	Isola 2000 F	31 F1
Ikast DK	122 B2	Infiesto E	33 E2	Iráklia GR	88 B1	Isola del Gran Sasso	
Ilanz CH	66 C4	Ingå / Inkoo FIN	120 C4	Iráklia GR	93 E2	d'Italia I	77 D4
		Ingelmunster B	15 F4	Iráklia (Nissí) GR	99 D3	Isola del Liri I	79 F2
		Ingleton GB	10 C1	Iráklio GR	101 D3	Isola della Scala I	71 F4
				Irdning A	68 B2		
				Iréo GR	97 D1		

Isola di Capo Rizzuto		Jarmen D	51 F2
I	83 F2	Järna S	119 D1
Isona E	38 B3	Järna S	119 E3
Isorella I	71 F4	Jarnac F	24 C3
Ispica I	85 E4	Jarnages F	25 F2
Les Issambres F	31 E3	Jarny F	22 C1
Issigeac F	29 D1	Jarocin PL	59 D2
Issoire F	26 A3	Jaroslavl' RUS	125 F1
Íssoma GR	92 C4	Jarosław PL	126 B2
Issoudun F	25 F1	Järpen S	112 A2
Issóva (M) GR	96 C1	Jarrow GB	9 F4
Issy-l'Évêque F	26 B1	Järvelä FIN	121 D3
Istán E	47 F4	Järvenpää FIN	121 D3
Istanbul TR	129 F3	Järvsö S	112 B4
Istérnia GR	98 C1	Jasło PL	126 B2
Istha D	62 B1	Jastrowie PL	52 C3
Isthmía GR	93 F4	Jászberény H	126 A4
Istiéa GR	93 F2	Jaunay-Clan F	25 D2
Istres F	30 C3	Jausiers F	31 E1
Ístrios GR	103 E2	Jávea / Xàbia E	44 A4
Itä-Aure FIN	120 C2	La Javie F	31 E2
Itéa GR	87 E2	Javoriv UA	126 C2
Itéa GR	93 E3	Jävre S	108 B4
Itéa GR	87 E3	Javron F	19 F3
Itéa GR	93 D1	Jedburgh GB	9 E3
Itháki GR	92 A3	Jeesiö FIN	109 D1
Itháki (Nissí) GR	92 A3	Jegun F	29 D2
Ithómi GR	96 C2	Jēkabpils LV	124 C3
Íti GR	93 E2	Jektevik N	116 A1
Ítilo GR	97 D3	Jektvik N	107 E2
Itri I	79 F2	Jelenia Góra PL	58 C4
Ittiri I	82 A2	Jelgava LV	124 B3
Itzehoe D	50 B3	Jelling DK	122 B3
Ivacevičy BY	126 C1	Jelsa N	116 A2
Ivajlovgrad BG	129 D3	Jelsi I	80 A2
Ivalo FIN	105 F3	Jena D	63 E1
Ivančna gorica SLO	73 E3	Jenbach A	67 E3
Ivanjica YU	128 B2	Jennersdorf A	69 E3
Ivano-		Jeppo FIN	114 B3
Frankivs'k UA	126 C3	Jerez de la Frontera	
Ívira GR	88 C1	E	47 D3
Ivrea I	70 C4	Jerez de los	
Ivry-la-Bataille F	21 D2	Caballeros E	41 D4
Ixiá GR	103 F2	Jérica E	43 F2
Ixworth GB	15 D2	Jerichow D	57 E2
Izeda P	35 D3	Jerte E	41 F1
Izegem B	15 F4	Jerxheim D	57 D3
Izernore F	27 D2	Jerzu I	82 C3
Izlake SLO	73 E2	Jesenice SLO	73 D2
Izmaïl UA	127 E4	Jeseník CZ	65 E1
İzmir TR	129 E40	Jesi I	77 D3
İzmit (Kocaeli) TR	129 F3	Jesolo I	72 B4
İznájar E	48 A2	Jessen D	57 F3
Iznalloz E	48 B2	Jessheim N	117 D1
İznik TR	129 F3	Jeßnitz D	57 E4
Izola SLO	73 D4	Jetzelsdorf A	65 D4
		Jeumont F	17 E3
J		Jevenstedt D	50 B2
Jaala FIN	121 D3	Jever D	55 F2
Jabbeke B	15 F4	Jevnaker N	117 D1
Jablanac HR	77 E1	Jevpatorija UA	127 F4
Jablanica BIH	128 A2	Jezersko SLO	73 D2
Jablonec nad Nisou		Jędrzejów PL	126 A2
CZ	64 B1	Jičín CZ	64 C1
Jabugo E	46 C1	Jihlava CZ	64 C3
Jaca E	28 B4	Jimbolia RO	128 B1
Jäder S	119 E2	Jimena E	48 B2
Jaderberg D	50 A4	Jimena de la	
Jadraque E	42 C1	Frontera E	47 E4
Jaén E	48 A2	Jindřichův Hradec	
Jävenitz D	57 D2	CZ	64 C3
Jagsthausen D	62 C4	Joachimsthal D	51 F4
Jahotyn UA	127 F1	Jockfall S	108 C2
Jäkkvik S	107 F3	Jódar E	48 B2
Jakobstad		Jodoigne B	17 E2
/ Pietersaari FIN	114 B2	Joensuu FIN	115 F3
Jalasjärvi FIN	114 B4	Jõgeva EST	124 C1
Jaligny-sur-Besbre		Johanngeorgen	
F	26 A2	stadt D	63 F2
Jambol BG	129 D2	John o' Groats GB	7 E2
Jämijärvi FIN	120 B2	Johnstone GB	8 C3
Jäminkipohja FIN	120 C2	Joigny F	21 F3
Jämjö S	123 F2	Joinville F	22 B3
Jämsä FIN	121 D2	Jokela FIN	121 D3
Jämsänkoski FIN	121 D2	Jokijärvi FIN	109 E3
Jana (La) E	44 A1	Jokikylä FIN	115 E1
Janakkala FIN	120 C3	Jokioinen FIN	120 C3
Janville F	21 E3	Jokkmokk S	108 A2
Janzé F	19 E3	Joloskylä FIN	115 D1
Jaraba E	37 D4	Jomala FIN	120 A4
Jarafuel E	43 F4	Jönåker S	119 E3
Jaraicejo E	41 E2	Joniškis LT	124 B3
Jaraiz de la Vera E	41 F2	Jönköping S	118 C4
Jarandilla de la Vera		Jonquera (La) E	39 E2
E	41 F2	Jonzac F	24 C4
Järbo S	119 E1	Jordbro S	119 E3
Jarcevo RUS	125 E3	Jormlien S	107 E4
Jard-sur-Mer F	24 A2	Jörn S	108 B4
Jaren N	117 D1	Joroinen FIN	115 E4
Jargeau F	21 E4	Jørpeland N	116 A2
		Jørstadmoen N	111 D4
		Josselin F	19 D3

İSTANBUL

KILYOS · SARIYER · BEYKOZ · Kavakcik · Kanlica · Bebek · Anadolu Hisari · Alibeköy · Kâğithane · Siâhdarağa · MECIDIYEKÖY · Ortaköy · Kandilli · Vaniköy · Boğaziçi · Çengelköy · BEŞIKTAS · Halicioğlu · Taksim · Arnavutköy · EYÜP · Hasköy · BEYOĞLU · BEYLERBEYI · Dolmabahçe · FATIH · Galata Kulesi · KUZGUNCUK · Atikali · Süleymaniye Camii · SALACAK · ÜMRANIYE · Kapalı Çarşı · ÜSKÜDAR · Sehremini · Topkapı Sarayı · Validebagi · Ayasofya · Harem · Sultanahmet Camii · HAYDARPAŞA · Fikirtepe · KADIKÖY · Kiziltoprak · FENERBAHÇE · Göztepe · ERENKÖY · MARMARA DENIZI · EDIRNE, KEŞAN · SARAY · E 80 · ŞILE · İZMİT

1 / 150 000

Name	Page	Ref
Jouarre F	21	F2
Joué-lès-Tours F	20	C4
Jougne F	27	E1
Joukokylä FIN	115	E1
Joutsa FIN	121	D2
Joutseno FIN	121	F3
Joutsijärvi FIN	109	E2
Joyeuse F	30	B1
Juan-les-Pins F	31	F2
Juankoski FIN	115	E3
Juchnov RUS	125	F3
Judaberg N	116	A2
Judenau A	69	D1
Judenburg A	68	C3
Jüchen D	61	E1
Jülich D	61	E1
Juelsminde DK	122	B3
Jüterbog D	57	F3
Jugon-les-Lacs F	19	D3
Jugorje SLO	73	E3
Juillac F	25	E4
Juist D	55	D1
Jukkasjärvi S	108	B1
Jullouville F	19	E2
Jumaliskylä FIN	115	E1
Jumeaux F	26	A4
Jumièges F	16	A4
Jumilhac-le-Grand F	25	D3
Jumilla E	49	E1
Juminen FIN	115	E2
Jumisko FIN	109	E2
Juneda E	38	B4
Juniville F	17	E4
Junosuando S	108	C1
Junsele S	112	C1
Juntusranta FIN	109	F3
Juoksenki FIN	108	C2
Juorkuna FIN	115	D1
Jurbarkas LT	124	B4
Jūrmala LV	124	B2
Jurmu FIN	109	E3
Juromenha P	40	C4
Jurva FIN	114	B4
Jussey F	22	C4
Justel E	33	D4
Juuka FIN	115	F3
Juuma FIN	109	F2
Juupajoki FIN	120	C2
Juva FIN	120	B3
Juva FIN	121	E3
Juvigny-le-Tertre F	19	E2
Juvigny-sous-Andaine F	19	F2
Juvola FIN	115	F4
Juzennecourt F	22	B3
Jyderup DK	122	C3
Jyrkkä FIN	115	E2
Jyväskylä FIN	115	D4

K

Name	Page	Ref
K. Ahaïa GR	92	C4
K. Alissós GR	92	C4
K. Asséa GR	96	C2
K. Doliána GR	97	D2
K. Figália GR	96	B1
K. Gadzéa GR	93	F1
K. Kamíla GR	88	C1
K. Klinés GR	87	E2
K. Makrinoú GR	92	C3
K. Meriá GR	98	A1
K. Moussounítsa GR	93	D3
K. Nevrokópi GR	90	A4
K. Tithórea GR	93	E3
K. Vassilikí GR	92	C3
K. Vérga GR	96	C3
K. Vérmio GR	87	F2
K. Vlassía GR	93	D4
K. Zahloroú GR	93	D4
Kaakamo FIN	109	D3
Kaamanen FIN	105	F3
Kaaresuvanto FIN	105	D4
Kaarina FIN	120	B4
Kaatsheuvel NL	54	C4
Kaavi FIN	115	E3
Kåbdalis S	108	B3
Kachovka UA	127	F3
Kåfjord N	105	E1
Kaga S	119	D3
Kåge S	108	B4
Kaharlyk UA	127	E2
Kahla D	63	E1
Kaiáfas GR	96	B1
Kailbach D	62	B4
Kainasto FIN	114	B4
Kaindorf A	69	D2
Kaipola FIN	121	D2
Kairala FIN	109	E1
Kaiserslautern D	23	E1
Kaisheim D	67	D1
Kajaani FIN	115	E2
Kakí Thálassa GR	98	A1
Kakí Vígla GR	94	A4
Kakslauttanen FIN	105	F4
Kalá Nerá GR	93	F1
Kalá Níssia GR	93	F4
Kalajoki FIN	114	C2
Kalak N	105	E1
Kalamáki GR	93	E1
Kalamáki GR	93	F1
Kalamáta GR	96	C2
Kalambáka GR	87	E4
Kalambáki GR	89	D1
Kalámi GR	100	B3
Kalámi GR	99	F1
Kalamítsi GR	92	A2
Kalamítsi GR	89	D4
Kálamos (Nissí) GR	92	B3
Kalamotí GR	95	F4
Kalamotó GR	88	C2
Kalándra GR	88	C4
Kalanti FIN	120	B3
Kalapódi GR	93	F3
Kälarne S	112	B2
Kalavárda GR	103	F2
Kalávrita GR	93	D4
Kal'azin RUS	125	F1
Kalbe D	57	D2
Kalce SLO	73	D3
Kaléndzi GR	92	B1
Kaléndzi GR	93	D4
Kalérgo GR	94	C4
Kalí Liménes GR	100	C4
Kaliáni GR	93	E4
Kalífitos GR	89	D1
Kalimassiá GR	95	F4
Kálimnos GR	99	F3
Kálimnos (Nissí) GR	99	F3
Kaliningrad RUS	124	A4
Kalinkavičy BY	127	D1
Kalipéfki GR	88	A4
Kaliráhi GR	87	E3
Kalisz PL	126	A2
Kalithéa GR	92	C3
Kalithéa GR	88	C3
Kalithéa GR	89	D1
Kalithéa GR	103	F2
Kalithéa GR	96	C1
Kalithéa GR	96	B3
Kalithiés GR	103	F2
Kalíthiro GR	93	D1
Kalivári GR	94	C4
Kalíves GR	100	B3
Kalívia GR	98	A1
Kalívia GR	92	B2
Kalívia GR	96	C1
Kalívia GR	93	D4
Kalívia Varikoú GR	88	A3
Kalix S	108	C3
Kaljord N	104	A4
Kalkar D	55	D4
Kalkkinen FIN	121	D3
Kall S	112	A2
Källby FIN	114	B3
Källby S	118	C3
Kallinge S	123	F2
Kallio FIN	120	C2
Kalliojoki FIN	115	F1
Kallislahti FIN	121	E2
Kallmünz D	63	E4
Kalmar S	123	F2
Kaló Horió GR	101	E4
Kaló Neró GR	96	B2
Kalocsa H	126	A4
Kalogriá GR	92	C4
Kalohóri GR	87	F4
Kalókastro GR	88	C1
Kaloní GR	97	E1
Kaloní GR	95	F1
Kaloskopí GR	93	E3
Kalpáki GR	86	C4
Kals A	68	A3
Kalsdorf A	69	D3
Kaltbrunn CH	66	B3
Kaltenkirchen D	50	B3
Kaltennordheim D	62	C2
Kaltezés GR	97	D2
Kaluga RUS	125	F3
Kalundborg DK	122	C3
Kaluš UA	126	C3
Kalvåg N	110	A3
Kalvehave DK	122	C3
Kälviä FIN	114	C2
Kalvola FIN	120	C3
Kalvträsk S	108	B4
Kamáres GR	100	C4
Kamáres GR	93	D4
Kamáres GR	98	C2
Kamáres GR	98	A3
Kamári GR	99	D4
Kamariótissa GR	91	D3
Kambánis GR	88	B1
Kambiá GR	95	F3
Kambohóri GR	88	A2
Kámbos GR	100	A3
Kámbos GR	96	C3
Kámbos GR	93	D3
Kamen D	55	E4
Kaména Voúrla GR	93	E2
Kaméni (Nissí) GR	99	D4
Kamenz D	58	A4
Kamień Pomorski PL	52	A2
Kamilári GR	100	C4
Kamínia GR	92	C4
Kaminiá GR	87	D4
Kamínia GR	89	F4
Kámiros GR	103	F2
Kámiros Kastélo GR	103	E2
Kam"janec'-Podil's'kyj UA	127	D3
Kam"janka UA	127	F2
Kam"janka Dniprovs'ka UA	127	F3
Kamnik SLO	73	E2
Kamp Bornhofen D	61	F2
Kampen NL	54	C3
Kampen (Sylt) D	50	A1
Kamp-Lintfort D	55	D4
Kanal SLO	72	C3
Kanála GR	98	B2
Kanaláki GR	92	A1
Kanália GR	93	D1
Kanália GR	93	F1
Kanatádika GR	93	F2
Kánava GR	98	B3
Kándanos GR	100	A3
Kandel D	23	F1
Kandern D	23	E4
Kandersteg CH	27	F2
Kándia GR	97	E1
Kandíla GR	92	B2
Kandíla GR	97	D1
Kandıra TR	129	F3
Kandrše SLO	73	E2
Kanestraum N	110	C2
Kangádio GR	92	C4
Kangasala FIN	120	C2
Kangaslampi FIN	115	E4
Kangasniemi FIN	121	D2
Kangosjärvi FIN	108	C1
Kaniv UA	127	E2
Kanjiža YU	128	C2
Kankaanpää FIN	120	B2
Kannonkoski FIN	115	D3
Kannus FIN	114	C2
Kannusjärvi FIN	121	E3
Kanturk / Ceann Toirc IRL	4	B3
Kapandríti GR	94	A4
Kaparéli GR	93	F4
Kapariá GR	98	C1
Kapellskär S	119	F2
Kapfenberg A	68	C2
Kaposvár H	126	A4
Kapp N	117	D1
Kappel D	61	F3
Kappeln D	50	B2
Kaprun A	68	A3
Kapsáli GR	97	E4
Kápsas GR	97	D1
Kapsoúri GR	94	C4
Kapuvár H	69	E1
Karabiga TR	129	E3
Karaburun TR	129	E4
Karačev RUS	125	F4
Karasjok N	105	E2
Karasu TR	129	F2
Karats S	108	A2
Karavás GR	97	E4
Karavómilos GR	93	E2
Karavónissia (Nissiá) GR	102	C3
Karavostássis GR	98	C4
Kårböle S	112	B3
Karcag H	126	B4
Kardakáta GR	92	A3
Kardámena GR	103	D1
Kardámila GR	95	F3
Kardámili GR	96	C3
Kardiá GR	88	B2
Kardítsa GR	93	D1
Kärdla EST	124	B1
Kárdžali BG	129	D3
Karesuando S	105	D4
Karfás GR	95	F3
Karhukangas FIN	114	C2
Karhula FIN	121	E3
Kariá GR	92	A2
Kariá GR	88	A4
Kariá GR	97	D1
Kariá GR	93	E2
Karianí GR	89	D3
Kariés GR	97	D3
Kariés GR	89	D3
Kariés GR	93	E2
Karigasniemi FIN	105	E3
Karijoki FIN	120	B2
Karinainen FIN	120	B3
Kariótissa GR	88	A2
Karis / Karjaa FIN	120	C4
Káristos GR	94	C4
Karítena GR	96	C1
Karjalohja FIN	120	C4
Karkaloú GR	96	C1
Karkinágri GR	99	E1
Karkkila FIN	121	C3
Karkku FIN	120	B2
Kärkölä FIN	121	D3
Karlevi S	123	F2
Karlivka UA	127	F2
Karlobag HR	77	E1
Karlovac HR	73	F3
Karlovo BG	129	D2
Karlovy Vary CZ	63	F2
Karlsborg S	118	C3
Karlsburg D	51	F2
Karlsfeld D	67	E1
Karlshamn S	123	E2
Karlshuld D	67	E1
Karlskoga S	118	C2
Karlskrona S	123	F2
Karlsruhe D	23	F2
Karlstad S	118	C2
Karlstadt D	62	C3
Karlstift A	64	C4
Karlštejn CZ	64	B2
Karnezéika GR	97	E1
Karnobat BG	129	E2
Karow D	51	E3
Kärpänkylä FIN	109	F3
Kárpathos GR	103	D4
Kárpathos (Nissí) GR	103	D4
Karpeníssi GR	93	D2
Karperí GR	88	C1
Karperó GR	87	E4
Kärsämäki FIN	115	D2
Kärsava LV	124	C2
Karstädt D	51	D4
Karstula FIN	114	C3
Kartal TR	129	F3
Kartéri GR	92	A1
Kartéri GR	97	D1
Karterós GR	101	D3
Karttula FIN	115	D3
Karungi S	108	C3
Karunki FIN	108	C3
Karup DK	122	B2
Karvala FIN	114	C3
Kárväskylä FIN	115	D3
Karvia FIN	120	B2
Karviná CZ	65	F2
Karvoskylä FIN	114	C2
Karvounári GR	92	A1
Kašin RUS	125	F1
Kašira RUS	125	F3
Kaskinen / Kaskö FIN	120	A2
Káspakas GR	89	F1
Kassándra GR	88	C4
Kassándria GR	88	C3
Kassel D	62	B1
Kassiópi GR	86	B4
Kassópi GR	91	A1
Kássos (Nissí) GR	103	D4
Kastaniá GR	97	D1
Kastaniá GR	93	D1
Kastaniá GR	87	F3
Kastaniá GR	87	E4
Kastaniés GR	91	E1
Kastaniótissa GR	93	E2
Kastéla GR	94	A3
Kastelholm FIN	120	A4
Kastéli GR	100	A3
Kastéli GR	101	D4
Kastellaun D	61	F3
Kasterlee B	17	F1
Kastl D	63	E4
Kastorf D	50	C3
Kastóri GR	96	C2
Kastoriá GR	87	E2
Kastós (Nissí) GR	92	B3
Kastráki GR	98	C3
Kastráki GR	87	E4
Kastrí GR	88	B1
Kastrí GR	88	A4
Kastrí GR	93	D2
Kastrí GR	97	D2
Kástro GR	92	A1
Kástro GR	92	B4
Kástro GR	93	F3
Kastrossikiá GR	92	A2
Katafígio GR	87	F3
Katáfito GR	88	C1
Katáfourko GR	92	B2
Katáhas GR	88	A2
Katákolo GR	96	B1
Katálako GR	89	F4
Katápola GR	99	D3
Katastári GR	96	A1
Katavía GR	103	E3
Kateliós GR	92	A3
Kateríni GR	88	A3
Katharó GR	101	E4
Kathení GR	94	A3
Kätkäsuvanto FIN	108	C1
Katlenburg-Lindau D	56	C4
Káto Zákros GR	101	F4
Katohí GR	92	C3
Katoúna GR	92	B2
Katoúna GR	92	A2
Katowice PL	126	A2
Katrineholm S	119	D3
Katwijk aan Zee NL	54	B3
Kaub D	62	A3
Kaufbeuren D	67	D2
Kauhajärvi FIN	114	C3
Kauhajoki FIN	114	B4
Kauhava FIN	114	B3
Kaukonen FIN	109	D1
Kaunas LT	124	B4
Kaupanger N	110	B4
Kaustinen FIN	114	C3
Kautokeino N	105	D3
Kauttua FIN	120	B3
Kavajë AL	128	B3
Kavála GR	89	E1
Kavarna BG	129	E1
Kavíli GR	91	E1
Kavírio-Hlói GR	89	F4
Kävlinge S	123	D3
Kávos GR	92	A1
Kavoússi GR	101	E4
Käylä FIN	109	F2
Kaysersberg F	23	E3
Kazanlăk BG	129	D2
Kazárma GR	96	C3
Kazimierz Dolny PL	126	B2
Kazincbarcika H	126	B3
Kéa GR	98	A1
Kéa (Nissí) GR	98	A1
Keadew IRL	2	C3
Keady IRL	3	D3
Kebnekaise S	108	A1
Kecskemét H	126	A4
Kédainiai LT	124	B3
Kédros GR	93	D1
Keel IRL	2	A3
Keerbergen B	17	E1
Kefalári GR	97	D1
Kefaloniá (Nissí) GR	92	A3
Kéfalos GR	103	D1
Kefalóvrisso GR	96	B2
Kefalóvrisso GR	92	C3
Kefalóvrisso GR	86	C3
Kefalóvrisso GR	87	F4
Keflavík IS	106	A2
Kehl D	23	E2
Kehrókambos GR	89	E1
Kéhros GR	91	D2
Keighley GB	11	D2
Keitele FIN	115	D3
Keith GB	7	E4
Kéla GR	87	F2
Kelankylä FIN	109	E3
Kelberg D	61	D2
Kelbra D	57	D4
Kelcyrë AL	128	B4
Kelefá GR	97	D3
Kelheim D	63	E4
Kellinghusen D	50	B3
Kellokoski FIN	121	D3
Kelso GB	9	E3
Kelujärvi FIN	109	E1
Kemberg D	57	F3
Kembs F	23	E4
Kemi FIN	109	D3
Kemijärvi FIN	109	E1
Keminmaa FIN	109	D3
Kemnath D	63	E3
Kempele FIN	114	C1
Kempen D	61	E1
Kempenich D	61	F2
Kempten D	67	D2
Kendal GB	10	C1
Kendrikó GR	88	B1
Kenilworth GB	11	D4
Kenmare / Neidín IRL	4	B3
Kennacraig GB	8	B3
Kenoúrgio GR	92	C3
Kentallen GB	8	B1
Kenzingen D	23	E3
Kepi i Gjuhezës AL	128	B4
Keramía GR	95	F2
Keramídi GR	93	F1
Keramítsa GR	86	C4
Kéramos GR	95	F3
Keramotí GR	89	E2
Kerassiá GR	93	F2
Kerassiá GR	93	F1
Kerassiés GR	87	F2
Kerassohóri GR	92	C2
Kerassóna GR	92	B1
Keratéa GR	98	A1
Kerava FIN	121	D1
Keri GR	96	A1
Kerimäki FIN	121	F2
Kerken D	61	E1
Kérkira GR	86	B4
Kérkira (Nissí) GR	86	B4
Kerkonkoski FIN	115	D3
Kerkrade NL	61	E2
Kernascléden F	18	C3
Kéros (Nissí) GR	99	D3
Kerpen D	61	E1
Kerteminde DK	122	C3
Kértezi GR	93	D4
Kerzers CH	27	F1
Kesälahti FIN	121	F2
Keşan TR	129	E3
Kesh GB	2	C2
Kessariani GR	94	A4
Kestilä FIN	115	D2
Keswick GB	10	C1
Keszthely H	69	F3
Kettering GB	11	E4
Kettletoft GB	7	E1
Kettwig D	61	F1
Ketzin D	57	F2
Keuruu FIN	120	C2
Kevelaer D	55	D4
Kevo FIN	105	E2
Keynsham GB	13	E2
Kežmarok SK	126	B3
Kętrzyn PL	124	B4
Kiani GR	91	E1
Kiáto GR	93	E4
Kiberg N	105	F1
Kičevo MK	128	C3
Kidderminster GB	10	C4
Kidlington GB	13	F1
Kidsgrove GB	10	C3
Kidwelly / Cydweli GB	12	C1
Kiefersfelden D	67	E2
Kiekinkoski FIN	115	F2
Kiel D	50	B2
Kielce PL	126	A2
Kiental CH	27	F2
Kierinki FIN	109	D1
Kietz D	58	A2
Kifissiá GR	94	A4
Kifjord N	105	E1
Kihlanki FIN	108	C1
Kihniö FIN	120	C2
Kiihtelysvaara FIN	115	F3
Kiikala FIN	120	C4
Kiikka FIN	120	B3
Kiikoinen FIN	120	B3
Kiiminki FIN	115	D1
Kiiskilä FIN	114	C2
Kiistala FIN	109	D1
Kikinda YU	128	B1
Kil S	118	C2
Kila GR	87	F3
Kiláda GR	97	E2
Kiláda GR	87	F3
Kilafors S	112	C4
Kilbaha IRL	4	B2
Kilbeggan IRL	3	D4
Kilbirnie GB	8	C3
Kilboghamn N	107	D2
Kilbotn N	104	A4
Kilchoan GB	8	A1
Kilcock IRL	3	D4
Kilcormac IRL	2	C4
Kilcreggan GB	8	C2
Kilcullen IRL	5	E2
Kildare / Cill Dara IRL	3	D4
Kildorrery IRL	4	C3
Kilfenora IRL	2	A4
Kilgarvan IRL	4	B3
Kilija UA	127	D4
Kilingi-Nõmme EST	124	B2
Kilíni GR	92	B4
Kilkee / Cill Chaoi IRL	4	B2
Kilkeel GB	3	E2
Kilkenny / Cill Chainnigh IRL	5	D2
Kilkhampton GB	12	C3
Kilkís GR	88	B1
Killadysert IRL	4	B2
Killaloe / Cill Dalua IRL	4	C2
Killarney / Cill Airne IRL	4	B3
Killashandra IRL	2	C3
Killenaule IRL	5	D2
Killimer IRL	4	B2
Killin GB	8	C2
Killinkoski FIN	114	C4
Killorglin / Cill Orglan IRL	4	B3

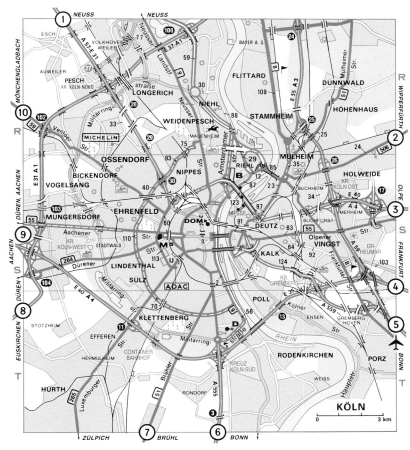

KÖLN

Killybegs / Na Cealla
  Beaga IRL.......... 2 C2
Killyleagh GB......... 3 E3
Kilmaine IRL........... 2 B4
Kilmallock / Cill
  Mocheallóg IRL..... 4 C3
Kilmarnock GB........ 8 C3
Kilmartin GB 8 B2
Kilmore Quay IRL 5 C3
Kilmurry IRL........... 4 C2
Kilninver GB........... 8 B2
Kilnsea GB............ 11 F2
Kilpisjärvi FIN .. 104 C3
Kilrea GB 3 D2
Kilronan / Cill Rónáin
  IRL 2 A4
Kilrush / Cill Rois IRL . 4 B2
Kilsyth GB 8 C2
Kiltealy IRL 5 E3
Kiltimagh IRL.......... 2 B3
Kilwinning GB........ 3 F1
Kilyos TR............ 129 F3
Kimássi GR........... 94 A3
Kiméria GR........... 89 E1
Kími GR.............. 94 B3
Kímina GR........... 88 A2
Kimísseos
  Theotókou GR..... 97 D1
Kimito /
  Kemiö FIN..... 120 B4
Kímolos GR........... 98 B3
Kímolos (Nissí) GR... 98 B3
Kimry RUS........... 125 F2
Kimstad S 119 D3
Kínaros (Nissí) GR.... 99 E3
Kinbrace GB.......... 7 D3
Kincardine GB........ 9 D2
Kindberg A........... 69 D2
Kindelbrück D........ 57 D4
Kinéta GR............ 93 F4
King's Lynn GB....... 11 F4
Kingisepp RUS 125 C1
Kingsbridge GB 12 C4
Kingscourt IRL....... 3 D3
Kingston-upon-Hull
  GB.............. 11 E2
Kingston-upon-
  Thames GB........ 14 B3
Kingswear GB........ 13 C4
Kington GB........... 13 E1
Kingussie GB......... 8 C2
Kínira GR............ 89 E2
Kinloch
  Rannoch GB 8 C1
Kinlochbervie GB..... 6 C2
Kinlochewe GB....... 6 C4
Kinna S 118 B4
Kinnasniemi FIN 115 F3
Kinnegad IRL 3 D4
Kinnitty IRL 2 C4
Kinnula FIN.......... 114 C3
Kinross GB 9 D2
Kinsale / Cionn tSáile
  IRL 4 C4
Kinsarvik N.......... 116 B1
Kintaus FIN.......... 115 D4
Kintore GB 7 E4
Kinvarra IRL 2 B4
Kióni GR............. 92 A3
Kíos (Nissí) GR 97 D1
Kiparíssi GR.......... 97 E3
Kiparissía GR......... 96 B2
Kipárissos GR........ 93 E1
Kípi GR.............. 87 D4
Kípi GR.............. 91 E2
Kipinä FIN........... 115 D1
Kipourió GR.......... 87 E4
Kipséli GR 93 E1
Kirá Panagiá (Nissí)
  GR............... 94 B1
Kirchbach in
  Steiemark A....... 69 D3
Kirchberg D.......... 63 F1
Kirchberg A.......... 67 F3
Kirchberg
  (Hunsrück) D...... 61 F3
Kirchberg am
  Wagram A......... 65 D4
Kirchberg an der
  Pielach A 68 C1
Kirchdorf an der
  Krems A 68 B2
Kirchenlamitz D...... 63 F2
Kirchenthumbach D.. 63 E3
Kirchhain D 62 B1
Kirchheim D.......... 62 B1
Kirchheim a. Neckar
  D................ 62 B4
Kirchheimbolanden
  D................ 62 A3
Kirchhundem D....... 62 A1
Kirchlengern D....... 55 F3
Kirchmöser D 57 E2

Kirchschlag in der
  Bucklingen Welt
  A................ 69 E2
Kiriakí GR............ 91 E1
Kiriáki GR............ 93 E3
Kiriši RUS........... 125 D1
Kırkağaç TR......... 129 E4
Kirkby Lonsdale GB.. 10 C1
Kirkby Stephen GB.. 10 C1
Kirkcaldy GB 9 D2
Kirkcolm GB.......... 3 F2
Kirkcudbright GB.... 8 C4
Kirkenær N.......... 117 E1
Kirkenes N........... 105 F2
Kirkham GB 10 C2
Kírki GR............. 91 D2
Kirkintilloch GB 8 C2
Kirkjubæjarklaustur
  IS............... 106 B2
Kirkjubøur DK....... 106 A3
Kirkkonummi /
  Kyrkslätt FIN ... 120 C4
Kirklareli TR......... 129 E2
Kirkwall GB.......... 7 E2
Kirn D............... 61 F3
Kirov RUS........... 125 F3
Kirovohrad UA 127 F2
Kirovsk RUS......... 125 D1
Kirriemuir GB 9 D1
Kirtorf D............. 62 B1
Kiruna S............. 108 B1
Kiržač RUS.......... 125 F2
Kisa S 119 D4
Kisko FIN............ 120 C4
Kiskőrös H........... 126 A4
Kiskunfélegyháza H . 126 A4
Kiskunhalas H........ 126 A4
Kissoú Kámbos GR . 100 C4
Kisújszállás H 126 B4
Kisvárda H 126 B3
Kíta GR.............. 97 D4
Kitee FIN............ 115 F4
Kíthira GR........... 97 E4
Kíthira (Nissí) GR..... 97 E4
Kíthnos GR........... 98 B2
Kíthnos (Nissí) GR.... 98 B2
Kitka FIN............ 109 F2
Kittilä FIN........... 109 D1
Kitzbühel A.......... 67 F3
Kitzingen D.......... 62 C3
Kiukainen FIN........ 120 B3
Kiuruvesi FIN........ 115 D2
Kivéri GR............ 97 D1
Kivijärvi FIN......... 114 C2
Kivilahti FIN......... 115 F3
Kivitaipale FIN....... 109 D2
Kivotós GR.......... 87 E3
Kizário GR........... 91 D2
Kjellerup DK......... 122 B2
Kjerringøy N......... 107 E1
Kjerringvåg N........ 111 D1
Kjøllefjord N......... 105 E1
Kjøpsvik N........... 107 F1
Kjustendil BG........ 128 C2
Kladanj BIH.......... 128 A2
Kladno CZ........... 64 A2
Kladovo YU.......... 128 C1
Klæbu N............. 111 D2
Klagenfurt A......... 68 C4
Klaipėda LT.......... 124 A3
Klaksvik DK.......... 106 A3
Klanxbüll D.......... 50 A1
Klässbol S........... 118 B2
Klatovy CZ........... 64 A3
Klaukkala FIN........ 121 D4
Klazienaveen NL 55 D2
Kleinhaugsdorf A.... 65 D4
Kleppe N............ 116 A2
Kleppestø N.......... 110 A4
Kleve D............. 55 D2
Klimavičy BY........ 125 E4
Klimpfjäll S.......... 107 E4
Klin RUS............ 125 F2
Klincy RUS.......... 125 E4
Klingenbach A....... 69 E1
Klingenthal D........ 63 F2
Klintehamn S........ 119 F4
Klippan S............ 123 D2
Klippen S............ 107 E4
Klissoúra GR......... 87 E2
Klitoría GR........... 93 D4
Klitten D............. 58 B4
Klixbüll D............ 50 A1
Ključ BIH............ 128 A1
Kløfta N............. 117 D1
Klokkarvik N......... 116 A1
Klosterneuburg A.... 69 D1
Klosters CH.......... 66 C4
Kloten CH........... 23 F4
Klöverträsk S........ 108 B3
Klövsjö S............ 112 A3

Kluczbork PL 126 A2
Kłodzko PL 65 D1
Klötze D 57 D2
Klütz D.............. 51 D3
Knäred S 123 D2
Knaresborough GB .. 11 D2
Knarvik N............ 110 A4
Kneža BG............ 128 C2
Knežak SLO.......... 73 D3
Knighton /
  Trefyclawdd GB ... 10 C4
Knight's Town IRL ... 4 A3
Knin HR............. 128 A2
Knittelfeld A.......... 68 C3
Knivsta S............ 119 E2
Knjaževac YU........ 128 C2
Knokke-Heist B....... 15 F3
Knossós GR 101 D3
Knutsford GB........ 10 C3
Kobarid SLO......... 72 C2
Kobeljaky UA........ 127 F2
København DK....... 123 D3
Kobern-Gondorf D... 61 F2
Koblenz D........... 61 F2
Kobryn BY.......... 126 C1
Kočevje SLO......... 73 E3
Kochel a. See D 67 E2
Kodiksami FIN....... 120 B3
Kodisjoki FIN........ 120 B3
Kölleda D............ 63 D1
Köln D.............. 61 F1
Köngernheim D...... 62 A3
Königs
  Wusterhausen D... 57 F2
Königsbrück D 58 A4
Königsbrunn D 67 D1
Königsee D.......... 63 D1
Königsfeld i.
  Schwarzwald D ... 23 F3
Königslutter D 57 D3
Königssee D......... 68 A2
Königstein D......... 64 A1
Königstein D......... 62 B1
Königswinter D 61 F2
Könnern D........... 57 E4
Köpenick D.......... 57 F2
Kössen A............ 67 E2
Kößlarn D........... 67 F1
Kötzting D........... 63 F4
Köflach A............ 68 C3
Køng DK............ 122 C3
Køge DK............ 123 D3
Kohtla-Järve EST..... 124 C1
Koikkala FIN......... 121 D3
Koirakoski FIN....... 115 D2
Koivu FIN........... 109 D2

Kokála GR 97 D4
Kökar FIN........... 120 A4
Kokári GR............ 99 F1
Kokemäki FIN........ 120 B3
Kókino Neró GR..... 88 B4
Kokkola / Karleby
  FIN 114 B2
Kokotí GR............ 93 E2
Koksijde-Bad B....... 15 F4
Koláka GR 93 F3
Kolari FIN............ 108 C1
Kolåsen S 112 A1
Kolbäck S 119 D2
Kolbermoor D........ 67 F2
Kolby Kås DK........ 122 C3
Kolding DK.......... 122 B3
Kolho FIN........... 120 C2
Koli FIN............. 115 F3
Kolimvári GR........ 100 A3
Kolín CZ............ 64 C2
Kolindrós GR........ 88 A2
Kolínes GR........... 97 D2
Kolka LV............ 124 B2
Kolkanlahti FIN...... 115 D3
Kolkasrags LV....... 124 B2
Kołobrzeg PL........ 52 B2
Kolomyja UA........ 126 C3
Kolpino RUS......... 125 D1
Kolsva S............ 119 D2
Kolvereid N.......... 107 D4
Koło PL 126 A1
Komagfjord N........ 105 D2
Kómanos GR......... 87 F2
Kómara GR........... 91 E1
Komárno SK........ 126 A4
Kombóti GR......... 92 B2
Koméno GR......... 92 B2
Kómi GR............. 98 C1
Kómi GR............. 95 F4
Komílio GR.......... 92 A2
Kómito GR........... 94 C4
Komló H............ 128 B1
Komniná GR......... 89 E1
Komniná GR......... 87 E2
Komninádes GR..... 87 D2
Komotiní GR......... 89 F1
Konakovo RUS 125 F2
Kondiás GR.......... 89 F4
Kondopóuli GR...... 89 F4
Kondovázena GR.... 96 C3
Kong DK............ 122 C3
Konginkangas FIN ... 115 D2
Kongsberg N........ 117 D1
Kongselva N......... 104 A3
Kongsfjord N........ 105 F1
Kongsvinger N....... 117 E1

Königswiesen A 68 C1
Konin PL............ 126 A1
Koniskós GR......... 87 F4
Konístres GR......... 94 B3
Konitsa GR.......... 87 D3
Konjic BIH.......... 128 A2
Konnevesi FIN....... 115 D3
Könönpelto FIN...... 115 E4
Konotop UA......... 127 F1
Konsmo N........... 116 B3
Konstanz D.......... 66 B3
Kontich B............ 17 E1
Kontiolahti FIN....... 115 F3
Kontiomäki FIN...... 115 E1
Konttajärvi FIN...... 109 D2
Konz D.............. 23 D1
Koog (De) NL 54 B2
Kopáni GR........... 92 B1
Kopanós GR......... 87 F2
Koparnes N.......... 110 B3
Kópasker IS.......... 106 B1
Koper SLO........... 73 D4
Kopervik N.......... 116 A2
Köping S............ 119 D2
Köpingsvik S......... 123 F2
Köpmanholmen S ... 113 D2
Koppang N.......... 111 E4
Kopparberg S........ 119 D2
Kopperby D.......... 50 B2
Koprivnica HR....... 128 A1
Korbach D........... 62 B1
Korçë AL............ 128 B3
Korčula HR.......... 128 A3
Korčula HR.......... 128 A3
Kórfos GR........... 97 E1
Korgen N............ 107 E3
Koria FIN............ 121 D3
Korifássi GR......... 96 B3
Korikío Ándro GR ... 93 E3
Kórimvos GR........ 91 E1
Koríni GR............ 93 F3
Korinós GR.......... 88 A3
Korinthio (Dióriga)
  GR............... 93 F4
Kórinthos GR........ 93 F4
Korissía GR.......... 98 A1
Korissós GR......... 87 E2
Kórithi GR........... 96 A4
Korkeakangas FIN... 115 F4
Körmend H.......... 69 E3
Kornofoléa GR....... 91 E2
Kornwestheim D..... 66 B1
Koróna GR.......... 88 A1
Koróni GR........... 96 C3
Korónia GR.......... 93 F3

Koronída GR 99 D2
Koronissía GR........ 92 B2
Kóronos GR.......... 99 D2
Koronoúda GR....... 88 B1
Koropí GR........... 94 A4
Korosten' UA........ 127 D1
Korostyšiv UA....... 127 D2
Korouoma FIN....... 114 C3
Korpilahti FIN 121 D3
Korpilombolo S...... 108 C2
Korpo /
  Korppoo FIN ... 120 B4
Korsberga S.......... 123 F1
Korsholm /
  Mustasaari FIN 114 B3
Korsnäs FIN......... 114 A3
Korsør DK........... 136 C3
Korsun'-
  Ševčenkivs'kyj UA. 127 E2
Korsvoll N........... 110 C2
Kortesjärvi FIN...... 114 B3
Kórthio IS........... 98 C1
Kortrijk B............ 15 F4
Kortteenperä FIN.... 109 E3
Korvala FIN.......... 109 D2
Korvaluoma FIN..... 120 B2
Kos GR.............. 103 D1
Kos (Nissí) GR 103 D1
Koserow D........... 51 F2
Koskenkorva FIN.... 114 B4
Koskenpää FIN...... 121 D2
Koski FIN............ 121 D3
Koski FIN............ 120 C3
Kóskina GR.......... 94 B3
Koskue FIN.......... 120 B2
Kosmás GR.......... 97 D2
Kósmio GR.......... 89 F1
Kósta GR............ 97 E2
Kostanjevica SLO 73 F3
Kostenec BG......... 128 C2
Koster S............. 118 A3
Kostopil' UA......... 127 D2
Kóstos GR........... 98 C2
Kostrzyń PL.......... 52 A4
Kosula FIN........... 115 E3
Koszalin PL.......... 52 C2
Kőszeg H............ 69 E2
Kościan PL........... 59 D2
Kościerzyna PL....... 53 D1
Košice SK........... 126 B3
Kotala FIN........... 120 C2
Kotala FIN........... 109 F1
Kótas GR............ 87 E2
Kotel BG............ 129 D2
Kotka FIN........... 121 E3
Kotor YU............ 128 A3

Kotovs'k *UA*	127	E3
Kótronas *GR*	97	D3
Kotroniá *GR*	91	E2
Köttsjön *S*	112	B2
Koufália *GR*	88	A2
Koufoníssi *GR*	101	F4
Koufós *GR*	89	D4
Kouklii *GR*	86	C4

Koukounariés *GR*	94	A2
Kouméika *GR*	99	F1
Koúndouros *GR*	98	A1
Kounoupéli *GR*	92	C4
Koura *FIN*	114	B4
Koúrenda *GR*	86	C4
Kourkouli *GR*	94	A2
Kournás *GR*	100	B3

Kouroúta *GR*	96	B1
Koutselió *GR*	87	D4
Koutsó *GR*	89	F1
Koutsóhero *GR*	87	F4
Kouvola *FIN*	121	E3
Kovel' *UA*	126	D4
Kovero *FIN*	115	F3
Köyliö *FIN*	120	B3

Kozáni *GR*	87	F3
Kozel'sk *RUS*	125	F3
Kozina *SLO*	73	D3
Kozjatyn *UA*	127	D2
Kragenæs *DK*	122	C4
Kragerø *N*	116	C2
Kragujevac *YU*	128	B2
Krakhella *N*	110	A4

Kraków *PL*	126	A2
Krakow *D*	51	E3
Kraljevo *YU*	128	B2
Kramfors *S*	112	C2
Kranenburg *D*	55	D4
Kraniá *GR*	87	E4
Kraniá *GR*	87	E4
Kraniá Elassónas *GR*	87	F4

Kranichfeld *D*	63	D1
Kranídi *GR*	97	E2
Kranj *SLO*	73	D2
Kranjska Gora *SLO*	73	D2
Krāslava *LV*	124	C2
Krasnohrad *UA*	127	F2
Krasnoperekops'k *UA*	127	F4

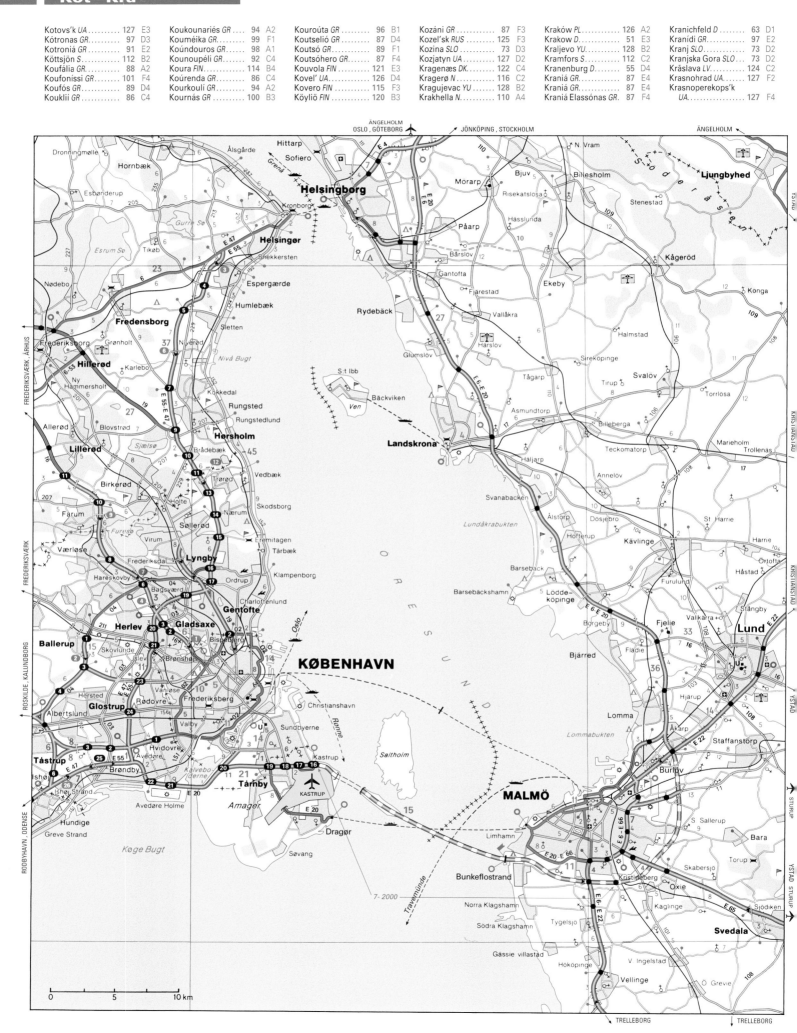

Krasnyj Cholm *RUS* .. 125 F1
Krasnystaw *PL* 126 B2
Kraśnik *PL* 126 B2
Kráthio *GR*............. 93 E4
Krátigos *GR* 95 F2
Krauchenwies *D* 66 C2
Krautheim *D* 62 C4
Krefeld *D* 61 E1
Kremastí *GR*........... 97 E3
Kremastí *GR*.......... 103 F2
Kremastón (Teh. L.)
GR................. 92 C2
Kremenčuk *UA* 127 F4
Kremenec' *UA*........ 126 C2
Kremmen *D* 51 F4
Kremnica *SK* 126 A3
Krems
a. d. Donau *A* 65 D4
Kremsmünster *A* 68 B1
Krestcy *RUS*.......... 125 E1
Kréstena *GR*........... 96 B1
Kreuth *D*............. 67 E2
Kreuzlingen *CH*....... 66 B3
Kreuztal *D* 62 A1
Kría Vríssi *GR*......... 88 A2
Kría Vríssi *GR*......... 94 A3
Krieglach *A*........... 69 D2
Kriens *CH*............. 66 B4
Kríkelo *GR* 93 D2
Kríkelos *GR*........... 92 B2
Krimml *A*.............. 67 F3
Krimpen aan den
IJssel *NL* 54 B4
Krinídes *GR*........... 89 D1
Krionéri *GR*........... 96 B2
Krionéri *GR*........... 88 B2
Krionéri *GR*........... 93 E4
Kriopigí *GR*........... 88 C4
Kristalopigí *GR*....... 87 D3
Kristdala *S* 123 F1
Kristiansand *N*....... 116 B3
Kristianstad *S*........ 123 E3
Kristiansund *N*....... 110 C1
Kristineberg *S* 108 A4
Kristinehamn *S* 118 C2
Kristinehov *S* 123 E3
Kristinestad /
Kristiinankaupunki
FIN............... 120 B2
Kríthea *GR*........... 88 B2
Kríti (Nissí) *GR*..... 100 A2
Kritinía *GR*........... 103 E3
Kritsá *GR* 101 E4
Kriva
Palanka *MK* 128 C3
Krk *HR* 73 E4
Krka *SLO* 73 E3
Krnov *CZ* 65 E1
Krokeés *GR*........... 97 D3
Krokeide *N* 116 A1
Krokek *S* 119 D3
Krokílio *GR* 93 D3
Krokom *S* 112 B2
Krókos *GR* 87 D3
Kroksjö *S*............ 112 C1
Krolevec' *UA* 127 F1
Kroměříž *CZ*.......... 65 E3
Kronach *D*............ 63 D2
Kronoby /
Kruunupyy *FIN* 114 B2
Kronshagen *D*........ 50 B2
Kronštadt *RUS*....... 124 C1
Kropp *D* 50 B2
Kroppenstedt *D*...... 57 D3
Krosno *PL* 126 B2
Krosno Odrzańskie
PL 58 B3
Krotoszyn *PL* 59 E3
Kroussónas *GR*....... 101 D4
Krško *SLO* 73 F3
Krün *D*............... 67 E3
Kruiningen *NL*........ 17 E1
Krujë *AL* 128 B3
Krumbach
(Schwaben) *D* 67 D1
Krummhörn *D* 55 D1
Krumpendorf *A* 68 B4
Kruså *DK* 122 B4
Kruševac *YU* 128 B2
Kryčaǔ *BY* 125 E4
Krynica *PL* 126 B3
Kryvyj Rih *UA* 127 F3
Kröpelin *D* 51 D2

Ktísmata *GR* 86 C4
Kuchl *A* 68 A2
Kudowa-Zdrój *PL* 65 D1
Külsheim *D*........... 62 C3
Künzelsau *D*.......... 62 C4
Kuhmalahti *FIN* 120 C2
Kuhmo *FIN* 115 F2
Kuhmoinen *FIN* 121 D2
Kuivajärvi *FIN* 115 F1

Kuivalahti *FIN* 120 B3
Kuivaniemi *FIN* 109 D3
Kuivasjärvi *FIN* 120 B2
Kukës *AL* 128 B3
Kukko *FIN*............ 114 C3
Kula *BG*............. 128 C2
Kula *TR* 129 F4
Kuldīga *LV*........... 124 A3
Kulennoinen *FIN* 121 E2
Kulju *FIN*............. 120 C3
Kullaa *FIN*............ 120 B3
Kulm *CH* 23 F4
Kulmbach *D*.......... 63 D1
Kuloharju *FIN* 109 E3
Kultakero *FIN*........ 109 E2
Kumanovo *MK* 128 B3
Kumla *S* 119 D3
Kumlinge *FIN*........ 120 A4
Kumrovec *SLO* 73 E2
Kunda *FIN*........... 104 C3
Kungälv *S* 118 B4
Kungsbacka *S*........ 118 B4
Kungshamn *S*........ 118 A3
Kungsör *S*............ 119 D2
Kunrau *D*............. 57 D2
Kunszentmárton *H*... 126 B4
Kuolio *FIN* 109 F3
Kuopio *FIN* 115 E3
Kuorevesi *FIN* 120 C2
Kuortane *FIN* 114 C3
Kuortti *FIN*........... 121 D2
Kupferzell *D* 62 C4
Kuressaare *EST* 124 B1
Kurikka *FIN* 114 B4
Kuršėnai *LT* 124 B3
Kursk *RUS* 125 F4
Kurtakko *FIN*......... 108 C1
Kuru *FIN* 120 C2
Kuşadası *TR* 129 E4
Kusel *D*.............. 23 E1
Küsnacht *CH* 23 E1
Küssnacht *CH*........ 66 B4
Kustavi *FIN*.......... 120 B4
Kutina *HR*........... 128 A1
Kutná Hora *CZ*....... 64 C2
Kutno *PL*............ 126 A1
Kuttanen *FIN* 105 D4
Kuttura *FIN*.......... 105 E4
Kuumu *FIN* 115 E1
Kuusamo *FIN*........ 109 F3
Kuusankoski *FIN* ... 121 E3
Kuusjärvi *FIN* 75 E3
Kuusjoki *FIN*......... 120 C4
Kuvšinovo *RUS*...... 125 E2
Kuzma *SLO* 73 F1
Kvænangsbotn *N*.... 104 C2
Kværndrup *DK* 122 B3
Kvalsund *N*.......... 105 D1
Kvalvåg *N*........... 110 C2
Kvam *N*.............. 111 D3
Kvanndal *N* 116 B1
Kvanne *N*............ 110 C2
Kvernes *N*........... 110 C2
Kvevlax *FIN* 114 B3
Kvikkjokk *S* 108 A3
Kvikne *N*............. 111 D2
Kvinesdal *N* 116 B3
Kviteseid *N* 116 C2
Kwidzyn *PL* 124 A4
Kyïv *UA*............. 127 E2
Kyläinpää *FIN* 114 B3
Kylänlahti *FIN* 115 F2
Kyle
of Lochalsh *GB*..... 6 B4
Kyleakin *GB*.......... 6 B4
Kylerhea *GB*.......... 6 B4
Kylestrome *GB*....... 6 C3
Kyllburg *D*........... 61 E3
Kylmäkoski *FIN*...... 120 C3
Kylmälä *FIN* 115 D1
Kyritz *D* 51 E4
Kyrksæterøra /
Hemme *N* 111 D2
Kyröskoski *FIN* 120 C2
Kyyjärvi *FIN* 114 C3
Küblis *CH*............ 66 C3
Kühlungsborn *D* 51 D2

L, LL

La Caletta *I* 78 A4
La Maddalena *I* 78 A3
La Spezia *I* 75 E2
La Sterza *I*........... 75 F3
La Verna *I*........... 76 B3
La Villa / Stern *I* ... 67 F2
Laa an der Thaya *A*.. 65 D4
Laage *D*............. 51 E3
Labacolla *E*.......... 32 B3
Labajos *E*............ 42 A1

Labasheeda *IRL* 4 B2
Labastida *E*........... 36 C2
Labastide-Murat *F*... 29 E1
Labastide-Rouairoux
F 29 F3
Laboe *D* 50 C2
Labouheyre *F*......... 28 B2
Labrit *F*.............. 28 B2
Labruguière *F* 29 F3
Lacalahorra *E*......... 48 B3
Lacanau *F* 24 B4
Lacanau-Océan *F* 24 B4
Lacapelle-Marival *F*.. 29 E1
Lacaune *F* 29 F2
Lacco Ameno *I* 79 F3
Lacedonia *I*.......... 80 B2
Láçka *GR*............. 91 D3
Laconi *I*.............. 82 B3
Lacq *F*............... 28 B3
Ladbergen *D* 55 E3
Ládi *GR* 91 E1
Ladispoli *I*............ 79 D2
Ladoeiro *P* 41 D3
Längenfeld *A*......... 67 E3
Lærdalsøyri *N*........ 110 C4
Láerma *GR* 103 E3
Laferté-sur-Amance
F 22 C4
Laffrey *F*............. 27 D4
Láfka *GR*............. 97 D1
Láfkos *GR*............ 93 F2
Lafrançaise *F*......... 29 E2
Lagan *S* 123 E2
Laganás *GR* 96 A1
Lagartera *E* 41 F2
Lage *D*.............. 55 F4
Laggan *GB* 8 C1
Laginá *GR*............ 88 B2
Laginá *GR*............ 91 E2
Lagnieu *F*............ 27 D3
Lagny-sur-Marne *F*.. 21 F2
Lago *I*............... 83 E2
Lagoa *P*............. 46 A2
Lagoaça *P* 35 D4
Lagonegro *I*.......... 80 C4
Lagoníssi *GR* 98 A1
Lagos *P*............. 46 A2
Lágos *GR* 89 F1
Lagrasse *F* 29 F3
Laguarres *E* 38 A3
Laguarta *E* 28 C4
Laguépie *F* 29 F2
Laguiole *F* 30 A1
Laguna de Duero *E*.. 36 A3
Lahanás *GR* 88 B2
Lahinch / An Leacht
IRL................. 4 B2
Lahnstein *D* 61 F2
Laholm *S*............ 123 D2
Lahr *D* 23 F3
Lahti *FIN* 121 D3
Laichingen *D*......... 66 C1
Laide *GB*............. 6 C3

Laignes *F*............ 22 B4
Laigueglia *I* 74 C3
Laihia *FIN*............ 114 B3
Lailiás *GR*............ 88 C1
Laimbach *A* 68 C1
Laimoluokta *S* 104 C4
Lainate *I* 71 D4
Lairg *GB* 7 D3
Laissac *F* 30 A1
Laïsta *GR* 87 D4
Laisvall *S*............ 107 F3
Laitikkala *FIN* 120 C3
Laitila *FIN* 120 B3
Láka *GR*............. 92 A1
Láki *GR*............. 100 B3
Laki *GR*.............. 99 F2
Lákoma *GR*........... 91 D3
Lákones *GR*.......... 86 B4
Lakópetra *GR* 92 C4
Lakselv *N*............ 105 D2
Lálas *GR*............. 96 B1
Lálas *GR*............. 95 F2
Lalín *E*.............. 32 B2
Lalinde *F*............ 29 D1
Laliótis *GR*........... 93 E4
Lalm *N*.............. 111 D3
Lalouvesc *F*.......... 26 C4
Lalueza *E* 38 A3
Lam *D*.............. 64 A4
Lama dei Peligni *I*... 79 F1
Lamalou-les-Bains *F*. 30 A3
Lamarche *F* 22 C3
Lamarque *F*.......... 24 B4
Lamastre *F* 26 C4
Lambach *A* 68 B1
Lamballe *F* 19 D2
Lambesc *F*........... 31 D2
Lámbia *GR* 96 C1
Lambíri *GR* 93 D3
Lámbou Míli *GR*...... 95 F2
Lambrecht *D* 23 F1
Lamego *P* 34 C4
Lamía *GR* 93 E2
Lamlash *GB* 3 F1
Lammhult *S*.......... 123 E1
Lammi *FIN*........... 121 D3
Lamotte-Beuvron *F*.. 21 E4
Lampaul *F* 18 A2
Lampedusa *I* 84 A4
Lampertheim *D* 23 F1
Lampeter / Llanbedr
Pont Steffan *GB* ... 12 C1
Lamstedt *D*.......... 50 B3
Lamure-
sur-Azergues *F* 26 C3
Lana *I*............... 67 E4
Lanaja *E* 37 F3
Lanaken *B* 17 F2
Lanark *GB* 9 D3
Lancaster *GB* 10 C2
Lanchester *GB* 9 E4
Lanciano *I*........... 80 A1
Landau i. d. Pfalz *D*.. 23 F1

Laignes *F*............ 22 B4
Landau a. d. Isar *D*... 67 F1
Landeck *A*........... 67 D3
Landerneau *F*........ 18 B2
Landete *E* 43 E2
Landévennec *F* 18 B3
Landivisiau *F*........ 18 B2
Landivy *F*............ 19 E3
Landmannalauger
IS................. 106 B2
Landquart *CH* 66 C4
Landrecies *F*......... 17 D3
Landriano *I*........... 71 D4
Landsberg *D* 57 E4
Landsberg a. Lech *D*. 67 D2
Landshut *D*.......... 67 F1
Landskrona *S* 123 D3
Landstuhl *D* 23 E1
Landverk *S*........... 112 A2
Lanersbach *A*........ 67 E3
Lanesborough *IRL* ... 2 C4
Langáda *GR* 97 D3
Langáda *GR* 95 F3
Langadás *GR* 88 B2
Langa de Duero *E*... 36 C3
Langádia *GR* 96 C1
Langadíkia *GR*........ 88 B2
Langangen *N* 117 D2
Langeac *F* 26 A4
Langeais *F* 20 C2
Langelsheim *D* 56 C3
Langen *D*............ 62 B3
Langen *D*............ 50 A3
Langenargen *D* 66 C3
Langenau *D* 66 C1
Langenberg *D*........ 63 E1
Langenbruck *D* 67 E1
Langenburg *D* 62 C4
Langenfeld *D*......... 61 F1
Langenhagen *D*...... 56 B3
Langenhahn *D* 62 A2
Langenlois *A* 65 D4
Langenthal *CH* 23 F4
Langenwang *A*....... 69 D2
Langenzenn *D* 63 D3
Langeoog *D*.......... 55 E1
Langeskov *DK* 122 C3
Langesund *N*......... 117 D2
Langevåg *N*.......... 116 A1
Langevåg *N* 110 B2
Langfjord *N* 104 C2
Langhirano *I* 75 F1
Langholm *GB* 9 D4
Langnau im
Emmental *CH*...... 27 F1
Langogne *F* 30 B1
Langon *F* 28 C1
Langport *GB*.......... 13 E2
Langres *F*............ 22 C3
Langrune-sur-Mer *F*. 19 F1
Långsele *S* 112 C2
Långshyttan *S* 119 D1

Långträsk *S* 108 B4
Lanjarón *E* 48 B3
Lanke *D*............. 51 F4
Länkipohja *FIN* 120 C2
Lanmeur *F* 18 B2
Lannemezan *F* 29 D3
Lannilis *F* 18 B2
Lannion *F* 18 C2
Lanouaille *F* 25 E4
Lans-en-Vercors *F* .. 27 D4
Lanslebourg-
Mont-Cenis *F* 27 E4
Lanta *F*.............. 29 E3
Lantejuela (La) *E* ... 47 F3
Lantosque *F*.......... 31 F2
Lanusei *I*............ 82 C3
Lanvollon *F* 18 C2
Lanzahita *E*.......... 42 A2
Lanzo Torinese *I* 27 F4
Laon *F*.............. 17 D4
Lapalisse *F* 26 B2
Lápas *GR*............ 92 C4
Laperdiguera *E* 38 A3
Lapinjärvi /
Lappträsk *FIN*..... 121 D3
Lapinlahti *FIN* 115 E3
Lapleau *F*............ 25 F4
Laplume *F* 29 D2
Lapoutroie *F* 23 E3
Lappajärvi *FIN* 114 C3
Lappalaisten-
Kesätuvat *FIN*..... 105 D3
Lappea *FIN* 108 C2
Lappeenranta *FIN* .. 121 E3
Lappfjärd /
Lapväärtti *FIN* 120 B2
Lappfors *FIN* 114 B3
Lappi *FIN* 120 B3
Lappohja *FIN* 120 C4
Lappträsk *S* 108 C3
Lapua *FIN* 114 B3
L'Aquila *I*............ 79 E1
Laracha *E*........... 32 B2
Laragh *IRL* 5 E2
Laragne-Montéglin
F 31 D1
Lärbro *S* 119 F4
Larche *F*............. 31 E1
Larche *F*............. 25 E4
Larderello *I*.......... 76 A4
Lárdos *GR* 103 F2
Laredo *E*............ 36 C1
Laren *NL* 54 C3
Largentière *F* 30 B1
Largs *GB*............. 8 B3
Lárimna *GR*.......... 93 F3
Larino *I*............. 80 A1
Lárissa *GR* 88 A4
Larmor-Plage *F* 18 C4
Larne *GB* 3 E2
Larochette *L*......... 61 E3
Laroles *E* 48 B3
Laroque-d'Olmes *F*.. 29 E4

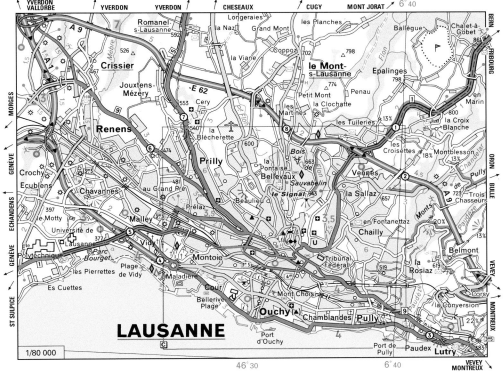

Laroque-Timbaut F..	29	D1
Laroquebrou F.	25	F4
Larraga E.	28	A4
Larseng N.	104	B3
Larsmo / Luoto FIN..	114	B3
Laruns F.	28	C4
Larv S.	118	B3
Larvik N.	117	D2
Lasalle F.	30	B2
Lasarte E.	28	A3
Laško SLO	73	E2
Lassan D	51	F2
Lassay-les-Châteaux F.	19	F3
Lassigny F.	16	C4
Lassithi GR	101	E4
Lastovo HR	128	A2
Lastra a Signa I	76	A3
Lastres E	33	F2
Lastrup D.	55	E2
Laterza I.	81	D3
Lathen D.	55	E2
Latheron GB.	7	E3
Latiano I.	81	E3
Latikberg S.	107	E4
Latina I.	79	E2
Latisana I.	72	C3
Lató GR.	101	E4
Latour-de-France F..	29	F4
Latronico I	80	C4
Latronquière F.	29	F1
Lauchhammer D.	58	A4
Lauder GB.	9	E3
Laudio / Llodio E.	36	C1
Lauenau D.	56	B3
Lauenburg D.	50	C4
Lauenstein D.	64	A1
Lauf a. d. Pegnitz D.	63	E3
Laufen D.	68	A2
Laufen CH.	23	E4
Laufenburg D	23	F4
Laufenburg CH.	23	F4
Lauffen a. Neckar D.	62	B4
Laugafell IS	106	B1
Laugar IS	106	A1
Laugarbakki IS	106	A1
Laugarvatn IS	106	A2
Lauingen D.	67	D1
Laujar de Andarax E.	48	C3
Laukaa FIN	115	D4
Lauksundskaret N.	104	C2
Launceston GB.	12	C3
Laupheim D.	66	C2
Lauragh IRL	4	A3
Laureana di Borrello I.	83	E3
Laurencekirk GB	9	E1
Laurenzana I.	80	C3
Lauria I.	80	C4
Laurière F.	25	E3
Lausanne CH.	27	E2
Lauta D.	58	A4
Lautenthal D.	56	C4
Lauterbach D.	62	B2
Lauterbourg F.	23	F2
Lauterbrunnen CH.	27	F1
Lauterecken D.	23	E1
Lautrec F.	29	F2
Lauvstad N.	110	B3
Lauvvik N.	116	A2
Lauzerte F.	29	E2
Le Lauzet-Ubaye F.	31	E1
Lauzun F.	29	D1
Lavagna I.	75	E2
Laval F.	19	F3
Lavamünd A	68	C3
Le Lavandou F.	31	E3
Lavangen N.	104	B3
Lávara GR.	91	E1
Lavardac F.	29	D2
Lavaur F.	29	E2
Lavelanet F.	29	E4
Lavello I.	80	C2
Lavelsloh D	55	F3
Lavenham GB.	15	D2
Laveno Monbello I..	71	D4
Lavéra F.	30	C3
Lavia FIN.	120	B2
Laviano I.	80	B3
Lavik N.	110	A4
Lavinio-Lido di Enea I.	79	D2
Lavis I.	71	F3
Lavit-de-Lomagne F.	29	D2
Låvong N.	107	D3
Lavoûte-Chilhac F.	26	A3
Lavre P.	40	B3
Lávrio GR.	98	A1
Laxå S.	118	C3
Laxe E.	32	A2
Laxford Bridge GB.	6	C2
Laxo GB.	7	F3
Layos E.	42	B2
Laza E	32	C4
Lazise I.	71	F4
Leadenham GB.	11	E3
Łeba PL.	53	D1
Lebach D.	23	D1
Lebedyn UA.	127	F1
Lebenstedt D.	56	C4
Lebesby N.	105	E1
Lebrija E.	47	D3
Lebus D	58	A2
Lecce I.	81	F3
Lecco I.	71	D4
Lécera E.	37	F4
Lech A.	67	D3
La Léchère F.	27	E3
Lechlade GB.	13	F1
Leciñena E.	37	F3
Leck D.	50	A2
Les Lecques F.	31	D3
Lectoure F.	29	D2
Ledanca E.	42	C1
Ledaña E.	43	E3
Ledbury GB.	13	E1
Ledesma E.	35	E4
Lédignan F.	30	B2
Ledmore GB.	6	C3
Leeds GB.	11	D2
Leek GB.	11	D3
Leenane IRL	2	A3
Leer D.	55	E2
Leerdam NL	54	C4
Leese D.	56	B3
Leeuwarden NL.	54	C2
Lefkáda GR.	92	A2
Lefkáda (Nissí) GR.	92	A2
Lefkádia GR.	87	F2
Lefkadíti GR	93	D3
Lefkandí GR.	94	A3
Léfkara GR.	87	F3
Léfkes GR.	98	C2
Lefkími GR.	91	E2
Lefkógia GR.	90	A4
Lefkopigí GR.	87	F3
Léfktra GR.	93	F4
Legan D.	50	B2
Leganés E.	42	B2
Legé F.	24	A1
Legnago I.	72	A4
Legnano I.	71	D4
Legnica PL.	58	C4
Legrená GR.	98	A1
Léguevin F.	29	E3
Legutiano / Villarreal E.	37	D1
Lehená GR.	92	B4
Lehmden D.	50	A4
Lehnin D.	57	F3
Léhovo GR	87	E2
Lehrberg D	63	D4
Lehre D.	56	C3
Lehrte D.	56	C3
Lehtimäki FIN	114	C3
Lehtovaara FIN	109	D1
Leibnitz A	69	D3
Leicester GB.	11	E4

Leiden NL 54 B3
Leighton Buzzard
  GB 14 B2
Leikanger N 110 B4
Leiknes N 104 A4
Leinefelde D 56 C4
Leini I 27 F4
Leipheim D 67 D1
Leipzig D 57 E4
Leira N 110 C2
Leira N 111 D4
Leirbotn N 105 D2
Leiria P 40 B2
Leiro E 32 B4
Leirpollskogen N ... 105 F1
Leirvåg N 110 A4
Leirvik DK 106 A3
Leirvik N 107 E3
Leirvik N 116 A1
Leirvik N 110 A4
Leisnig D 57 F4
Leiston GB 15 D2
Leith GB 9 D2
Leitza E 28 A3
Leitzkau D 57 E3
Leivonmäki FIN .. 121 D2
Leka N 107 D4
Léka N 99 F1
Lekáni GR 89 E1
Lekeitio E 37 D1
Leknes N 110 B3
Leknes N 107 E1
Leksand S 119 D1

Leksvik N 111 E1
Lekunberri E 28 A3
Leland N 107 D3
Lelystad NL 54 C3
Lelystad Haven NL .. 54 C3
Lembach F 23 E2
Lembeye F 28 C3
Lemförde D 55 F3
Lemgo D 56 B3
Lemi FIN 121 D2
Lemland FIN 120 A4
Lemmenjoki FIN .. 105 E3
Lemmer NL 54 C2
Lemonodássos GR .. 97 F1
Lempdes-
  sur-Allagnon F ... 26 A4
Lemvig DK 106 A3
Lenart SLO 73 F1
Lencloître F 25 D1
Lend A 68 A3
Lendava SLO 73 F1
Lendinara I 76 A1
Lengefeld D 63 F1
Lengenfeld D 63 E1
Lengerich D 55 E3
Lenggries D 67 E2
Lenhovda S 123 F2
Lenk CH 27 F2
Lennestadt D 62 A1
Lens F 16 C4
Lensahn D 50 C2

Lentföhrden D 50 B3
Lenti H 69 E1
Lentiira FIN 115 F1
Lenting D 63 E4
Lentini I 85 E3
Lenzburg CH 23 F4
Lenzen D 51 D4
Lenzerheide / Lai CH .. 66 C4
Lenzkirch D 23 F3
Leoben A 68 C2
Leobersdorf A 69 D1
Leogang A 68 A2
Leominster GB 13 E1
Léon F 28 B2
León E 33 E4
Leonberg D 66 B1
Léoncel F 26 C4
Leondári GR 96 C2
Leondári GR 93 D1
Leóndio GR 97 D1
Leonessa I 76 C4
Leonforte I 85 E4
Leonídio GR 97 E2
Leopoldsburg B 17 F1
Leopoldsdorf im
  Marchfelde A 69 E1
Leova MOL 127 E4
Lepe E 46 C2
Lepel' BY 125 D3
Lepenoú GR 92 C2
Lépoura GR 94 B3
Leppäjärvi FIN 105 D4
Leppävirta FIN 115 E3

Leptokariá GR 88 A3
Leptokariá GR 91 D2
Lercara Friddi I 84 C3
Léré F 21 F4
Lerici I 75 E2
Lérida / Lleida E 38 B3
Lerín E 28 A4
Lerma E 36 B3
Lermoos A 67 D3
Lérni GR 97 D1
Léros (Nissí) GR 99 F2
Lerum S 118 B3
Lerwick GB 7 F3
Les E 29 D4
Lescar F 28 C3
Lesce SLO 73 D2
Lescun F 28 B4
Lesina I 80 B1
Lesja N 110 C3
Lesjöfors S 118 C2
Leskovac YU 128 C2
Lesneven F 2 B2
Lesparre-Médoc F .. 24 B4
Lessay F 19 E1
Lessebo S 123 F2
Lessines B 17 D2
Lessini GR 92 B3
Lestelle-Bétharram
  F 28 C3
Lestijärvi FIN 114 C3
Lésvos (Nissí) GR .. 95 F1
Leszno PL 59 D3
Letchworth GB 14 C2

Letenye H 69 E3
Letino I 80 A2
Letmathe D 61 F1
Letterfrack IRL 2 A3
Letterkenny / Leitir
  Ceanainn IRL 2 C1
Lettermullan / Leitir
  Mealláin IRL 2 A4
Letur E 49 D1
Letus SLO 73 E2
Letzlingen D 57 D3
Leuchars GB 9 D2
Leukerbad CH 27 F2
Leuna D 57 E4
Leutenberg D 63 E2
Leutershausen D 63 D4
Leutkirch D 66 C2
Leutschach A 69 D3
Leuven B 17 E2
Leuze-en-Hainaut B .. 17 D2
Levajok N 105 E2
Levanger N 111 E1
Levanto I 75 E2
Leväsjoki FIN 120 B2
Leven B 11 E2
Leven GB 9 D2
Levene S 118 B3
Levens F 31 F2
Leverano I 81 F3
Leverburgh GB 6 A3
Leverkusen D 61 F1
Levet F 25 F1
Levice SK 126 A3

Levico Terme I 72 A3
Levídi GR 96 C1
Levie F 78 A4
Levier F 27 D1
Levítha (Nissí) GR ... 99 F3
Levoča SK 126 B3
Levroux F 25 E1
Lewes GB 14 C4
Leyburn GB 11 D1
Leyland GB 10 C1
Leysdown-on-Sea
  GB 15 D3
Leysin CH 27 E2
Lézardrieux F 18 C2
Lézat-sur-Lèze F 29 E3
Lezay F 24 C2
Lezoux F 26 A3
Lezuza E 43 D4
Lezhë AL 128 B3
Lézignan-Corbières
  F 30 A3
Lezoux F 26 A3
Lianokládi GR 93 E2
Liberec CZ 64 B1
Libourne F 24 C4
Librilla E 49 E2
Licata I 84 C4
Licciana Nardi I 75 E2
Lich D 62 B2
Lichfield GB 11 D4
Lichoslavl' RUS 125 F2

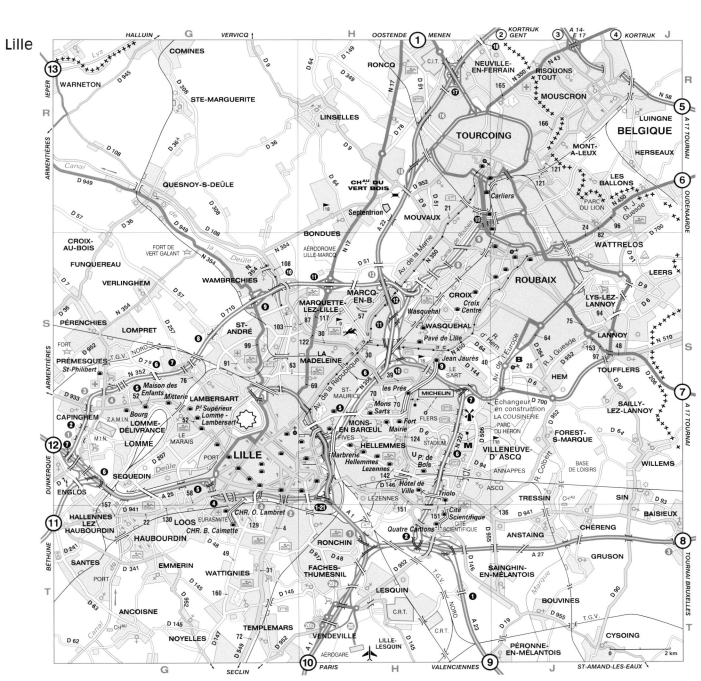

Lille

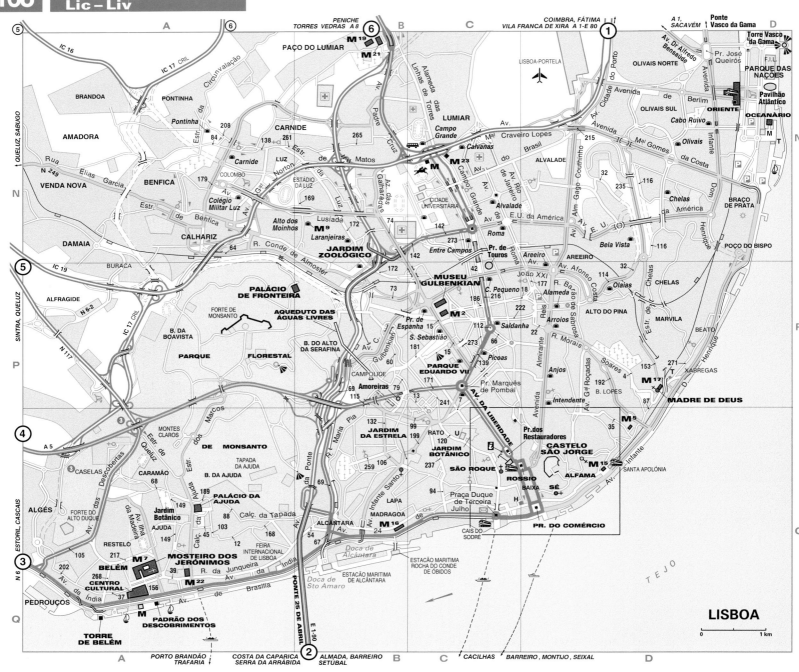

Lichtenberg D..... 63 E2	Liernais F..... 26 B1	Lille F..... 15 F4	Limonest F..... 26 C3	Linslade GB..... 14 B2	Lit-et-Mixe F..... 28 B2
Lichtenfels D..... 63 D2	Liestal CH..... 23 E4	Lillebonne F..... 16 A4	Limours-	Linthal CH..... 66 B4	Lithakiá GR..... 96 A1
Lichtenstein D..... 63 F1	Lieto FIN..... 120 B4	Lillehammer N..... 111 D4	en-Hurepoix F..... 21 E2	Linyola E..... 38 B4	Líthines GR..... 101 F4
Lichtenvoorde NL.... 55 D4	Liétor E..... 49 D1	Lillerød DK..... 123 D3	Limoux F..... 29 F3	Linz A..... 68 B1	Lithío GR..... 95 F3
Lida BY..... 124 C4	Lieurey F..... 16 A4	Lillers F..... 16 C2	Linares de Mora E... 43 F2	Linz A..... 68 B1	Lití GR..... 88 B2
Liden S..... 112 C3	Lievestuore FIN..... 115 D4	Lillesand N..... 116 C3	Linares E..... 48 B1	Linz a. Rhein D..... 61 F2	Litija SLO..... 73 E2
Lidhult S..... 123 D2	Liévin F..... 16 C2	Lillestrøm N..... 117 D1	Linares de Riofrío E... 41 E1	Le Lion-d'Angers F... 19 F4	Litóhoro GR..... 88 A3
Lidingö S..... 119 E2	Liezen A..... 68 B2	Lillhärdal S..... 112 A3	Lináriá GR..... 94 C2	Lion-sur-Mer F..... 19 F1	Litoměřice CZ..... 64 A1
Lidköping S..... 118 B3	Liffol-le-Grand F..... 22 C3	Lillholmsjön S..... 112 B1	Lincoln GB..... 11 E3	Lioni I..... 80 B3	Litomyšl CZ..... 65 D2
Lido degli Estensi I... 76 B1	Lifford IRL..... 2 C1	Lillögda S..... 112 C1	Lindås N..... 110 A4	Lióprasso GR..... 87 F4	Litschau A..... 64 C4
Lido delle Nazioni I... 76 B1	Liffré F..... 19 E3	Lima S..... 112 A4	Lindau i. Bodensee	Le Lioran F..... 25 F4	Littlehampton GB.... 14 B4
Lido di Camaiore I... 75 F3	Ligiá GR..... 92 B4	Limáni Hersoníssou	D..... 66 C3	Liperi FIN..... 115 F3	Littleport GB..... 11 F4
Lido di Classe I..... 76 B2	Lignano Pineta I..... 72 C3	GR..... 101 E3	Linden D..... 63 D2	Lipica SLO..... 73 D3	Livadéro GR..... 89 D1
Lido di Jesolo I..... 72 B4	Lignano Sabbiadoro	Limáni Litohórou GR... 88 A3	Lindenberg i. Allgäu	Lippstadt D..... 55 F4	Livaderó GR..... 87 F3
Lido di Metaponto I.. 81 D3	I..... 72 C3	Limavady GB..... 3 D1	D..... 66 C3	Lipsí GR..... 99 F2	Livádi GR..... 98 C3
Lido di Ostia I..... 79 D2	Lignières F..... 25 E1	Limbach D..... 63 F1	Lindern D..... 55 D2	Lipsí (Nissí) GR..... 99 F2	Livádi GR..... 88 B2
Lido di Savio I..... 76 B2	Ligny-en-Barrois F..... 22 C2	Limburg a. d. Lahn	Lindesberg S..... 119 D2	Liptovský Mikuláš	Livádi GR..... 97 E4
Lido di Spina I..... 76 B1	Ligny-le-Châtel F..... 22 A4	D..... 62 A2	Lindesnes N..... 116 B3	SK..... 126 A3	Livádi GR..... 87 F3
Lido di Torre Mileto	Ligourió GR..... 97 E1	Limenária GR..... 89 E2	Lindö S..... 119 D3	Lírkia GR..... 97 D1	Livádi GR..... 89 F4
I..... 80 B1	Ligueil F..... 25 D1	Limerick /	Líndos GR..... 103 F2	Lisboa P..... 40 A3	Livádia GR..... 103 D2
Lido di Venezia I... 72 B4	Liháda GR..... 93 F2	Luimneach IRL..... 4 C2	Lindoso P..... 32 B4	Lisburn GB..... 3 E2	Livádia GR..... 93 F3
Lido Silvana I..... 81 E3	Liikasenvaara FIN... 109 F2	Limingen N..... 107 E4	Lindow D..... 51 F4	Lisdoonvarna / Lios	Liváditis GR..... 89 E1
Lidoriki GR..... 93 D3	Likenäs S..... 118 C1	Liminka FIN..... 114 C1	Lindsdal S..... 123 F2	Dúin Bhearna IRL... 2 A4	Livanátes GR..... 93 F3
Lidzbark Warmiński	Likófos GR..... 91 E2	Liminpuro FIN..... 115 D1	Línea de la	Lisieux F..... 20 C2	Livarot F..... 20 C2
PL..... 124 A4	Likoporiá GR..... 93 E4	Límnes GR..... 97 E1	Concepción (La) E... 47 E4	Liskeard GB..... 12 C3	Liverá GR..... 87 F3
Liebenwalde D..... 51 F4	Likórahi GR..... 87 D3	Límni GR..... 93 F2	Lingbo S..... 112 C4	Lisle-sur-Tarn F..... 29 E2	Liverdun F..... 22 C2
Lieberose D..... 58 A3	Likóstomo GR..... 89 E1	Limniá GR..... 89 D1	Linge N..... 110 C3	Lismore / Lios Mór	Livernon F..... 29 E1
Liège B..... 17 F2	Likouría GR..... 96 C1	Limnítsa GR..... 93 D3	Lingen D..... 55 E3	IRL..... 4 C3	Liverpool GB..... 10 C3
Liège-Bierset B..... 17 F2	Liland N..... 104 A4	Límnos GR..... 89 F4	Linghem S..... 119 D3	Lisnaskea GB..... 2 C2	Livigno I..... 67 D4
Lieksa FIN..... 115 F2	Lílea GR..... 93 E3	Limoges F..... 25 E3	Linguaglossa I..... 85 E2	Lisse NL..... 54 B3	Livingston GB..... 9 D2
Lienz A..... 68 A3	Liljendal FIN..... 121 D3	Limogne-en-Quercy	Linken D..... 52 A3	List D..... 50 A1	Livno BIH..... 128 A2
Liepāja LV..... 124 A3	Lilla Edet S..... 118 B3	F..... 29 E1	Linköping S..... 119 D3	Listowel / Lios	Livo FIN..... 109 E3
Lier B..... 17 E1	Lillby FIN..... 114 B3	Limone Piemonte I... 31 F1	Linlithgow GB..... 9 D2	Tuathail IRL..... 4 B2	Livold SLO..... 73 E3
Liérganes E..... 36 B1			Linsell S..... 112 A3	Lit S..... 112 B2	Livorno I..... 75 F3

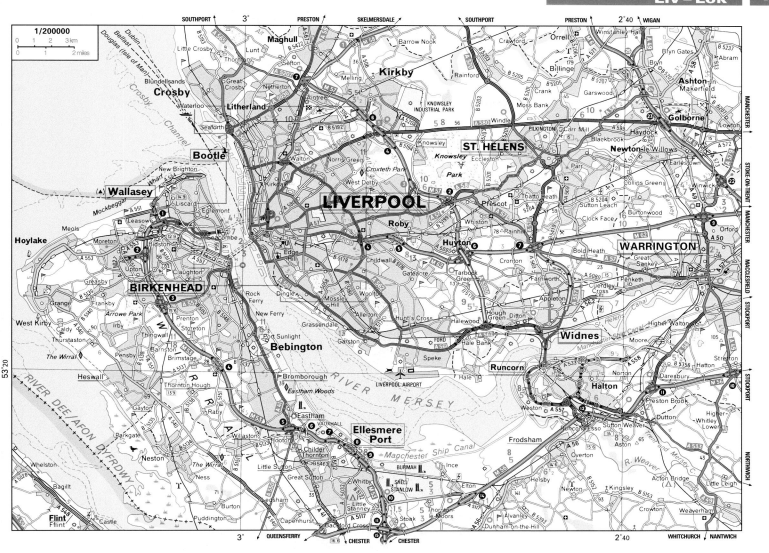

Luxembourg

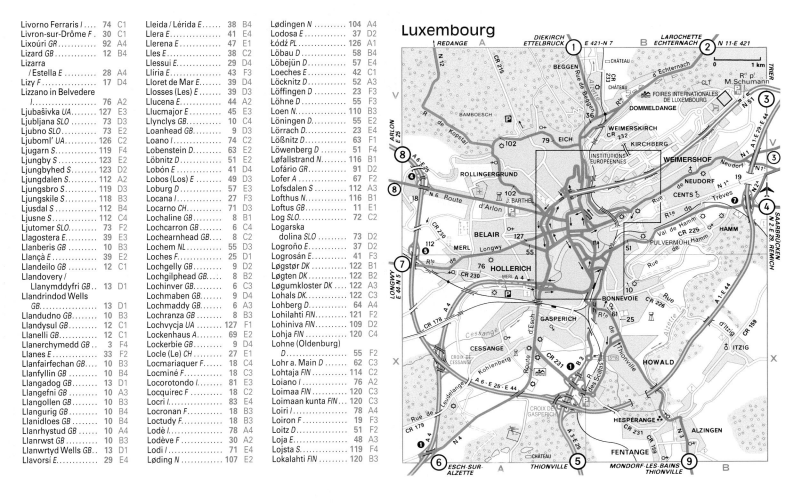

Livorno Ferraris I	74	C1
Livron-sur-Drôme F . .	30	C1
Lixoúri GR	92	A4
Lizard GB	12	B4
Lizarra		
/ Estella E	28	A4
Lizy F	17	D4
Lizzano in Belvedere		
I	76	A2
Ljubašivka UA	127	E3
Ljubljana SLO	73	D3
Ljubno SLO	73	E2
Ljuboml' UA	126	C2
Ljugarn S	119	F4
Ljungby S	123	E2
Ljungbyhed S	123	E3
Ljungdalen S	112	A2
Ljungsbro S	119	D3
Ljungskile S	118	B3
Ljusdal S	112	B4
Ljusne S	112	C4
Ljutomer SLO	73	F2
Llagostera E	39	E4
Llanberis GB	10	B3
Llandeilo GB	12	C1
Llandovery /		
Llanymddyfri GB . .	13	D1
Llandrindod Wells		
GB	13	D1
Llandudno GB	10	B3
Llandysul GB	12	C1
Llanelli GB	12	C1
Llanerchymedd GB . .	3	F4
Llanes E	33	F2
Llanfairfechan GB . . .	10	B3
Llanfyllin GB	10	B4
Llangadog GB	13	D1
Llangefni GB	10	A3
Llangollen GB	10	B4
Llangurig GB	10	B4
Llanidloes GB	10	B4
Llanrhystud GB	10	A4
Llanrwst GB	10	B3
Llanwrtyd Wells GB . .	13	D1
Llavorsí E	29	E4

Lleida / Lérida E	38	B4
Llera E	41	E4
Llerena E	47	E1
Lles E	38	C2
Llessui E	29	D4
Llíria E	43	F3
Lloret de Mar E	39	D4
Llosses (Les) E	39	D3
Llucena E	44	A2
Llucmajor E	45	E3
Llynclys GB	10	C4
Loanhead GB	9	D3
Loano I	74	C2
Lobenstein D	63	E2
Löbnitz D	51	E2
Lobón E	41	D4
Lobos (Los) E	49	D3
Locana I	27	F3
Locarno CH	71	D3
Lochaline GB	8	B1
Lochcarron GB	6	C4
Lochearnhead GB	8	C2
Lochem NL	55	D3
Loches F	25	D1
Lochgelly GB	9	D2
Lochgilphead GB	8	B2
Lochinver GB	6	C3
Lochmaben GB	9	D4
Lochmaddy GB	6	A3
Lochranza GB	8	B3
Lochvycja UA	127	F1
Lockenhaus A	69	E2
Lockerbie GB	9	D4
Locmariaquer F	18	C4
Locminé F	18	C4
Locorotondo I	81	E3
Locquirec F	18	C2
Locri I	83	E4
Locronan F	18	B3
Loctudy F	18	B3
Lodè I	78	A4
Lodève F	30	A2
Lodi I	71	E4
Løding N	107	E2

Lødingen N	104	A4
Lodosa E	37	D2
Łódź PL	126	A1
Löbau D	58	B4
Löbejün D	57	E4
Loeches E	42	C1
Löcknitz D	52	A3
Löffingen D	23	F3
Löhne D	55	F3
Loen N	110	B3
Löningen D	55	F2
Lörrach D	23	E4
Lößnitz D	63	F1
Löwenberg D	51	F4
Løfallstrand N	116	B1
Lofário GR	91	D2
Lofer A	67	F2
Lofsdalen S	112	A3
Lofthus N	116	B1
Loftus GB	11	E1
Log SLO	72	C2
Logarska		
dolina SLO	73	D2
Logroño E	37	D2
Logrosán E	41	F3
Løgstør DK	122	B1
Løgten DK	122	B2
Løgumkloster DK	122	A3
Lohals DK	122	C3
Lohberg D	64	A4
Lohilahti FIN	121	F2
Lohiniva FIN	109	D2
Lohja FIN	120	C4
Lohne (Oldenburg)		
D	55	F2
Lohr a. Main D	62	C3
Lohtaja FIN	114	C2
Loiano I	76	A2
Loimaa FIN	120	C3
Loimaan kunta FIN . . .	120	C3
Loiri I	78	A4
Loiron F	19	F3
Loitz D	51	E2
Loja E	48	A3
Lojsta S	119	F4
Lokalahti FIN	120	B3

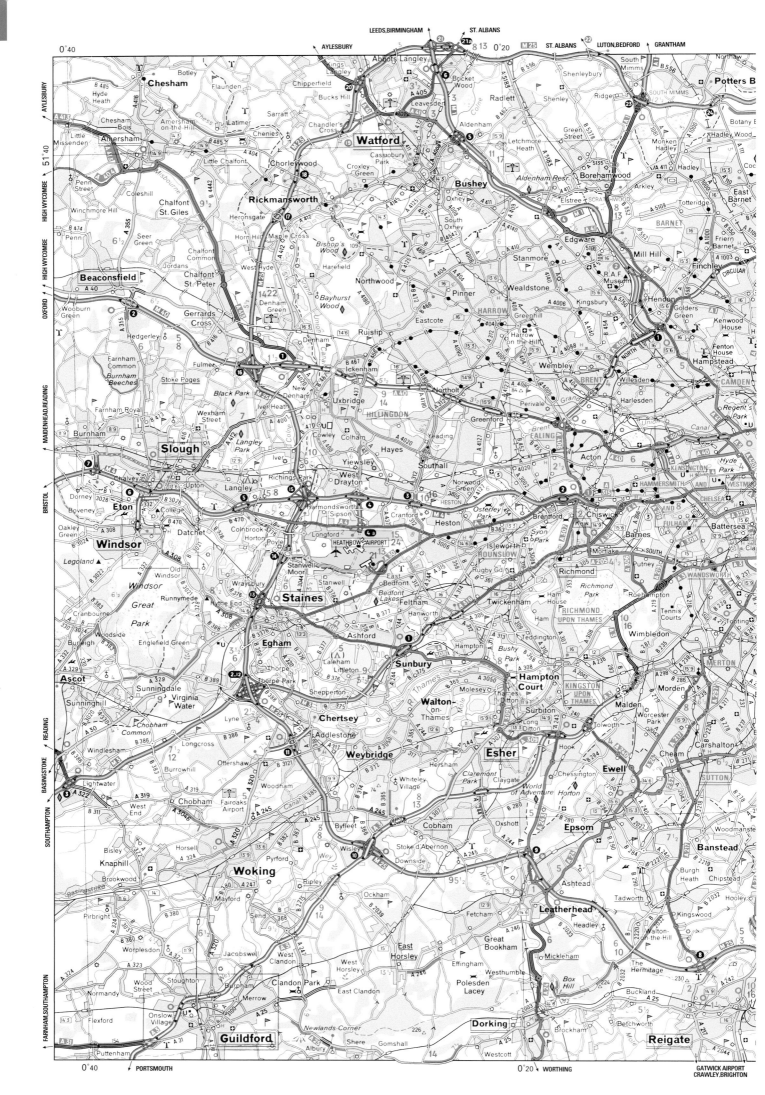

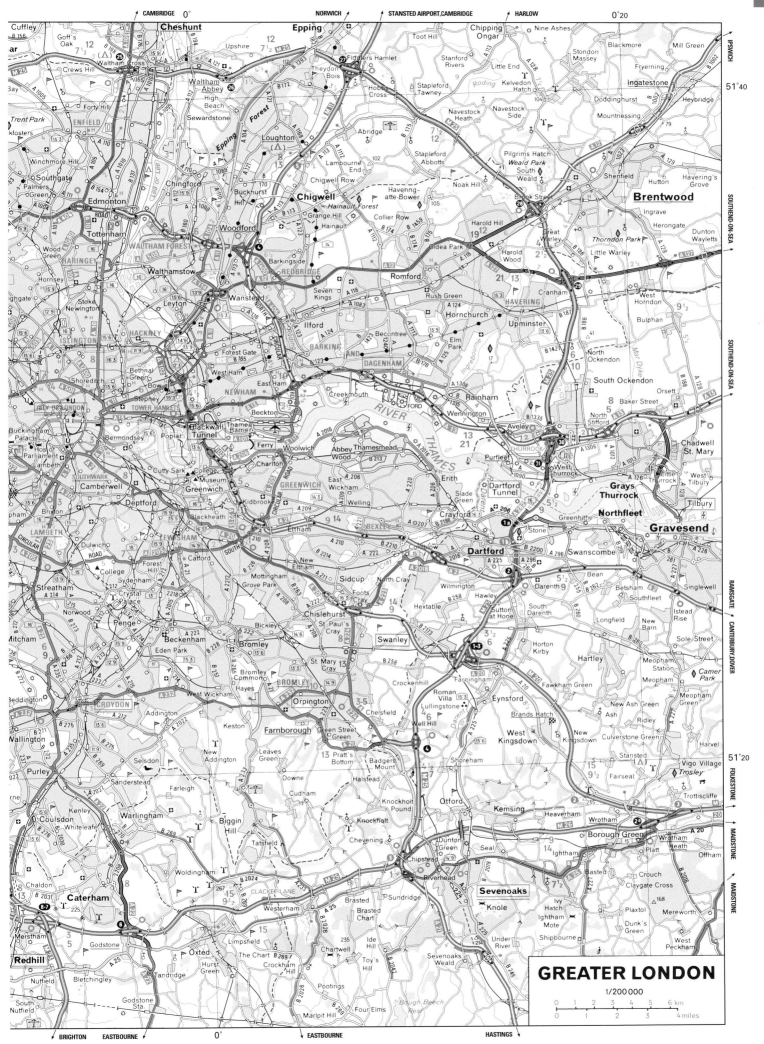

GREATER LONDON

1/200 000

0 1 2 3 4 5 6 km

0 1 2 3 4 miles

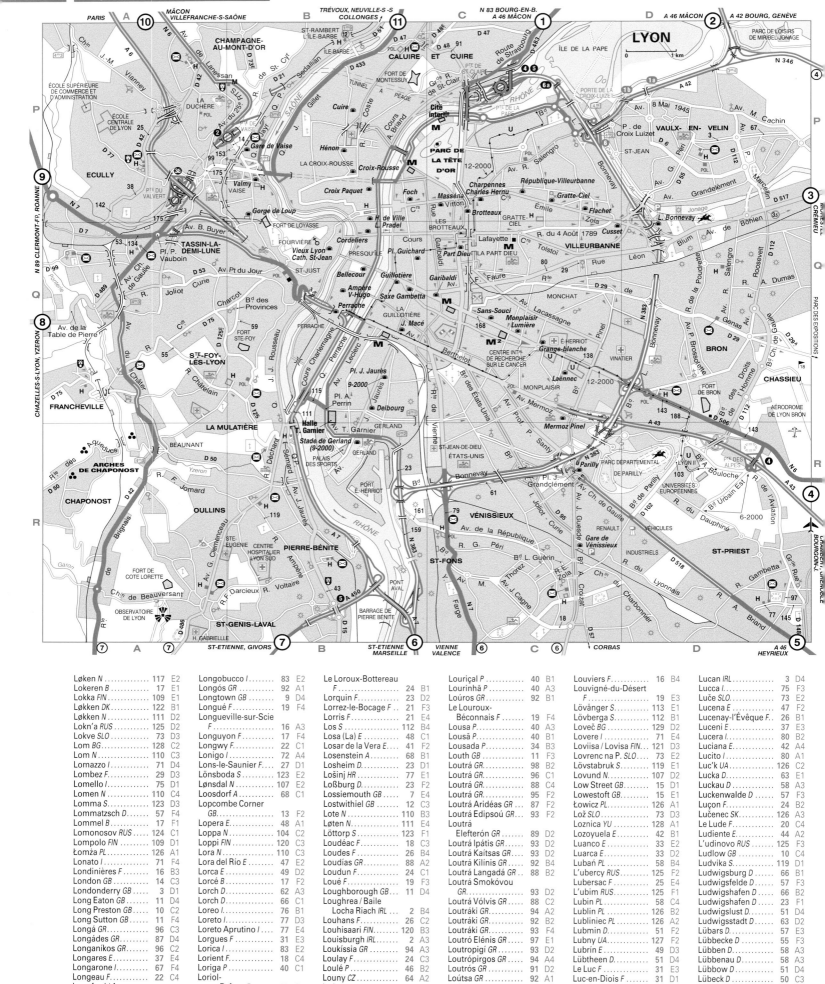

Løken N 117 E2
Lokeren B 17 E1
Lokka FIN 109 E1
Løkken DK 122 B1
Løkken N 111 D2
Lokn'a RUS 125 D2
Lokve SLO 73 D3
Lom BG 128 C2
Lom N 110 C3
Lomazzo I 71 D4
Lombez F 29 D3
Lomello I 75 D1
Lomen N 110 C4
Lomma S 123 C3
Lommatzsch D 57 F4
Lommel B 17 F1
Lomonosov RUS 124 C1
Lompolo FIN 109 D1
Łomża PL 126 A1
Lonato I 71 F4
Londinières F 16 B3
London GB 14 C3
Londonderry GB 3 D1
Long Eaton GB 11 D4
Long Preston GB 10 C2
Long Sutton GB 11 F4
Longá GR 96 C2
Longádes GR 87 D4
Longaníkos GR 96 C2
Longares E 37 E4
Longarone I 67 E4
Longeau F 22 C4
Longford / An
  Longfort IRL 2 C3
Longny-au-Perche F .. 20 C3

Longobucco I 83 E2
Longós GR 92 A1
Longtown GB 9 D4
Longué F 19 F4
Longueville-sur-Scie
  F 16 A3
Longuyon F 17 F4
Longwy F 22 C1
Lonigo I 72 A4
Lons-le-Saunier F 27 D1
Lönsboda S 123 E2
Lønsdal N 107 E2
Loosdorf A 68 C1
Lopcombe Corner
  GB 13 F2
Lopera E 48 A1
Loppa N 104 C2
Loppi FIN 120 C3
Lora N 110 C3
Lora del Río E 47 E2
Lorca E 49 D2
Lorcé B 17 F2
Lorch D 62 A3
Lorch D 66 C1
Loreo I 76 B1
Loreto I 77 D3
Loreto Aprutino I 77 E4
Lorgues F 31 E3
Lorica I 83 E2
Lorient F 18 C4
Loriga P 40 C1
Loriol-
  sur-Drôme F 30 C1
Lormes F 26 B1
Loro Ciuffenna I 76 B3

Le Loroux-Bottereau
  F 24 B1
Lorquin F 23 D2
Lorrez-le-Bocage F .. 21 F3
Lorris F 21 E4
Los S 112 B4
Losa (La) E 48 C1
Losar de la Vera E ... 41 F2
Losenstein A 68 B1
Losheim D 23 D1
Lošinj HR 77 E1
Loßburg D 23 F2
Lossiemouth GB 7 E4
Lostwithiel GB 12 C3
Lote N 110 B3
Løten N 111 E4
Löttorp S 123 F1
Loudéac F 18 C3
Loudes F 26 B4
Loudías GR 88 A2
Loudun F 24 C1
Loué F 19 F3
Loughborough GB ... 11 D4
Loughrea / Baile
  Locha Riach IRL ... 2 B4
Louhans F 26 C2
Louhisaari FIN 120 B3
Louisburgh IRL 2 A3
Loukíssia GR 94 A3
Loulay F 24 C3
Loulé P 46 B2
Louny CZ 64 A2
La Loupe F 21 D3
Lourdes F 28 C3
Loures P 40 A3

Louriçal P 40 B1
Lourinhã P 40 A3
Loúros GR 92 B1
Le Louroux-
  Béconnais F 19 F4
Lousa P 40 A3
Lousã P 40 B1
Lousada P 34 B3
Louth GB 11 F3
Loutrá GR 98 B2
Loutrá GR 96 C1
Loutrá GR 88 C4
Loutrá GR 95 F2
Loutrá Aridéas GR .. 87 F2
Loutrá Edipsoú GR .. 93 F2
Loutrá
  Elefterón GR 89 D2
Loutrá Ipátis GR 93 D2
Loutrá Kaítsas GR .. 93 D2
Loutrá Kilínis GR ... 92 B4
Loutrá Langadá GR .. 88 B2
Loutrá Smokóvou
  GR 93 D2
Loutrá Vólvis GR 88 C2
Loutráki GR 94 A2
Loutráki GR 92 B2
Loutráki GR 93 F4
Loutró Elénis GR 97 E1
Loutropigí GR 93 D2
Loutrópirgos GR 94 A4
Loutrós GR 91 D2
Loútsa GR 92 A1
Loútsa GR 94 B4
Louvain-la-Neuve B .. 17 E2
Louviére (La) B 17 E2

Louviers F 16 B4
Louvigné-du-Désert
  F 19 E3
Lövånger S 113 E1
Lövberga S 112 B1
Loveč BG 129 D2
Lovere I 71 E4
Loviisa / Lovisa FIN . 121 D3
Lovrenc na P. SLO ... 73 E1
Lövstabruk S 119 E1
Lovund N 107 D2
Low Street GB 15 D1
Lowestoft GB 15 E1
Łowicz PL 126 A1
Loznica YU 128 A1
Lozoyuela E 42 B1
Luanco E 33 E2
Luarca E 33 E2
Lubań PL 58 B4
L'ubercy RUS 125 F2
Lubersac F 25 E4
Lubin PL 58 B4
Lublin PL 126 B2
Lubliniec PL 126 A2
Lubmin D 51 F2
Lubny UA 127 F2
Lubrín E 49 D3
Lübtheen D 51 D4
Le Luc F 31 E3
Luc-en-Diois F 31 D1
Luc-sur-Mer F 19 F1
Lucainena de las
  Torres E 48 C3

Lucan IRL 3 D1
Lucca I 75 F3
Luče SLO 73 E2
Lucena E 47 F2
Lucenay-l'Évêque F .. 26 B1
Luceni E 37 E3
Lucera I 80 B2
Luciana E 42 A4
Lucito I 80 A1
Luc'k UA 126 C1
Lucka D 63 E1
Luckau D 58 A3
Luckenwalde D 57 F3
Łowicz PL 126 A1
Luçon F 24 B2
Lučenec SK 126 A2
Le Lude F 20 C4
Ludiente E 44 A2
L'udinovo RUS 125 F3
Ludlow GB 10 C3
Ludvika S 119 D1
Ludwigsburg D 66 B3
Ludwigsfelde D 57 F3
Ludwigshafen D 66 B2
Ludwigshafen D 23 F1
Ludwigslust D 51 D4
Ludwigsstadt D 63 D2
Lübars D 57 E3
Lübbecke D 55 F3
Lübben D 58 A3
Lübbenau D 58 A3
Lübbow D 51 D4
Lübeck D 50 C3
Lübz D 51 E3
Lüchow D 51 D4
Lüdenscheid D 61 F1

Lüdinghausen D	55 E4	Lumsheden S	119 D1
Lügde D	56 B4	Luna E	37 F3
Lüneburg D	50 C4	Lunas F	30 A2
Lünen D	55 E4	Lund S	123 D3
Lütjenburg D	50 C2	Lünd N	107 D4
Lützen D	57 E4	Lunde N	110 B3
Luga RUS	125 D1	Lunde N	116 C2
Lugagnano Val		Lunden D	50 A2
d'Arda I	75 E1	Lunel F	30 B2
Lugano CH	71 D3	Lunéville F	23 D1
Lugau D	63 F1	Lungern CH	66 A4
Lugnano in Teverina		Lungro I	80 C4
I	79 D1	Luninec BY	126 C1
Lugo E	32 C3	Lunz A	68 C1
Lugo I	76 B2	Luogosanto I	82 B1
Lugoj RO	128 B1	Luopioinen FIN	120 C3
Lugones E	33 E2	Luosto FIN	109 E1
Luhačovice CZ	65 F3	Luque E	48 A2
Luhalahti FIN	120 C2	Lurbe-St-Christau F	28 B3
Luhanka FIN	121 D2	Lurcy-Lévis F	26 A1
Luhtapohja FIN	115 F3	Lure F	23 D4
Luino I	71 D3	Lurgan GB	3 E2
Luisiana (La) E	47 E2	Luri F	78 B2
Lukavac BIH	128 A1	Lurisia I	74 C2
Lukovica SLO	73 E2	Lury-sur-Arnon F	25 F1
Lukovit BG	128 C2	Lushnjë AL	128 B3
Luleå S	108 C3	Lusi FIN	121 D3
Lüleburgaz TR	129 E3	Lusignan F	24 C2
Lumbier E	28 A4	Lusigny-sur-Barse F	22 A3
Lumbrales E	35 D4	Lusk IRL	3 E4
Lumbres F	15 E4	Luso P	40 B1
Lumezzane I	71 E4	Lussac F	24 C4
Lumijoki FIN	114 C1	Lussac-les-Châteaux	
Lumparland FIN	120 A4	F	25 D2
Lumsås DK	122 C3	Lussan F	30 B2

Lustenau A	66 C3	Lynmouth GB	13 D2
Luster N	110 C4	Lynton GB	13 D2
Lutterberg D	56 B2	Lyon F	26 C3
Lutterworth GB	11 D4	Lyons-la-Forêt F	16 B4
Lutzelbourg F	23 E2	Lysekil S	118 A3
Lutzerath D	61 F3	Lyss CH	27 F1
Lutzmannsburg A	69 E2	Lysvik S	118 C1
Lützow D	51 D3	Lytham St. Anne's	
Luumäki FIN	121 E3	GB	10 C2
Luupuvesi FIN	115 D2		
Luusua FIN	109 E2	**M**	
Luvia FIN	120 B3		
Luxembourg L	22 C1	M. Doukáto GR	89 F1
Luxeuil-les-Bains F	23 D4	Maam Cross / An	
Luynes F	20 C4	Teach Dóite IRL	2 A4
Luz-St-Sauveur F	28 C2	Maaninka FIN	115 E3
Luzarches F	21 E2	Maaninkavaara FIN	109 E2
Luzech F	29 E1	Maanselkä FIN	115 E2
Luzern CH	66 A4	Maarianvaara FIN	115 E3
Luzy F	26 B1	Maaseik B	61 D1
Luzzara I	75 F1	Maasmechelen B	17 F1
Luzzi I	83 E2	Maassluis NL	54 B4
L'viv UA	126 C2	Maastricht NL	17 F2
Lychen D	51 F4	Maastricht NL	61 D1
Lyckeby S	123 E3	Määttälänvaara FIN	109 F2
Lycksele S	113 D4	Mablethorpe GB	11 F3
Lydd GB	15 D4	Macael E	48 C3
Lydney GB	13 E1	Mação P	40 C2
Lye S	119 F4	Macclesfield GB	11 D4
Lyme Regis GB	13 D3	Macduff GB	7 E4
Lymington GB	13 F3	Maceda E	32 B4
Lyndhurst GB	24 C4	Macedo de	
Lyngdal N	116 B3	Cavaleiros P	35 D3
Lyngseidet N	104 C3	Macerata I	77 D3
Lyngsnes N	106 C4		

Macerata		Märkisch Buchholz	
Feltria I	76 B3	D	58 A3
Machault F	17 E4	Maesteg GB	13 D1
Machecoul F	24 A1	Mafra P	40 A3
La Machine F	26 A1	Magacela E	41 E4
Machrihanish GB	3 E1	Magallón E	37 E3
Machynlleth GB	10 B4	Magaña E	37 E3
Mackenrode D	56 C4	Magaz E	36 A3
Mačkovci SLO	73 F1	Magdalena (La) E	33 E3
Macomer I	82 B2	Magdeburg D	57 D3
Mâcon F	26 C2	Magenta I	71 D4
Macotera E	41 F1	Maghera GB	3 D2
Macroom / Maigh		Magherafelt GB	3 D2
Chromtha IRL	4 B3	Magione I	76 B4
Macugnaga I	70 C4	Maglaj BIH	128 A1
Maddaloni I	80 A3	Magliano de' Marsi I	79 E1
Maderuelo E	36 B3	Magliano in Toscana	
Madesimo I	71 D3	I	78 C1
Madona LV	124 C2	Magliano Sabina I	79 D1
Madonna di		Maglie I	81 F3
Campiglio I	71 F3	Magnac-Laval F	25 E2
Madrid E	42 B1	Magnor N	117 E1
Madridejos E	42 B3	Magny-en-Vexin F	21 E2
Madrigal de las Altas		Magoúla GR	96 B1
Torres E	35 F4	Maherádo GR	96 A1
Madrigal de la Vera		Mahiľëŭ BY	125 D1
E	41 F2	Mahlu FIN	114 C3
Madrigalejo E	41 F3	Mahmudiye TR	129 F3
Madrona E	42 B1	Mahón / Maó E	45 F3
Madroñera E	41 E3	Mahora E	43 E4
Madroño (El) E	47 D2	Maia P	34 B3
Mähring D	63 F3	Maials E	38 B4
Maël-Carhaix F	18 C3	Maîche F	23 D4
Maella E	38 A4	Maida I	83 E3
Mære N	111 E1	Maidenhead GB	14 B3

Madrid

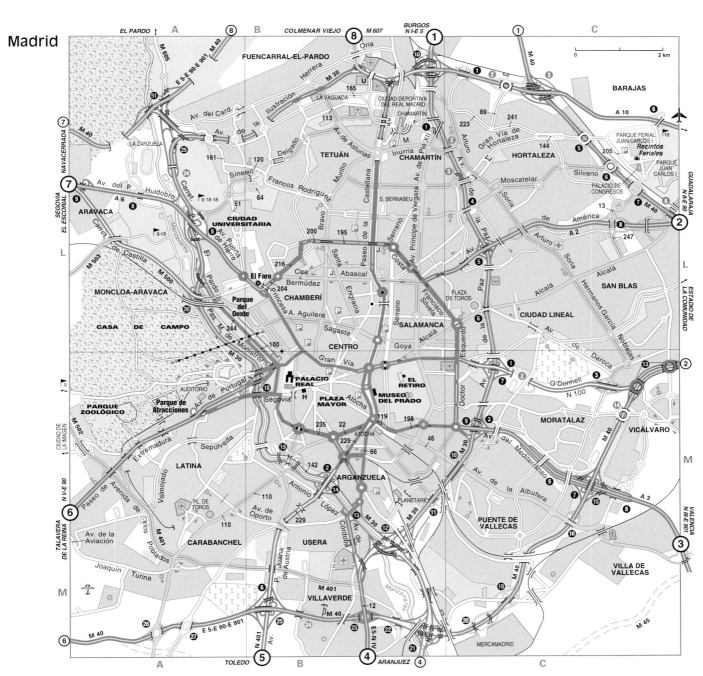

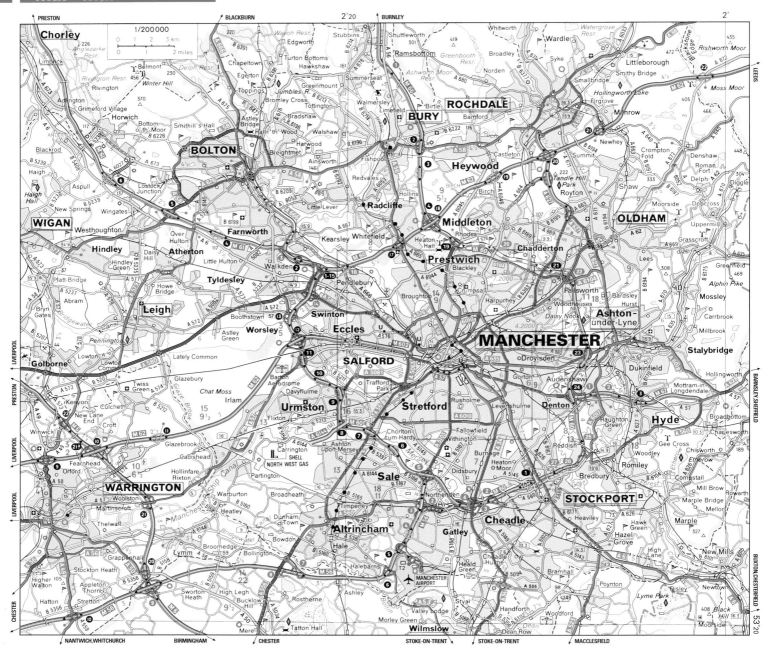

Maidstone GB........	14	C3
Maienfeld CH........	66	C4
Maignelay-Montigny F........	16	C4
Maijanen FIN........	109	D2
Maillezais F........	24	B2
Mailly-le-Camp F........	22	A2
Mainar E........	37	E4
Mainburg D........	67	E1
Maintenon F........	21	D2
Mainz D........	62	A3
Maiori I........	80	A3
Mairena del Alcor E..	47	E2
Maisach D........	67	E1
Maison-Neuve F........	22	B3
Maissau A........	65	D4
Maizières-lès-Metz F........	22	C1
Majdanpek YU........	128	B1
Majšperk SLO........	73	F2
Makarska HR........	128	A2
Makó H........	126	B4
Makrahómi GR........	93	D2
Mákri GR........	91	D2
Makríamos GR........	89	E2
Makrígialos GR........	88	A3
Makrigialós GR........	101	E4
Makrihóri GR........	88	A4
Makrihóri GR........	89	E1
Makrinítsa GR........	93	F1
Makriplágio GR........	89	D1
Makriráhi GR........	93	D2
Makrohóri GR........	88	A2
Makroníssi (Nissí) GR........	98	A1

Maksniemi FIN........	109	D3
Malá S........	108	A4
Mala Vyska UA........	127	F2
Maladzečna BY........	124	C4
Málaga E........	47	F3
Malagón E........	42	B3
Malahide / Mullach Íde IRL........	3	E4
Malaja Višera RUS........	125	D1
Malalbergo I........	76	A1
Malámata GR........	93	D3
Malandríno GR........	93	D3
Malaucène F........	30	C2
Malax / Maalahti FIN..	114	A2
Malbork PL........	124	A4
Malbuisson F........	27	E1
Malcesine I........	71	F4
Malchin D........	51	E3
Malchow D........	51	E3
Maldegem B........	15	F3
Maldon GB........	14	C3
Malé I........	67	E4
Máleme GR........	100	A3
La Malène F........	30	A1
Malente D........	50	C2
Máles GR........	101	E4
Malesherbes F........	21	E3
Malessína GR........	93	F3
Malestroit F........	19	D4
Malgrat de Mar E........	39	D4
Mali Lošinj HR........	77	E1
Mália GR........	101	E3
Mália GR........	101	E3
Malicorne-sur-Sarthe F........	19	F4

Maliskylä FIN........	114	C2
Malko Tǎrnovo BG...	129	E2
Mallaig GB........	6	B4
Mallén E........	37	E3
Mallersdorf D........	63	F4
Malles Venosta / Mals I........	67	D4
Mallnitz A........	68	A3
Mallow / Mala IRL....	4	C3
Mallwyd GB........	10	B4
Malm N........	111	E1
Malmberget S........	108	B2
Malmédy B........	61	E2
Malmesbury GB......	13	E2
Malmköping S........	119	D3
Malmö S........	123	D3
Malmslätt S........	119	D3
Malo I........	72	A4
Malo-les-Bains F......	15	E4
Maloarchangel'sk RUS........	125	F4
Maloja CH........	71	E3
Malojaroslavec RUS..	125	F4
Malónas GR........	103	F2
Måløy N........	110	A3
Malpartida de Cáceres E........	41	E2
Malpartida de Plasencia E........	41	E2
Malpica de Bergantiños E........	32	A2
Malpica do Tejo P....	40	C2
Målsnes N........	104	B3
Malsta S........	112	C4
Malta A........	68	B3

Maltby GB........	11	E3
Malton GB........	11	E2
Maluenda E........	37	E4
Malung S........	118	C1
Malungsfors S........	118	C1
Malveira E........	40	A3
Malvik N........	111	E2
Malyn UA........	127	E1
Le Malzieu-Ville F........	30	A1
Mamaia RO........	129	E1
Mamarrosa P........	40	B1
Mamers F........	20	C3
Mammola I........	83	E4
Mamonovo RUS......	125	A4
Manacor E........	45	E3
Manacore I........	80	C1
Manamansalo FIN....	115	D1
Mancha Real E........	48	B2
Manchester GB.......	10	C2
Manching D........	67	E1
Manciano I........	78	C1
Mandal N........	116	B3
Mandamádos GR......	95	F1
Mandas I........	82	B3
Mandela I........	79	E1
Mandelieu-la-Napoule F........	31	F3
Manderscheid D......	61	F3
Mandínia GR........	97	D1
Mandoúdi GR........	94	A2
Mándra GR........	94	A4
Mándra GR........	97	E1
Mandráki GR........	103	D1
Mandrikó GR........	103	E2

Manduria I........	81	E3
Manerbio I........	71	E4
Manfredonia I........	80	C1
Mangalia RO........	129	E1
Mángana GR........	89	E1
Manganári GR........	98	C3
Manger N........	110	A4
Mangualde P........	40	C1
Máni GR........	97	D4
Máni GR........	91	E1
Maniago I........	72	B3
Manilva E........	47	E4
Manisa TR........	129	E4
Manises E........	43	F3
Mank A........	68	C1
Månkarbo S........	119	E1
Manlleu E........	39	D3
Mannersdorf am Leithagebirge A....	69	D1
Mannheim D........	23	F1
Manoppello I........	79	F1
Manorhamilton / Cluainín IRL........	2	C2
Manosque F........	31	D2
Manresa E........	38	C4
Le Mans F........	20	C3
Manschnow D........	58	A2
Mansfeld D........	57	D4
Mansfield GB........	11	D3
Mansilla de las Mulas E........	33	E4
Mansle F........	24	C3
Manteigas P........	40	C1
Mantes-la-Jolie F....	21	D2
Mantiel E........	43	D1

Mäntlahti FIN........	121	E3
Mantorp S........	119	D3
Mantova I........	75	F1
Mäntsälä FIN........	121	D3
Mänttä FIN........	120	C2
Mäntyharju FIN........	121	D3
Mäntyjärvi FIN........	109	E3
Mäntyluoto FIN........	120	B2
Manzanares E........	42	C4
Manzanares el Real E........	42	B1
Manzaneda E........	32	C4
Manzanera E........	43	F2
Manzat F........	26	A3
Manziana I........	79	D1
Maó / Mahón E........	45	F3
Maqueda E........	42	A2
Maranchón E........	37	D4
Maranello I........	75	F2
Marano di Napoli I...	80	A3
Marano Lagunare I..	72	C3
Marans F........	24	B2
Marássia GR........	91	E1
Maratea I........	80	C4
Marateca P........	40	A4
Marathéa GR........	93	D1
Marathiás GR........	93	D3
Marathókambos GR .	99	F1
Marathónas GR........	94	B4
Marathópoli GR........	96	B2
Márathos GR........	93	F1
Marbach a. Neckar D........	62	B4
Mårbacka S........	118	C2
Marbella E........	47	F4

Marburg D 62 B1
Marby S 112 A2
March GB 11 F4
Marchamalo E 42 C1
Marchaux F 23 D4
Marche-en-Famenne
  B 17 F3
Marchegg A 65 E4
Marchena E 47 E2
Marchenoir F 21 D4
Marchiennes F 17 D2
Marciac F 28 C3
Marcianise I 80 A3
Marcigny F 26 B2
Marcilla E 37 E2
Marcillac-Vallon F 29 F1
Marcillat-
  en-Combraille F 25 F2
Marcilly-le-Hayer F 22 A3
Marckolsheim F 23 E3
Marco de Canaveses
  P 34 B4
Marcoule F 30 C2
Marene I 74 C2
Marennes F 24 B3
Marentes E 33 D3
Mareuil F 25 D4
Mareuil-sur-Lay F 24 B2
Margarítes GR 100 C3
Margariti GR 92 A1
Margate GB 15 D3
Margherita di Savoia
  I 80 C2
Marguerittes F 30 C2
Maria E 49 D2
Maria Saal A 68 C3
Maria Taferl A 68 C1
Mariánské Lázně CZ 63 F2
Mariazell A 68 C2
Maribo DK 122 C4
Maribor SLO 73 F2
Mariborsko Pohorje
  SLO 73 F2
Mariefred S 119 E2
Mariehamn /
  Maarrianhamina
  FIN 120 A4
Marienberg D 63 F1
Marienborn D 57 D3
Marienstedt D 50 C3
Mariestad S 118 C2
Marignane F 31 D3
Marigny F 19 E2
Marigny-le-Châtel F 22 A3
Marijampolė LT 124 B4
Marín E 32 A4
Marina di Camerota
  I 80 B4
Marina di Campo I 78 A1
Marina di Carrara I 75 F2
Marina di
  Castagneto-
  Marina di
  Donoratico I 75 F4
Marina di Gioiosa
  Ionica I 83 E4
Marina di Grosseto I 76 A4
Marina di Leuca I 81 F4
Marina di Massa I 75 F3
Marina di
  Pietrasanta I 75 F3
Marina di Pisa I 75 F3
Marina di Ragusa I 85 D4
Marina di Ravenna I 76 B1
Marina di Torre
  Grande I 82 A3
Mar"ina Horka BY 125 D4
Marinella I 84 B3
Marineo I 84 B3
Marines F 21 E2
Maringues F 26 A3
Marinha Grande P 40 A2
Marinkainen FIN 114 C2
Marino I 79 E2
Marjaniemi FIN 114 C1
Markaryd S 123 E2
Markdorf D 66 C2
Market Drayton GB 10 C3
Market Harborough
  GB 11 E4
Markethill GB 3 D3
Market Rasen GB 11 E3
Market Weighton
  GB 11 E2
Markgröningen D 66 B1
Markina E 37 D1
Markkleeberg D 57 E4
Markneukirchen D 63 F2
Markópoulo GR 98 A1
Markópoulo GR 92 A4
Markópoulo GR 94 A4
Markranstädt D 57 E4
Le Markstein F 23 E3

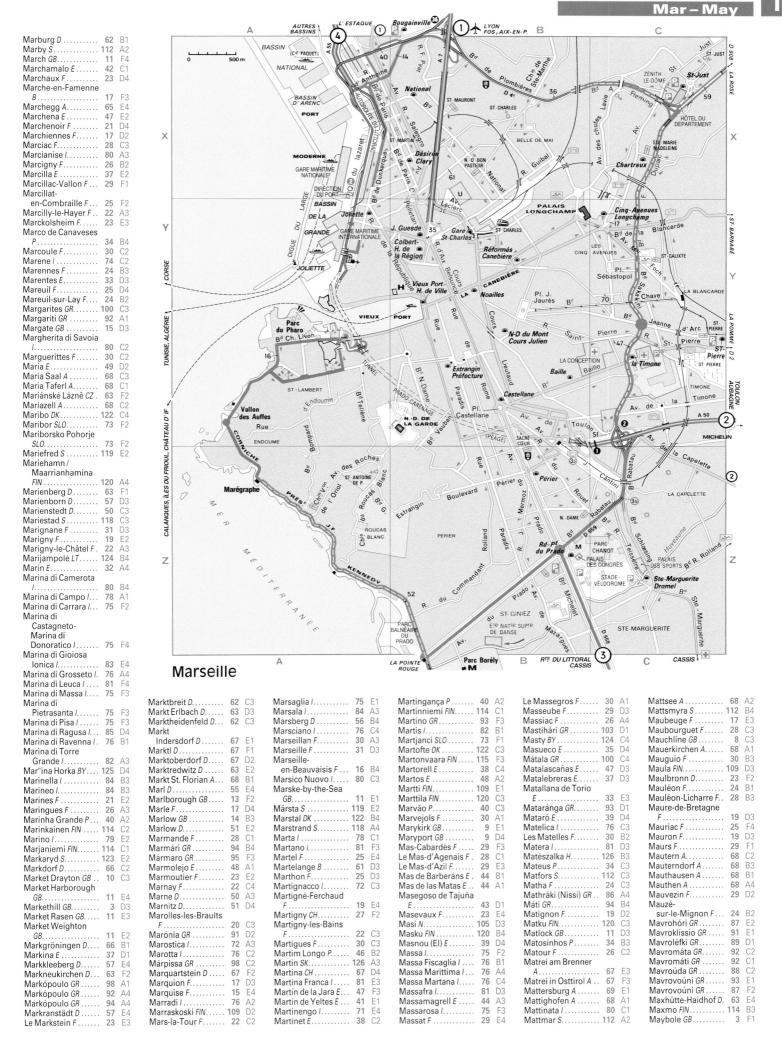

Marseille

Marktbreit D 62 C3
Markt Erlbach D 63 D3
Marktheidenfeld D 62 C3
Markt
  Indersdorf D 67 E1
Marktl D 67 F1
Marktoberdorf D 67 D2
Marktredwitz D 63 E2
Markt St. Florian A 68 B1
Marl D 55 E4
Marlborough GB 13 F2
Marle F 17 D4
Marlow GB 14 B3
Marlow D 51 E2
Marmande F 28 C1
Marmári GR 94 B4
Mármaro GR 95 F3
Marmolejo E 48 A1
Marmoutier F 23 E2
Marnay F 22 C4
Marne D 50 A3
Marnitz D 51 E2
Marolles-les-Braults
  F 20 C3
Marónia GR 91 D2
Marostica I 72 A3
Marquion F 17 D3
Marquise F 15 E4
Marradi I 76 A2
Marraskoski FIN 109 D3
Mars-la-Tour F 22 C2

Marsaglia I 75 E1
Marsala I 84 A3
Marsberg D 56 B4
Marsciano I 76 C4
Marseillan F 30 C3
Marseille F 31 D3
Marseille-
  en-Beauvaisis F 16 B4
Marsico Nuovo I 80 C3
Marske-by-the-Sea
  GB 11 E1
Märsta S 119 E2
Marstal DK 122 B4
Marstrand S 118 A4
Marta I 78 C2
Martano I 81 F3
Martel F 25 E4
Martelange B 61 D3
Marthon F 25 D3
Martignacco I 72 C3
Martigné-Ferchaud
  F 19 E4
Martigny CH 27 F2
Martigny-les-Bains
  F 22 C3
Martigues F 30 C3
Martim Longo P 46 B2
Martin SK 126 A3
Martina CH 67 D4
Martina Franca I 81 E3
Martín de la Jara E 47 F3
Martín de Yeltes E 41 E1
Martinengo I 71 E4
Martinet F 38 C2

Martingança P 40 A2
Martinniemi FIN 114 C1
Martíno GR 93 F3
Martis I 82 B1
Martjanci SLO 73 F1
Martofte DK 122 C3
Martonvaara FIN 115 F3
Martorell E 38 C4
Martos E 48 A2
Martti FIN 109 E1
Marttila FIN 120 C1
Marvão P 40 C3
Marvejols F 30 A1
Marykirk GB 9 E1
Maryport GB 9 D4
Mas-Cabardès F 29 F3
Le Mas-d'Agenais F 28 C1
Le Mas-d'Azil F 29 E3
Mas de Barberáns E 44 B1
Mas de las Matas E 44 A1
Masegoso de Tajuña
  E 43 D1
Masevaux F 23 E4
Masi N 105 D3
Masku FIN 120 B4
Masnou (El) E 39 D4
Massa I 75 F2
Massa Fiscaglia I 76 B1
Massa Marittima I 76 A4
Massa Martana I 76 C4
Massafra I 81 D3
Massamagrell E 44 A3
Massarosa I 75 F3
Massat F 29 E4

Le Massegros F 30 A1
Masseube F 29 D3
Massiac F 26 A4
Mastihári GR 103 D3
Masty BY 124 C4
Masueco E 35 D4
Matala GR 100 C4
Matalascañas E 47 D3
Matalebreras E 37 D3
Matallana de Torío
  E 33 E3
Mataránga GR 93 D1
Mataró E 39 D4
Matelica I 76 C3
Les Matelles F 30 B2
Matera I 81 D3
Matészalka H 126 B3
Mateus P 34 C3
Matfors S 112 C3
Matha F 24 C3
Mathráki (Nissí) GR 86 A4
Máti GR 94 B4
Matignon F 19 D2
Matku FIN 120 C2
Matlock GB 11 D3
Matosinhos P 34 B3
Matour F 26 C2
Matrei am Brenner
  A 67 E3
Matrei in Osttirol A 67 F3
Mattersburg A 69 E1
Mattighofen A 68 A1
Mattinata I 80 C1
Mattmar S 112 A2

Mattsee A 68 A2
Mattsmyra S 112 B4
Maubeuge F 17 E3
Maubourguet F 28 C3
Mauchline GB 8 C3
Mauerkirchen A 68 A1
Mauguio F 30 B3
Maula FIN 109 D3
Maulbronn D 23 F2
Mauléon F 24 B1
Mauléon-Licharre F 28 B3
Maure-de-Bretagne
  F 19 D3
Mauriac F 25 F4
Mauron F 19 D3
Maurs F 29 F1
Mautern A 68 C2
Mauterndorf A 68 B3
Mauthausen A 68 B1
Mauthen A 68 A4
Mauvezin F 29 D2
Mauzé-
  sur-le-Mignon F 24 B2
Mavróhori GR 87 E2
Mavroklíssio GR 91 E1
Mavroléfki GR 89 D1
Mavromáta GR 92 C2
Mavromáti GR 92 C1
Mavroúda GR 88 C2
Mavrovoúni GR 93 E1
Mavrovoúni GR 87 F2
Maxhütte-Haidhof D 63 E4
Maxmo FIN 114 B3
Maybole GB 3 F1

Mayen D.	61	F2
Mayenne F.	19	F3
Mayerling A.	69	D1
Mayet F.	20	C4
Le Mayet-de-Montagne F.	26	B3
Maynooth / Maigh Nuad IRL	3	D4
Mayorga E.	33	E4
Mayrhofen A.	67	F3
Mazagón E.	46	C2
Mazagran F.	17	E4
Mazamet F.	29	E3
Mazara del Vallo I.	84	A3
Mazarakiá GR	92	A1
Mazarete E.	43	D1
Mazarrón E.	49	E2
Mažeikiai LT.	124	B3
Mazères F.	29	E3
Mázi GR.	87	D3
Mazières-en-Gâtine F.	24	C2
Mazyr BY.	127	D1
Mazzarino I.	84	C3
Mazzarò I.	85	E2
Mcensk RUS.	125	F3
Mealhada P.	40	B1
Meaux F.	21	F2
Mechelen B.	17	E1
Meckenbeuren D.	66	C2
Mêda P.	35	D4
Mede I.	75	D1
Medebach D.	62	A1
Medelim P.	41	D2
Medellín E.	41	E3
Medemblik NL.	54	C2
Mediaş RO.	126	C4
Medicina I.	76	A2
Medina Azahara E.	47	F1
Medina del Campo E.	36	A4
Medina de Pomar E.	36	C1
Medina de Rioseco E.	36	A3
Medina-Sidonia E.	47	D4
Médoussa GR.	90	C1
Medvode SLO.	73	D2
Medyn' RUS.	125	F3
Meerane D.	63	F1
Meersburg D.	66	C2
Les Mées F.	31	D2
Mefjordbotn N.	104	B3
Mefjordvær N.	104	B3
Meg. Horió GR.	92	C2
Meg. Horió GR.	103	D2
Meg. Horió GR.	99	F1
Meg. Livádi GR.	98	B2
Meg. Monastiri GR.	93	E1
Meg. Panagia GR.	88	C2
Meg. Vólvi GR.	88	C2
Méga Dério GR.	91	D2
Méga Spiléo GR.	93	D4
Megáli Préspa GR.	87	D1
Megalohóri GR.	93	D1
Megalópoli GR.	96	C2
Meganíssi GR.	92	B3
Megaplátanos GR.	93	F3
Mégara GR.	93	F4
Mégarhi GR.	87	E4
Megève F.	27	E3
Megísti GR.	103	F4
Megísti (Kastelórizo) (Nissí) GR.	103	F4
Mehamn N.	105	E1
Mehedeby S.	119	C1
Mehun-sur-Yèvre F.	25	F1
Meigle GB.	9	D1
Meijel NL.	61	D1
Meilen CH.	66	B3
Meillant F.	25	F1
Meimoa P.	41	D1
Meina I.	70	C4
Meinerzhagen D.	61	F1
Meiningen D.	62	C2
Meira E.	32	C2
Meiringen CH.	66	A4
Meisenheim D.	62	A3
Meißen D.	58	A4
Meitingen D.	67	D2
Mel I.	72	B3
Melalahti FIN.	115	E1
Mélambes GR.	100	C4
Melaniós GR.	95	E3
Melánthio GR.	87	D3
Melátes GR.	92	B1
Melbeck D.	50	C4
Melbu N.	104	A4
Meldal N.	111	D2
Meldola I.	76	B2
Meldorf D.	50	A3
Le Mêle-sur-Sarthe F.	20	C3
Melegnano I.	71	D4
Melendugno I.	81	F3
Melfi I.	80	B2
Melgaço P.	32	B4
Melgar de Abajo E.	33	F4
Melgar de Fernamental E.	36	B2
Melhus N.	111	D2
Melia GR.	93	E1
Melide E.	32	B3
Melides P.	40	A4
Melidóni GR.	100	C3
Meligalás GR.	96	C2
Meliki GR.	88	A2
Melilli I.	85	E3
Mélisey F.	23	D4
Mélissa GR.	89	E1
Melissáni GR.	92	A4
Melissi GR.	93	E4
Melissohóri GR.	93	F4
Melissópetra GR.	86	C3
Melissourgós GR.	88	C2
Melíti GR.	87	E2
Melito Porto Salvo I.	83	E4
Melivia GR.	90	B1
Melivia GR.	88	B4
Melk A.	68	C1
Melksham GB.	13	E2
Mellansel S.	113	D2
Melle F.	24	C2
Melle D.	55	F3
Mellendorf D.	56	B3
Mellerud S.	118	B3
Mellieha M.	85	F4
Mellilä FIN.	120	C3
Mellin D.	57	D2
Mellingen D.	63	D1
Mellrichstadt D.	62	C2
Mělník CZ.	64	B2
Melpers D.	62	C2
Melrose GB.	9	E3
Melsungen D.	62	B1
Meltaus FIN.	109	D2
Melton Mowbray GB.	11	E4
Meltosjärvi FIN.	109	D2
Melun F.	21	F3
Melvich GB.	7	D2
Membrilla E.	42	C4
Membrio E.	41	D2
Memmingen D.	67	D2
Mena UA.	127	E1
Menaggio I.	71	D3
Menai Bridge / Porthaethwy GB.	10	A3
Menasalbas E.	42	A3
Menat F.	26	A2
Mendavia E.	37	D2
Mende F.	30	A1
Menden (Sauerland) D.	55	E4
Mendenitsa GR.	93	E2
Mendig D.	61	F2
Mendrisio CH.	71	D4
Menen B.	17	D2
Menesjärvi FIN.	105	E3
Menetés GR.	103	D4
Ménez-Hom F.	18	B3
Menfi I.	84	B3
Mengamuñoz E.	42	A1
Mengara I.	76	C2
Mengen D.	66	C2
Mengeš SLO.	73	D2
Mengíbar E.	48	A1
Menidi GR.	92	B2
Ménigoute F.	24	C2
Menneetou-sur-Cher F.	25	E1
Mens F.	31	D1
Mentana I.	79	D1
Menthon-St-Bernard F.	27	E3
Menton F.	31	E4
Les Menuires F.	27	E4
Meppel NL.	55	D3
Meppen D.	55	E2
Mequinenza E.	38	A4
Mer F.	21	D4
Meråker N.	111	E4
Meran / Merano I.	67	E4
Merano / Meran I.	67	E4
Merate I.	71	E4
Merca (A) E.	32	B4
Mercadal (es) E.	45	F2
Mercatale I.	76	C3
Mercatale I.	76	B3
Mercatino Conca I.	76	C2
Mercato S. Severino I.	80	A3
Mercato Saraceno I.	76	B2
Mercœur F.	25	F4
Merdrignac F.	19	D3
Méréville F.	21	D3
Mere GB.	13	E2
Mergozzo I.	70	C3

Milano

Méribel F............. 27 E4
Mérida E............. 41 E4
Mérignac F........... 24 B4
Mérihas GR........... 98 B2
Merijärvi FIN........ 114 C2
Merikarvia FIN....... 120 B2
Mering D............. 67 D1
Merkendorf D......... 63 D4
Merklingen D......... 66 C1
Le Merlerault F...... 20 C2
Mers-les-Bains F..... 16 B3
Mersch L............. 61 E3
Merseburg D.......... 57 E4
Merthyr Tydfil GB.... 13 D1
Mértola P............ 46 B1
Méru F............... 16 C4
Merville F........... 15 F4
Merville-Franceville-
   Plage F........... 19 F1
Méry-sur-Seine F..... 22 A3
Merzig D............. 23 D1
Mesagne I............ 81 E3
Mesão Frio P......... 34 C4
Mesa Roldán (La) E... 49 D3
Mesas (Las) E........ 42 C3
Meschede D........... 62 A1
Mescherin D.......... 52 A3
Meschers-
   sur-Gironde F..... 24 B3
Meslay-du-Maine F.... 19 F3
Mesocco CH........... 71 D3
Mesola I............. 76 B1
Mesón do Vento E..... 32 B2
Mesoraca I........... 83 E3
Mespelbrunn D........ 62 B3
Messanagrós GR....... 103 E3
Messariá GR.......... 98 C1
Messei F............. 19 F2
Méssi GR............. 89 F1
Messiméri GR......... 88 B3
Messimvría GR........ 91 D2
Messina I............ 83 D4
Messíni GR........... 96 A1
Meßkirch D........... 66 B2
Messlingen S......... 112 A3
Messohóra GR......... 92 C1
Messohóri GR......... 103 D3
Messohóri GR......... 87 F4
Messolonghi GR....... 92 C3
Messongí GR.......... 86 B4
Messótopos GR........ 95 F2
Meßstetten D......... 66 B2
Mestá GR............. 95 E4
Mestanza E........... 42 B4
Mésti GR............. 91 D2
Mestlin D............ 51 D3
Mestre I............. 72 B4
Mesvres F............ 26 B1
Metalikó GR.......... 88 B1
Metalió GR........... 93 E2
Metamórfossi GR...... 88 C3
Metamórfossi GR...... 88 A1
Metangítsi GR........ 88 C3
Metaxádes GR......... 91 E1
Metéora GR........... 87 E4
Méthana GR........... 97 F1
Methil GB............ 9 D2
Methóni GR........... 88 A3
Methóni GR........... 96 B3
Metlika SLO.......... 73 E3
Metnitz A............ 68 B3
Metóhi GR............ 94 B3
Metóhi GR............ 92 C4
Metóhi GR............ 97 E1
Metóhi GR............ 93 F1
Metsäkylä FIN........ 121 E3
Metsäkyla FIN........ 109 F3
Metsämaa FIN......... 120 C3
Métsovo GR........... 87 E4
Mettingen D.......... 55 E3
Mettlach D........... 23 D1
Mettmann D........... 61 F1
Metz F............... 23 D1
Metzervisse F........ 23 D1
Metzingen D.......... 66 B1
Meulan F............. 21 E2
Meung-sur-Loire F.... 21 E4
Meursault F.......... 26 C1
Meuselwitz D......... 63 E1
Mevagissey GB........ 12 B4
Meximieux F.......... 26 C3
Meyenburg D.......... 51 E4
Meymac F............. 25 F3
Meyrueis F........... 30 A2
Meyzieu F............ 26 C3
Mezdra BG............ 128 C2
Mèze F............... 30 B3
Mézel F.............. 31 E2
Mežica SLO........... 73 E2
Mézidon F............ 20 C2
Mézières-en-Brenne
   F................. 25 E1

Mézières-sur-Issoire
   F................. 25 D2
Mézin F.............. 28 C2
Mezőberény H......... 126 B4
Mezőkövesd H......... 126 B4
Mezőtúr H............ 126 B4
Mezquita (A) E....... 32 C4
Mezquita de Jarque
   E................. 43 F1
Mezzano I............ 72 A3
Mezzolombardo I...... 71 F3
Meßdorf D............ 57 D2
Mgarr M.............. 85 F4
Miajadas E........... 41 E3
Miastko PL........... 52 C2
Micheldorf A......... 68 B2
Michelstadt D........ 62 B3
Michendorf D......... 57 F3
Mid Yell GB.......... 7 F2
Middelburg NL........ 17 D1
Middelfart DK........ 122 B3
Middelharnis NL...... 54 B4
Middelkerke-Bad B.... 15 F4
Middlesbrough GB..... 11 E1
Middleton-in-
   Teesdale GB....... 11 D1
Middlewich GB........ 10 C3
Midhurst GB.......... 14 B4
Midleton / Mainistir
   na Corann IRL..... 4 C3
Midsund N............ 110 B2
Miedes E............. 37 E4
Miehikkälä FIN....... 121 E3
Miélan F............. 28 C3
Mielec PL............ 126 B2
Mieluskylä FIN....... 114 C2
Miercurea-
   Ciuc RO........... 127 D4
Mieres E............. 33 E3
Miesbach D........... 67 E2
Mietoinen FIN........ 120 B3
Miettila FIN......... 121 F2
Międzychód PL........ 52 C4
Międzylesie PL....... 65 D1
Międzyrzec Podlaski
   PL................ 126 B1
Migennes F........... 22 A3
Migliarino I......... 76 B1
Miglionico I......... 81 D3
Miguel Esteban E..... 42 C3
Miguelturra E........ 42 B4
Míhas GR............. 93 D4
Mihói GR............. 92 C4
Michalovce SK........ 126 B3
Mijas E.............. 47 F4
Mijoux F............. 27 D2
Miki GR.............. 89 E1
Mikínes GR........... 97 D1
Mikínes GR........... 97 D1
Mikkelbostad N....... 104 B3
Mikkeli FIN.......... 121 E2
Mikkelvik N.......... 104 B2
Míkonos GR........... 99 D2
Míkonos (Nissí) GR... 98 C2
Mikr. Dério GR....... 91 E1
Mikr. Eleftherohóri
   GR................ 87 F4
Mikr. Horió GR....... 92 C2
Mikrí Mandínia GR.... 96 C3
Mikrí Préspa GR...... 87 D2
Mikrókambos GR....... 88 B2
Mikroklissoúra GR.... 90 A1
Mikrolímni GR........ 87 D2
Mikromiliá GR........ 90 A1
Mikrópoli GR......... 88 C1
Mikulov CZ........... 65 E4
Milagro E............ 37 E3
Milano I............. 71 D4
Milano Marittima I... 76 B2
Mílatos GR........... 101 E3
Milazzo I............ 83 D4
Milestone IRL........ 4 C2
Mileto I............. 83 E3
Milford GB........... 14 B4
Milford Haven /
   Aberdaugleddau
   GB................ 5 F4
Milhão P............. 35 E3
Mili GR.............. 97 D1
Miliá GR............. 97 D1
Miliá GR............. 91 E1
Miliá GR............. 87 E3
Miliés GR............ 93 F1
Milína GR............ 93 F1
Milis I.............. 82 B3
Militello in Val di
   Catania I......... 85 D3
Millares E........... 43 F4
Millas F............. 29 F1
Millau F............. 30 A2
Millesimo I.......... 74 C2
Millford IRL......... 2 C1
Millom GB............ 10 C1

Millport GB.......... 8 B3
Millstatt A.......... 68 B3
Millstreet IRL....... 4 B3
Milltown Malbay /
   Sráid na Cathrach
   IRL............... 4 B2
Milly-la-Forêt F..... 21 E3
Milmarcos E.......... 37 D4
Milmersdorf D........ 51 F4
Milopótamos GR....... 97 D5
Mílos GR............. 98 B3
Milos (Nissí) GR..... 98 B2
Miltach D............ 63 F4
Miltenberg D......... 62 B3
Milton Keynes GB..... 14 B2
Mimizan F............ 28 B2
Mimizan-Plage F...... 28 B1
Mina GR.............. 97 D4
Mina de São
   Domingos P........ 46 B1
Minas (Las) E........ 49 D1
Minas de Riotinto E.. 47 D1
Minaya E............. 43 D3
Mindelheim D......... 67 D2
Minden D............. 56 B3
Mindin F............. 19 D4
Minehead GB.......... 13 D2
Minerbe I............ 72 A4
Minerbio I........... 76 A1
Minervino
   Murge I........... 80 C2
Minglanilla E........ 43 D3
Mingorría E.......... 42 A1
Minkiö FIN........... 120 C3
Minsk BY............. 125 D4
Minsterley GB........ 10 C4
Mintlaw GB........... 7 F4
Mińsk Mazowiecki
   PL................ 126 A1
Mionnay F............ 26 C3
Mira P............... 40 B1
Mira I............... 72 B4
Mira E............... 43 E3
Mirabella Imbaccari
   I................. 85 D3
Mira de Aire P....... 40 B2
Miraflores E......... 36 B2

Miraflores de la
   Sierra E.......... 42 B1
Miramar P............ 34 B4
Miramar F............ 31 F3
Miramare I........... 76 C2
Miramas F............ 30 C3
Mirambeau F.......... 24 C4
Miramont-de-
   Guyenne F......... 29 D1
Miranda de Ebro E.... 36 C2
Miranda del
   Castañar E........ 41 E1
Miranda do Corvo P... 40 B1
Miranda do Douro P... 35 E3
Mirande F............ 29 D3
Mirandela P.......... 35 D3
Mirandola I.......... 76 A1
Mirano I............. 72 B4
Mirebeau F........... 25 D1
Mirebeau-sur-Bèze
   F................. 22 C4
Mirecourt F.......... 23 D3
Mirepoix F........... 29 E3
Míres GR............. 101 D4
Miribel F............ 26 C3
Mirina GR............ 89 F4
Mirna SLO............ 73 E3
Mirow D.............. 51 E4
Mirsíni GR........... 97 D3
Mirtiés GR........... 99 F3
Mirtos GR............ 101 E4
Mirueña de los
   Infanzones E...... 42 A1
Misi FIN............. 109 E2
Misilmeri I.......... 84 B2
Miskolc H............ 126 B3
Mislinja SLO......... 73 E2
Mistelbach A......... 65 E4
Misterbianco I....... 85 E3
Mistretta I.......... 85 D2
Mistros GR........... 94 A3
Misurina I........... 67 F4
Misvær N............. 107 E2
Mitchelstown / Baile
   Mhistéala IRL..... 4 C3
Mithimna GR.......... 95 F1
Mítikas GR........... 92 B3

Mitilíni GR.......... 95 F2
Mitilinii GR......... 99 F1
Mitrópoli GR......... 93 D1
Mitrovica YU......... 128 B2
Mittelberg A......... 67 E4
Mittelberg A......... 67 D3
Mittenwald D......... 67 E3
Mittenwalde D........ 57 F3
Mittersill A......... 67 F3
Mitterteich D........ 63 E2
Mittweida D.......... 63 F1
Mižhir"ja UA......... 126 C3
Mjadzel BY........... 124 C3
Mjällom S............ 112 D2
Mjöbäck S............ 123 D1
Mjölby S............. 119 D3
Mjøndalen N.......... 117 D2
Mladá Boleslav CZ.... 64 B1
Mladenovac YU........ 128 B1
Mljet HR............. 128 A2
Mława PL............. 126 A1
Mo i Rana N.......... 107 E3
Moaña E.............. 32 A4
Moate / An Móta IRL.. 2 C4
Moceján E............ 42 B2
Moclín E............. 48 A2
Modane F............. 27 E4
Modbury GB........... 12 C4
Modena I............. 75 F1
Módi GR.............. 93 E3
Modica I............. 85 D4
Modigliana I......... 76 B2
Mödling A............ 69 D1
Modugno I............ 81 D2
Möckern D............ 57 E3
Möckmühl D........... 62 B4
Moëlan-sur-Mer F..... 18 B3
Möllbrücke A......... 68 A3
Mölln D.............. 50 C3
Moelv N.............. 111 D4
Moen / Målselv N..... 104 B3
Moena I.............. 67 F4
Mönchengladbach
   D................. 61 E1
Mönkebude D.......... 51 F3
Moers D.............. 61 E1
Mössingen D.......... 66 B1

Moffat GB............ 9 D3
Mogadouro P.......... 35 D4
Moglia I............. 75 F1
Mogliano Veneto I.... 72 B4
Mogón E.............. 48 C1
Moguer E............. 46 C2
Mohács H............. 128 A1
Mohill / Maothail IRL 2 C3
Möhkö FIN............ 115 F3
Móhlos GR............ 101 F4
Moholm S............. 118 C3
Mohyliv-Podil's'kyj
   UA................ 127 D3
Moi N................ 116 B3
Moià E............... 39 D3
Moie I............... 76 C3
Moimenta P........... 35 D3
Moimenta da Beira
   P................. 34 C4
Moirans F............ 27 D4
Moirans-
   en-Montagne F..... 27 D2
Moisdon-la-Rivière
   F................. 19 E4
Moisiovaara FIN...... 115 E1
Moisling D........... 50 C3
Moissac F............ 29 D2
Moita P.............. 40 A4
Moixent E............ 43 F4
Mojácar E............ 49 D3
Mojados E............ 36 A4
Mojstrada SLO........ 73 D2
Mokronog SLO......... 73 E3
Mol B................ 17 F1
Mola di Bari I....... 81 D2
Molái GR............. 97 E3
Molar (El) E......... 42 C1
Mold / Yr Wyddgrug
   GB................ 10 C3
Molde N.............. 110 C2
Moldova Nouă RO...... 128 B1
Møldrup DK........... 122 B2
Moledo do Minho P.... 32 A4
Molfetta I........... 81 D2
Molières F........... 29 E1
Molina (La) E........ 38 C3
Molina de Aragón E... 43 E1

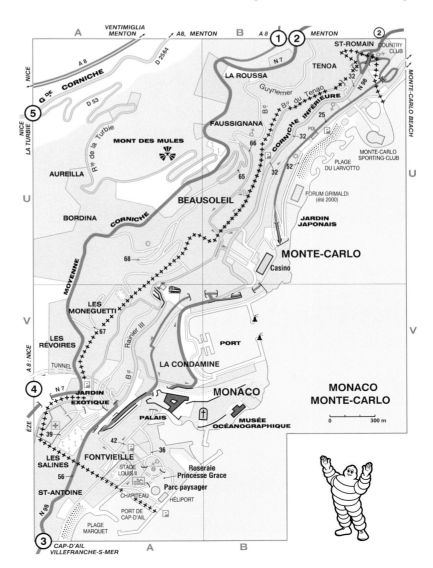

Molina de Segura E.. 49 E1
Molinella I............ 76 A1
Molinicos E 49 D1
Molinillo (El) E 42 B3
Molinos E 44 A1
Molins de Rei E 38 C4
Moliterno I 80 C4
Molitg-les-Bains F ... 29 F4
Molkom S 118 C2
Mollerussa E 38 B4
Molliens-Dreuil F ... 16 B3
Mollina E 47 E1
Mollösund S 118 A4
Mólos GR 93 E2
Molpe FIN 114 A3
Molsheim F 23 E2
Molveno I 71 F3
Mombeltrán E 42 A2
Mombuey E 33 D4
Mommark DK 122 B4
Momo I 71 D4
Mon Idée F 17 E3
Monaco MC 31 F2
Monaghan /
  Muineachán IRL 3 D3
Monasterace Marina
  I 83 F3
Monasterevin IRL 3 D4
Monasterio de
  Rodilla E 36 C2
Le Monastier F 30 A1
Monastir F 82 B4
Monastiráki GR 92 B2
Monastiráki GR 91 E2
Monbazillac F 29 D1

Moncalieri I.......... 27 F4
Moncalvo I........... 74 C1
Monção P 32 A4
Moncarapacho P 46 B2
Mönchdorf A 68 C1
Monchique P 46 A2
Monclar-de-Quercy
  F 29 E2
Moncofa E 44 A3
Moncontour F 24 C1
Moncontour F 19 D3
Moncoutant F 24 C1
Monda E 47 F3
Mondariz E 32 A4
Mondavio I 76 C3
Mondéjar E 42 C2
Mondello I 84 B2
Mondim
  de Basto P 34 C3
Mondolfo I 76 C3
Mondoñedo E 32 C2
Mondorf-
  les-Bains L 23 D1
Mondoubleau F...... 21 D3
Mondoví I........... 74 C2
Mondragon F 30 C1
Mondragone I 79 F3
Mondsee A 68 A2
Monein F 28 B3
Monemvassía GR.... 97 E3
Mónesi di Triora I.... 74 C3
Monesterio E 47 D1
Monestier-
  de-Clermont F 27 D4
Monestiés F......... 29 F2

Le Monêtier-
  les-Bains F........ 27 E4
Moneygall IRL 5 D2
Moneymore GB 3 D2
Monfalcone I 72 C3
Monflanquin F 29 D1
Monforte P 40 C3
Monforte de Lemos
  E 32 C4
Monfortinho P 41 D2
Monguelfo /
  Welsberg I 67 F4
Monheim D 63 D4
Moní (Nissí) GR 97 F1
Mönichkirchen A 69 D2
Monifieth GB 9 E2
Monistrol-d'Allier F.. 26 B4
Monistrol-sur-Loire
  F 26 B3
Monistrol de
  Montserrat E 38 C4
Monmouth /
  Trefynwy GB 13 E1
Monnickendam NL .. 54 B3
Monodéndri GR...... 87 D4
Monódrio GR 94 B3
Monólithos GR 103 E2
Monopoli I 81 E2
Monor H 126 A4
Monòver E 49 E1
Monpazier F 29 D1
Monreal D 61 F2
Monreal del Campo
  E 43 E1
Monreale I 84 B2

Monroy E 41 E2
Monroyo E 44 A1
Mons B 17 E2
Monsanto P 41 D2
Monsaraz P 40 C4
Monschau D 61 E2
Monségur F 28 C1
Monselice I 72 A4
Monsols F 26 C2
Mönsterås S 123 F1
Monsummano
  Terme I 75 F3
Mont-de-Marsan F... 28 C2
Le Mont-Dore F 26 A3
Mont-Louis F 29 F4
Mont-roig del Camp
  E 44 B1
Le Mont-St-Michel F. 19 E2
Mont-St-Vincent F... 26 C2
Mont-sous-Vaudrey
  F 27 D4
Montabaur D........ 62 A2
Montagnac F 30 A3
Montagnana I 72 A4
Montagrier F 25 D4
Montaigu F 24 B1
Montaigu-de-Quercy
  F 29 D1
Montaione I 76 A3
Montalbán E 43 F1
Montalbo E 43 D2
Montalcino I 76 A4
Montalegre P 34 C3
Montalieu-Vercieu F. 27 D3

Montalivet-les-Bains
  F 24 B4
Montalto di Castro I.. 78 C1
Montalto di Marche
  I 77 D4
Montalto Uffugo I ... 83 E2
Montalvão P 40 C2
Montamarta E 35 F3
Montánchez E 41 E3
Montanejos E 43 F2
Montañana E 37 F4
Montargil P 40 B3
Montargis F 21 F3
Montastruc-
  la-Conseillère F ... 29 E2
Montauban F 29 E2
Montauban-
  de-Bretagne F 19 D3
Montbard F 22 B4
Montbazens F 29 F1
Montbazon F........ 25 D1
Montbéliard F 23 D4
Montbenoît F........ 27 E1
Montblanc E 38 B4
Montbozon F 23 D4
Montbrió del Camp
  E 44 B1
Montbrison F 26 B3
Montbron F 25 D2
Montceau-les-Mines
  F 26 B2
Montcenis F 26 B1
Montchanin F 26 B1

Montcornet F 17 E4
Montcuq F 29 E1
Montdidier F 16 C4
Monte S. Angelo I... 80 C1
Monte S. Savino I.... 76 B3
Monteagudo de las
  Vicarías E 37 D4
Montealegre E 36 A3
Montealegre del
  Castillo E 43 E4
Montebello
  Vicentino I 72 A4
Montebelluna I 72 B3
Montebourg F 19 E1
Montecarotto I 76 C3
Montecassino
  (Abbazia di) I 79 F2
Montecatini Terme I. 75 F3
Montecchio I 76 C2
Montecchio
  Maggiore I 72 A4
Montech F 29 E2
Montecorvino
  Rovella I 80 B3
Monte da Pedra P... 40 C3
Montedoro I 84 C3
Montefalco I 76 C4
Montefalcone di Val
  Fortore I 80 B2
Montefalcone nel
  Sannio I 80 A1
Montefiascone I 79 D1
Montefiore dell'Aso
  I 77 D4

MÜNCHEN

Montefiorino I	75	F2
Montefrío E	48	A2
Montegallo I	77	D4
Montegiorgio I	77	D3
Montegranaro I	77	D3
Montegrotto Terme I	72	A4
Montehermoso E	41	E2
Montejícar E	48	B2
Montejo de Tiermes E	36	C4
Monteleone di Spoleto I	76	C4
Montélimar F	30	C1
Montella I	80	B3
Montellano E	47	E3
Montelupo Fiorentino I	76	A3
Montemaggiore Belsito I	84	C3
Montemagno I	74	C1
Montemayor E	47	F2
Montemayor de Pililla E	36	A4
Montemor-o-Novo P	40	B4
Montemor-o-Velho P	40	B1
Montendre F	24	C4
Montenegro de Cameros E	36	C3
Montenero di Bisaccia I	80	A1
Montenero Sabino I	79	E1
Montepulciano I	76	B4
Monte Real P	40	B2
Montereale I	77	D4
Montereale Valcellina I	72	B3
Montereau-Fault-Yonne F	21	F3
Monte Redondo P	40	B2
Monterenzio I	76	A2
Monteriggioni I	76	A3
Monteroni di Lecce I	81	F3
Monterosso al Mare I	75	C2
Monterotondo I	79	D1
Monterotondo Marittimo I	76	A4
Monterroso E	32	B3
Monterrubio de la Serena E	41	F4
Monterubbiano I	77	D3
Montesano sulla Marcellana I	80	C4
Montesarchio I	80	A3
Montescaglioso I	81	D3
Montesilvano Marina I	77	E4
Montesquieu-Volvestre F	29	E3
Montesquiou F	29	D3
Le Montet F	26	A2
Montevarchi I	76	A3
Montfaucon F	24	B1
Montfaucon-d'Argonne F	17	F4
Montfaucon-en-Velay F	26	B4
Montfort-en-Cha-losse F	28	B2
Montfort-l'Amaury F	21	E2
Montfort-sur-Meu F	19	D3
Montfort-sur-Risle F	16	A4
Montgaillard F	29	E4
Montgenèvre F	27	E4
Montgiscard F	29	E3
Montgomery / Trefaldwyn GB	10	B4
Montguyon F	24	C4
Monthermé F	17	E3
Monthey CH	27	E2
Monthois F	17	E4

Monthureux-sur-Saône F	22	C3
Monti I	82	B1
Montichiari I	71	F4
Monticiano I	76	A4
Montiel E	42	C4
Montier-en-Der F	22	B3
Montignac F	25	E4
Montigny-le-Roi F	22	C3
Montigny-sur-Aube F	22	B3
Montijo P	40	A3
Montijo E	41	D4
Montilla E	47	F2
Montioni I	76	A4
Montivilliers F	20	C1
Montjean-sur-Loire F	19	F4
Montlhéry F	21	E2
Montlieu-la-Garde F	24	C4
Montlouis-sur-Loire F	21	D4
Montluçon F	25	F2
Montluel F	26	C3
Montmarault F	26	A2
Montmartin-sur-Mer F	19	E2
Montmédy F	17	F4
Montmélian F	27	D3
Montmirail F	22	A2
Montmirail F	20	C3
Montmirey-le-Château F	27	D1
Montmoreau-St-Cybard F	24	C4
Montmorency F	21	E2
Montmorillon F	25	D2
Montmort F	22	A2
Montoggio I	75	D2
Montoire-sur-le-Loir F	21	D4
Montoito P	40	C4
Montorio al Vomano I	77	D4
Montoro E	48	A1
Montpellier F	30	B3
Montpezat-de-Quercy F	29	E2
Montpezat-sous-Bauzon F	30	B1
Montpon-Ménestérol F	24	C4
Montpont-en-Bresse F	26	C2
Montréal F	28	C2
Montréal F	29	F3
Montréal-la-Cluse F	27	D2
Montredon-Labessonnié F	29	F2
Montréjeau F	29	D3
Montrésor F	25	E1
Montresta I	82	A2
Montret F	26	C2
Montreuil F	16	B2
Montreuil-Bellay F	24	C1
Montreux CH	27	E2
Montrevault F	24	B1
Montrevel-en-Bresse F	26	C2
Montrichard F	21	D4
Montrond-les-Bains F	26	B3
Montrose GB	9	E1
Monts-sur-Guesnes F	25	D1
Montsalvy F	29	F1
Montsauche-les-Settons F	26	B1
Montseny E	39	D3
Montserrat E	43	F3
Montserrat (Monestir) E	38	C4
Montsûrs F	19	F3
Montuenga E	36	A4
Montuïri E	45	E3

Monza I	71	D4
Monzón E	38	A3
Monzón de Campos E	36	A3
Moordorf D	55	E1
Moosburg a. d. Isar D	67	E1
Mór H	126	A4
Mora S	112	A1
Mora P	40	B3
Mora E	42	B3
Móra d'Ebre E	44	B1
Mora de Rubielos E	43	F2
Morais P	35	D3
Moraítika GR	86	B4
Moral (El) E	49	D1
Móra la Nova E	44	B1
Moral de Calatrava E	42	B4
Moraleda de Zafayona E	48	A3
Moraleja E	41	D2
Moraleja del Vino E	35	F3
Moraleja de Sayago E	35	E4
Morales de Rey E	33	E4
Morales de Toro E	35	F3
Morano Calabro I	80	C4
Mörarp S	123	D2
Morasverdes E	41	E1
Morata de Jalón E	37	E4
Morata de Tajuña E	42	C2
Moratalla E	49	D1
Moravce SLO	73	D2
Moravci SLO	73	F2
Moravske Toplice SLO	73	F1
Morbach D	61	F3
Morbegno I	71	E3
Mörbisch A	69	D1
Mörbylånga S	123	F2
Morcenx F	28	B2
Morciano di Romagna I	76	C2
Morcone I	80	A2
Morcote CH	71	D4
Mordelles F	19	D3
Moreda E	48	B2
Morée F	21	D4
Morella E	44	A1
Mores I	82	B2
Morestel F	27	D3
Moret-sur-Loing F	21	F3
Moreton-in-Marsh GB	13	F1
Moretonhampstead GB	13	D3
Moreuil F	16	C3
Morez F	27	D2
Morfasso I	75	E1
Mórfio GR	92	A1
Morgat F	18	B3
Morges CH	27	E2
Morgex F	27	F3
Morhange F	23	D2
Mori I	71	F3
Moritzburg D	58	A4
Morjärv S	108	C3
Morlaàs F	28	C3
Morlaix F	18	B2
Mormanno I	80	C4
Mormant F	21	F2
Mormoiron F	30	C2
Mornant F	26	C3
Morón de Almazán E	37	D4
Morón de la Frontera E	47	E3
Morosaglia F	78	A3
Morpeth GB	9	F4
Mörrum S	123	E2
Morsbach D	61	F1
Mörsil S	112	A2

Morsleben D	57	D3
Mortagne-au-Perche F	20	C3
Mortagne-sur-Gironde F	24	B3
Mortagne-sur-Sèvre F	24	B1
Mortain F	19	F2
Mortara I	75	D1
Morteau F	27	E1
Mortrée F	20	C2
Morzine F	27	E2
Mosbach D	62	B4
Mosby N	116	B3
Moschendorf A	69	E2
Moshokariá GR	93	D2
Moshopótamos GR	88	A3
Mosjøen N	107	D3
Moskosel S	108	A3
Moskva RUS	125	F2
Mosonmagyaróvár H	69	F1
Mosqueruela E	44	A2
Moss N	116	D2
Mossala FIN	120	B4
Mossat GB	7	E4
Most CZ	64	A1
Most na Soči SLO	73	D3
Mosta M	85	F4
Mostar BIH	128	A2
Mosteiro E	32	A3
Mosterhamn N	116	A1
Mostrim IRL	2	C4
Mostys'ka UA	126	B2
Mosvik N	111	E1
Mota del Cuervo E	42	C3
Mota del Marqués E	35	F3
Motala S	119	D3
La Mothe-Achard F	24	A2
La Mothe-St-Héray F	24	C2
Motherwell GB	8	C3
Motilla del Palancar E	43	E3
Motril E	48	B3
Motta di Livenza I	72	B4
Motta S. Anastasia I	85	D3
Motta Visconti I	75	D1
La Motte-Chalancon F	31	D1
La Motte-du-Caire F	31	D1
La Motte-Chalancon F	31	D1
Mottola I	81	D3
Mouchard F	27	D1
Moudon CH	27	E1
Moúdros GR	89	F4
Mougins F	31	F2
Mouhijärvi FIN	120	C2
Mouilleron-en-Pa-reds F	24	B1
Moulins F	26	A2
Moulins-Engilbert F	26	B1
Moulins-la-Marche F	20	C2
Moult F	19	F2
Mount Bellew / An Creagán IRL	2	B4
Mountain Ash / Aberpennar GB	13	D1
Mountmellick / Móinteach Mílic IRL	5	D2
Mountrath IRL	5	D2
Moura P	46	C1
Mourão P	40	C4
Mourenx F	28	B3
Mouríki GR	94	A3
Mourmelon-le-Grand F	22	B2
Mourniés GR	100	B3
Mourujärvi FIN	109	E2
Mouscron B	15	F4
Moustiers-Ste-Marie F	31	E2
Mouthe F	27	D1

Mouthier-Haute-Pierre F	27	E1
Mouthoumet F	29	F4
Moutier CH	23	E4
Moûtiers F	27	E3
Moutiers-les-Mauxfaits F	24	B2
Moutsoúna GR	99	D2
Mouy F	16	C4
Mouzákei GR	87	D4
Mouzáki GR	92	C1
Mouzon F	17	F4
Moville / Bun an Phobail IRL	3	D1
Moyenneville F	16	B3
Moyuela E	37	F4
Možajsk RUS	125	F2
Mozirje SLO	73	E2
Mragowo PL	124	A4
Mscislaŭ BY	125	E4
Muccia I	76	C4
Much D	61	F1
Much Wenlock GB	10	C4
Mucientes E	36	A3
Mudanya TR	129	F3
Mudau D	62	B4
Mudurnu TR	129	F3
Mudurra (La) E	36	A3
Mücheln D	57	E4
Mügeln D	57	F4
Mühlacker D	62	B4
Mühlberg D	57	F4
Mühldorf D	67	F1
Mühlhausen D	62	C1
Muel E	37	E4
Muela (La) E	37	E4
Muelas del Pan E	35	E3
Mülheim a. d. Ruhr D	61	E1
Müllheim D	23	E4
Müllrose D	58	A2
Münchberg D	63	E2
München D	67	E2
Münchhausen D	62	B1
Münnerstadt D	62	C2
Münsingen D	66	C1
Münster (Westfalen) D	55	E4
Münstertal D	23	E3
Münzenberg D	62	B2
Muff IRL	3	D1
Muge P	40	B3
Muggia I	73	D3
Mugron F	28	B2
Mugueimes E	32	B4
Mühlbach am Hochkönig A	68	A3
Mühlen Eichsen D	51	D3
Mühltroff D	63	E2
Muhniemi FIN	121	E3
Muhos FIN	115	D3
Muhu EST	124	B2
Muir of Ord GB	7	D4
Muirkirk GB	8	C3
Mukačeve UA	126	B2
Mula E	49	E1
Mulhouse F	23	E4
Mullingar / An Muileann gCearr IRL	2	C4
Mullsjö S	118	C4
Mulrany / An Mhala Raithní IRL	2	A3
Multia FIN	114	C4
Mundesley GB	15	D1
Mundford GB	11	F4
Munera E	43	D4
Mungia E	36	C1
Muniesa E	43	F1
Munkebo DK	122	C3
Munkedal S	118	B3
Munkfors S	118	C2
Munsala FIN	114	B3

Münsingen CH	27	F1
Münster CH	70	C3
Munster D	50	C4
Munster F	23	E3
Münzkirchen A	68	A1
Muñana E	42	A1
Muñico E	42	A1
Muodoslompolo S	108	C1
Muonio FIN	108	C1
Mur-de-Barrez F	29	F1
Mur-de-Bretagne F	18	C3
Murano I	72	B4
Murat F	26	A4
Murat-sur-Vèbre F	30	A2
Murato F	78	A3
Murau A	68	B3
Muravera I	82	C3
Murcia E	49	E2
Murça P	34	C3
Murchante E	37	E3
La Mure F	27	D4
Mureck A	69	D3
Muret F	29	E3
Murguía E	36	C1
Muri CH	23	F4
Murias de Paredes E	33	D3
Murjek S	108	B2
Murnau D	67	E2
Muro F	78	A3
Muro d'Alcoi E	43	F4
Muro Lucano I	80	B3
Murol F	26	A3
Murole FIN	120	C2
Muros E	32	A3
Mürren CH	27	F2
Murrhardt D	62	C4
Murska Sobota SLO	73	F1
Murten CH	27	F1
Murtosa P	34	B4
Murtovaara FIN	109	F3
Murviel-lès-Béziers F	30	A3
Mürzsteg A	69	D2
Mürzzuschlag A	69	D2
Mussalo FIN	121	E3
Musselburgh GB	9	D2
Musselkanaal NL	55	D2
Mussidan F	25	D4
Mussomeli I	84	C3
Mussy-sur-Seine F	22	B3
Müstair CH	67	D4
Mustion as FIN	120	C4
Mustvee EST	124	C1
Muta SLO	73	E2
Mutala FIN	120	C2
Mutterstadt D	23	F1
Mutzschen D	57	F4
Muurame FIN	121	D2
Muurasjärvi FIN	114	C3
Muurla FIN	120	C4
Muurola FIN	109	D2
Muuruvesi FIN	115	E3
Muxia E	32	A2
Le Muy F	31	E3
Muzillac F	19	D4
Muzzana del Turgnano I	72	C3
Myckelgensjö S	112	C2
Mykines DK	106	A3
Mykolaïv UA	126	C2
Mykolaïv UA	127	F3
Myllykoski FIN	121	E3
Myllykylä FIN	114	B4
Myllymäki FIN	114	C4
Mynämäki FIN	120	B3
Myre / Øksnes N	104	A3
Myrhorod UA	127	F2
Myronivka UA	127	E2
Myrskylä FIN	121	D3
Myrviken S	112	A2
Mysen N	117	D2
Myślibórz PL	52	B4
Mytišči RUS	125	F2

N

N. Agathoúpoli GR...	88 A3	N. Skióni GR	88 C4	Nailloux F	29 E3	Nardo I	81 F3	Nava de la Asunción E	36 A4	Navas del Madroño E	41 D2

N. Agathoúpoli GR... 88 A3
N. Alikarnassós GR .. 101 D3
N. Anhíalos GR...... 93 F1
N. Apolonía GR...... 88 C2
N. Artáki GR........ 94 A3
N. Éfessos GR....... 88 A3
N. Erásmio GR....... 89 E1
N. Fókea GR........ 88 C3
N. Híli GR.......... 91 D2
N. Iraklítsa GR...... 89 D2
N. Kalikrátia GR..... 88 B3
N. Kariá GR......... 89 E1
N. Karváli GR....... 89 E1
N. Kerassoús GR..... 92 B1
N. Kerdília GR....... 88 C2
N. Kíos GR.......... 97 D4
N. Mákri GR......... 94 B8
N. Marmarás GR..... 88 C3
N. Messángala GR.... 88 A4
N. Mihanióna GR..... 88 B2
N. Monastíri GR..... 93 E1
N. Moudaniá GR..... 88 B3
N. Pagassés GR..... 93 F1
N. Péla GR......... 88 A2
N. Péramos GR...... 94 A4
N. Péramos GR...... 89 D2
N. Perivóli GR....... 93 E1
N. Petrítsi GR....... 88 B1
N. Potídea GR....... 88 B3
N. Róda GR......... 89 D3
N. Sánda GR........ 88 B2
N. Sánda GR........ 91 D2
N. Sílata GR........ 88 B3

N. Skióni GR......... 88 C4
N. Skopós GR....... 88 C1
N. Stíra GR......... 94 B4
N. Tríglia GR........ 88 B3
N. Víssa GR......... 91 E1
N. Zíhni GR......... 88 C1
N. Zoí GR........... 87 F2
Na Logu SLO........ 72 C2
Naamijoki FIN....... 108 C2
Naantali FIN........ 120 B4
Naarajärvi FIN...... 115 E4
Naarva FIN......... 115 F3
Naas / An Nás IRL... 3 D4
Nabburg D.......... 63 F3
Naddvik N.......... 110 C4
Nadela E........... 32 C3
Nădlac RO.......... 126 B4
Nadur M............ 85 F4
Nadvirna UA........ 126 C3
Nærbø N............ 116 A2
Nærøy N............ 106 C4
Næstved DK........ 122 C3
Näfels CH.......... 66 B3
Náfpaktos GR....... 93 D3
Náfplio GR.......... 97 D1
Naggen S........... 112 B3
Nagold D........... 23 F2
Náoussa GR......... 98 C3
Náoussa GR......... 87 F2
Nagu / Nauvo FIN... 120 B4
Nagyatád H......... 69 F2
Nagykanizsa H...... 69 F3
Nagykálló H........ 126 B3
Nagykőrös H........ 126 A4
Nahe D............. 50 C3
Náchod CZ.......... 65 D1
Naila D............ 63 E2

Nailloux F........... 29 E3
Nailsworth GB...... 13 E1
Nairn GB........... 7 D4
Najac F............ 29 F2
Nájera E........... 36 C2
Nakkila FIN........ 120 B3
Nakło n. Notecią PL. 53 D3
Nakskov DK........ 122 C4
Näljänkä FIN....... 109 F3
Naltijärvi FIN...... 105 E3
Namdalseid N....... 111 E1
Namsos N........... 106 C4
Namsskogan N...... 107 E3
Namur B............ 17 F2
Nancy F............ 23 D2
Nangis F........... 21 F2
Nannestad N........ 117 D1
Nant F............. 30 A2
Nanterre F.......... 21 E2
Nantes F........... 24 B1
Nanteuil-le-Haudouin F 21 E2
Nantiat F........... 25 E3
Nantua F........... 27 D2
Nantwich GB........ 10 C3
Náoussa GR......... 98 C3
Náoussa GR......... 87 F2
Napoli I........... 80 A3
La Napoule F........ 31 F3
Narberth / Arberth GB 12 C1
Narbolia I.......... 82 A3
Narbonne F......... 30 A3
Narbonne-Plage F... 30 A3
Narcao I........... 82 B4

Nardo I............ 81 F3
Narila FIN.......... 121 E2
Narkaus FIN........ 109 D2
Narni I............ 79 D1
Naro I............. 84 C4
Naro-Fominsk RUS.. 125 F2
Närpes / Närpiö FIN. 114 B4
Nartháki GR........ 93 E1
Narva EST.......... 124 C1
Narvik N........... 104 B4
Nås S............. 118 C1
Näsåker S.......... 112 C1
Năsăud RO......... 126 C4
Nasbinals F........ 30 A1
Našice HR.......... 128 A1
Naso I............. 85 D2
Nassereith A....... 67 D3
Nässjö S........... 118 C4
Nastola FIN........ 121 D2
Nattavaara S....... 108 B2
Nättraby S......... 123 F2
Nassau D.......... 62 A2
Naucelle F......... 29 F2
Nauders A.......... 67 D4
Nauen D............ 57 F2
Naul IRL........... 3 D4
Naumburg D........ 63 E1
Naunhof D.......... 57 F4
Naustdal N......... 110 B3
Nava E............ 33 E2
Navacepeda de Tormes E 41 F1
Navacerrada E...... 42 B1
Navaconcejo E...... 41 F2

Nava de la Asunción E 36 A4
Nava del Rey E...... 35 F4
Nava de Ricomalillo (La) E 42 A2
Nava de Santiago (La) E 41 D3
Navahermosa E..... 42 A3
Navahrudak BY..... 124 C4
Navalcán E......... 41 F2
Navalcarnero E..... 42 B2
Navaleno E......... 36 C3
Navalmanzano E.... 36 A4
Navalmoral de la Mata E 41 D3
Navalmorales (Los) E 42 A2
Navalperal de Pinares E 42 A1
Navalucillos (Los) E. 42 A3
Navaluenga E....... 42 A1
Navalvillar de Pela E. 41 F3
Navamorcuende E... 42 A2
Navan / An Uaimh IRL 3 D4
Navarredonda de Gredos E 41 F1
Navarrenx F........ 28 B3
Navarrés E......... 43 F4
Navarrete E........ 37 D2
Navàs E........... 38 C3
Navascués E....... 28 B4
Navas de la Concepción (Las) E 47 E1

Navas del Madroño E 41 D2
Navas del Marqués (Las) E 42 B1
Navas de Oro E..... 36 A4
Navas de San Juan E 48 B1
Navasfrías E....... 41 D1
Navatalgordo E..... 42 A1
Nave I............. 71 F4
Nävekvarn S........ 119 E3
Navelli I........... 79 F1
Nave Redonda P.... 46 A2
Naveros E.......... 47 D4
Navia E............ 33 D2
Navia de Suarna E.. 32 C3
Navl'a RUS......... 125 F4
Náxos GR.......... 98 C2
Náxos (Nissí) GR.... 99 D3
Nay F............. 28 B3
Nazaré P.......... 40 A2
Nazilli TR.......... 129 F4
Néa Epídavros GR... 97 E1
Néa Koróni GR...... 96 C3
Néa Moní GR....... 95 F3
Neápoli GR......... 87 E3
Neápoli GR......... 101 E3
Neápoli GR......... 97 E4
Neath / Castell-nedd GB 13 D1
Nebel D............ 50 A2
Nebra D............ 57 E4
Neckarelz D........ 62 B4
Neckargemünd D.... 23 F1
Neckarsteinach D... 23 F1

NANTES

0 — 1 km

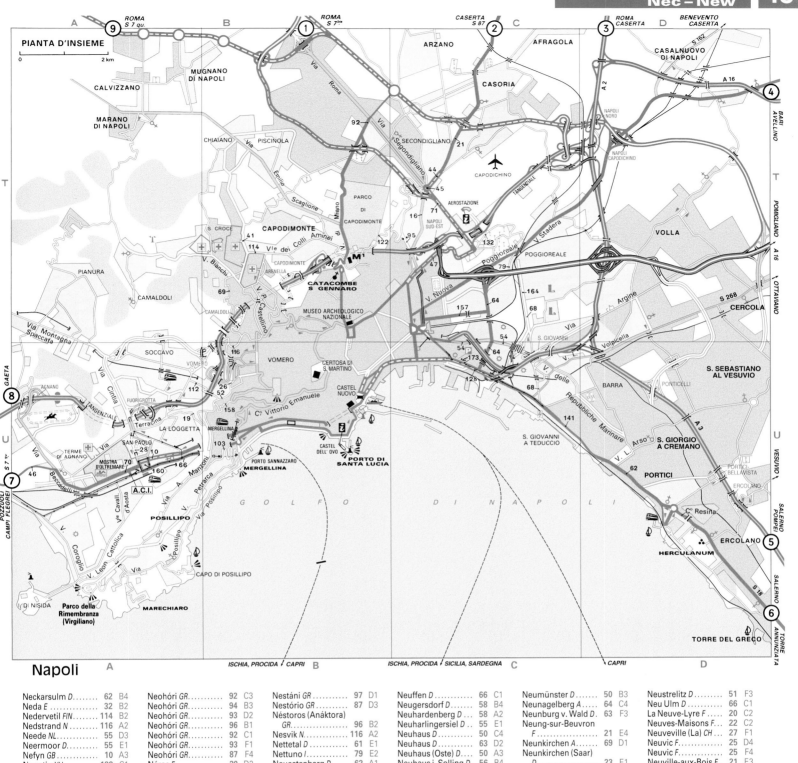

PIANTA D'INSIEME

Napoli

Neckarsulm D	62	B4	Neohóri GR	92	C3	Nestáni GR	97	D1	Neuffen D	66	C1	Neumünster D	50	B3
Neda E	32	B2	Neohóri GR	94	B3	Nestório GR	87	D3	Neugersdorf D	58	B4	Neunagelberg A	64	C4
Nedervetil FIN	114	B2	Neohóri GR	93	D2	Néstoros (Anáktora)			Neuhardenberg D	58	A2	Neunburg v. Wald D	63	F3
Nedstrand N	116	A2	Neohóri GR	96	B1	GR	96	B2	Neuharlingersiel D	55	E1	Neung-sur-Beuvron		
Neede NL	55	D3	Neohóri GR	92	C1	Nesvik N	116	A2	Neuhaus D	50	C4	F	21	E4
Neermoor D	55	E1	Neohóri GR	93	F1	Nettetal D	61	E1	Neuhaus D	63	D2	Neunkirchen A	69	D1
Nefyn GB	10	A3	Neohóri GR	87	F4	Nettuno I	79	E2	Neuhaus (Oste) D	50	A3	Neunkirchen (Saar)		
Negotin YU	128	C1	Nérac F	29	D2	Neuastenberg D	62	A1	Neuhaus i. Solling D	56	B4	D	23	E1
Negra (La) E	49	D3	Neráida GR	92	C1	Neubeckum D	55	F4	Neuhaus-			Neuötting D	67	F1
Negrar I	71	D1	Nerdvika N	110	C1	Neubrandenburg D	51	F3	Schierschnitz D	63	D2	Neupölla A	64	C4
Negreira E	32	A3	Neresheim D	67	D1	Neubukow D	51	D2	Neuhausen CH	23	F4	Neuruppin D	51	E4
Nègrepelisse F	29	E2	Nereto I	77	D4	Neuburg a. d. Donau			Neuhofen an der			Neusiedl am See A	69	E1
Negru Vodă RO	129	E1	Néris-les-Bains F	25	F2	D	67	E1	Krems A	68	B1	Neuss D	61	E1
Neheim-Hüsten D	55	F4	Nerja E	48	A3	Neuchâtel CH	27	E1	Neuillé-Pont-Pierre			Neustadt D	58	A4
Neiden N	105	F2	Néronde F	26	B3	Neu Darchau D	50	C4	F	20	C4	Neustadt D	63	E1
Neila E	36	C3	Nérondes F	26	A1	Neuenbürg D	23	F2	Neuilly-en-Thelle F	16	C4	Neustadt D	51	E4
Nekromandío Efíras			Nerotriviá GR	94	A3	Neuenburg D	55	E1	Neuilly-le-Réal F	26	A2	Neustadt (Hessen) D	62	B1
GR	92	A1	Nerpio E	48	C1	Neuendorf D	51	E2	Neuilly-l'Évêque F	22	C3	Neustadt a. d.		
Neksø DK	123	E4	Nerva E	47	D1	Neuendorf D	51	E20	Neuilly-St-Front F	17	D4	Weinstraße D	23	F1
Nelas F	40	C1	Nervesa d. Battaglia			Neuenhaus D	55	D3	Neu-Isenburg D	62	B3	Neustadt a. d.		
Nelidovo RUS	125	E2	I	72	B3	Neuenkirchen D	50	B4	Neukalen D	51	E3	Rübenberge D	56	B3
Nellim FIN	105	F3	Nervi I	75	D2	Neuenstadt D	62	B4	Neukirch D	58	A4	Neustadt-Glewe D	51	D4
Nelson GB	11	D2	Nes N	117	D1	Neuenstein D	62	B1	Neukirchen D	50	A1	Neustadt i. Holstein		
Neman RUS	124	B4	Nes N	117	E1	Neuerburg D	61	E3	Neukirchen am			D	50	C2
Neméa GR	97	D1	Nes NL	54	C1	Neuf-Brisach F	23	E3	Großvenediger A	67	F3	Neustadt a. d. Aisch		
Nemours F	21	F3	Nesbyen N	116	C1	Neufahrn D	63	F4	Neukloster D	51	D3	D	63	D3
Nemyriv UA	127		Nesebăr BG	129	E2	Neufchâteau F	22	C3	Neuleugbach A	69	D1	Neustadt a. d. Donau		
Nenagh / An			Nesjahverfi IS	106	C2	Neufchâteau B	17	F3	Neu Lübbenau D	58	A3	D	63	E4
tAonach IRL	4	C2	Neskaupstaður IS	106	C1	Neufchâtel-en-Bray			Neumarkt A	68	A2	Neustadt a. d.		
Nénita GR	95	F4	Nesle F	16	C4	F	16	B4	Neumarkt i. d.			Waldnaab D	63	E4
Nenzing A	66	C3	Nesna N	107	D3	Neufchâtel-sur-			Oberpfalz D	63	E4	Neustadt b. Coburg		
Neohoráki GR	94	A4	Nesoddtangen N	117	D2	Aisne F	17	E4	Neumarkt in			D	63	D2
Neohóri GR	91	E1	Nesseby N	105	F2	Neufelden A	68	B1	Steiermark A	68	C3	Neustift im Stubaital		
Neohóri GR	92	B2	Nesselwang D	67	D2				Neumarkt-St. Veit D	67	F1	A	67	E3

Neustrelitz D	51	F3
Neu Ulm D	66	C1
La Neuve-Lyre F	20	C2
Neuves-Maisons F	22	C2
Neuveville (La) CH	27	F1
Neuvic F	25	D4
Neuvic F	25	F4
Neuville-aux-Bois F	21	E3
Neuville-de-Poitou		
F	25	D2
Neuville-sur-Saône		
F	26	C3
Neuvy-le-Roi F	20	C4
Neuvy-St-Sépulchre		
F	25	E2
Neuvy-		
sur-Barangeon F	25	F1
Neuwied D	61	F2
Névache F	27	E4
Nevel RUS	125	D3
Nevers F	26	A1
Neves (As) E	32	A4
Nevlunghavn N	117	D3
New Abbey GB	9	E1
New Alresford GB	13	F2
New Cumnock GB	8	C3
New Deer GB	7	F4
New Galloway GB	8	C4
New Quay /		
Ceinewydd GB	10	A4
New Romney GB	15	D4
New Ross / Ros Mhic		
Thriúin IRL	5	E3
Newark-on-Trent GB	11	E3

Newbiggin-by-the-
Sea GB............. 9 F4
Newborough GB...... 10 A3
Newbridge / An
Droichead Nua
IRL............... 3 D4
Newburgh GB........ 7 F4
Newburgh GB........ 9 D2
Newbury GB......... 13 F2
Newcastle GB........ 3 E3
Newcastle Emlyn /
Castell Newydd
Emlyn GB........ 12 C1
Newcastle-under-
Lyme GB......... 10 C3
Newcastle-upon-
Tyne GB......... 9 F4
Newcastle West / An
Caisleán Nua IRL .. 4 B2
Newhaven GB....... 14 C4
Newmarket IRL...... 4 B3
Newmarket GB...... 14 C2
Newmarket on
Fergus IRL........ 4 C2
Newnham GB....... 13 E1
Newport /
Casnewydd GB.... 13 D2
Newport GB........ 12 C1
Newport GB........ 13 F3
Newport / Baile Uí
Fhiacháin IRL..... 2 A3
Newport GB........ 10 C4
Newport IRL........ 4 C2
Newport-on-Tay GB . 9 D2
Newport Pagnell GB. 14 B2
Newquay GB........ 12 B3
Newry GB.......... 3 E3
Newton Abbot GB.... 13 D3
Newton-Aycliffe GB.. 11 D1
Newton Ferrers GB .. 12 C4
Newton Stewart GB . 3 F2
Newtonmore GB..... 8 C1
Newtown GB........ 13 E1
Newtown /
Drenewydd GB.... 10 B4
Newtownabbey GB.. 3 E2
Newtownards GB.... 3 E2
Newtownbutler GB .. 2 C3
Newtownhamilton
GB................ 3 D3
Newtown St.
Boswells GB....... 9 E3
Newtownstewart GB. 3 D2
Nexon F........... 25 E3
Neyland GB 12 C1
Niáta GR.......... 97 E3
Nibe DK.......... 122 B1
Nicastro I.......... 83 E3
Nice F............. 31 F2
Nickelsdorf A 69 E1
Nicolosi I.......... 85 E3
Nicosia I........... 85 D3
Nicotera I.......... 83 E3
Nidderau D......... 62 B2
Nideggen D......... 61 E2
Nidri GR........... 92 A2
Niebla E........... 46 C2
Niebüll D.......... 50 A2
Niederalteich D 64 A4
Niederaula D........ 62 B1
Niederbronn-les-
Bains F........... 23 E2
Niederelsungen D ... 56 B4

Niederjossa D........ 62 B1
Niederkrüchten D.... 61 E1
Niederstetten D 62 C4
Niederstotzingen D.. 67 D1
Niegripp D 57 E3
Niemegk D......... 57 F3
Niemisel S 108 B3
Nienburg D......... 56 B2
Nienhagen D........ 57 E3
Niersted in D........ 62 A3
Niesky D............ 58 B4
Nieul F............ 25 E1
Nieuweschans NL.... 55 E2
Nieuwpoort-Bad B.... 15 F4
Niforéka GR 92 C4
Nigrita GR 88 C1
Niinisalo FIN 120 B2
Níjar E............ 48 C3
Nijkerk NL 54 C3
Nijmegen NL........ 54 C4
Nijverdal NL........ 55 D3
Nikea GR 93 E1
Níki GR............ 87 E1
Nikiá GR 103 D1
Nikíforos GR........ 89 D1
Nikíssiani GR........ 89 D1
Nikitas GR.......... 88 C3
Nikkaluokta S 108 A1
Nikoléika GR 93 D4
Nikopol BG 129 D2
Nikopol' UA........ 127 F3
Nikópoli GR......... 92 A3
Nikópoli GR......... 92 B2
Nikšić YU.......... 128 A2
Nilivaara S 108 B2

Nilsiä FIN 115 E3
Nîmes F........... 30 B2
Nimféa GR......... 89 F1
Nimféo GR 87 D2
Nímos (Nissí) GR.... 103 E1
Ninove B 17 E2
Niort F............ 24 C2
Nípsa GR 91 D2
Niš YU........... 128 B2
Nisa P 40 C2
Niscemi I........... 85 D4
Nissáki GR.......... 86 B3
Nissilä FIN 115 D2
Nissiros (Nissí) GR .. 103 D1
Niton GB........... 13 F3
Nitra SK.......... 126 A3
Nitry F............. 22 A4
Nittedal N 117 D1
Nittenau D.......... 63 F4
Nittendorf D........ 63 E4
Nivala FIN 114 C2
Nivelles B 17 E2
Nižyn UA......... 127 E1
Nizza Monferrato I... 74 C1
Noblejas E 42 C2
Nocera Inferiore I.... 80 A3
Nocera Terinese I.... 83 E3
Nocera Umbra I...... 76 C4
Noceto I........... 75 F1
Noci I............. 81 D3

Nodeland N 116 B3
Nördlingen D 63 D4
Nörten-Hardenberg
D................ 56 C4
Nœux-les-Mines F... 16 C2
Nogara I........... 72 A4
Nogaro F........... 28 C2
Nogent F........... 22 C3
Nogent-le-Roi F..... 21 D2
Nogent-le-Rotrou F.. 21 D3
Nogent-sur-Seine F.. 22 A3
Noginsk RUS 125 F2
Nogueira de Ramuín
E................ 32 B4
Noguera E.......... 43 E1
Nohfelden D 23 E1
Noia E............ 32 A3
Noirétable F 26 B3
Noirmoutier-en-l'Île
F................. 24 A1
Noja E............ 36 C1
Nokia FIN 120 C2
Nola I............. 80 A3
Nolay F............ 26 C1
Noli I.............. 75 D2
Nomeny F.......... 23 D2
Nomexy F.......... 23 D3
Nómia GR.......... 97 E3
Nonancourt F........ 21 D2
Nonaspe E 38 A4
None I............. 27 F4
Nonio I............ 70 C4
Nonant-le-Pin F..... 20 C2
Nonaspe E 38 A4
None I............. 27 F4
Nontron F.......... 25 D3
Nonza F........... 78 A2

Nodeland N 116 B3
Nordenham D....... 50 A4
Norderney D........ 55 E1
Norderstedt D....... 50 B3
Nordfjordeid N...... 110 B3
Nordfold N 107 E1
Nordhalben D 63 E2
Nordhausen D....... 57 D4
Nordhorn D 55 E3
Nordingrå S 112 D2
Nordkjosbotn N..... 104 B3
Nordli N 111 F1
Nordmaling S 113 D1
Nordmark S 118 C2
Nordseter N........ 111 D4
Norðurfjörður IS 106 A1
Nore N............ 116 C1
Noresund N 117 D1
Norg NL 55 D2
Norheimsund N..... 116 B1
Norra Bergnäs S 108 A3
Norra Råda S....... 118 C1
Norråker S 112 B1
Norrby S 108 A4
Norrent-Fontes F ... 16 C2
Norrköping S 119 D3
Norrnäs FIN 114 A4
Norrsunda S 119 E2
Norrsundet S 119 E1
Norrtälje S 119 F2

Nosivka UA........ 127 E1
Nossebro S 118 B3
Nossen D........... 63 F1
Nótia GR........... 87 F1
Noto I............. 85 E4
Notodden N 116 C2
Notre-Dame-
de-Bellecombe F... 27 E3
Nottingham GB 11 D3
Nouan-le-Fuzelier F.. 21 E4
Nousiainen FIN...... 120 B3
Nouvion-en-
Ponthieu F 16 B3
Le Nouvion-
en-Thiérache F ... 17 D3
Nouzonville F........ 17 E3
Nova Gorica SLO 72 C3
Nova Gradiška HR ... 128 A1
Nova Kachovka UA . 127 F3
Nova Levante /
Welschnofen I 67 E4
Nova Siri
Stazione I........ 81 D4
Nova Vas SLO 73 E3
Nova Zagora BG ... 129 D2
Novafeltria I........ 76 B2
Novales E 38 A3
Novara I........... 71 D4
Novara di Sicilia I.... 83 D4
Nové Měs
to nad Váhom SK .. 126 A3
Nové Zámky SK 126 A4
Novelda E.......... 49 F1
Novellara I......... 75 F1
Noventa Vicentina I . 72 A4

NICE

Noordwijk aan Zee
NL........... 54 B3
Noormarkku FIN 120 B2
Nora S........... 119 D2
Norberg S.......... 119 E1
Norcia I........... 76 C4
Nord-Lenangen N .. 104 C2
Nordborg DK 122 B3
Nordby DK 122 A3
Nordby DK 122 C2
Norddeich D 55 E1
Nord Edewecht D ... 55 E2
Nordeide N......... 110 B4
Norden D........... 55 E1

Norrviken S 123 D2
Norsjö S........... 108 A4
Nort-sur-Erdre F 19 E4
North Berwick GB ... 9 E2
North Walsham GB .. 15 D1
Northallerton GB.... 11 D1
Northam GB........ 12 C3
Northampton GB.... 14 B2
Northeim D 56 C4
Northleach GB 13 F1
Northwich GB 10 C3
Norton GB.......... 11 E2
Nortorf D.......... 50 B2
Norwich GB 15 D1

Noves F 30 C2
Novgorod RUS 125 D1
Novhorod-Sivers'kyj
UA............. 127 F1
Novi di Modena I 75 F1
Novi Ligure I........ 75 D1
Novi Pazar YU...... 128 B3
Novi Pazar BG 129 E2
Novi Sad YU........ 128 B1
Novion-Porcien F.... 17 E3
Novo mesto SLO 73 E3
Novohrad-
Volyns'kyj UA... 127 D2
Novomyrhorod UA .. 127 F2

Novoržev RUS........ 125 D2
Novoselycja UA...... 127 D3
Novosil' RUS......... 125 F4
Novoukraïnka UA..... 127 F4
Novovolyns'k UA...... 126 C2
Novozybkov RUS..... 125 E4
Novska HR.......... 128 A1
Nový Jičín CZ....... 65 F2
Novyj Buh UA....... 127 F2
Nowa Sól PL........ 58 C3
Nowogard PL....... 52 B3
Nowy Targ PL....... 126 A3
Nowy Sącz PL....... 126 B3
Noyant F............ 20 C4
Noyers F............ 22 A4
Noyers-sur-Jabron
    F................ 31 D2
Noyon F............ 17 D4
Nozay F............ 19 E4
Nürburg D.......... 61 F2
Nürnberg D......... 63 D3
Nürtingen D......... 66 C1
Nueva E............ 33 F2
Nueva Carteya E.... 47 F2
Nuévalos E.......... 37 E4
Nuevo Baztán E..... 42 C2
Nuez de Arriba (La)
    E................ 36 B2
Nuijamaa FIN........ 121 E3
Nuits-
    St-Georges F...... 26 C1
Nules E............. 44 A3
Nulvi I............. 82 B1
Numana I........... 77 D3
Numancia E......... 37 D3
Nummela FIN........ 120 C4
Nummi FIN.......... 120 C4
Nuneaton GB........ 11 D4
Nunnanen FIN....... 105 E3
Nunspeet NL........ 54 C3
Nuñomoral E........ 41 E1
Nuorgam FIN........ 105 F2
Nuoro I............ 82 B2
Nuoro I............ 50 B3
Nurallao I........... 82 B3
Núria E............. 39 D2
Nurmes FIN......... 115 E2
Nurmijärvi FIN...... 121 D4
Nurmijärvi FIN...... 115 F2
Nurmo FIN.......... 114 B3
Nus I.............. 27 F3
Nusse D............ 50 C3
Nuttlar D........... 62 A1
Nuttupera FIN....... 115 D2
Nyåker S........... 113 D1
Nybergsund N....... 111 E4
Nyborg DK.......... 122 C3
Nybro S............ 123 F3
Nýidalur IS......... 106 B2
Nyíregyháza H...... 126 B3
Nykarleby /
    Uusikaarlepyy FIN. 114 B3
Nykøbing F DK...... 122 C4
Nykøbing M DK..... 122 B1
Nykøbing S DK..... 122 C3
Nyköping S......... 119 E3
Nykvarn S.......... 119 E2
Nynäshamn S....... 119 E3
Nyon CH........... 27 E2
Nyons F............ 30 C1
Nyrud N........... 105 F3
Nysa PL........... 65 E1
Nysäter S.......... 118 B2
Nyseter N.......... 110 C3
Nysted DK......... 122 C4
Nyvoll N........... 105 D2
Nyírbátor H......... 126 B3

O, Ö, Ø

Oadby GB.......... 11 E4
Oakham GB........ 11 E4
Oanes N........... 116 A2
Óassi GR........... 93 E4
Oban GB........... 8 B1
Obbola S.......... 113 E1
Obdach A.......... 68 C3
Obejo E............ 47 F1
Oberammergau D... 67 E2
Oberau D.......... 67 E2
Oberaudorf D....... 67 F2
Oberdrauburg A.... 68 A4
Obereßfeld D....... 63 D2
Obergrafendorf A... 69 D1
Obergünzburg D.... 67 E2
Obergurgl A........ 67 E4
Oberhaslach F...... 23 E2
Oberhausen D...... 61 E1
Oberhof D.......... 63 D1
Oberkirch D........ 23 F2
Oberkirchen D...... 62 A1
Oberkochen D...... 66 C1

Obermarchtal D..... 66 C2
Obernai F.......... 23 E2
Obernberg am Inn A. 68 A1
Obernburg D....... 62 B3
Oberndorf a. Neckar
    D............... 23 F3
Oberndorf bei
    Salzburg A...... 68 A2
Obernzell D........ 68 A1
Oberölsbach D..... 63 E4
Oberprechtal D..... 23 F3
Oberpullendorf A... 69 E2
Obersontheim D.... 62 C4
Oberstaufen D..... 66 C3
Oberstdorf D....... 67 D3
Obertauern A....... 68 A3
Obertraun A........ 68 B2
Oberursel D........ 62 A2
Obervellach A...... 68 A3
Oberviechtach D.... 63 F3
Oberwart A........ 69 E2
Oberwesel D........ 62 A2
Oberwiesenthal D... 63 F2
Oberwölz A........ 68 B3
Oberzeiring A...... 68 C3
Óbidos P........... 40 A2
Obing D........... 67 F2
Objat F............ 25 E4
Obninsk RUS....... 125 F3
Obojan' RUS....... 127 F1
Obón E............ 43 F1
Oborniki PL........ 53 D4
Obrenovac YU...... 128 B1
Obrov SLO......... 73 D3
Obrovac HR........ 77 F1
Obsteig A.......... 67 E3
Obzor BG.......... 129 E2
Očakiv UA......... 127 F3
Ocaña E........... 42 C2
Occhiobello I....... 76 A1
Ochagavía E........ 28 B4
Ochsenfurt D....... 62 C3
Ochsenhausen D.... 66 C2
Ochtrup D.......... 55 E3
Ochtyrka UA........ 127 F1
Ockelbo S.......... 119 E1
Öckerö S.......... 118 A4
Ödåkra S.......... 123 D2

Odda N............ 116 B1
Odden Færgehavn
    DK.............. 122 C2
Odder DK.......... 122 B2
Odeceixe P......... 46 A2
Odeleite P......... 46 B2
Odelzhausen D..... 67 E1
Odemira P......... 46 A1
Ödemiş TR......... 129 F4
Odense DK......... 122 B3
Odenthal D........ 61 F1
Oderberg D........ 52 A4
Oderzo I........... 72 B3
Odesa UA.......... 127 F4
Ödeshög S......... 118 C3
Odivelas P......... 40 B4
Odolo I............ 71 F4
Odorheiu Secuiesc
    RO.............. 127 D4
Oebisfelde D....... 57 D3
Oederan D......... 63 F1
Öhringen D......... 62 C4
Oeiras P........... 40 A3
Oelde D........... 55 F4
Oelsnitz D......... 63 E2
Oettingen D........ 63 D4
Oetz A............ 67 E3
Oever (Den) NL..... 54 B2
Offenbach D........ 62 B3
Offenburg D........ 23 F2
Offida I............ 77 D4
Offranville F........ 16 A3
Ofir P............. 34 B3
Oggiono I.......... 71 D4
Ogliastro Cilento I.. 80 B4
Ogre LV........... 124 B2
Ogulin HR......... 73 E4
Ohanes E.......... 48 C3
Ohiró GR.......... 88 C1
Ohlstadt D......... 67 E2
Ohorn D........... 58 A4
Ohrdruf D......... 63 D1
Ohrid MK.......... 128 B3
Öhthia GR......... 92 C3
Ohthonía GR....... 94 B3
Olesa de Montserrat
    E............... 38 C4
Oleśnica PL........ 59 E4
Oikarainen FIN..... 109 D2

Oion E............. 37 D2
Oirschot NL........ 17 F1
Oisemont F......... 16 B3
Oisterwijk NL....... 17 F1
Oitti FIN........... 121 D3
Öja FIN............ 114 B2
Ojakylä FIN........ 114 C1
Öje S.............. 118 C1
Ojebyn S........... 108 B4
Ojos Negros E...... 43 E1
Ojuelos E.......... 43 E1
Öjung S........... 112 B4
Okehampton GB.... 12 C3
Oker D............ 56 C4
Oknö S........... 123 F2
Oksbøl DK......... 122 A3
Oksby DK.......... 122 A3
Øksfjord N......... 104 C2
Okulovka RUS..... 125 E1
Ólafsfjörður IS..... 106 B1
Ólafsvík IS......... 106 A1
Olargues F......... 30 A1
Olazti E........... 37 D2
Olbernhau D....... 64 A1
Olbia I............ 78 A4
Oldcastle / An
    Seanchaisleán IRL. 3 D3
Oldebroek NL....... 54 C3
Oldeide N.......... 110 A3
Olden N........... 110 B3
Oldenburg D....... 50 A4
Oldenburg i.
    Holstein D....... 50 C2
Oldenzaal NL....... 55 D3
Olderdalen N....... 104 C2
Oldervik N......... 104 B2
Oldham GB........ 11 E3
Oldmeldrum GB.... 7 F4
Oldsum D.......... 50 A2
Oleggio I.......... 71 D4
Oleiros P.......... 40 C2
Oleiros E.......... 32 C1
Oleksandrija UA.... 127 F2
Ølen N............ 116 A1

Olette F........... 29 F4
Olevs'k UA......... 127 D1
Ølgod DK.......... 122 A2
Olhão P........... 46 B2
Olhava FIN......... 109 D3
Oliana E........... 38 C3
Oliena I........... 82 B2
Oliete E........... 43 F1
Olimbía GR........ 96 B1
Olimbiáda GR...... 88 C2
Olimbiáda GR...... 88 A4
Ólimbos GR........ 103 D3
Ólimbos (Óros) GR.. 88 A3
Ólinthos GR........ 88 C3
Olite E............ 28 A4
Oliva E............ 44 A4
Oliva de la Frontera
    E............... 41 D4
Oliva de Mérida E... 41 D4
Olivares de Júcar E.. 43 D3
Oliveira de Azeméis
    P............... 34 B4
Oliveira de Frades P. 34 B4
Oliveira do Bairro P.. 40 B1
Oliveira do Douro P.. 34 C4
Oliveira do Hospital
    P............... 40 C1
Olivenza E......... 41 D4
Olivet F........... 21 E4
Olivone CH........ 66 B4
Olleria (L') E....... 43 F4
Ollerton GB........ 11 E3
Les Ollières-
    sur-Eyrieux F.... 30 C1
Olliergues F........ 26 B3
Ollioules F......... 31 D3
Olmedillo de Roa E.. 36 B3
Olmedo I.......... 82 A2
Olmedo E.......... 36 A4
Olocau del Rey E.... 44 A1
Olofström S........ 123 E2
Olombrada E....... 36 B3
Olomouc CZ....... 65 E2
Olonzac F.......... 29 F2
Olost E............ 39 D3

Olot E............ 39 D3
Olpe D............ 62 A1
Olsberg D.......... 62 A1
Olshammar S....... 118 C3
Olst NL............ 55 D3
Ølstykke DK........ 123 D3
Olsztyn PL......... 124 A4
Oltedal N.......... 116 A2
Olten CH.......... 23 F4
Oltenia RO......... 129 D1
Olula del Río E..... 48 C3
Ólvega E........... 37 D3
Olvera E........... 47 E3
Omagh GB......... 3 D2
Omali GR.......... 87 E3
Omalós GR........ 100 B3
Omegna I.......... 70 C4
Omiš HR.......... 128 A3
Ommen NL......... 55 D3
Omorfohóri GR.... 88 A4
Ömossa FIN....... 114 B2
Onda E............ 44 A2
Ondara E.......... 44 A4
Ondarroa E........ 37 D1
Oneglia I.......... 74 C3
Onesse-
    et-Laharie F..... 28 B2
Oneşti RO......... 127 D4
Onich GB.......... 8 B1
Onkamo FIN....... 109 F2
Onkamo FIN....... 115 F3
Ontaneda E........ 36 B1
Ontinyent E........ 43 F4
Ontiñena E......... 38 A4
Ontur E........... 43 E4
Onzain F........... 21 D4
Oña E............. 36 C2
Oñati E............ 37 D1
Oost-Vlieland NL... 54 B2
Oostburg NL....... 15 F3
Oostende B......... 15 F3
Oosterbeek NL..... 54 C4
Oosterend NL...... 54 C1
Oosterhout NL..... 54 B4
Oostkamp B........ 15 F3
Oostmalle B........ 17 E1
Ootmarsum NL..... 55 D3
Opatija HR......... 73 D4

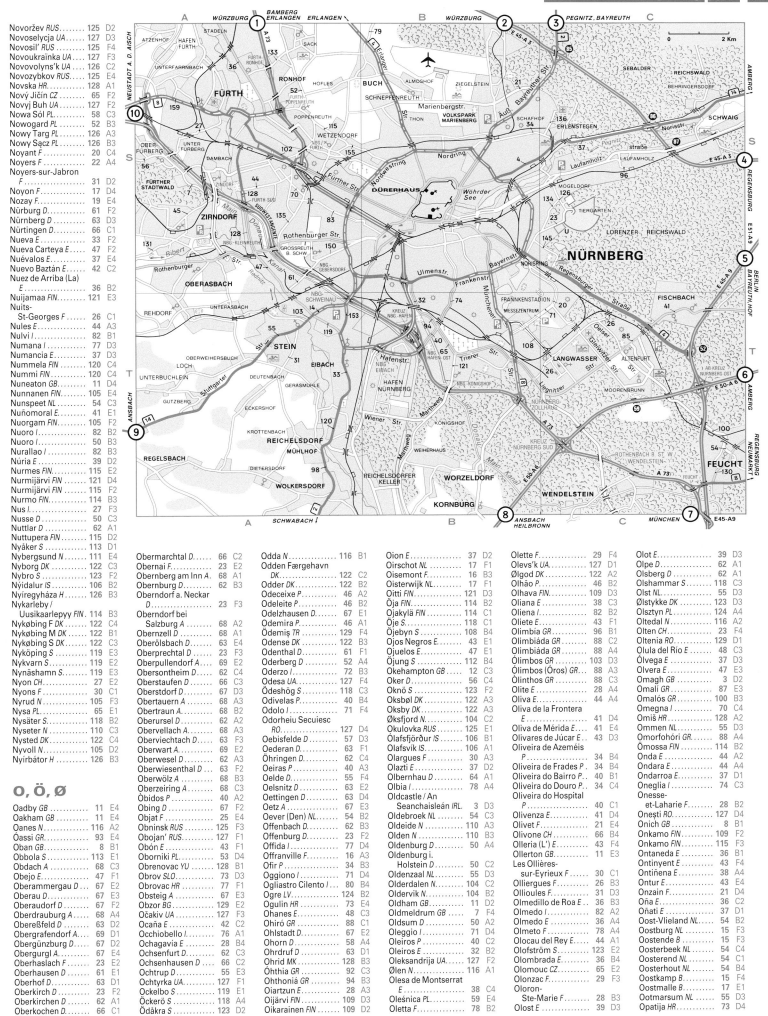

Opava CZ	65	F2	Orduña E	36	C1	Ørje N	117	E2	Orta Nova I	80 B2
Opladen D	61	F1	Ordžonikidze UA	127	F3	Orkanger N	111	D2	Orta S. Giulio I	70 C4
Opočka RUS	125	D2	Ore S	112	B4	Örkelljunga S	123	D2	Orte I	79 D1
Opole PL	59	E4	Orea E	43	E1	þórlákshöfn IS	106	A2	Orth A	69 E1
Oppach D	58	B4	Örebro S	119	D2	Orléans F	21	E4	Orthez F	28 B3
Oppdal N	111	D2	Orechovo-Zujevo			Orly F	21	E2	Ortigueira E	32 C2
Oppenau D	23	F2	RUS	125	F2	Orménio GR	91	E1	Ortisei /	
Oppenheim D	62	A3	Öregrund S	119	F1	Ormília GR	88	C3	St. Ulrich I	67 F4
Opphaug N	111	D1	Oreí GR	93	F2	Órmos GR	88	B2	Ortnevik N	110 B4
Oppido Lucano I	80	C3	Orellana de la Sierra			Órmos Korthíou GR	98	C1	Orton GB	10 C1
Oppido Mamertina I	83	E4	E	41	F3	Órmos Panagías GR	88	C3	Ortona I	80 A1
Ora / Auer I	67	E4	Orellana la Vieja E	41	F3	Órmos Prínou GR	89	E2	Ortrand D	58 A4
Oradea RO	126	B4	Orense / Ourense E	32	B4	Ormož SLO	73	F2	Örträsk S	113 D1
Oradour-sur-Glane			Oréo GR	89	E1	Ormsjö S	112	B1	Orune I	78 A4
F	25	D3	Oreókastro GR	88	B2	Ormskirk GB	10	C2	Orusco E	42 C2
Oradour-sur-Vayres			Orestiáda GR	91	E1	Ornans F	27	D1	Orvalho P	40 C2
F	25	D3	Orgáni GR	91	D1	Ørnes N	107	E2	Orvieto I	76 B4
Oraison F	31	D2	Organyà E	38	C3	Ornós GR	98	C2	Orvinio I	79 E1
Orajärvi FIN	108	C2	Orgaz E	42	B3	Örnsköldsvik S	113	D2	Orzinuovi I	71 E4
Orange F	30	C2	Orgelet F	27	D2	Or'ol RUS	125	F4	Os N	111 E3
Orani I	82	B2	Orgères-en-Beauce			Oron-la-Ville CH	27	E2	Osa de la Vega E	42 C3
Oranienbaum D	57	E3	F	21	E3	Oropa I	70	C4	Osby S	123 D2
Oranienburg D	51	F4	Orgiva E	48	B3	Oropesa E	41	F2	Oschatz D	57 F4
Oranmore IRL	2	B4	Orgon F	30	C2	Orosei I	78	A4	Oschersleben D	57 D3
Orăştie RO	128	C1	Orgosolo I	82	B2	Oroszháza H	126	B4	Oschiri I	82 B1
Oravais / Oravainen			Orhei MOL	127	E3	Orpesa / Oropesa del			Oseja de Sajambre	
FIN	114	B3	Orhomenós GR	93	F3	Mar E	44	A2	E	33 F3
Oravikoski FIN	115	E3	Oria I	81	E3	Orpierre F	31	D1	Osen N	111 E1
Oravita RO	128	B1	Oria E	48	C2	Orpington GB	14	C3	Osera E	37 F4
Ørbæk DK	122	C3	Origny-Ste-Benoite			Orreaga /			Osijek HR	128 A1
Orbassano I	27	F4	F	17	D3	Roncesvalles E	28	A3	Osilo I	82 A1
Orbe CH	27	E1	Orihuela E	49	E1	Orrefors S	123	F2	Osimo I	77 D3
Orbec F	20	C2	Orihuela del			Orsa S	112	B4	Oskarshamn S	123 F1
Orbetello I	78	C1	Tremedal E	43	E1	Orša BY	125	C4	Oskarström S	123 D2
Orbey F	23	E3	Orimattila FIN	121	D3	Orsay F	21	E2	Oslo N	117 D1
Orce E	48	C2	Oriní GR	88	C1	þórshöfn IS	106	C1	Ösmo S	119 E3
Orcera E	48	C1	Oriolo I	81	D4	Orsières CH	27	F2	Osnabrück D	55 F3
Orchies F	17	D2	Oripää FIN	120	B3	þórsmörk IS	106	B2	Osoppo I	68 A4
Orcières F	31	E1	Orissaare EST	124	B2	Orsogna I	79	F1	Osorno la Mayor E	36 A2
Orcival F	26	A3	Oristano I	82	A3	Orşova RO	128	C1	Osøyro N	116 A1
Ordes E	32	B2	Orivesi FIN	120	C2	Ørsta N	110	B3	Ospedaletti I	74 C3
Ordizia E	37	D1	Orjahovo BG	128	C2	Örsundsbro S	119	E2	Ospitaletto I	71 E4

Oss NL	54	C4	Ostrów		
Óssa GR	88	B2	Wielkopolski PL	59	E3
Ossa de Montiel E	42	C4	Ostróda PL	124	A4
Ossiach A	68	B4	Ostrów Mazowiecka		
Óssios Loukás GR	63	E3	PL	126	B1
Ossun F	28	C3	Ostuni I	81	E3
Ostaškov RUS	125	E2	Osuna E	47	E3
Østby N	111	E4	Oswestry GB	10	C3
Oster UA	127	E1	Oświęcim PL	126	A2
Øster Vrå DK	122	C1	Otanmäki FIN	115	D2
Osterburg D	57	D2	Otava FIN	121	D2
Osterburken D	62	B1	Oteren N	104	C3
Østerby Havn DK	122	C1	Othem S	119	F4
Österbybruk S	119	E1	Othery GB	13	E2
Østerbymo S	119	D4	Othoní (Nissí) GR	86	A4
Österfärnebo S	119	E1	Otívar E	48	A3
Osterfeld D	63	E1	Otley GB	11	D2
Osterhofen D	64	A4	Otnes N	111	E3
Osterholz-			Otocac HR	73	F4
Scharmbeck D	50	A4	Otranto I	81	F3
Osteria del Gatto I	76	C3	Otta N	111	D3
Osterode D	56	C4	Ottana I	82	B2
Östersund S	112	B2	Ottaviano I	80	A3
Östersundom FIN	121	D4	Ottenschlag A	68	C1
Ostervåla S	119	E1	Ottensheim A	68	B1
Osterwieck D	56	C3	Otter Ferry GB	8	B2
Østhammar S	119	F1	Otterburn GB	9	E4
Ostheim v. d. Rhön			Otterlo NL	54	C4
D	62	C2	Otterndorf D	50	A3
Ostia Antica I	79	D2	Otterøy N	106	C4
Ostiglia I	76	A1	Ottersberg D	50	B4
Östmark S	118	B1	Otterup DK	122	B3
Ostra I	76	C3	Ottery St. Mary GB	13	D3
Ostrach D	66	C2	Ottmarsheim F	23	E4
Ostrava CZ	65	F2	Ottnang A	68	A1
Ostritz D	58	B4	Ottobeuren D	67	D2
Ostroh UA	127	D2	Ottobrunn D	67	E2
Ostrołęka PL	126	B1	Ottsjö S	112	A2
Ostrov RUS	125	C2	Ottweiler D	23	E1
Ostrov RO	129	E1	Otwock PL	126	B1
Ostrowiec-			Otziás GR	98	A1
Świętokrzyski PL	126	B2	Ouchy CH	27	E1

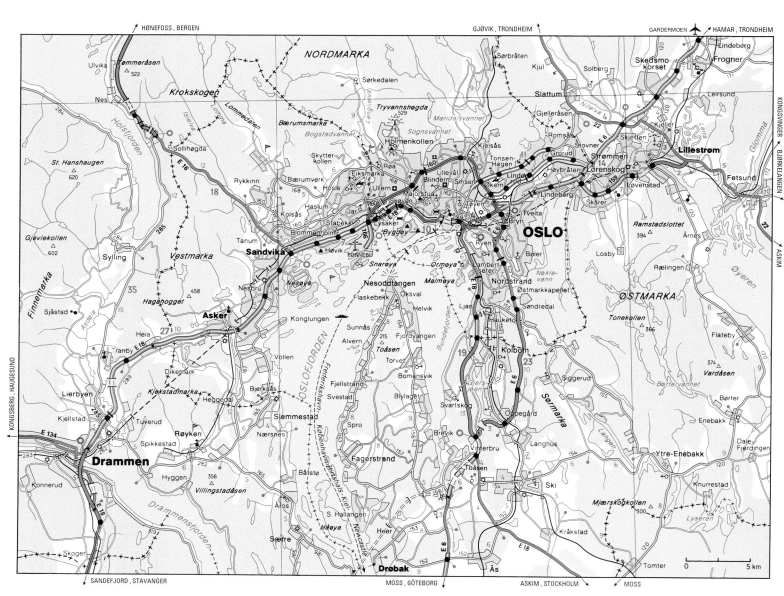

Oucques F	21	D4
Oud-Beijerland NL	54	B4
Ouddorp NL	54	A4
Oudenaarde B	17	D2
Oudenbosch NL	17	E1
Oughterard / Uachtar Ard IRL	2	A4
Ouistreham F	19	F1
Oulainen FIN	114	C2
Oulchy-le-Château F	17	D4
Oulu (Uleåborg) FIN	114	C1
Oulunsalo FIN	114	C1
Oulx I	27	E4
Oundle GB	11	E4
Ouranópoli GR	89	D3
Ourém P	40	B2
Ourense / Orense E	32	B4
Ourique P	46	A1
Ourol E	32	C2
Ourville-en-Caux F	16	A4
Oust F	29	E4
Outeiro de Rei E	32	C3
Outokumpu FIN	115	F3
Outomuro E	32	B4
Outwell GB	11	F4
Ouzouer-le-Marché F	21	D4
Ouzouer-sur-Loire F	21	E4
Ovada I	75	D2
Ovanåker S	112	B4
Ovar P	34	B4
Ovedskloster S	123	E3
Overath D	61	F1
Øverbygd N	104	B3
Overhalla N	107	D4
Överhörnäs S	113	D2
Overijse B	17	E2
Överkalix S	108	C3
Övermark FIN	114	B4
Övertorneå S	108	C2
Överum S	119	D4
Oviedo E	33	E2
Ovindoli I	79	F1
Øvre Årdal N	110	C4
Øvre Soppero S	108	B1
Ovruč UA	127	D1
Oxelösund S	119	E3
Oxford GB	13	F1
Oxiá GR	92	C1
Oxiá (Nissí) GR	92	B3
Oxie S	123	D3
Oybin D	64	B1
Øye N	110	C4
Øyer N	111	D4
Oy-Mittelberg D	67	D2
Oyntdartfjørdur DK	106	A3
Oyonnax F	27	D2
Øysang N	116	C3
Øystese N	116	B1
Oyten D	50	B4
Ožbalt SLO	73	C2
Özd H	126	B3
Ozieri I	82	B2

P

Paakkila FIN	115	E3
Paalasmaa FIN	115	F2
Paavola FIN	114	C1
Pabianice PL	126	A2
Paca (La) E	49	D2
La Pacaudière F	26	B2
Pachino I	85	E4
Paço de Sousa P	34	B4
Paços de Ferreira P	34	B4
Pacy-sur-Eure F	21	D2
Padasjoki FIN	121	D3
Paderborn D	55	F4
Paderne E	46	A2
Padiham GB	10	C2
Padornelo E	32	C4
Padova I	72	A4
Padrón E	32	A3
Padru I	78	A4
Padstow GB	12	B3
Padul E	48	B3
Paesana I	31	F1
Paestum I	80	B4
Paestum Antica I	80	B4
Pag HR	77	E1
Paganico I	76	A4
Pagny-sur-Moselle F	22	C2
Pagóndas GR	94	A3
Pagóndas GR	99	F1
Pagoúria GR	89	F1
Páhi GR	94	A4
Pahiá Ámos GR	101	F4
Paide EST	124	B1
Paignton GB	13	D3
Paimbœuf F	19	D4
Paimio FIN	120	B4
Paimpol F	18	C2
Painswick GB	13	E1
Paisley GB	8	C3
Pajala S	108	C2
Pajanosas (Las) E	47	D2
Paks H	126	A4
Pal. Kavála GR	89	E1
Pal. Krovíli GR	91	D2
Palacios de la Sierra E	36	C3
Palacios del Sil E	33	D3
Palacios de Sanabria E	33	D4
Palacios y Villafranca (Los) E	47	D2
Paládio GR	89	F1
Paladru F	27	D3
Palafrugell E	39	E3
Palagía GR	91	D2
Palagiano I	81	D3
Palagonia I	85	D3
Palaia I	75	F3
Le Palais F	18	C4
Palaiseau F	21	E2
Palamás GR	93	D1
Palamós E	39	E3
Palanga LT	124	A3
Palas de Rei E	32	B3
Palata I	80	A1
Palatítsia GR	88	A2
Palau I	78	A3
Palavas-les-Flots F	30	B3
Palazzo del Pero I	76	B3
Palazzo S. Gervasio I	80	C3
Palazzolo Acreide I	85	E4
Palazzolo sull'Oglio I	71	E4
Palazzuolo sul Senio I	76	A2
Paldiski EST	124	B1
Paleá Epídavros GR	97	E1
Palékastro GR	101	F4
Palena I	79	F1
Palencia E	36	A3
Paleohóra GR	100	A4
Paleohóra GR	97	F1
Paleohóri GR	88	C2
Paleohóri GR	97	D2
Paleohóri GR	95	F2
Paleohóri GR	92	C1
Paleohóri GR	87	E3
Paleohóri GR	92	B3
Paleohóri GR	87	E4
Paleokastrítsa GR	86	B4
Paleókastro GR	93	D2
Paleókastro GR	87	E3
Paleókastro GR	99	F1
Paleókastro GR	88	C3
Paleókastro GR	88	C1
Paleokómi GR	89	D2
Paleópirgos GR	88	A4
Paleópirgos GR	93	D3
Paleópoli GR	98	B1
Paleópoli GR	91	D3
Palermo I	84	B2
Páleros GR	92	B2
Palestrina I	79	E2
Páli GR	103	D1
Paliano I	79	E2
Palidoro I	79	D2
Palinges F	26	B2
Palinuro I	80	B4
Palioúri GR	88	C4
Paliouriá GR	87	F4
Paliseul B	17	F3
Pälkäne FIN	120	C3
Pålkem S	108	B3
La Pallice F	24	B2
Palluau F	24	A1
Palma E	45	E3
Palma di Montechiaro I	84	C4
Palma del Condado (La) E	47	D2
Palma del Río E	47	E2
Palmadula I	82	A1
Palmanova I	72	C3
Palmela P	40	A4
Palmi I	83	E4
Palo del Colle I	81	D2
Palojoensuu FIN	105	D2
Palokki FIN	115	E3
Palomäki FIN	115	E2
Palomares del Campo E	43	D2
Palomas E	41	E4
Palombara Sabina I	79	E1
Palos de la Frontera E	46	C2
Pals E	39	E3
Pålsboda S	119	D3
Paltamo FIN	115	E1
Paltaniemi FIN	115	E2
Paluzza I	68	A4
Pámfila GR	95	F1
Pamhagen A	69	E1
Pamiers F	29	E3
Pampilhosa P	40	B1
Pampilhosa da Serra P	40	C1
Pampliega E	36	B2
Pamplona / Iruñea E	28	A4
Pamporovo BG	129	D3
Panagía GR	92	B1
Panagía GR	87	F4
Panagía GR	89	E2
Panagía GR	89	F4
Panagía GR	87	E4
Panagjuríšte BG	128	C2
Pancalieri I	27	F4
Pančevo YU	128	B1
Pancorbo E	36	C2
Pandánassa GR	97	E4
Pandeleimónas GR	88	A3
Pandino I	71	E4
Pandrup DK	122	B1
Panes E	33	F3
Panetólio GR	92	C3
Panevėžys LT	124	B3
Pankakoski FIN	115	F2
Pankow D	57	F2
Panne (De) B	15	F4
Panórama GR	88	C1
Panórama GR	88	B2
Panormítis GR	103	E1
Pánormos GR	98	C1
Pánormos GR	100	C3
Päntäne FIN	120	B2
Pantelleria I	84	A4
Paola I	83	E2
Pápa H	69	F2
Papádes GR	94	A2
Papádos GR	95	F2
Páparis GR	96	C2
Papasidero I	80	C4
Papenburg D	55	E2
Pápingo GR	87	D4
Pappenheim D	63	D4
Parabita I	81	F3
Paracuellos de Jiloca E	37	E4
Paradas E	47	E2
Paradela P	34	C3
Paradissiá GR	96	C2
Parádissos GR	89	E1
Parajes E	32	C2
Parakálamos GR	86	C4
Parákila GR	95	F1
Paralía GR	88	A3
Paralía GR	92	C4
Paralía GR	97	E3
Paralía GR	93	F4
Paralía Akrátas GR	93	E4
Paralía Kímis GR	94	B3
Paralía Kotsikiás GR	94	A2
Paralía Skotínas GR	88	A3
Paralía Tiroú GR	97	E2
Parálio Ástros GR	97	D2
Paramé F	19	D2
Paramithiá GR	92	A1
Páramo del Sil E	33	D3
Parapésti GR	89	E1
Parapótamos GR	86	C4
Paray-le-Monial F	26	B2
Parchim D	51	D3
Pardo (El) E	42	B1
Pardubice CZ	64	C2
Paredes P	34	B4
Paredes de Coura P	32	A4
Paredes de Nava E	33	F4
Pareja E	43	D1
Parentis-en-Born F	28	B1
Párga GR	92	A1
Pargas / Parainen FIN	120	B4
Parikkala FIN	121	F2
Paris F	21	E2
Parkalompolo S	108	C1
Parkano FIN	120	B2
Parla E	42	B2
Parlavà E	39	E3
Parma I	75	F1
Parnassós (Óros) GR	93	E3
Parndorf A	69	E1
Párnitha (Óros) GR	94	A4
Pärnu EST	124	B1
Parola I	120	C3
Páros GR	98	C2
Páros (Nissí) GR	98	C2
Parsberg D	63	E4
Parsdorf D	67	E1
Partakko FIN	105	F3
Partanna I	84	B3
Partenen A	67	D4
Parthenay F	24	C2
Parthéni GR	99	F2
Partille S	118	B4
Partinico I	84	B2
Partney GB	11	F3
Pas-en-Artois F	16	C3
Pasaia / Pasajes E	28	A3
Pasewalk D	52	A3
Pashalítsa GR	93	D1
Passá-Limáni GR	95	F3
Passais F	19	F2
Passás (Nissí) GR	95	F3
Passau D	68	A1
Passavás GR	97	D3
Passignano sul Trasimeno I	76	B4
Pastavy BY	124	C3
Pastrana E	42	C1
Pásztó H	126	A4
Patay F	21	E3
Pateley Bridge GB	11	D2
Pateniemi FIN	114	C1
Paterna de Rivera E	47	D3
Paternion A	68	B3
Paternò I	85	D3
Paternopoli I	80	B3
Patersdorf D	64	A4
Patiópoulo GR	92	C2
Patitíri GR	94	A2
Pátmos GR	99	F2
Pátmos (Nissí) GR	99	F2
Patras GR	92	C4
Patreksfjörður IS	106	A1
Patrington GB	11	F2
Pattada I	82	B2
Patterdale GB	10	C1
Patti I	85	D2
Pattijoki FIN	114	C1
Pau F	28	C3
Pauillac F	24	B4
Paúl P	40	C1
Paular (El) E	42	B1
Paularo I	68	A4
Paulhaguet F	26	A4
Paullo I	71	E4
Pavia P	40	B3
Pavia I	75	D1
Pavia (Certosa di) I	75	D1
Pavilly F	16	A4
Pávliani GR	93	E2
Pávlos GR	93	F3
Pavlovskij Posad RUS	125	F2
Pavullo nel Frignano I	75	F2
Paxí GR	92	A1
Paxí (Nissí) GR	86	A1
Payerne CH	27	E1
Paymogo E	46	C1
Payrac F	29	E1
Pazardžik BG	129	D2
Pazin HR	73	D4
Le Péage-de-Roussillon F	26	C4
Peal de Becerro E	48	B2
Peanía GR	94	A4
Peç YU	128	B2
Peccioli I	75	F3
Peckelsheim D	56	B4
Pécs H	128	A1
Pedaso I	77	D3
Pedernoso (El) E	42	C3
Pedersker DK	123	E4
Pedersöre / Pedersören K. FIN	114	B3
Pédi GR	103	E1
Pedrafita do Cebreiro E	32	C3
Pedrajas de San Esteban E	36	A4
Pedralba E	43	F3
Pedralba de la Pradería E	33	D4
Pedras Salgadas P	34	C3
Pedraza de la Sierra E	36	B4
Pedro Abad E	48	A1
Pedro Bernardo E	42	A2
Pedrógão E	46	B1
Pedrógão P	40	C1
Pedrógão Grande P	40	B2
Pedrola E	37	E3
Pedro Muñoz E	42	C3

PALERMO

0 — 1 km

MONDELLO · Pza Valdesi · V. Lorenzo Iandolino di Scalea · V. Principe di Scalea · PARTANNA · V. Partanna Castelforte · PUNTA DI PRIOLA · PALLAVICINO · PATTI · GOLFO DI PALERMO · Viale Regina Margherita · Viale Strasburgo · Viale della Regione · S. LORENZO · PARCO DELLA FAVORITA · RESUTTANA · Via Pietro Bonanno · MONTE PELLEGRINO · SANTUARIO DI STA ROSALIA · VERGINE MARIA · CASTELLO UTVEGGIO · CIMITERO DEI ROTOLI · ARENELLA · ACQUASANTA · CRUILLAS · Via Michelangelo · UDITORE · V. Leonardo da Vinci · A.C.I. · FIERA DEL MEDITERRANEO · Via Libertà · Via Dante · Via Noce · PORTO · BOCCADIFALCO · ALTARELLO · CATACOMBE DEI CAPPUCCINI · Pal. della Zisa · PAL. DEI NORMANNI · Corso Calatafimi · Via Ernesto Basile · ROMAGNOLO · MONREALE · SCIACCA S 624 · S 186 · S 121 · AGRIGENTO · A 19: CATANIA, MESSINA · AEROPORTO, TRAPANI · LIVORNO, GENOVA · NAPOLI, CAGLIARI · USTICA

PARIS

1 · 8 · 16 · 17

Grid references: 6, 5, 4, 3 (left margin); A, B, C, D, E (bottom margin)

ST DENIS · D 911 · A 15 CERGY-PONTOISE · D 909 · ARGENTEUIL

PORTE DE ST OUEN · PORTE DE CLICHY · PORTE D'ASNIÈRES · PORTE DE CHAMPERRET · PORTE MAILLOT · PORTE DAUPHINE · PORTE DE LA MUETTE

INTÉRIEUR · EXTÉRIEUR · PÉRIPHÉRIQUE

Districts / areas:
CLICHY · BATIGNOLLES · LEVALLOIS-PERRET · NEUILLY-SUR-SEINE · BOIS DE BOULOGNE · PUTEAUX · COURBEVOIE · LA GARENNE COLOMBES

Boulevards & avenues:
BOULEVARD DE REIMS · BOULEVARD · AVENUE · BOULEVARD VICTOR HUGO · BOULEVARD MALESHERBES · BOULEVARD DE CLICHY · AV. DE WAGRAM · AV. DE FRIEDLAND · AV. MAC MAHON · AV. CARNOT · AV. DE LA GRANDE ARMÉE · AV. FOCH · AV. DE MALAKOFF · AV. RAYMOND POINCARÉ · AV. KLÉBER · AV. D'IÉNA · AV. PRÉSIDENT WILSON · AV. MARCEAU · AV. GEORGE V · AV. DES CHAMPS ÉLYSÉES · AV. MONTAIGNE · RUE DE RIVOLI · AV. DE NEUILLY · CHARLES DE GAULLE · AVENUE DU BOIS DE BOULOGNE

Landmarks:
OPÉRA · GARE ST LAZARE · MADELEINE · STE MARIE MADELEINE · PLACE VENDÔME · PL. DE LA CONCORDE · JARDIN DES TUILERIES · MUSÉE DU LOUVRE · MUSÉE D'ORSAY · ASSEMBLÉE NATIONALE · PALAIS DE L'ÉLYSÉE · ÉLYSÉES · PETIT PALAIS · GRAND PALAIS · PARC MONCEAU · MUSÉE CERNUSCHI · MUSÉE NISSIM DE CAMONDO · MUSÉE JACQUEMART ANDRÉ · ARC DE TRIOMPHE · PL. CH. DE GAULLE ÉTOILE · PALAIS DES CONGRÈS DE PARIS · PALAIS GALLIERA · MUSÉE GUIMET · PALAIS DE TOKYO · MUSÉE D'ART MODERNE · PL. DU TROCADÉRO · PALAIS DE CHAILLOT · MUSÉE DE L'HOMME · MUSÉE DAPPER · MUSÉE MARMOTTAN · CIMETIÈRE DE MONTMARTRE · CIMETIÈRE DES BATIGNOLLES · SQUARE DES BATIGNOLLES · STE TRINITÉ · ST AUGUSTIN · ST ROCH · JEU DE PAUME · ORANGERIE · TOUR MAUBOURG · PONT DE L'ALMA · PONT DES INVALIDES · PONT ALEXANDRE III

BOIS DE BOULOGNE · JARDIN D'ACCLIMATATION · MUSÉE NATIONAL DES ARTS ET TRADITIONS POPULAIRES · PRÉ CATELAN · BAGATELLE · PARC DE BAGATELLE · LAC INFÉRIEUR · LAC SUPÉRIEUR · LONGCHAMP

Inset map — PTE MAILLOT / LA DÉFENSE:
Pte MAILLOT · PT DE NEUILLY · NEUILLY · LA DÉFENSE · LA GRANDE ARCHE · C.N.I.T. · MANHATTAN · LES QUATRE TEMPS · ESPLANADE DE LA DÉFENSE · PL. DE LA DÉFENSE · PARVIS · PÔLE UNIVERSITAIRE LÉONARD DE VINCI · COURBEVOIE · PUTEAUX

N 192 LA GARENNE COLOMBES · N 314 · A 14 · LA DÉFENSE A 14 · ROUEN · CERGY-PONTOISE · ST-GERMAIN-EN-LAYE N 13

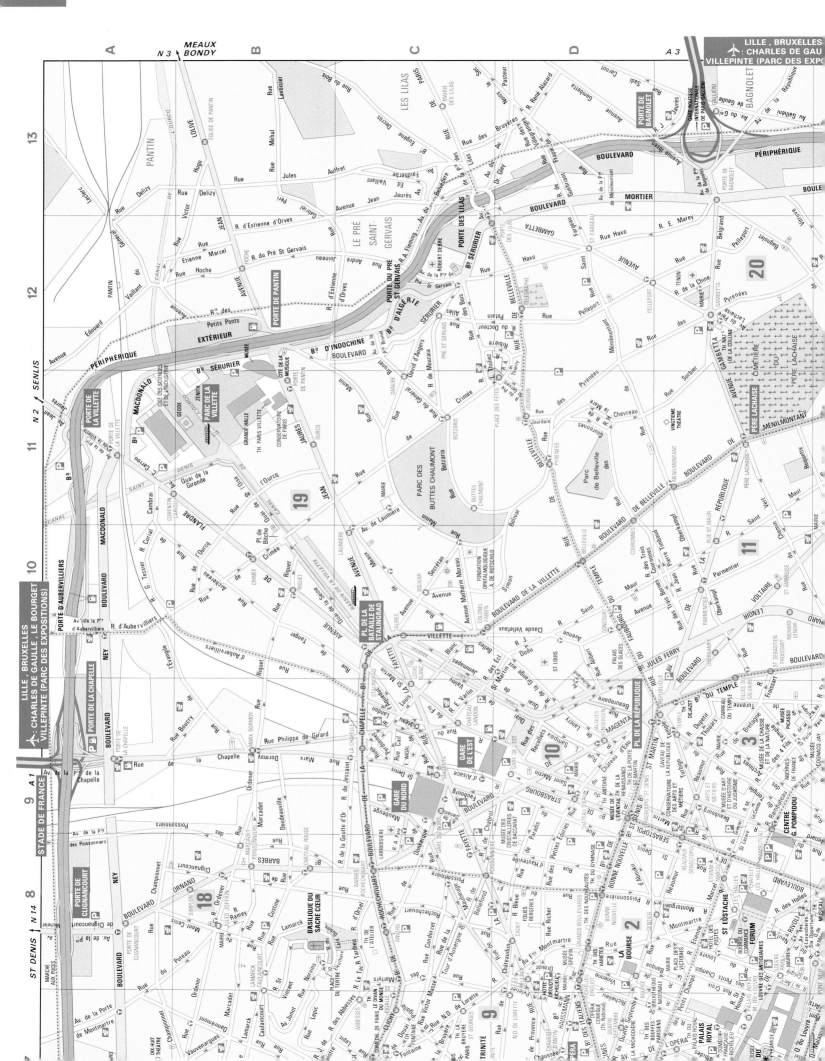

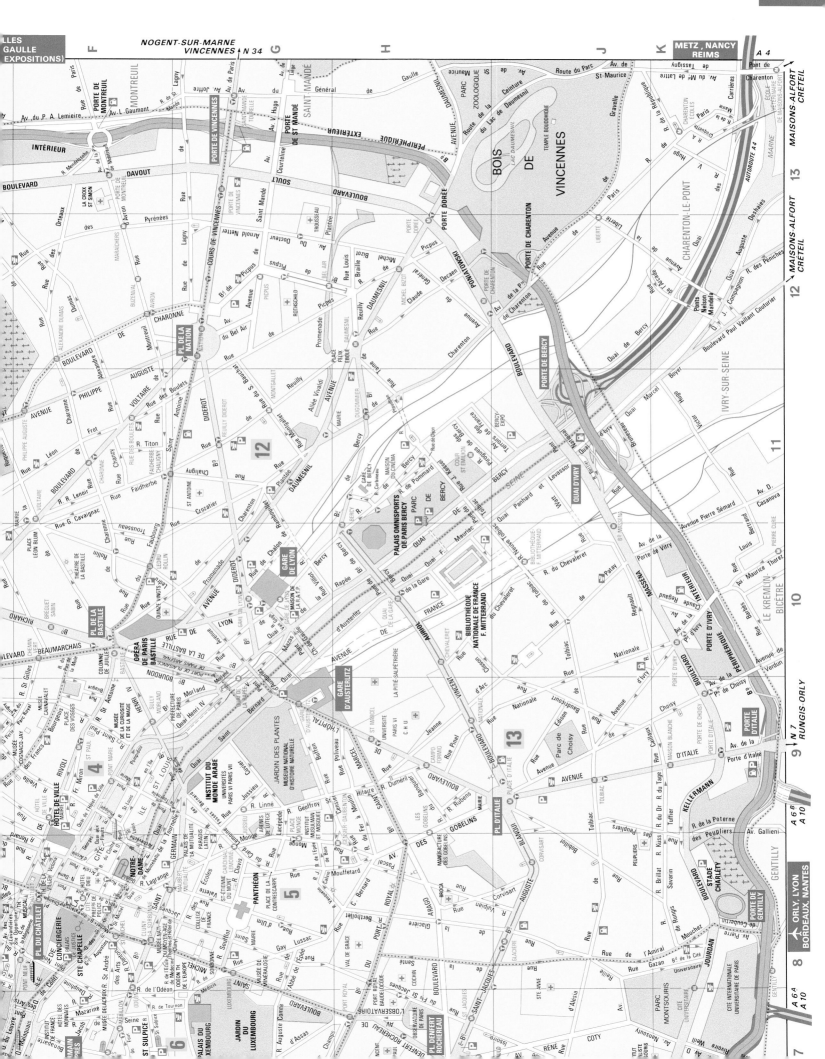

Pedroñeras (Las) E . 43 D3
Pedrosas (Las) E 37 F3
Pedroso (El) E 47 E1
Peebles GB 9 D3
Peel GB 3 F3
Peenemünde D 51 E2
Pefkári GR 89 E2
Pefkí GR 93 F2
Péfkos GR 87 D3
Pega P 41 D1
Pegalajar E 48 B2
Pegau D 63 E1
Pegli I 75 D2
Pegnitz D 63 E3
Pego E 44 B4
Pegognaga I 75 F1
Pegolotte I 72 B4
Peguera E 45 D3
Peine D 56 C3
Peio I 67 D4
Peïra-Cava F 31 F2
Peißenberg D 67 E2
Peiting D 67 D2
Peitz D 58 A3
Péla GR 88 A2
Pelasgía GR 93 F2
Pelekános GR 87 E3
Pélekas GR 86 B4
Peletá GR 97 E2
Pelhřimov CZ........ 64 C3
Pelješac HR 128 A2
Pelkosenniemi FIN .. 109 E1
Pellegrino Parmense
  I 75 E1
Pellegrue F 28 C1
Le Pellerin F 24 A1
Pellesmäki FIN 115 E3
Pello FIN 108 C2
Peltosalmi FIN...... 115 D2
Peltovuoma FIN 105 D4
Pélussin F 26 C4
Pembroke Dock /
  Doc Penfro GB..... 12 C1
Pembroke / Penfro
  GB 12 C1
Penacova P.......... 40 B1
Penafiel P 34 B4
Penalva do Castelo
  P 34 C4
Penamacor P........ 41 D1
Penarth GB 13 D2
Pendagii GR 93 D3
Pendálofo GR 92 C3
Pendálofos GR 87 D3
Pénde Vrísses GR ... 88 B2
Pendéli GR 94 A4
Pendeória GR 93 E3
Pendine GB 12 C1
Penedono P 34 C4
Penela P 40 B1
Pénestin F 19 D4
Penhas da Saúde P .. 40 C1
Penhas Juntas P 35 D3
Peniche P 40 A2
Penicuik GB 9 D3
Penig D 63 F1
Peníscola / Peñíscola
  E 44 B2
Penkun D 52 A3
Penmaenmawr GB.... 10 B3
Penna (Punta di) I.... 80 A1
Pennabilli I 76 B3
Penne F 77 E4
Penne-d'Agenais F .. 29 D1
Penrhyndeudraeth
  GB 10 B3
Penrith GB 10 C1
Penryn GB 12 B4
Pentrofoelas GB..... 10 B3
Penzance GB 12 B4
Penzberg D 67 E2
Penzlin D 51 F3
Peñafiel E 36 B3
Peñaflor E 47 E2
Peñaranda de
  Bracamonte E 35 F4
Peñaranda de Duero
  E 36 B3
Peñarroya-Pueblo-
  nuevo E 47 F1
Peñascosa E 43 D4
Peñas de San Pedro
  E 43 D4
Peñausende E....... 35 E4
Perä-Posio FIN 109 E2
Perahóra GR........ 93 F4
Peraleda del Zaucejo
  E 41 F4
Peralejos de las
  Truchas E....... 43 E1
Perales del Alfambra
  E 43 F1
Perales del Puerto E . 41 D1

Perales de Tajuña E . 42 C2
Peralta E........... 37 E2
Peralta de Alcofea E . 38 A3
Peralva P 46 B2
Pérama GR 94 A4
Pérama GR 86 B4
Pérama GR 100 C3
Pérama GR 95 F2
Pérama GR 87 D4
Pérama GR 87 D4
Peranka FIN......... 109 F3
Peräseinäjoki FIN ... 114 B4
Peratáta GR 92 A4
Percy F 19 E2
Pérdika GR 97 F1
Pérdika GR 92 B1
Pérdika GR 92 A1
Perdikáki GR........ 92 C2
Perdíkas GR 87 E2
Peréa GR 88 B2
Peréa GR 87 F2
Perejaslav-
  Chmel'nyc'kyj UA . 127 E2
Perelló (El) E 44 B1
Perelló (El) E 44 A3
Pereruela E......... 35 E4
Pereslavl'-Zalesskij
  RUS 125 F1
Perg A 68 B1
Pergine Valsugana I. 72 A3
Pergola I 76 C3
Perho FIN.......... 114 C3
Periana E 48 A3
Périers F 19 E1
Périgueux F 25 D4
Períklia GR 88 A1
Perino I 75 E1
Períssa GR 99 D4
Perísta GR 93 D3
Peristerá GR 88 B2
Peristéria (Tímvos)
  GR 96 B2
Perithório GR 88 C1
Perívlepto GR 93 E1
Perivóli GR 87 D4
Perivólio GR 93 D2
Perleberg D 51 D4
Përmet AL 128 B4
Pernå / Pernaja FIN.. 121 D3
Pernes-
  les-Fontaines F ... 30 C2
Pernik BG 128 C2
Perniö FIN 120 C4
Pernitz A........... 69 D1
Péronne F 16 C3
Perosa Argentina I... 27 F4
Pérouges F 26 C3
Perpignan F 30 A4
Perrero I 27 F4
Perreux F 26 B3
Perros-Guirec F 18 C2
Persenbeug A 68 C1
Pershore GB 13 E1
Persistéra (Nissí) GR. 94 B1
Perstorp S 123 D2
Perth GB 9 D2
Le Perthus F 30 A4
Pertisau A 67 E3
Pertoča SLO 73 F1
Pertoúli GR 92 C1
Pertteli FIN......... 120 C4
Pertuis F 31 D2
Pertunmaa FIN 121 D2
Pertusa E 38 A3
Perugia I 76 C4
Péruwelz B 17 D2
Pervenchères F 20 C3
Pervomajs'k UA..... 127 E3
Pesaro I 76 C2
Pescara I 77 E4
Pescasseroli I....... 79 F2
Peschici I 80 C1
Peschiera del Garda
  I 71 F4
Pescia I 75 F3
Pescina I 79 F1
Pescocostanzo I 79 F1
Pescolanciano I..... 80 A2
Pescopagano I...... 80 B3
Pescorocchiano I.... 79 E1
Peshkopi AL........ 128 B3
Pesiökylä FIN....... 115 E1
Pesmes F 27 D1
Peso da Régua P ... 34 C4
Pessáni GR 91 E2
Pestovo RUS....... 125 E1
Petäjäskoski FIN..... 109 D3
Petäjävesi FIN....... 121 D2
Petalax FIN......... 114 B3
Petalídi GR 96 C3
Petalií (Nissiá) GR... 94 B4
Petaloúdes GR 96 B2

Pétange L 22 C1
Pétas GR........... 92 B1
Peterborough GB ... 11 E4
Peterhead GB 7 F4
Peterlee GB........ 9 F4
Petersfield GB 14 B4
Petershagen D 56 B3
Pethelinós GR 88 C1
Petilia Policastro I.. 83 F2
Petina I 80 B3
La Petite-Pierre F.... 23 E2
Petite-Rosselle F.... 23 D1
Petkula FIN 109 D1
Petoússio GR........ 92 A1
Pétra GR........... 88 A3
Petra E 45 E3
Pétra GR 95 F1
Petralia Sottana I ... 84 C3
Petrálona GR 88 B3
Petraná GR 87 F3
Petrer E 49 F1
Pétres GR 87 E2
Petreto-Bicchisano
  F 78 A4
Petrič BG 128 C3
Petrína GR 96 C3
Petrodvorec RUS ... 125 D1
Petrohóri GR 92 C3
Pétrola E 43 E4
Petróna GR 92 C2
Petroşani RO 128 C1
Petrotá GR 91 E1
Petrothálassa GR.... 97 E2
Petroússa GR 89 D1
Petrovac YU 128 B1
Pettenbach A 68 B1
Pettigoe IRL 2 C2
Petworth GB........ 14 B4
Pewsey GB 13 F2
Peyrat-le-Château F . 25 E3
Peyrehorade F 28 B3
Peyriac-Minervois F . 29 F3
Peyrolles-
  en-Provence F ... 31 D2
Peyruis F 31 D2
Pézenas F 30 A3
Pezinok SK 126 A3
Pezoúla GR 89 F1
Pfaffenhofen a. d.
  Ilm D 67 E1
Pfäffikon CH 66 B3
Pfalzgrafenweiler D.. 23 F2
Pfarrkirchen D...... 68 A1
Pfeffenhausen D 67 E1
Pforzheim D 23 F2
Pfreimd D 63 F3
Pfronten D......... 67 D3
Pfullendorf D....... 66 C2
Pfullingen D........ 66 B1
Pfunds A 67 D4
Pfungstadt D 62 B3
Phalsbourg F 23 E2
Philippeville B 17 E3
Philippsreut D...... 64 A4
Piacenza I 75 E1
Piadena I 75 F1
Pian del Voglio I 76 A2
Piana F 78 A3
Piana degli Albanesi
  I 84 B2
Piancastagnaio I.... 76 B4
Piancavallo I 72 B3
Piandelagotti I...... 75 F2
Pianella I 79 F1
Pianello I 76 C3
Piano
  del Cansiglio I 72 B3
Pianoro I 76 A2
Piansano I 78 C1
Piatra-Neamț RO... 127 D4
Piazza al Serchio I... 75 F2
Piazza Armerina I... 85 D3
Piazza Brembana I... 71 E3
Piazzola sul Brenta I . 72 A4
Piber A 68 C3
Picassent E 43 F3
Picazo (El) E 43 D3
Picerno I 80 C3
Pickering GB 11 E1
Pico I 79 F2
Picquigny F 16 C3
Piedicavallo I 70 C4
Piedicroce F........ 78 A1
Piedicroce F........ 78 B3
Piedíluco I 79 D1
Piedimonte Matese
  I 80 A2
Piedra (Monasterio
  de) E 37 E4
Piedrabuena E 42 B4

Piedrafita de Babia
  E 33 D3
Piedrahita E 41 F1
Piedralaves E 42 A1
Piedras Albas E 41 D2
Piedratajada E 37 F3
Pieksämäki FIN 115 E4
Pielavesi FIN....... 115 D3
Piennes F 22 C1
Pienza I 76 B4
Pierowall GB 7 E1
Pierre-Buffière F 25 E3
Pierre-de-Bresse F .. 26 C1
Pierrefitte-Nestalas
  F 28 C4
Pierrefitte-sur-Aire F. 22 C2
Pierrefonds F 17 D4
Pierrefontaine-les-
  Varans F 27 E1
Pierrefort F 26 A4
Pierrelatte F 30 C1
Piešťany SK 126 A3
Pietra Ligure I...... 74 C2
Pietralunga I 76 C3
Pietraperzia I....... 84 C3
Pietrasanta I 75 F3
Les Pieux F 19 E1
Pieve del Cairo I.... 75 D1
Pieve di Bono I 71 F3
Pieve di Cadore I.... 67 F4
Pieve di Soligo I 72 B3
Pieve di Teco I 74 C3
Pieve Sto Stefano I.. 76 B3
Pievepelago I 75 F2
Pigádi GR 93 F2
Pigés GR........... 92 C1
Pigí GR 93 D3
Pigna I 74 C3
Pihlajaveden as FIN . 114 C4
Pihlajavesi
  FIN 114 C4
Pihlava FIN 120 B2
Pihtipudas FIN...... 115 D3
Piikkiö FIN 120 B4
Piippola FIN 115 D3
Piispajärvi FIN...... 109 F3
Pikal'ovo RUS 125 E1
Pikérmi GR 94 B4
Piła PL 52 C3
Pilas E 47 D2
Pilat-Plage F........ 28 B1
Piléa GR 91 E2
Piles F 44 A4
Pilés GR 103 D4
Píli GR 94 A4
Píli GR 92 C1
Píli GR 87 D2
Pílio GR 94 A2
Pílio GR 103 D1
Pílio (Óros) GR 93 F1
Pilorí GR 87 E3
Pílos GR 96 B3
Pilštanj SLO 73 F2
Pina de Ebro E 37 F4
Pineda de la Sierra E. 36 C2
Pineda de Mar E 39 D4
Pinell de Brai (El) E.. 44 B1
Pinerolo I 27 F4
Pineto I 77 E4
Piney F 22 B3
pingeyri IS 106 A1
pingvellir IS 106 A2
Pinhal Novo P 40 A4
Pinhão P 34 C4
Pinheiro P 34 B3
Pinhel P 35 D4
Pinilla (La) E 36 B4
Pinkafeld A 69 D2
Pinneberg D........ 50 B3
Pino F 78 A2
Pinofranqueado E .. 41 E1
Pinols F 26 A4
Pinós (El) E 49 E1
Pinos Puente E...... 48 A3
Pinsk BY 126 C1
Pintamo FIN 109 E3
Pinto E 42 B2
Pinzano al
  Tagliamento I..... 68 A4
Pinzolo I 71 F3
Piña de Campos E .. 33 F4
Piobbico I 76 C3
Piombino I 75 F4
Pione I 75 E2
Pionsat F 25 F2
Piotrków
  Trybunalski PL 126 A2
Piove di Sacco I..... 72 B4
Piovene Rocchette I . 72 A3
Pipéri (Nissí) GR.... 94 B1
Pipriac F 19 D3
Piran SLO 72 C4
Pireás GR 94 A4

Pirgadíkia GR........ 88 C3
Pirgetós GR......... 88 A4
Pirgí GR 86 B4
Pirgí GR 89 D1
Pirgí GR 87 F2
Pirgí GR 95 F4
Pírgos GR 88 A2
Pírgos GR 96 B1
Pírgos GR 101 D3
Pírgos GR 99 F1
Pírgos GR 93 F3
Pírgos Diroú GR 97 D3
Piriac-sur-Mer F 19 D4
Pirkkala FIN 120 C2
Pirmasens D 23 E1
Pirna D 64 A1
Pirot YU 128 C2
Pirsógiani GR....... 87 D3
Pirttikoski FIN...... 109 E2
Pisa I 75 F3
Pisciotta I 80 B4
Písek CZ 64 B3
Pisogne I 71 E4
Písses GR 98 A1
Pissodéri GR 87 E2
Pissónas GR 94 A3
Pissos F 28 B1
Pisticci I 81 D3
Pistoia I 76 A3
Piteå S 108 B4
Piteşti RO 129 D1
Pithagório GR 99 F1
Píthio GR 91 F1
Píthio GR 87 F3
Pithiviers F 21 E3
Pitigliano I 78 C1
Pitlochry GB 9 D1
Pittenween GB 9 E2
Pivka SLO 73 D3
Pizarra E 47 F3
Pizzighettone I...... 75 E1
Pizzo I 83 E3
Pizzoli I 79 E1
P"jatychatky UA 127 F2
Plabennec F 18 B2
Plagiá GR 88 B1
Plagiá GR 91 D2
La Plagne F 27 E3
Plaisance F 28 C3
Pláka GR 91 D2
Pláka GR 97 E2
Pláka GR 89 F4
Pláka Litohórou GR . 88 A3
Plakiás GR 100 C4
Les Planches-
  en-Montagne F ... 27 D2
Plancoët F 19 D2
Planina SLO 73 D2
Planina SLO 73 D3
Planina SLO 73 E2
Plános GR 96 A1
Plasencia E 41 E2
Platamona Lido I.... 82 A1
Platamónas GR 88 A4
Platamónas GR 89 E1
Platanákia GR 88 A4
Platanés GR 100 C3
Platánia GR 96 C2
Platániá GR 89 E1
Plataniá GR 93 F2
Platanistós GR 94 C4
Platanítis GR 93 D3
Plátanos GR 100 A3
Plátanos GR 97 D2
Plátanos GR 93 E2
Platariá GR 92 A1
Plateau-d'Assy F.... 27 E3
Plateés GR 93 F4
Pláti GR 91 F1
Platiána GR 96 B1
Platígiali GR 92 B3
Platikambos GR 88 A4
Platís Gialós GR 92 A4
Platís Gialós GR 98 C2
Platís Gialós GR 98 B3
Platistomo GR 93 D2
Platja d'Aro E 39 E3
Platja de Sant Joan
  E 49 F1
Platja i Grau de
  Gandia E 44 A4
Plattling D 63 F4
Plau D 51 E3
Plaue D 57 D4
Plauen D 63 E2
Plavsk RUS 125 F3
Plaza (La) E 33 E3
Pleaux F 25 F4
Pleine-Fougères F ... 19 E2
Pleinfeld D 63 D4
Plélan-le-Grand F ... 19 D3
Plélan-le-Petit F 19 D2

Plentzia E 36 C1
Plépi GR 97 F2
Plestin-les-Grèves F. 18 C2
Plettenberg D 62 A1
Pleumartin F 25 D1
Pleumeur-Bodou F .. 18 C2
Pleven BG 129 D2
Pleyben F 18 B3
Pliego E 49 E2
Plítra GR 97 D3
Plitvice HR 73 F4
Pljevlja YU 128 A2
Ploaghe I 82 B2
Plochingen D........ 66 C1
Płock PL 126 A1
Ploemeur F 18 C4
Plön D 50 C2
Plœrmel F 19 D3
Plœuc-sur-Lié F 18 C3
Ploieşti RO 129 D1
Plomári GR 95 F2
Plombières-les-
  Bains F 23 D3
Plomin HR 73 D4
Plonéour-
  Lanvern F 18 B3
Plouagat F.......... 18 C2
Plouaret F 18 C2
Plouay F........... 18 C3
Ploubalay F 19 D2
Ploudalmézeau F ... 18 A2
Plouescat F 18 B2
Plougasnou F....... 18 B2
Plougastel-Daoulas
  F 18 B2
Plougonven F 18 B2
Plouguenast F 19 D3
Plouha F........... 18 B2
Plouigneau F 18 B2
Ploumanach F 18 C2
Plouzévédé F 18 B2
Plovdiv BG 129 D2
Plumbridge GB...... 3
Pluvigner F 18 C4
Plymouth GB 12 C3
Plympton GB 12 C3
Plymstock GB 12 C3
Plzeň CZ 64 A3
Płońsk PL 126 A1
Pobla de Benifassà
  (La) E 44 A1
Pobla Tornesa (La) E. 44 A2
Pobla de Lillet (La) E. 38 C3
Pobla de Massaluca
  (La) E 38 A4
Pobla de Segur (La)
  E 38 B3
Pobla de Vallbona
  (La) E 43 F3
Pobla Llarga (La) E.. 43 F4
Pobo de Dueñas (El)
  E 43 E1
Počep RUS.......... 125 F4
Pöchlarn A 68 C1
Počinok RUS........ 125 E3
Pocking D 68 A1
Podčetrtek SLO 73 F2
Podensac F 28 C2
Podersdorf am See
  A 69 E1
Podgorica YU 128 A3
Podgrad SLO 73 D3
Podkoren SLO 72 C2
Podogorá GR 92 C2
Podohóri GR 89 D2
Podol'sk RUS 125 F3
Podpec SLO 73 D3
Podsreda SLO 73 F2
Pörnbach D 67 E1
Pößneck D 63 E1
Pöttmes D 67 E1
Poggibonsi I 76 A3
Poggio Imperiale I... 80 B3
Poggio Mirteto I.... 79 D1
Poggio Renatico I... 76 A1
Poggio Rusco I...... 76 A1
Pöggstall A 68 C1
Pogoniani GR 86 C3
Pogradec AL........ 128 B3
Pohja / Pojo FIN 120 C4
Pohja-Lankila FIN... 121 D3
Pohjaslahti FIN..... 120 C2
Pohjaslahti FIN..... 109 D1
Poiana Braşov RO... 129 D1
Poio E 32 A3
Le Poiré-sur-Vie F .. 24 B1
Poirino I 74 C1
Poissons F 22 C3
Poitiers F 25 D1
Poix-de-Picardie F .. 16 B4
Poix-Terron F 17 E4

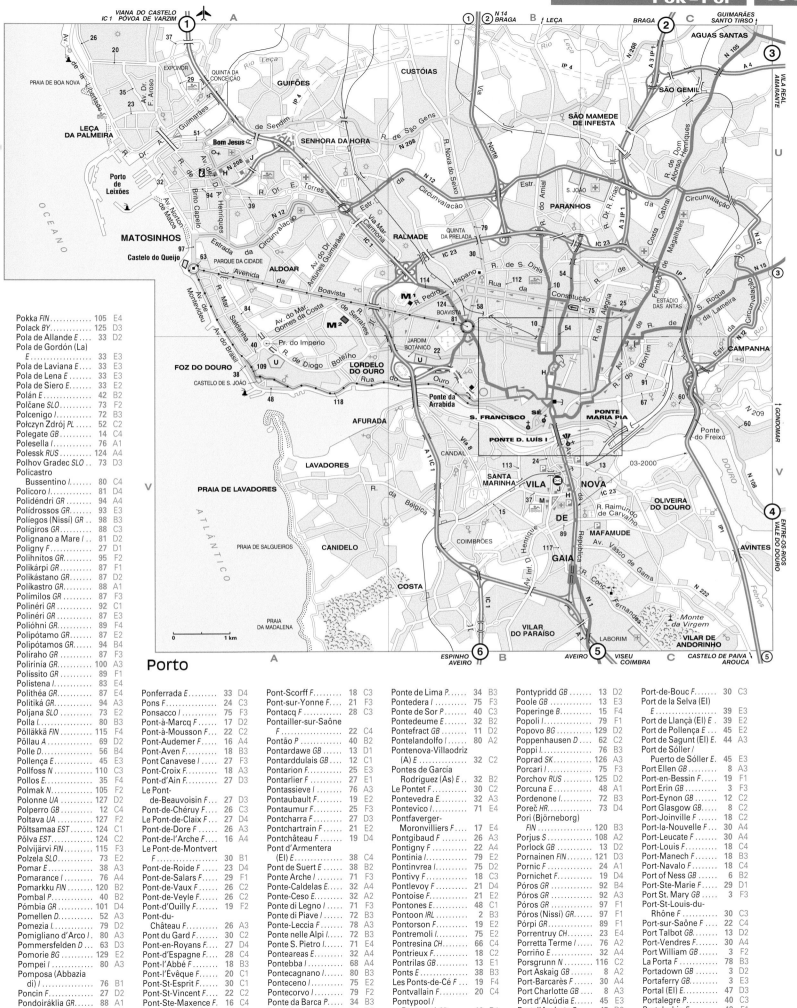

Porto

Pokka FIN............. 105 E4
Polack BY............. 125 D3
Pola de Allande E.... 33 D2
Pola de Gordón (La)
  E 33 E3
Pola de Laviana E... 33 E3
Pola de Lena E 33 E3
Pola de Siero E...... 33 E2
Polán E 42 B2
Polčane SLO.......... 73 F2
Polcenigo I.......... 72 B3
Połczyn Zdrój PL 52 C2
Polegate GB 14 C4
Polesella I.......... 76 A1
Polessk RUS .. 124 A4
Polhov Gradec SLO .. 73 D3
Policastro
  Bussentino I...... 80 C4
Policoro I........... 81 D4
Polidéndri GR 94 A4
Polídrossos GR....... 93 E3
Políegos (Níssí) GR .. 98 B3
Polígiros GR......... 88 C3
Polignano a Mare I.. 81 D2
Poligny F............ 27 D1
Polihnítos GR........ 95 F2
Polikárpi GR 87 F1
Polikástano GR....... 87 D2
Políkastro GR........ 88 A1
Polímilos GR 87 F3
Polinéri GR 92 C1
Polinéri GR 87 E3
Polióhni GR 89 F4
Polipótamo GR 87 E2
Polipótamos GR...... 94 B4
Políraho GR 87 F3
Polirinía GR......... 100 A3
Políssito GR 89 F1
Polistena I.......... 83 E4
Políthea GR.......... 87 E4
Politiká GR.......... 94 A3
Poljana SLO 73 E2
Polla I.............. 80 B3
Pölläkkä FIN 115 F4
Pöllau A 69 D2
Polle D.............. 56 B4
Pollença E........... 45 E2
Pollfoss N 110 C3
Pollos E............. 35 F4
Polmak N............. 105 F2
Polonne UA 127 D2
Polperro GB 12 C4
Poltava UA 127 F2
Pôltsamaa EST 124 C1
Pôlva EST............ 124 C2
Polvijärvi FIN 115 F3
Polzela SLO 73 E2
Pomar E 38 A3
Pomarance I 76 A4
Pomarkku FIN 120 B2
Pombal P............. 40 B2
Pómbia GR 101 D4
Pomellen D........... 52 B2
Pomezia I 79 D2
Pomigliano d'Arco I.. 80 A3
Pommersfelden D ... 63 D3
Pomorie BG 129 D4
Pompei I............. 80 A3
Pomposa (Abbazia
  di) I 76 B1
Poncin F............. 27 D2
Pondoiráklia GR...... 88 A1
Pondokómi GR 87 F3

Ponferrada E......... 33 D4
Pons F............... 24 C3
Ponsacco I 75 F3
Pont-à-Marcq F...... 17 D2
Pont-à-Mousson F... 22 C2
Pontailler-sur-Saône
  F 22 C4
Pontão P 40 B2
Pontardawe GB 13 D1
Pontarddulais GB 12 C1
Pontarlier F......... 27 E1
Pontassieve I 76 A3
Pontaubault F....... 19 E2
Pontaumur F......... 25 F3
Pontcharra F......... 27 D3
Pontchartrain F...... 21 E2
Pontchâteau F 19 D4
Pont d'Armentera
  (El) E.............. 38 C4
Pont de Suert E 38 B2
Pont Arche F 71 F3
Ponte-Caldelas E.... 32 A4
Ponte-Ceso E......... 32 A2
Ponte di Legno I 71 F3
Ponte di Piave I 72 B3
Ponte-Leccia F 78 A3
Ponte nelle Alpi I.... 72 B3
Ponte S. Pietro I 71 E4
Ponteareas E......... 32 A4
Pontebba I 68 A4
Pontecagnano I...... 80 B3
Ponteceno I.......... 75 E2
Pontecorvo I......... 79 F2
Ponte da Barca P.... 34 B3
Pontedecimo I....... 75 D2

Pont-Scorff F......... 18 C3
Pont-sur-Yonne F.... 21 F3
Pontacq F 28 C3
Ponte de Lima P...... 34 B3
Pontedera I 75 F3
Ponte de Sor P 40 C3
Pontedeume E........ 32 B2
Pontefract GB 11 D2
Pontelandolfo I...... 80 A2
Pontenova-Villaodriz
  (A) E 32 C2
Pontes de García
  Rodríguez (As) E .. 32 B2
Le Pontet F.......... 30 C2
Pontevedra E........ 32 A3
Pontevico I.......... 71 E4
Pontfaverger-
  Moronvilliers F.... 17 E4
Pontgibaud F 26 A3
Pontigny F........... 22 A4
Pontinia I............ 79 E2
Pontinvrea I......... 75 D2
Pontivy F............ 18 C3
Pontlevoy F.......... 21 D4
Pontoise F........... 21 E2
Pontones E........... 48 C1
Pontoon IRL 2 B3
Pontorson F.......... 19 E2
Pontremoli I......... 75 E2
Pontresina CH....... 66 C4
Pontrieux F.......... 18 C2
Pontrilas GB......... 13 E1
Ponts E.............. 38 B3
Les Ponts-de-Cé I... 19 F4
Pontvallain F......... 20 C4
Pontypool /
  Pontypwl GB 13 D1

Pontypridd GB 13 D2
Poole GB 13 E3
Poperinge B.......... 15 F4
Popoli I.............. 79 F1
Popovo BG 129 D2
Poppenhausen D 62 C2
Poppi I.............. 76 B3
Poprad SK 126 A3
Porcari I............. 75 F3
Porchov RUS 125 D2
Porcuna E............ 48 A1
Pordenone I.......... 72 B3
Poreč HR............ 73 D4
Pori (Björneborg)
  FIN 120 B3
Porjus S 108 A2
Porlock GB 13 D2
Pornainen FIN 121 D3
Pornic F 24 A1
Pornichet F 19 D4
Póros GR 92 B4
Póros GR 92 A3
Póros GR 97 F1
Póros (Níssí) GR...... 97 F1
Pórpi GR 89 F1
Porrentruy CH....... 23 E4
Porretta Terme I 76 A2
Porriño E 32 A4
Porsgrunn N 116 C2
Port Askaig GB 8 A2
Port-Barcarès F 30 A4
Port Charlotte GB 8 A3
Port d'Alcúdia E...... 45 E2
Port d'Andratx E 45 D3

Port-de-Bouc F........ 30 C3
Port de la Selva (El)
  E 39 E3
Port de Llançà (El) E .. 39 E2
Port de Pollença E 45 E2
Port de Sagunt (El) E.. 44 A3
Port de Sóller /
  Puerto de Sóller E.. 45 E3
Port Ellen GB 8 A3
Port-en-Bessin F 19 F1
Port Erin GB 3 F3
Port-Eynon GB 12 C2
Port Glasgow GB....   8 C2
Port-Joinville F 18 C2
Port-la-Nouvelle F 30 A4
Port-Leucate F 30 A4
Port-Louis F 18 C4
Port-Manech F....... 18 B3
Port-Navalo F 18 C4
Port of Ness GB 6 B2
Port-Ste-Marie F..... 29 D1
Port St. Mary GB 3 F3
Port-St-Louis-du-
  Rhône F............ 30 C3
Pórto Talbot GB...... 13 D2
Port-Vendres F....... 30 A4
Port William GB 3 F2
La Porta F 78 B3
Portadown GB 3 D2
Portaferry GB.........   3 E3
Portal (El) E........... 47 D3
Portalegre P.......... 40 C3
Portalrubio E 43 F1

Portariá GR	93 F1	Porto Azzurro I	75 F4	Portonovo E	32 A4	Potenza I	80 C3	Požega HR	128 A1	Praia da Vieira P	40 A2
Portarlington / Cúil an tSúdaire IRL	2 C4	Pórto Carrás GR	88 C3	Portopetro E	45 E3	Potenza Picena I	77 D3	Poznań PL	53 D4	Praia de Mira P	40 B1
Portavogie GB	3 E2	Porto Ceresio I	71 C4	Portorož SLO	72 C4	Potes E	33 F3	Pozo Alcón E	48 C2	Praia de Santa Cruz P	40 A3
Porta Westfalica D	56 B3	Porto Cervo I	78 A3	Portoscuso I	82 A4	Potigny F	19 F2	Pozoblanco E	47 F1	Prali I	27 F4
Portbail F	19 E1	Porto Cesareo I	81 F3	Portovenere I	75 E2	Potós GR	89 C2	Pozo Cañada E	43 E4	Pralognan-la-Vanoise F	27 E4
Portbou E	30 A4	Porto do Barqueiro E	32 C2	Portpatrick GB	3 E2	Potsdam D	57 F2	Pozo de Guadalajara E	42 C1	Prámanda GR	92 B1
Portel P	40 C4	Porto do Son E	32 A3	Portree GB	6 B4	Pottenstein A	69 D1	Pozo Higuera E	49 D2	Prangío GR	91 E1
Portelo P	35 D3	Porto Empedocle I	84 C4	Portrush GB	3 D1	Potters Bar GB	14 C3	Pozohondo E	43 E4	Prassiá GR	92 B2
Pórtes GR	97 F1	Porto Ercole I	78 C1	Portsalon IRL	2 C1	Potton GB	14 C2	Pozondón E	43 E1	Prassiés GR	100 C3
Portet de Morella (EI) E	44 A4	Porto Garibaldi I	76 B1	Portsmouth GB	13 F3	Pouancé F	19 E4	Pozuelo E	43 D4	Prat del Comte E	44 A1
Portezuelo E	41 E2	Pórto Germenó GR	93 F4	Portstewart GB	3 D1	Pougues-les-Eaux F	26 A1	Pozuelo de Calatrava E	42 B4	Prat de Llobregat (EI) E	39 D4
Portglenone GB	3 D2	Pórto Kágio GR	97 D4	Portugalete E	36 C1	Pouilly-sous-Charlieu F	26 B2	Pozuelo de Zarzón E	41 E2	Pratella I	80 A2
Porthcawl GB	13 D2	Porto Pino I	82 B4	Portumna / Port Omna IRL	2 C4	Pouilly-sur-Loire F	26 A1	Pozzallo I	85 E4	Prati di Tivo I	77 D4
Porthmadog GB	10 A3	Pórto Ráfti GR	98 A1	Porvoo / Borgå FIN	121 D4	Le Pouldu F	18 C4	Pozzomaggiore I	50 A3	Prato I	76 A3
Portici I	80 A3	Porto Recanati I	77 D3	Porzuna E	42 B3	Le Pouliguen F	19 D4	Pozzomaggiore I	82 B2	Prato I	76 B4
Portilla de la Reina E	33 F3	Porto Rotondo I	78 A3	Posada E	78 A4	Poúlithra GR	97 E2	Pozzuoli I	80 A3	Pratola Peligna I	79 F1
Portillo E	36 A4	Porto S. Elpidio I	77 D3	Posada E	47 F1	Poúnda GR	98 C3	Pozzuolo del Friuli I	72 C3	Prats-de-Mollo-la-Preste F	39 D2
Portimão P	46 A2	Porto S. Giorgio I	77 D3	Poschiavo CH	71 E3	Pournári GR	93 E1	Pra-Loup F	31 E1	Prats de Lluçanès E	38 C3
Portimo FIN	109 D3	Porto Sto Stefano I	78 C1	Posio FIN	109 E2	Poussu F	109 F3	Pradelles F	30 B1	Prauthoy F	22 C4
Portinho da Arrábida P	40 A4	Porto Tolle I	76 B1	Positano I	80 A3	Pouyastruc F	28 C3	Prádena E	36 B4	Pravia E	33 E2
Portishead GB	13 E2	Porto Torres I	82 A1	Possídi GR	88 C4	Pouzauges F	24 B1	Prades F	29 F4	Pravdinsk RUS	124 A4
Portlaoise / Port Laoise IRL	5 D2	Porto-Vecchio F	78 B4	Possidonía GR	98 C2	Le Pouzin F	30 C1	Prado del Rey E	47 D3	Praha CZ	64 B2
Portman E	49 E2	Portocristo E	45 E3	Posta I	77 D4	Považská Bystrica SK	126 A3	Pradoluengo E	36 C2	Prahecq F	24 C2
Portmarnock IRL	3 E4	Porto de Lagos P	46 A2	Postojna SLO	73 D3	Poveda de la Sierra E	43 D1	Præstø DK	122 C3	Prachatice CZ	64 B4
Portnacroish GB	8 B1	Porto de Mós P	40 B2	Potamí GR	90 A1	Póvoa de Lanhoso P	34 B3	Prägraten A	67 F3	Praia a Mare I	80 C4
Portnaguran GB	6 B2	Portoferraio I	75 F4	Potamiá GR	97 D3	Póvoa de Varzim P	34 B3	Pré-en-Pail F	19 F3	Praia da Tocha P	40 B1
Portnahaven GB	8 A3	Portofino I	75 D2	Potamiés GR	101 E3	Poysdorf A	65 E4	Pré-St. Didier I	27 F3	Praia da Barra P	34 B4
Porto F	78 A3	Portogruaro I	72 C3	Potamós GR	100 A2	Pöytyä FIN	120 B3	Prebold SLO	73 E2	Praia da Rocha P	46 A2
Porto P	34 B4	Portohéli GR	97 E2	Potamós GR	97 E4	Poza de la Sal E	36 C2	Prebeld CZ	64 B2	Predappio I	76 B2
Porto Alto P	40 A3	Pörtom FIN	114 B4	Potamoúla GR	92 C2	Požarevac YU	128 B1	Predazzo I	67 E4	Preddvor SLO	73 D2
		Portomaggiore I	76 B1							Predeal RO	129 D1
		Portomarin E	32 C3							Predel SLO	72 C2
		Portomouro E	32 A3								

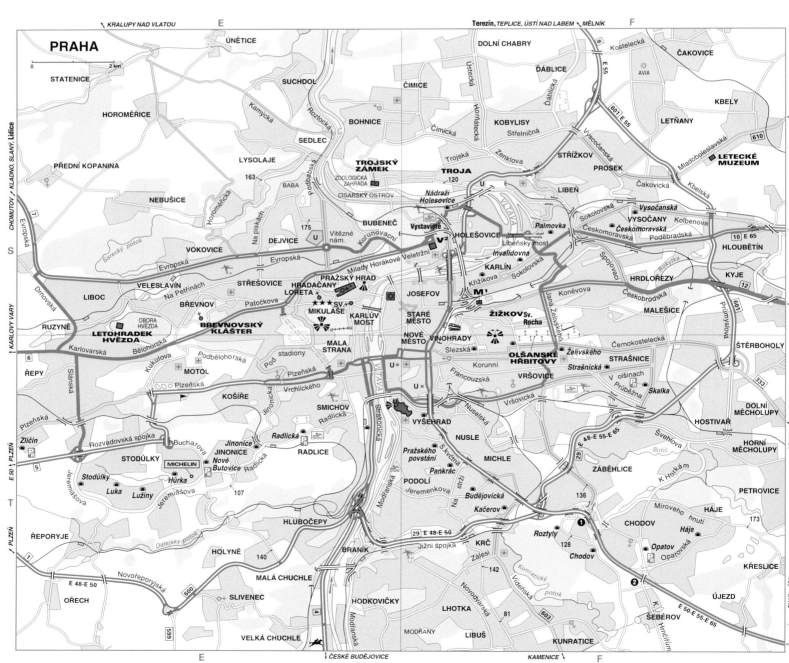

Predoi / Prettau I..... 67 F3
Preetz D 50 C2
Pregarten A 68 B1
Prémery F 26 A1
Premià de Mar E 39 D4
Premilcuore I 76 B2
Premnitz D 57 E2
Prenzlau D 51 F3
Prerow D 51 E2
Préspa GR 87 D2
Pressath D 63 E3
Pressbaum A 69 D1
Prestatyn GB 10 C4
La Preste F 39 D2
Presteigne GB 10 C4
Prestfoss N 117 D1
Preston GB 10 C2
Prestonpans GB 9 D2
Prestwick GB 3 F1
Prešov SK 126 B3
Pretoro I 79 F1
Prettin D 57 F4
Pretzsch D 57 F4
Preuilly-sur-Claise F 25 D1
Préveza GR 92 B2
Priego E 43 D1
Priego de Córdoba E 48 A2
Prien D 67 F2
Prienai LT 124 B4
Prievidza SK 126 A3
Prijedor BIH 128 A1
Prijepolje YU 128 B2
Prilep MK 128 B3
La Primaube F 29 F1
Primel-Trégastel F 18 B2
Primolano I 72 B3
Primorsk RUS 124 C1
Primstal D 23 D1
Princetown GB 12 C3
Principauté de Monaco MC F2
Prinés GR 100 C3
Prínos GR 89 E2
Priština YU 128 B2
Pritzerbe D 57 E2
Pritzier D 51 D4
Pritzwalk D 51 E4
Privas F 30 C2
Priverno I 79 E2
Prizren YU 128 B3
Prizzi I 84 B3
Proaza E 33 E3
Probstzella D 63 D2
Procida I 79 F3
Pródromos GR 93 F3
Proença-a-Nova P 40 C2
Prötzel D 52 A4
Profitis Ilías GR 103 F2
Profondeville B 17 F2
Próhoma GR 88 A2
Prokópi GR 94 A3
Prokuplje YU 128 B2
Prómahi GR 87 F1
Promahónas GR 88 C1
Promíri GR 93 F1
Pronsfeld D 61 E3
Propriano F 78 A4
Proskinás GR 93 F3
Prossedi I 79 E2
Prossílio GR 89 E1
Prossotsáni GR 89 D1
Prostějov CZ 65 E2
Próti GR 89 D1
Próti (Nissí) GR 96 B3
Protoklíssio GR 91 E1
Proussós GR 92 C2
Provatónas GR 91 E1
Provenchères-sur-Fave F 23 E3
Provencio (El) E 43 D3
Provins F 21 F2
Prudhoe GB 9 E4
Prüm D 61 E3
Pruna E 47 E3
Prunetta I 75 F2
Pružany BY 126 C1
Pryluky UA 127 F1
Przasnysz PL 126 A1
Przemyśl PL 126 B2
Přerov CZ 65 E2
Příbram CZ 64 A3
Psahná GR 94 A3
Psáka GR 92 A1
Psará GR 95 E3
Psará (Nissí) GR 95 E3
Psaráes GR. 87 D2
Psári GR 96 C2
Psári GR 97 D1
Psáthi GR 98 B3
Psathópirgos GR 93 D3
Psathotópi GR 92 B2
Psérimos (Nissi) GR.. ..... 103 D1
Psihikó GR. 93 E1

Psihró GR 101 E4
Psínthos GR 103 F2
Pskov RUS 125 C2
Pteléa GR 89 E1
Ptolemaïda GR 87 E2
Ptuj SLO 73 F2
Puchberg am Schneeberg A 69 D1
Puckeridge GB 14 C2
Puçol E 44 A3
Pudasjärvi / Kurenalus FIN 109 E3
Puebla de Alcocer E 41 F4
Puebla de Almenara E 42 C2
Puebla de Almoradiel (La) E 42 C3
Puebla de Beleña E 42 C1
Puebla de Cazalla (La) E 47 E2
Puebla de Don Fadrique E 48 C1
Puebla de Don Rodrigo E 42 A3
Puebla de Guzmán E 46 C2
Puebla de Híjar (La) E 37 F4
Puebla de la Calzada E 41 D4
Puebla de la Reina E 41 E4
Puebla del Caramiñal E 32 A3
Puebla de Lillo E 33 F3
Puebla de los Infantes (La) E 47 E1
Puebla del Río (La) E 47 D2
Puebla de Montalbán (La) E 42 A2
Puebla de Obando E 41 D3
Puebla de Sanabria E 33 D4
Puebla de Trives E 32 C4
Puebla de Valverde (La) E 43 F2
Pueblanueva (La) E 42 A2
Pueblica de Valverde E 35 E3
Puente (El) E 36 C1
Puente de Domingo Flórez E 33 D4
Puente de Génave E 48 C1
Puente del Arzobispo (El) E 41 F2
Puente de los Fierros E 33 E3
Puente de Montañana E 38 B3
Puente-Genil E 47 F2
Puente la Reina E 28 A4
Puente la Reina de Jaca E 28 B4
Puente Viesgo E 36 B1
Puerta de Segura (La) E 48 C1
Puerto Castilla E 41 F1
Puerto de la Encina E 47 E3
Puerto de Mazarrón E 49 E2
Puerto de San Vicente E 41 F3
Puerto de Santa María (El) E 47 D3
Puerto Lápice E 42 B3
Puertollano E 42 B4
Puerto Lumbreras E 49 D2
Puerto Real E 47 D3
Puerto Serrano E 47 E3
Puget-Théniers F 31 F2
Puhos FIN 109 E3
Puhos FIN 115 F4
Puig-reig E 38 C3
Puigcerdà E 29 E4
Puiseaux F 21 E3
Puisserguier F 30 A3
Pujols F 28 C1
Puké AL 128 B3
Pukkila FIN 121 D3
Pula I 82 B4
Pula HR 77 D1
Pulborough GB 14 B4
Pulkau A 65 D4
Pulkkila FIN 115 D2
Pulpí E 49 D2
Pulsnitz D 58 A4
Puławy PL 126 B2
Pułtusk PL 126 A1
Punkaharju FIN 121 E3
Punkalaidun FIN 120 C3
Punta Ala I 76 A4
Punta Umbría E 46 C2

Puokio FIN 115 D1
Puolanka FIN 115 D1
Purbach am Neusiedler See A 69 E1
Purchena E 48 C2
Purgstall A 68 C1
Purkersdorf A 69 D1
Purmerend NL 54 B3
Purnu FIN 121 C2
Purullena E 48 B2
Puškin RUS 125 D1
Pustoška RUS 125 D2
Pusula FIN 120 C4
Putanges-Pont-Écrepin F 19 F2
Putbus D 51 F2
Putgarten D 51 F1
Putignano I 81 D2
Putlitz D 51 E4
Puttelange-aux-Lacs F 23 D2
Putten NL 54 C3
Puttgarden D 51 D2
Putyv'l UA 127 F1
Puumala FIN 121 C2
Le Puy-en-Velay F 26 B4
Puy-Guillaume F 26 A3
Puy-l'Évêque F 29 E1
Puylaurens F 29 F3
Puymirol F 29 D2
Püspökladány H 126 B4
Pwllheli GB 10 A3
Pyhäjärvi FIN 115 D2
Pyhäjoki FIN 120 B3
Pyhäjoki FIN 114 C2
Pyhältö FIN 121 E3
Pyhäntä FIN 115 D2
Pyhäntä FIN 115 E1
Pyhäranta FIN 120 B3
Pyhäsalmi FIN 115 D2
Pyhäselkä FIN 115 F3
Pyhtää / Pyttis FIN 121 E3
Pyla-sur-Mer F 28 B1
Pylkönmäki FIN 114 C2
Pyrjatyn UA 127 F1
Pyrzyce PL 52 B4
Quakenbrück D 55 E2
Quarré-les-Tombes F 22 A4

Q

Quarteira P 46 A2
Quarto d'Altino I 72 B4
Quartu S. Elena I 82 B4
Les Quatre Chemins F 24 B2
Quatretonda E 43 F4
Quedlinburg D 57 D4
Queenborough GB 15 D3
Queensferry GB 10 C3
Queluz P 40 A3
Queralbs E 39 D2
Querfurt D 57 E4
Quérigut F 29 F4
Quero E 42 C3
Le Quesnoy F 17 D3
Questembert F 19 D4
Quettehou F 19 E1
Quiberon F 18 C4
Quickborn D 50 B3
Quiévrain B 17 D3
Quigley's Point IRL 3 D1
Quillan F 29 F4
Quillebeuf-sur-Seine F 16 A4
Quimper F 18 B3
Quimperlé F 18 C3
Quincinetto I 27 F3
Quincoces de Yuso E 36 C1
Quingey F 27 D1
Quintana de la Serena E 41 F4
Quintana del Puente E 36 B3
Quintana-Martín Galíndez E 36 C2
Quintanar de la Orden E 42 C3
Quintanar de la Sierra E 36 C3
Quintanar del Rey E 43 E3
Quintana Redonda E 37 D3
Quintanilla P 35 E3
Quintanilla de Onésimo E 36 A3

Quintin F 18 C3
Quinto E 37 F4
Quinzano d'Oglio I 71 E1
Quiroga E 32 C4
Quissac F 30 B2

R

Raab A 68 A1
Raabs an der Thaya A 64 C3
Raahe FIN 114 C1
Raajärvi FIN 109 E2
Rääkkylä FIN 115 F4
Raalte NL 55 D3
Raanujärvi FIN 109 D2
Raattama FIN 108 C1
Rab HR 77 E1
Rábade E 32 C3
Rabastens F 29 E2
Rabastens-de-Bigorre F 28 C3
Rabat M 85 F4
Rábida (Monasterio de la) E 46 C2
Rábita (La) E 48 B3
Rabka PL 126 A3
Racconigi I 27 F4
Rače SLO 73 F2
Rachiv UA 126 C3
Raciborz PL 126 A2
Rădăuți RO 127 D3
Råde N 117 D2
Rade D 50 B4
Radeberg D 58 A4
Radebeul D 58 A4
Radeburg D 58 A4
Radeče SLO 73 E2
Radechiv UA 126 C2
Radenci SLO 73 F1
Radenthein A 68 B3
Radevormwald D 61 F1
Radicondoli I 76 A4
Radlje SLO 73 E1
Radolfzell D 66 B2
Radom PL 126 B2
Radomsko PL 126 A2
Radomyśl' UA 127 E2
Radovljica SLO 73 D2
Radstadt A 68 A2
Radstock GB 13 E2
Radviliškis LT 124 B3
Radzyń Podlaski PL 126 B1
Raesfeld D 55 D4
Raffadali I 84 C3
Rafina GR 94 B4
Rágama E 35 F4
Ragaz, Bad CH 66 C4
Raglan GB 13 E1
Raguhn D 57 E4
Ragunda S 112 C2
Ragusa I 85 D4
Rahačoŭ BY 125 D4
Rahden D 55 F3
Ráhes GR 93 E2
Rahlstedt D 50 C3
Rain a. Lech D 67 D1
Räisälä FIN 109 E2
Raisio FIN 120 B4
Raittijärvi FIN 104 C3
Raja Jooseppi FIN 105 F3
Rajadell E 38 C4
Rajamäki FIN 121 D3
Raka SLO 73 E3
Rakitna SLO 73 D3
Rakkestad N 117 D2
Rakvere EST 124 C1
Ramacca I 85 D3
Ramales de la Victoria E 36 C1
Ramallosa E 32 A3
Ramallosa (A) E 32 A4
Ramberg N 107 E1
Rambervillers F 23 D3
Rambouillet F 21 E2
Rambucourt F 22 C2
Ramnous GR 94 B4
Ramsau b. Berchtesgaden D 68 A2
Ramsau am Dachstein A 68 B2
Ramsele S 112 C2
Ramsey GB 11 F4
Ramsey GB 3 F3
Ramsgate GB 15 D3
Ramsjö S 112 B3
Ramstein-Miesenbach D 23 E1
Ramsund N 104 A4
Ramundberget S 112 A2
Ramvik S 112 C2

Ranalt A 67 E3
Randaberg N 116 A2
Randalstown GB 3 E2
Randan F 26 A3
Randanne F 26 A3
Randazzo I 85 D2
Randers DK 122 B2
Rangsdorf D 57 F3
Rankweil A 66 C3
Rantasalmi FIN 121 E2
Rantsila FIN 115 D1
Ranua FIN 109 E3
Raon-l'Étape F 23 D3
Rapallo I 75 D2
Rapla EST 124 B1
Rapolano Terme I 76 B3
Rapolla I 80 C3
Rapperswil CH 66 B3
Rapsáni GR 88 A4
Raptópoulo GR 96 B2
Räsälä FIN 115 E2
Rasbo S 119 E2
Rascafría E 42 B1
Rasdorf D 62 C2
Raseiniai LT 124 B3
Rasquera E 44 B1
Rastatt D 23 F2
Rastede D 50 A4
Rastenberg D 63 D1
Rastenfeld A 64 C3
Rasueros E 35 F4
Rätan S 112 B3
Ratece SLO 72 C2
Ratekau D 50 C3
Rates P 34 B3
Rath Luirc (Charleville) IRL 4 C3
Rathdowney IRL 5 D2
Rathdrum / Ráth Droma IRL 5 E2
Rathenow D 57 E2
Rathfriland GB 3 E3
Rathkeale / Ráth Caola IRL 4 C2
Rathmelton IRL 2 C1
Rathmore IRL 4 B3
Rathmullan IRL 2 C1
Rathnew IRL 5 F2
Ratingen D 61 E1
Ratten A 69 D2
Rattenberg A 67 F3
Rattersdorf-Liebing A 69 E2
Rattray GB 9 D1
Rättvik S 119 D1
Ratzeburg D 50 C3
Raubling D 67 F2
Raucourt-et-Flaba F 17 F4
Raudaskylä FIN 114 C2
Raufarhöfn IS 106 C1
Raufoss N 117 D1
Rauha FIN 121 E2
Rauhamäki FIN 121 D2
Rauland N 116 C1
Rauma FIN 120 B3
Rauris A 68 A3
Rautalampi FIN 115 D3
Rautas S 108 A1
Rautavaara FIN 115 E2
Rautio FIN 114 C2
Rautjärvi FIN 121 F2
Ravanusa I 84 C4
Ravello I 80 A3
Ravels B 17 F1
Ravenglass GB 10 C1
Ravenna I 76 B2
Ravensbrück D 51 F4
Ravensburg D 66 C2
Ravne na K. SLO 73 E2
Rawicz PL 59 D2
Rawtenstall GB 10 C2
Rayleigh GB 14 C3
Rayol-Canadel-sur-Mer F 31 E3
Räyrinki FIN 114 C3
Razgrad BG 129 D2
Razlog BG 128 C2
Reading GB 14 B3
Real de la Jara (El) E 47 D1
Real de San Vicente (El) E 42 A2

Redange L 61 E3
Redcar GB 11 E1
Redditch GB 14 A2
Redhill GB 14 C3
Redon F 19 D4
Redondela E 32 A4
Redondo P 40 C4
Redruth GB 12 B4
Rees D 55 D4
Reeth GB 11 D1
Refsnes N 104 A3
Reftele S 123 E1
Regalbuto I 85 D3
Regen D 64 A4
Regensburg D 63 F4
Regenstauf D 63 F4
Reggello I 76 A3
Reggio di Calabria I. 83 D4
Reggio Emilia I. 75 F1
Reggiolo I 75 F1
Reghin RO 126 C4
Reguengos de Monsaraz P 40 C4
Rehau D 63 E2
Rehburg-Loccum D 56 B3
Rehden D 55 F3
Rehna D 50 C3
Reichenau CH 66 C4
Reichenau A 69 D2
Reichenbach D 58 B4
Reichenbach D 63 E1
Reichertshofen D 67 E1
Reichshoffen F 23 E2
Reigate GB 14 C3
Reignier F 27 E2
Reillanne F 31 D2
Reims F 17 E4
Reinach CH 23 F4
Reinbek D 50 C3
Reinberg D 51 F2
Reine N 107 E1
Reinfeld D 50 C3
Reinheim D 62 B3
Reinli N 111 D4
Reinosa E 36 B1
Reischenhart D 67 F2
Reisjärvi FIN 114 C2
Reiss GB 7 E2
Reit i. Winkl D 67 F2
Reitzenhain D 63 F1
Remagen D 61 F2
Rémalard F 20 C3
Remeskylä FIN 115 D2
Remich L 23 D1
Remiremont F 23 D3
Remolinos E 37 E3
Remoulins F 30 C2
Rempstone GB 11 E4
Remscheid D 61 F1
Rémuzat F 31 D1
Rena N 111 E4
Renazé F 19 E4
Renchen D 23 F2
Rende I 83 E2
Rendína GR 88 C2
Rendína GR 93 D2
Rendsburg D 50 B2
Renginío GR 93 E3
Rengsdorf D 61 F2
Reni UA 127 E4
Renko FIN 121 C3
Renkum NL 54 C4
Rennebu N 111 D2
Rennerod D 62 A2
Rennes F 19 E3
Rennes-les-Bains F 29 F4
Rennweg A 68 B3
Rensjön S 108 A1
Renwez F 17 E3
La Réole F 28 C1
Replot FIN 114 B3
Repojoki FIN 105 E4
Reposaari FIN 120 B2
Repubblica di San Marino RSM 76 B2
Repvåg N 105 E1
Requena E 43 F3
Réquista F 29 F2
Rerik D 51 D2
Resen MK 128 B3
Resende P 34 C4
Reşiţa RO 128 B1
Resmo S 123 F2
Ressons-l'Abbaye F 16 C4
Resuttano I 84 C3
Retford GB 11 E3
Rethel F 17 E4
Rethem D 56 B2
Rethem (Leine) D 56 B3
Réthimno GR 100 C3
Retiers F 19 E3
Retortillo de Soria E 36 C4

Retournac F	26	B4
Retuerta del Bullaque E	42	A3
Retz A	65	D4
Reuilly F	25	F1
Reus E	38	B4
Reusel NL	17	D4
Reutlingen D	66	B1
Reutte A	67	D3
Revel F	29	F3
Revigny-sur-Ornain F	22	B2
Revin F	17	E3
Revonlahti FIN	114	C1
Revsnes N	110	B4
Reyðarfjörður IS	106	C1
Reykhólar IS	106	A1
Reykholt IS	106	A2
Reykjahlíð IS	106	B1
Reykjavík IS	106	A2
Rēzekne LV	124	C3
Rezzato I	71	E4
Rezzoaglio I	75	E2
Rhade D	50	B4
Rhayader / Rhaeadr GB	10	B4
Rheda-Wiedenbrück D	55	F4
Rhede D	55	D4
Rheinbach D	61	F2
Rheinberg D	55	D4
Rheinböllen D	61	F3
Rheine D	55	E3
Rheinfelden D	23	E4
Rheinfelden CH	23	F4
Rheinhausen D	61	E1
Rheinsberg D	51	F4
Rhêmes-Notre Dame I	27	F3
Rhenen NL	54	C4
Rheydt D	61	E1
Rheydt D	61	E1
Rhinau F	23	E3
Rhinow D	57	E2
Rho I	71	D4
Rhodes GR	103	F1
Rhondda GB	13	D1
Rhosneigr GB	10	A3
Rhossili GB	12	C2
Rhüden D	56	C3
Rhyl GB	10	B3
Rhynern D	55	F4
Rhynie GB	7	E1
Riaillé F	19	E4
Riákia GR	88	A3
Rial E	32	A4
Rians F	31	D2
Rianxo E	32	A3
Riaño E	33	F3
Riaza E	36	B4
Ribadavia E	32	B4
Ribadelago E	33	D4
Ribadeo E	32	C2
Riba de Saelices E	43	D1
Riba de Santiuste E	36	C4
Ribadesella E	33	F2
Ribas de Campos E	33	F4
Ribčev Laz SLO	73	D2
Ribe DK	122	A3
Ribeauvillé F	23	E3
Ribécourt F	16	C4
Ribeira de Pena P	34	C3
Ribemont F	17	D3
Ribera I	84	B3
Ribérac F	25	D4
Ribera de Cardós E	29	E3
Ribera del Fresno E	41	E4
Ribes de Freser E	39	D3
Ribiers F	31	D1
Ribnica SLO	73	D3
Ribnica SLO	73	E3
Ribnica na P. SLO	73	E2
Ribnița MOL	127	E3
Ribnitz-Damgarten D	51	E2
Ribolla I	76	A4
Riccia I	80	A2
Riccione I	76	C2
Les Riceys F	22	B3
Richelieu F	25	D1
Richmond GB	11	D1
Richmond-upon-Thames GB	14	B3
Richtenberg D	51	E2
Rickling D	50	C3
Ricla E	37	E4
Riec-sur-Belon F	18	B3
Riedenburg D	63	E4
Ried im Innkreis A	68	A1
Ried im Oberinntal A	67	D3
Riedlingen D	66	C2
Riegel D	23	E3
Riegersburg A	69	D3
Riego de la Vega E	33	E4
Riesa D	57	F4
Riesi I	84	C3
Riestedt D	57	D4
Rietberg D	55	F4
Rieti I	79	E1
Rieumes F	29	E3
Rieupeyroux F	29	F1
Rieux F	29	E3
Riez F	31	E2
Riezlern A	67	D3
Rīga LV	124	B2
Rigáni GR	92	C3
Rigeo GR	93	E1
Rignac F	29	F1
Rignano Flaminio I	79	D1
Rihéa GR	97	E3
Riihimäki FIN	121	D3
Riistavesi FIN	115	E3
Rijeka HR	73	E4
Rijssen NL	55	D3
Riksgränsen S	104	B4
Rillo E	43	F1
Rillo de Gallo E	43	E1
Rimavská Sobota SK	126	A3
Rimbo S	119	F2
Rimini I	76	C2
Rîmnicu Sărat RO	127	D4
Rîmnicu Vîlcea RO	128	C1
Rímnio GR	87	F3
Rimske Toplice SLO	73	E2
Rinconada (La) E	47	D2
Rincón de la Victoria E	48	A3
Rincón de Soto E	37	E3
Rindal N	111	D2
Ringaskiddy IRL	4	C4
Ringe DK	122	B3
Ringebu N	111	D4
Ringford GB	8	C4
Ringkøbing DK	122	A2
Ringsaker N	111	D4
Ringstad N	110	A3
Ringsted DK	122	C3
Ringwood GB	13	F3
Rinia (Nissi) GR	98	C2
Rinkaby S	123	E3
Rinteln D	56	B3
Río GR	93	D3
Rio Marina I	75	F4
Riocavado de la Sierra E	36	C3
Riogordo E	48	A3
Riola Sardo I	82	A3
Riolo Terme I	76	A2
Riom F	26	A3
Riom-ès-Montagnes F	25	F4
Riomaggiore I	75	E2
Rio Maior P	40	A2
Rionero in Vulture I	80	C3
Rioseco de Tapia E	33	E3
Rioveggio I	76	A2
Rioz F	23	D4
Riparbella I	75	F3
Ripatransone I	77	D4
Ripley GB	11	D3
Ripoll E	39	D3
Ripollet E	39	D4
Ripon GB	11	D2
Riquewihr F	23	E3
Risbäck S	107	E4
Risca GB	13	D1
Riscle F	28	C2
Risnes N	116	B2
Risør N	116	C3
Risøyhamn N	104	A3
Rissa N	111	D1
Ristiina FIN	121	E2
Ristijärvi FIN	115	E3
Ristilampi FIN	109	E2
Risum-Lindholm D	50	A2
Ritini GR	88	A3
Ritoniemi FIN	115	E3
Ritsóna GR	94	A3
Rittmannshausen D	62	C1
Riumar E	44	B1
Riva del Garda I	71	F3
Rivarolo Canavese I	27	F4
Rive-de-Gier F	26	C3
Rives F	27	D4
Rivesaltes F	30	A4
La Rivière-Thibouville F	20	C2
Rivio GR	92	B2
Rivisondoli I	79	F1
Rivne UA	126	C2
Rivoli I	27	F4
Rivolta d'Adda I	71	E4
Riza E	92	C3
Rizário GR	87	F2
Rízia GR	91	E1
Rízoma GR	87	F4
Rizómilos GR	93	E1
Rizovoúni GR	93	D1
Rjånes N	110	B2
Rjukan N	116	C1
Roa de Duero E	36	B3
Roadside GB	7	
Roan N	111	D1
Roanne F	26	B3
Robbio I	75	D1
Robertsfors S	113	E1
Robertville B	61	E2
Robič SLO	72	C2
Robla (La) E	33	E3
Robledillo de Gata E	41	E1
Robledo E	43	D4
Robledo (El) E	42	A3
Robledo de Chavela E	42	B1
Robres E	37	F3
Roca de la Sierra (La) E	41	D3
Roca del Vallès (La) E	39	D4
Rocamadour F	29	E1
Rocca di Mezzo I	79	F1
Rocca di Papa I	79	E2
Rocca S. Casciano I	76	B2
Rocca Sinibalda I	79	E1
Roccadaspide I	80	B4
Roccalbegna I	76	B4
Roccalumera I	83	D4
Roccamonfina I	79	F2
Roccapalumba I	84	C3
Roccaraso I	79	F1
Roccastrada I	76	A4
Roccella Ionica I	83	E4
Rocchetta S. Antonio I	80	B2
Rochdale GB	11	D2
La Roche-Bernard F	19	D4
La Roche-Canillac F	25	F4
La Roche-Chalais F	24	C4
La Roche-Derrien F	18	C2
Roche-en-Ardenne (La) B	17	F3
La Roche-Guyon F	21	D2
La Roche-Posay F	25	D1
La Roche-sur-Foron F	27	E2
La Roche-sur-Yon F	24	B1
Rochechouart F	25	D3
Rochefort F	24	B3
Rochefort B	17	F3
Rochefort-en-Terre F	19	D4
Rochefort-Montagne F	26	A3
Rochefort-sur-Nenon F	27	D1
La Rochefoucauld F	25	D3
Rochehaut B	17	F3
La Rochelle F	24	B2
Rochemaure F	30	C1
La Rochepot F	26	C1
Rocheservière F	24	B1
Rochester GB	14	C3
La Rochette F	27	E3
Rochlitz D	63	F1
Rociana del Condado E	47	D2
Rocío (El) E	47	D2
Rockenhausen D	23	E1
Rocroi F	17	E3
Róda GR	86	B4
Roda (La) E	43	D3
Rodach D	63	D2
Rodacherbrunn D	63	D2
Roda de Andalucía (La) E	47	E3
Roda de Isábena E	38	B3
Rodavgí GR	92	B1
Rødberg N	116	C1
Rødby DK	122	C4
Rødbyhavn DK	122	C4

ROMA
PERCORSI DI ATTRAVERSAMENTO E DI CIRCONVALLAZIONE

0 — 3 km

Map labels: A1 : FIRENZE TERNI · VITERBO · RIETI · LA GIUSTINIANA · TOMBA DI NERONE · OTTAVIA · TORREVECCHIA · CASALOTTI · MONTE MARIO · STADIO OLIMPICO · TOR DI QUINTO · AEROPORTO DELL'URBE · CITTÀ DEL VATICANO · VILLA ADA · MONTE SACRO · SETTECAMINI · TIVOLI · MICHELIN · L'AQUILA AVEZZANO · TOR SAPIENZA · TERMINI · COLOSSEO · CENTOCELLE · PALESTRINA · TUSCOLANO · TORRE MAURA · TORRENOVA · CINECITTÀ · CATACOMBE · S. PAOLO FUORI LE MURA · OSTIENSE · A.C.I. · CORVIALE · E.U.R. · CECCHIGNOLA · MORENA · CIAMPINO · CASTELLI ROMANI · NAPOLI · OSTIA ANTICA LIDO DI ROMA · FIUMICINO · CIVITAVECCHIA

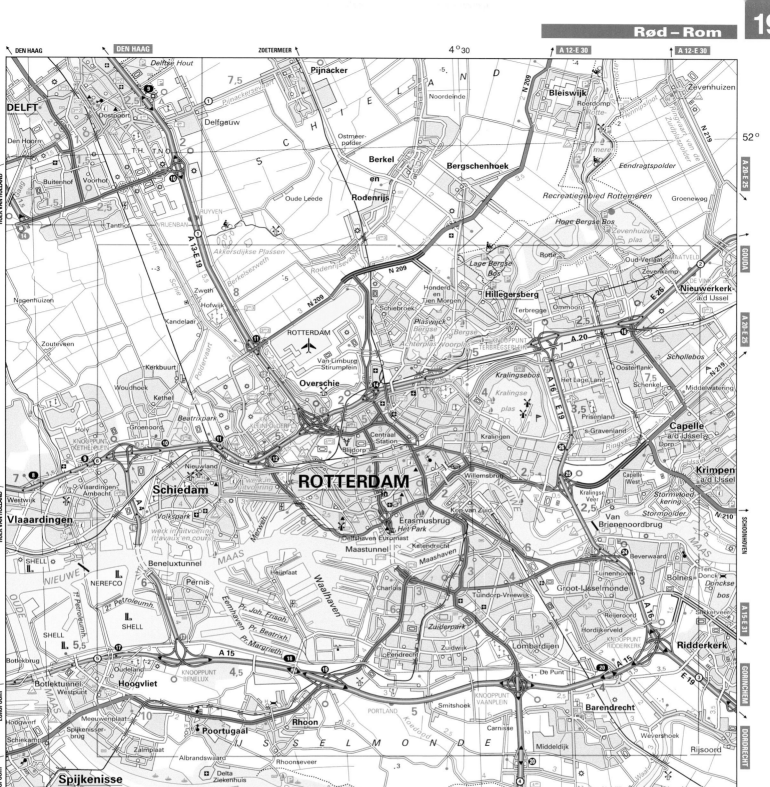

Rødding *DK* 122 B2	Rodi		Ródos (Nissí) *GR* 103 F2	Röthenbach a. d.		Rogliano *I* 83 E2	Roissy-en-France *F* .. 21 E2
Rødding *DK* 122 B3	Garganico *I* 80 C1	Rodováni *GR* 100 A3	Pegnitz *D* 63 D3	Rognan *N* 107 E2	Rojales *E* 49 F1
Rödeby *S* 123 F2	Rodiezmo *E* 33 E3	Rodvattnet *S* 112 C1	Rötz *D* 63 F3	Rohan *F* 18 C3	Rök *S* 118 C3
Rodeiro *E* 32 B3	Roding *D* 63 F4	Rødven *N* 110 C2	Rogätz *D* 57 E3	Rohatyn *UA* 126 C2	Rokiškis *LT* 124 C3
Rødekro *DK* 122 B3	Roditis *GR* 89 F1	Rødvig *DK* 123 D3	Rogaška Slatina *SLO.* . 73 F2	Rohr *D* 62 C2	Røkland *N* 107 E2
Rodel *GB* 6 A3	Rododáfni *GR* 93 D4	Röbel *D* 51 E3	Rogatec *SLO* 73 F2	Rohrbach-lès-Bitche		Røldal *N* 116 B1
Rodellar *E* 38 A3	Rodohóri *GR* 87 F2	Rödermark *D* 62 B3	Rogatica *BIH.* 128 A2	*F* 23 E2	Rolfstorp *S* 123 D1
Roden *NL* 55 D2	Rodolívos *GR* 89 D1	Römhild *D* 63 D2	Roggendorf *D* 50 C3	Roisel *F* 17 D3	Rollag *N* 116 C1
Ródenas *E* 43 E1	Rodón *S* 112 B2	Roermond *NL* 61 E1	Roggiano Gravina *I.* .. 83 E2	Rohrbach im		Rolle *CH* 27 E2
Rodewisch *D* 63 F2	Rodópoli *GR* 88 B1	Roeselare *B* 15 F4	Roggosen *D* 58 A3	Oberösterreich *A.* . 64 B4	Roma *I* 79 D2
Rodez *F* 29 F1	Rodopós *GR* 100 A3	Rötha *D* 57 F4	Rogliano *F* 78 B2	Rohrbrunn *D* 62 B3	Romagnano Sesia *I.* . 70 C4

Roman RO............ 127 D4
Romana I............ 82 A2
Romangordo E........ 41 F2
Romans-sur-Isère F.. 26 C4
Romanshorn CH...... 66 C3
Rombas F............ 22 C1
Romeral (El) E....... 42 C3
Romilly-sur-Seine F.. 22 A3
Romny UA........... 127 F1
Romont CH.......... 27 E1
Romorantin-
  Lanthenay F....... 21 E4
Rompido (El) E...... 46 C2
Romsey GB.......... 13 F3
Roncade I........... 72 B4
Roncal E............ 28 B4
Ronce-les-Bains F... 24 B3
Roncegno I.......... 72 A3
Ronchamp F......... 23 D4
Ronchi dei Legionari
  I.................. 72 C3
Ronciglione I........ 79 D1
Roncobilaccio I...... 76 A2
Ronda E............. 47 E3
Rønde DK........... 122 C3
Rondissone I........ 74 C1
Rondvassbu N....... 111 D3
Rönnäng S.......... 118 A1
Rønne DK........... 123 E4
Ronneburg D........ 63 E1
Ronneby S........... 123 F2
Rønnede DK......... 122 C3
Rönnöfors S......... 112 A1
Ronquillo (El) E..... 47 D1
Ronse B............. 17 D2
Roosendaal NL...... 17 E1
Roperuelos del
  Páramo E.......... 33 E4
Ropinsalmi FIN...... 104 C3
La Roque-Gageac F.. 29 E1
Roquebillière F...... 31 F2
Roquebrun F........ 30 A3
Roquebrune-Cap-
  Martin F.......... 31 F2
La Roquebrussanne
  F................. 31 D3
Roquecourbe F...... 29 F2
Roquefort F......... 28 C2
Roquefort-
  sur-Soulzon F..... 30 A2
Roquemaure F...... 30 C2
Roquesteron F...... 31 F2
Roquetas de Mar E.. 48 C3
Roquevaire F........ 31 D3
Røros N............ 111 E3
Rørøy N............ 107 D3
Rorschach CH...... 66 C3
Rørvig DK.......... 122 C3
Rørvik N........... 106 C4
Rørvik N........... 111 D1
Rosà I.............. 72 A4
Rosal de la Frontera
  E................ 46 C1
Rosans F........... 31 D1
Rosarno I........... 83 E3
Roscoff F........... 18 B2
Roscommon / Ros
  Comáin IRL....... 2 C4
Roscrea / Ros Cré
  IRL............... 5 D2
Rose I.............. 83 E2
Rosegg A........... 68 B4
Rosendal N......... 116 B1
Rosenheim D........ 67 F2
Rosenthal D......... 64 A1
Roses / Rosas E..... 39 E3
Roseto degli Abruzzi
  I................. 77 E4
Rosheim F.......... 23 E2
La Rosière-1850 F... 27 E3
Rosières-
  en-Santerre F..... 16 C3
Les Rosiers-
  sur-Loire F........ 19 F4
Rosignano
  Marittimo I........ 75 F3
Rosignano Solvay I.. 75 F3
Roşiori
  de Vede RO....... 129 D1
Roskilde DK........ 123 D3
Roslavl' RUS........ 125 E3
Rosmaninhal P...... 41 D2
Rosolina Mare I..... 72 B4
Rosolini I........... 85 E4
Rosporden F........ 18 B3
Ross-on-Wye GB.... 13 E1
Rossano I........... 83 E2
Roßberg A.......... 64 B4
Rosscarbery IRL..... 4 B4
Roßdorf D.......... 62 B3
Rossell E........... 44 A1
Rosses Point IRL.... 2 B2
Roßhaupten D....... 67 D2

Rossio ao Sul do
  Tejo P............ 40 B2
Rosslare / Ros Láir
  IRL............... 5 E3
Rosslare Harbour /
  Calafort Ros Láir
  IRL............... 5 E3
Roßlau D........... 57 E3
Rosslea GB......... 3 D3
Rossön S........... 112 C1
Roßwein D.......... 63 F1
Rosthwaite GB...... 10 C1
Røstlandet N........ 107 D1
Rostock D.......... 51 E2
Rostov RUS......... 125 F1
Rostrenen F......... 18 C3
Rostrevor GB........ 3 E3
Rosvik S............ 108 B4
Røsvik N........... 107 F1
Rota E.............. 47 D3
Rotenburg D........ 50 B4
Rotenburg D........ 62 C1
Roth D............. 63 D4
Rothbury GB........ 9 E4
Rothenburg D....... 58 B4
Rothenburg o. d.
  Tauber D......... 62 C4
Rothéneuf F........ 19 D2
Rotherham GB...... 11 D3
Rothes GB.......... 7 E4
Rothesay GB........ 8 B3
Rothwell GB........ 11 E4
Rotonda I........... 80 C4
Rotondella I........ 81 D4
Rott D............. 67 D2
Rott a. Inn D....... 67 F2
Rottach-Egern D.... 67 E2
Rottenbach D....... 63 D2
Rottenburg a. d.
  Laaber D.......... 67 F1
Rottenburg a.
  Neckar D......... 66 B1
Rottenmann A....... 68 B2
Rotterdam NL....... 54 B4
Rotterdam NL....... 54 B4
Rottne S........... 123 E1
Rottneros S......... 118 C2
Rottweil D.......... 23 F3
Roubaix F.......... 15 F4
Rouen F............ 16 A4
Rouffach F......... 23 E3
Rougé F............ 19 E4
Rougemont F....... 23 D4
Rougemont-
  le-Château F...... 23 E4
Rouillac F.......... 24 C3
Roujan F........... 30 A3
Roulans F.......... 23 D4
Roundstone IRL.... 2 A4
Roússa GR......... 91 D1
Les Rousses F...... 27 D2
Rovaniemi FIN...... 109 D2
Rovato I........... 71 E4
Rovereto I.......... 71 F3
Roverud N.......... 117 E1
Roviés GR.......... 93 F2
Rovigo I........... 76 A1
Royal Leamington
  Spa GB........... 14 A2
Royal Tunbridge
  Wells GB......... 14 C4
Royan F............ 24 B3
Royat F............ 26 A3
Roybon F........... 26 C4
Roye F............. 16 C4
Royère-
  de-Vassivière F.... 25 E3
Royo (El) E........ 37 D3
Røyrvik N.......... 107 E4
Royston GB......... 14 C2
Röyttä FIN.......... 109 D3
Rozas de Madrid
  (Las) E........... 42 B1
Rozay-en-Brie F.... 21 F2
Le Rozier F......... 30 A2
Rozoy-sur-Serre F.. 17 E4
Rožňava SK........ 126 B3
Rrogozhinë AL...... 128 B3
Rúa (A) E.......... 32 C4
Ruabon GB......... 10 C3
Rubbestadneset N.. 116 A1
Rubena E.......... 36 B2
Rubí E............. 38 C4
Rubiães F.......... 32 A4
Rubí de Bracamonte
  E................ 36 A4
Rubielos de Mora E.. 43 F2
Rubiera I.......... 75 F1
Rubio (El) E........ 47 E3
Rudkøbing DK...... 122 C4
Rudn'a RUS........ 125 E3
Rudolphstein D..... 63 E2
Rudolstadt D....... 63 D1

Rue F.............. 16 B3
Rueda E........... 36 A4
Rueda de Jalón E... 37 F3
Rüdersdorf D....... 58 A2
Rüdesheim a. Rhein
  D................ 62 A3
Rügen D........... 51 E2
Ruelle-sur-Touvre F.. 25 D3
Rüsselsheim D...... 62 A3
Rüthen D.......... 55 F4
Ruffec F........... 24 C3
Ruffieux F......... 27 D3
Rugby GB.......... 11 D4
Rugeley GB........ 11 D4
Rugles F........... 20 C2
Ruhla D............ 62 C1
Ruhland D.......... 58 A4
Ruhpolding D....... 67 F2
Ruidera E.......... 42 C4
Ruidoms E......... 38 B4
Rūjiena LV......... 124 B2
Ruka FIN........... 109 F2
Ruma YU........... 128 B1
Rumengol F........ 18 B3
Rumigny F.......... 17 E3
Rumilly F.......... 27 D3
Runcorn GB........ 10 C3
Runde N........... 110 B2
Rundvik S.......... 113 D2
Runni FIN.......... 115 D2
Runtuna S......... 119 E3
Ruokojärvi FIN..... 121 F2
Ruokolahti FIN..... 121 F2
Ruokto S.......... 108 A2
Ruoms F........... 30 B1
Ruotsinpyhtää
  / Strömfors FIN... 121 E3
Ruovesi FIN........ 120 C2
Rupt-sur-Moselle F.. 23 D3
Ruse BG........... 129 D1
Ruše SLO.......... 73 E2
Rush / An Ros IRL.. 3 E4
Rushden GB........ 14 B2
Rusko FIN......... 120 B4
Ruskele S.......... 108 A4
Russenes N......... 105 D1
Russi I............ 76 B2
Rust A............ 69 E1
Rustefjelbma N..... 105 F1

S
Sa Calobra E...... 45 E3
Sa Pobla E........ 45 E3
Sääksjärvi FIN..... 114 C3
Saal a. d. Donau D.. 63 E4
Saalbach A......... 67 F3
Saales F........... 23 E3
Saalfeld D......... 63 D1
Saalfelden A....... 68 A2
Saanen CH......... 27 F2
Saarbrücken D..... 23 D1
Saarburg D........ 23 D1
Saaremaa EST..... 124 A2
Saarenkylä FIN.... 109 D2
Saari FIN.......... 121 F2
Saariharju FIN..... 109 E3

Ruswil CH.......... 66 A4
Rute E............. 48 A2
Ruthin / Rhuthun GB. 10 B3
Rüti CH........... 66 B3
Rutigliano I........ 81 D2
Rutledal N......... 110 A4
Ruukki FIN......... 114 C1
Ruurlo NL.......... 55 D4
Ruvo di Puglia I.... 81 D2
Ruwer D........... 61 E3
Ruynes-
  en-Margeride F.... 26 A4
Ružomberok SK.... 126 A3
Ry DK............. 122 B2
Rybinsk RUS....... 125 F1
Rybnik PL.......... 126 A2
Ryd S............. 123 E2
Ryde GB........... 13 F3
Rye GB............ 15 D4
Rygge N........... 117 D2
Rychnov nad
  Kněžnou CZ...... 65 D2
Rykene N.......... 116 C3
Ryl'sk RUS......... 127 F1
Rymättylä FIN...... 120 B4
Rypefjord N........ 105 D1
Rysjedalsvika N.... 110 A4
Ryttylä FIN......... 121 D3
Rzeszów PL........ 126 B2
Řžev RUS.......... 125 E2

Saarijärvi FIN...... 115 D3
Saarikoski FIN..... 104 C3
Saariselkä FIN..... 105 F3
Saarlouis D........ 23 D1
Saas Fee CH...... 70 C3
Šabac YU.......... 128 A1
Sabadell E......... 39 D4
Sabaudia I......... 79 E2
Sabbioneta I....... 75 F1
Sabero E.......... 33 F3
Sabiñánigo E...... 28 C4
Sabiote E.......... 48 B1
Sablé-sur-Sarthe F.. 19 F4
Les Sables-d'Olonne
  F................ 24 A2
Sables-d'Or-les-Pins
  F................ 19 D2
Sabóia P.......... 46 A2
Sabres F........... 28 B2
Sabrosa P......... 34 C4
Sabugal P......... 41 D1
Sacavém P......... 40 A3
Sacedón E......... 43 D1
Saceruela E........ 42 A4
Sacile I............ 72 B3
Sada E............ 32 B2
Sádaba E.......... 37 E3
Sæbø N........... 110 B3
Sæby DK.......... 122 C1
Sælices E.......... 42 C2
Sælvig DK......... 122 C3
Sævråsvåg N...... 110 A4
Safara P.......... 46 C1
Säffle S........... 118 B2
Saffron
  Walden GB...... 14 C2
Safonovo RUS..... 125 E3
Sagard D.......... 51 F1
S'Agaró E......... 39 E3
Sagéika GR........ 92 C4
Sagiáda GR........ 86 C4
Sagres P.......... 46 A2
Sagunt / Sagunto E.. 44 A3
Sagunto / Sagunt E.. 44 A3
Sagvåg N.......... 116 A1
Sahagún E......... 33 F4
Sahalahti FIN...... 120 C2
Sahl DK........... 122 B2
Sahloinen FIN..... 121 D2

Saignelégier CH.... 23 E4
Saija FIN........... 109 E1
Saillagouse F...... 29 F4
Saillans F......... 30 C1
Sains-
  Richaumont F.... 17 D3
Saintes F.......... 24 B3
Saintfield GB....... 3 E3
Saissac F.......... 29 F3
Sakskøbing DK.... 122 C4
Saky UA........... 127 F4
Säkylä FIN......... 120 B3
Sala S............ 119 E2
Sala Consilina I.... 80 C3
Salacgrīva LV...... 124 B2
Salamajärvi FIN.... 114 C3
Salamanca E....... 35 F4
Salamína GR...... 94 A4
Salamína (Nissí) GR.. 94 A4
Salándi GR........ 97 E2
Salar E............ 48 A3
Salardú E.......... 29 D4
Salas E............ 33 D2
Salas de los Infantes
  E................ 36 C3
Salbohed S........ 119 D2
Salbris F.......... 21 E4
Salceda (La) E..... 36 B4
Salcombe GB...... 12 C4
Saldaña E......... 33 F4
Saldus LV......... 124 B3
Sale I............. 75 D1
Salem D........... 66 C2
Salemi I........... 84 A3
Sälen S........... 112 A4
Salen GB.......... 8 B1
Salen GB.......... 8 B1
Saler (El) E........ 44 A3
Salernes F......... 31 E3
Salerno I.......... 80 A3
Salers F........... 25 F4
Salgótarján H...... 126 A3
Salgueiro do Campo
  P................ 40 C2
Salice Terme I..... 75 D1
Salies-
  de-Béarn F....... 28 B3
Salies-du-Salat F... 29 D3

Salignac-Eyvigues F. 25 E4
Salihli TR 129 F4
Salihorsk BY 125 D4
Salinas E 33 E2
Salindres F 30 B2
Sälinkää FIN 121 D1
Salins-les-Bains F. 27 D1
Salisbury GB 13 F2
Salla FIN 109 E2
Sallanches F 27 E3
Sallent E 38 C3
Sallent de Gállego E 28 C4
Salles-Curan F 30 A2
Salles-d'Aude F 30 A3
Salmerón E 43 D1
Salmoral E 41 F1
Salo FIN 120 C4
Salò I 71 F4
Salobral (El) E 43 D4
Salobreña E 48 B3
Salon-de-Provence F 30 C2
Salonta RO 126 B4
Salorino E 41 D3
Salou E 44 C1
Salsbruket N 107 D4
Salses-le-Château F 30 A4
Salsomaggiore Terme I 75 E1
Salsta S 119 E1
Saltash GB 12 C3
Saltburn-by-the-Sea GB 11 E1
Saltcoats GB 3 F1
Salto P 34 C3
Saltoluokta S 108 A1
Saltvik FIN 120 A4
Saluggia I 74 C1
Saluzzo I 31 F1
Salvacañete E 43 E2
Salvagnac F 29 E2
Salvan CH 27 F2
Salvaterra de Magos P 40 A3
Salvaterra de Miño E 32 A4
Salvatierra E 37 D2
Salvatierra de los Barros E 41 D4
La Salvetat-Peyralès F 29 F2
La Salvetat-sur-Agout F 29 F3
Salviac F 29 E1
Salzburg A 68 A2
Salzburg A 68 A2
Salzgitter-Bad D 56 C3
Salzhausen D 50 C4
Salzkotten D 55 F4
Salzwedel D 51 D4
Sama de Langreo E 33 E2
Samariás (Farángi) GR 100 B3
Samarína GR 87 D3
Samatan F 29 D3
Sambatikí GR 97 E2
Sambiase I 83 E3
Sambir UA 126 D3
Samboal E 36 A4
Sambuca di Sicilia I 84 B3
Samedan CH 66 C4
Samer F 15 E4
Sámi GR 92 A4
Samikó GR 96 B1
Sammatti FIN 120 C4
Sammichele di Bari I 81 D2
Samnanger N 110 A4
Samoëns F 27 E2
Samokov BG 128 C2
Samos E 32 C3
Sámos GR 99 F1
Sámos (Nissí) GR 99 F1
Samothráki GR 91 D3
Samothráki (Nissí) GR 91 D3
Samper de Calanda E 37 F4
Sampeyre I 31 F1
Samtens D 51 F2
Samugheo I 82 B3
Saná GR 88 C2
Sanary-sur-Mer F 31 D3
Sancergues F 26 A1
Sancerre F 26 A1
Sanchidrián E 42 A1
Sancoins F 26 A1
Sancti Petri E 47 D4
Sancti-Spíritus E 41 E1
Sancy F 26 A3
Sand N 116 B2
Sand N 117 E1

Sandane N 110 B3
Sandanski BG 128 C3
Sandarne S 112 C4
Sandau D 51 E4
Sandbach GB 10 C3
Sande N 110 B2
Sande N 117 D2
Sande D 55 E1
Sande P 34 B4
Sandefjord N 117 D2
Sandeid N 116 A1
Sandgerði IS 106 A2
Sandıklı TR 129 F4
Sandnes N 116 A2
Sandness GB 7 F3
Sandnessjøen N 107 D3
Sando E 35 E4
Sandoméri GR 92 C4
Sandomierz PL 126 B2
Sandown GB 13 F3
Sandrigo I 72 A4
Sandstad N 111 D2
Sandur DK 106 A4
Sandviken S 119 E1
Sandvikvåg N 116 A1
Sandwich GB 15 D3
Sandy GB 14 B2
Sangarcía E 36 A4
Sangerhausen D 57 D4
Sangis S 108 C3
Sangüesa E 28 A4
Sanguinaires F 74 A3
Sanguinet F 28 B1
Saní GR 88 B3
Sanitz D 51 E2
St-Olof S 123 E3
Sanlúcar de Barrameda E 47 D3
Sanlúcar de Guadiana E 46 B2
Sanlúcar la Mayor E 47 D2
Sanluri I 82 B3
Sannainen FIN 121 D4
Sannazzaro de' Burgondi I 75 D1
Sannicandro di Bari I 81 D2
Sannicandro Garganico I 80 B1
Sanok PL 126 B3
Sanquhar GB 8 C3
Sansepolcro I 76 B3
Sanski Most BIH 128 A1
Santa Coloma de Farners E 39 D3
Santaella E 47 F2
Santana da Serra P 46 A3
Santana P 40 A4
Santander E 36 B1
Santanyí E 45 E3
Santarcangelo di Romagna I 76 B2
Santarém P 40 B3
Santas Martas E 33 E4
Santeramo in Colle I 81 D3
Santhià I 70 C4
Santiago de Alcántara E 41 D2
Santiago de Compostela E 32 A3
Santiago de la Espada E 48 C1
Santiago de la Ribera E 49 E2
Santiago do Cacém P 46 A1
Santiago do Escoural P 40 B4
Santibáñez de Béjar E 41 F1
Santibáñez de la Peña E 33 F3
Santibáñez de la Sierra E 41 E1
Santibáñez de Vidriales E 33 D4
Santillana del Mar E 36 B1
Santiponce E 47 D2
Santisteban del Puerto E 48 B1
Santoña E 36 C1
Santos de Maimona (Los) E 41 D4
Santos (Los) E 41 F1
Santu Lussurgiu (Località) I 82 B2
Santurtzi E 36 C1
Sanxenxo / Sangenjo E 32 A4
Sanza I 80 C4
Saorge F 31 F2
Sapanca TR 129 F3
Sapataria P 40 A3

Sápes GR 91 D2
Sapiéndza (Nissí) GR 96 B3
Sappada I 68 A4
Sappee FIN 120 C3
Sapri I 80 C4
Säräisniemi FIN 115 D1
Sarajärvi FIN 109 E3
Sarajevo BIH 128 A2
Sarakiní GR 87 F1
Sarakíniko GR 94 A2
Saramon F 29 D3
Sarandáporo GR 87 F3
Sarandë AL 128 B4
Saraváli GR 92 C4
Saray TR 129 E3
Sarayköy TR 129 F4
Sárbogárd H 126 A4
Sardara I 82 B3
Sardínia GR 92 B2
Sardoal P 40 B2
S'Arenal E 45 E3
Sarentino / Sarntal I 67 E4
Sargans CH 66 C4
Sari-d'Orcino F 78 A3
Sariá (Nissí) GR 103 E3
Sariñena E 38 A3
Särkisalmi FIN 121 F2
Särkisalo FIN 120 C4
Särna S 112 A4
Sarnano I 77 D3
Sarnico I 71 E4
Sarno I 80 B3
Sarny UA 127 D1
Särö S 118 B3
Saron E 36 B1
Sarone I 72 B3
Saronída GR 98 A1
Saronno I 71 D4
Sárospatak H 126 B3
Sarpsborg N 117 D2
Sarracín E 36 B2
Sarral E 38 B4
Sarre-Union F 23 E2
Sarrebourg F 23 E2
Sarreguemines F 23 E1
Sarria E 32 C3
Sarrión E 43 F2
Sarroch I 82 B4
Sars-Poteries F 17 E3
Sarsina I 76 B2
Sarteano I 76 B4
Sartène F 78 A4
Sárti GR 89 D3
Sartilly F 19 E2
Sarule I 82 B2
Sárvár H 69 E2
Sarvsjö S 112 A3
Sarzana I 75 E2
Sarzeau F 18 C4
Sarzedas P 40 C2
Sassari I 82 A1
Sassello I 75 D2
Sassenage F 27 D4
Sassenberg D 55 F4
Sassenheim NL 54 B2
Sassetta I 75 F4
Sasso I 79 D1
Sasso Marconi I 76 A2
Sassoferrato I 76 C3
Sassoleone I 76 A2
Sassuolo I 75 F2
Sástago E 37 F4
Sátão P 34 C4
Säter S 119 D1
Satillieu F 26 C4
Satolas-et-Bonce F 26 C3
Sátoraljaújhely H 126 B3
Satow D 51 D2
Sátres GR 89 F1
Satrup D 50 B2
Sattel CH 66 B4
Sattledt A 68 B1
Satu Mare RO 126 C3
Sauca E 37 D4
Saucejo (El) E 47 F3
Sauda N 116 B1
Sauðárkrókur IS 106 B1
Sauerlach D 67 E2
Saugues F 26 A4
Saujon F 24 B3
Sauland N 116 C2
Saulgau D 66 C2
Saulieu F 26 B1
Sault F 31 D2
Saulx F 23 D4
Saulxures-sur-Moselotte F 23 D3
Saumur F 24 C1

Saundersfoot GB 12 C1
Sauris I 68 A4
Sauve F 30 B2
Sauveterre-de-Béarn F 28 B3
Sauveterre-de-Guyenne F 28 C1
Sauveterre-de-Rouergue F 29 F2
Sauvo FIN 120 B4
Sauxillanges F 26 A3
Le Sauze F 31 E1
Sauze d'Oulx I 27 E4
Sauzé-Vaussais F 24 C2
Sauzon F 18 C4
Sava I 81 E3
Savália GR 96 B1
Sävar S 113 E1
Savelli I 83 F2
Savenay F 19 D4
Saverdun F 29 E3
Saverne F 23 E2
Savigliano I 31 F1
Savignac-les-Églises F 25 D4
Savignano Irpino I 80 B2
Savignano sul Rubicone I 76 B2
Savigny-sur-Braye F 21 D4
Savines-le-Lac F 31 E1
Saviñán E 37 E4
Savitaipale FIN 121 E2
Sävja S 119 E2
Savognin CH 66 C4
Savona I 75 D2
Savonlinna FIN 121 F2
Savonranta FIN 115 F4
Sävsjö S 123 E1
Savukoski FIN 109 E1
Sawbridgeworth GB 14 C2
Sax E 49 E1
Saxmundham GB 15 D2
Saxnäs S 107 E4
Sayatón E 42 C2
Säynätsalo FIN 121 D2
Säyneinen FIN 115 E3
Scaër F 18 B3
Scafa I 79 F1
Scafati I 80 A3
Scalasaig GB 8 A2
Scalby GB 11 E1
Scalea I 80 C4
Scalloway GB 7 F3
Scandiano I 75 F1
Scanno I 79 F1
Scansano I 76 A4
Scanzano Ionico I 81 D3
Scarborough GB 11 E1
Scardovari I 76 B1
Scarinish GB 8 A1
Scarriff / An Scairbh IRL 4 C2
Scey-sur-Saône-et-St-Albin F 22 C4
Schachendorf A 69 E2
Schärding A 68 A1
Schaffhausen CH 23 F4
Schafstädt D 57 E4
Schagen NL 54 B2
Schaprode D 51 E2
Scharbeutz D 50 C3
Scharnitz A 67 E3
Scheeßel D 50 B4
Scheggia I 76 C3
Scheibbs A 68 C1
Scheifling A 68 B2
Scheinfeld D 63 D3
Schenefeld D 50 B3
Schenefeld D 50 B3
Scherfede D 56 B4
Schermbeck D 55 D4
Scheßlitz D 63 D3
Scheveningen NL 54 B4
Schieder-Schwalenberg D 56 B4
Schierling D 63 F4
Schiermonnikoog NL 55 D1
Schiers CH 66 C4
Schifferstadt D 23 F1
Schildau D 57 F4
Schilpario I 71 E3
Schiltach D 23 F3
Schio I 72 A4
Schirmeck F 23 E2
Schirnding D 63 E2
Schkeuditz D 57 E4
Schkölen D 63 E1
Schladming A 68 B2
Schlagbrügge D 50 C3
Schlangenbad D 62 A3
Schleching D 67 F2

Schleiden D 61 E2
Schleiz D 63 E2
Schleswig D 50 B2
Schleusingen D 63 D2
Schlieben D 57 F3
Schliersee D 67 F2
Schlitz D 62 B2
Schlotheim D 63 D1
Schluchsee D 23 F3
Schlüchtern D 62 B2
Schlüsselfeld D 63 D3
Schlutup D 50 C3
Schmalkalden D 62 C1
Schmallenberg D 62 A1
Schmidmühlen D 63 E4
Schmilka D 64 A1
Schmölln D 52 A3
Schmölln D 63 E1
Schnackenburg D 51 D4
Schnaittenbach D 63 E3
Schneeberg D 63 F1
Schneverdingen D 50 B4
Schönau D 23 F4
Schönberg D 63 F2
Schönberg D 50 C2
Schönberg D 64 A4
Schönebeck D 57 E3
Schöneck D 63 E2
Schönecken D 61 E3
Schönewalde D 57 F3
Schöningen D 57 D3
Schönmünzach D 23 F2
Schönsee D 63 F3
Schönthal D 63 F3
Schönwald i. Schwarzwald D 23 F3
Schöppenstedt D 57 D3
Schönberg im Stubaital A 67 E3
Schönbrunn A 69 D1
Schongau D 67 D2
Schoonhoven NL 54 B4
Schopfheim D 23 F4
Schoppernau A 66 C3
Schorndorf D 66 C1
Schortens D 55 E1
Schotten D 62 B2
Schramberg D 23 F3
Schrems A 64 C4
Schrobenhausen D 67 E1
Schröcken A 67 D3
Schrozberg D 62 C4
Schruns A 66 C3
Schüttorf D 55 E3
Schwaan D 51 E3
Schwabach D 63 D4
Schwabmünchen D 67 D2
Schwäbisch-Gmünd D 66 C1
Schwäbisch-Hall D 62 C4
Schwaigern D 62 B4
Schwalmstadt-Treysa D 62 B1
Schwalmstadt-Ziegenhain D 62 B1
Schwandorf D 63 E4
Schwanebeck D 57 D3
Schwanenstadt A 68 B1
Schwanewede D 50 A4
Schwarmstedt D 56 B2
Schwarza D 63 D1
Schwarzach im Pongau A 68 A3
Schwarzenbach a. d. Saale D 63 E2
Schwarzenbek D 50 C3
Schwarzenberg D 63 F1
Schwarzenburg CH 27 F1
Schwarzenfeld D 63 E3
Schwarzheide D 58 A4
Schwarzsee CH 27 F1
Schwaz A 67 E3
Schwechat A 69 E1
Schwedt D 52 A4
Schweich D 61 F3
Schweinfurt D 62 C3
Schweinitz D 57 F3
Schwelm D 61 F1
Schwendi D 66 C2
Schwerin D 51 D3
Schwerte D 61 F1
Schwetzingen D 23 F1
Schwyz CH 66 B4

Scourie GB 6 C2
Scrabster GB 7 D2
Ščučyn BY 124 C4
Scunthorpe GB 11 E2
Scuol / Schuls CH 67 D4
Seaford GB 14 C4
Seaham GB 9 F4
Seaton GB 13 D3
Seaton Delaval GB 9 F4
Sebeş RO 126 C4
Sebež RUS 125 D3
Sebnitz D 64 A1
Seca (La) E 36 A4
Seckau A 68 C2
Seclin F 17 D2
Secondigny F 24 C2
Sedan F 17 F4
Sedano E 36 B2
Sedbergh GB 10 C1
Séderon F 31 D2
Sedgefield GB 11 D1
Sedico I 72 B3
Sedilo I 82 B2
Sedini I 82 B1
Seebenau D 51 D4
Seeboden A 68 B3
Seebruck D 67 F2
Seefeld in Tirol A 67 E3
Seehaus A 68 B3
Seehausen D 51 D4
Seeheim-Jugenheim D 62 B3
Seelisberg CH 66 B4
Seelow D 58 A2
Sées F 20 C2
Seesen D 56 C4
Seevetal D 50 C4
Seewalchen A 68 A2
Seewiesen A 68 C2
Segesta I 84 A3
Segni I 79 E2
Segonzac F 24 C3
Segorbe E 43 F3
Segovia E 36 B4
Segré F 19 F4
Segura P 41 D2
Segura de la Sierra E 48 C1
Segura de Léon E 47 D1
Segura de los Baños E 43 F1
Sehnde D 56 C3
Seia P 40 C2
Seiches-sur-le-Loir F 19 F4
Seierstad N 106 C4
Seifhennersdorf D 64 B1
Seignelay F 22 A4
Seilhac F 25 E4
Seinäjoki FIN 114 B3
Seissan F 29 D3
Seitenstetten Markt A 68 C1
Seixal P 40 A4
Sékoulas GR 96 C1
Selargius I 82 B4
Selassía GR 97 D2
Selb D 63 E2
Selbekken N 111 D2
Selbu N 111 E2
Selby GB 11 E2
Selçuk TR 129 E4
Sélero GR 89 F1
Sélestat F 23 E3
Selfoss IS 106 A2
Séli GR 87 F2
Selía GR 100 C4
Selianítika GR 93 D4
Seligenstadt D 62 B3
Selínia GR 94 A4
Selinunte I 84 B3
Selje N 110 B3
Seljord N 116 C2
Selkirk GB 9 D3
Sella Nevea I 68 B4
Selles-sur-Cher F 25 E1
Sellières F 27 D1
Sellin D 51 F2
Selm D 55 E4
Selmsdorf D 50 C3
Selommes F 21 D4
Selongey F 22 C4
Seløy N 107 D3
Selsey GB 14 B4
Selters D 62 B2
Seltz F 23 F2
Selva I 81 E2
Selva del Camp (La) E 38 B4
Selva di Val Gardena / Wölkenstein in Gröden I 67 F4
Selvino I 71 E4

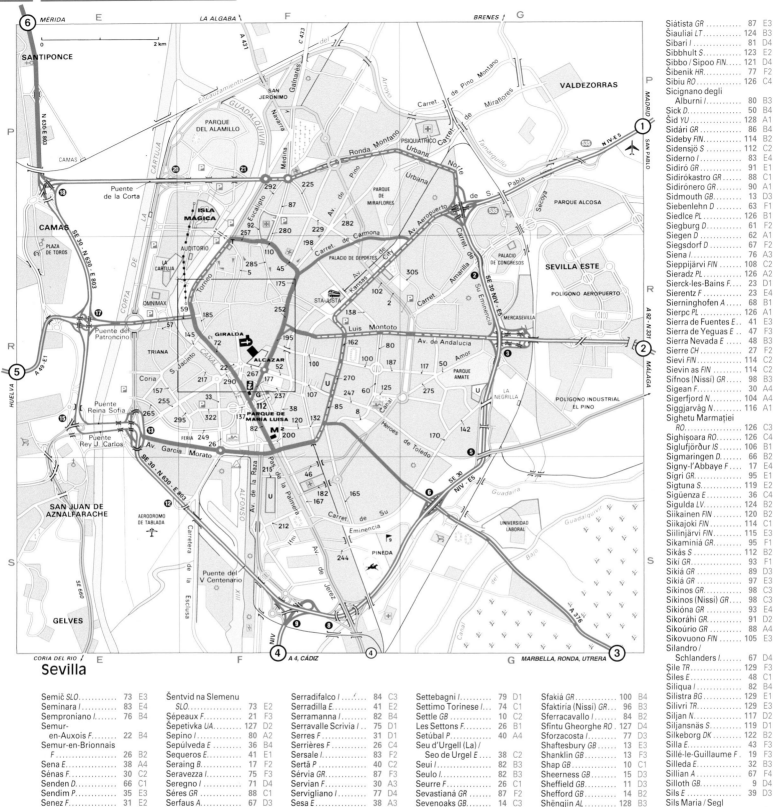

Sevilla

Semič *SLO*	73	E3
Seminara *I*	83	E4
Semproniano *I*	76	B4
Semur-en-Auxois *F.*	22	B4
Semur-en-Brionnais *F.*	26	B2
Sena *E.*	38	A4
Sénas *F.*	30	C2
Senden *D.*	66	C1
Sendim *P.*	35	E3
Senez *F.*	31	E2
Senftenberg *D*	58	A4
Sénia (La) *E*	44	A1
Senigallia *I*	76	C3
Senise *I.*	81	D4
Senj *HR*	73	E4
Senlis *F.*	16	C4
Sennecey-le-Grand *F.*	26	C2
Sennen *GB*	12	A4
Sennestadt *D*	55	F4
Sennori *I*	82	A1
Sennybridge *GB*	13	D1
Senonches *F.*	21	D2
Senones *F.*	23	D3
Senorbì *I.*	82	B3
Senožeče *SLO*	73	D3
Sens *F.*	21	F3
Senta *YU*	128	B1
Sentilj *SLO.*	73	E1
Šentjernej *SLO.*	73	E3
Šentjur *SLO.*	73	E2

Šentvid na Slemenu *SLO.*	73	E2
Sépeaux *F.*	21	F3
Šepetivka *UA.*	127	D2
Sepino *I.*	80	A2
Sepúlveda *E*	36	B4
Sequeros *E.*	41	E1
Seraing *B.*	17	F2
Seravezza *I.*	75	F3
Seregno *I*	71	D4
Séres *GR*	88	C1
Serfaus *A.*	67	D3
Serfopoúla (Nissí) *GR.*	98	B2
Sergijev Posad *RUS.*	125	F2
Seriate *I.*	71	E4
Sérifos *GR.*	98	B2
Sérifos (Nissí) *GR*	98	B2
Sermaize-les-Bains *F.*	22	B2
Sermide *I.*	76	A1
Sermoneta *I.*	79	E2
Sernancelhe *P.*	34	C4
Serón *E.*	48	C3
Serón de Nágima *E.*	37	D4
Serós *E.*	38	A4
Serpa *P.*	46	B1
Serpuchov *RUS.*	125	F2
Serra *E.*	44	A3
Serra S. Bruno *I.*	83	E3
Serracapriola *I.*	80	B1
Serrada *E.*	36	A4
Serra de Outes *E.*	32	A3

Serradifalco *I*	84	C3
Serradilla *E.*	41	E2
Serramanna *I.*	82	B4
Serravalle Scrivia *I.*	75	D1
Serres *F.*	31	D1
Serrières *F.*	26	C4
Sersale *I.*	83	F2
Sertã *P*	40	C2
Sérvia *GR.*	87	F3
Servian *F.*	30	A3
Servigliano *I.*	77	D4
Sesa *E.*	38	A3
Seseña *E.*	42	B2
Sesimbra *P.*	40	A4
Sesklío (Nissí) *GR*	103	E1
Sesma *E.*	37	D2
Sessa Aurunca *I.*	79	F2
Sesta Godano *I.*	75	E2
Sestino *I.*	76	B3
Sesto / Sexten *I.*	67	F4
Sesto Calende *I.*	71	D4
Sesto Fiorentino *I.*	76	A3
Sesto S. Giovanni *I..*	71	D4
Sestola *I.*	75	F2
Sestri Levante *I.*	75	E2
Sestriere *I.*	27	E4
Sestu *I.*	82	B4
Séta *GR.*	94	B3
Setcases *E.*	39	D2
Sète *F.*	30	B3
Setenil *E.*	47	E2
Setermoen / Bardu *N.*	104	B3

Settebagni *I.*	79	D1
Settimo Torinese *I..*	74	C1
Settle *GB*	10	C2
Les Settons *F.*	26	B1
Setúbal *P.*	40	A4
Seu d'Urgell (La) / Seo de Urgel *E.*	38	C2
Seui *I.*	82	B3
Seulo *I.*	82	B3
Seurre *F.*	26	C1
Sevastianá *GR*	87	F2
Sevenoaks *GB.*	14	C3
Sever do Vouga *P.*	34	B4
Sévérac-le-Château *F.*	30	A1
Seveso *I.*	71	D4
Sevettijärvi *FIN.*	105	F2
Sevilla *E.*	47	D2
Sevilleja de la Jara *E.*	42	A3
Sevlievo *BG*	129	D2
Sévrier *F.*	27	D3
Sevsk *RUS.*	125	F4
Seyches *F.*	29	D1
Seyda *D.*	57	F3
Seyðisfjörður *IS.*	106	C1
Seyne *F.*	31	E1
La Seyne-sur-Mer *F.*	31	D3
Seyssel *F.*	27	D3
Sézanne *F.*	22	A2
Sezze *I.*	79	E2
Sfáka *GR.*	101	F4

Sfakiá *GR.*	100	B4
Sfaktiría (Nissí) *GR.*	96	B3
Sferracavallo *I.*	84	B2
Sfîntu Gheorghe *RO.*	127	D4
Sforzacosta *I.*	77	D3
Shaftesbury *GB.*	13	E3
Shanklin *GB.*	13	F3
Shap *GB*	10	C1
Sheerness *GB.*	15	D3
Sheffield *GB.*	11	D3
Shefford *GB.*	14	B2
Shëngjin *AL*	128	B3
Shepshed *GB.*	11	D4
Shepton Mallet *GB..*	13	E2
Sherborne *GB.*	13	E3
Shercock *IRL*	3	D3
Sheringham *GB.*	15	D1
Shiel Bridge *GB*	6	C1
Shieldaig *GB*	6	B4
Shijak *AL*	128	B3
Shinás *GR*	88	A2
Shiniás *GR*	94	B3
Shínos *GR.*	92	C3
Shinoússa (Nissí) *GR.*	99	D3
Shipston-on-Stour *GB.*	13	F1
Shizá (Nissí) *GR.*	96	B3
Shkodër *AL.*	128	B3
Sholári *GR.*	88	B2
Shoreham *GB.*	14	B4
Shrewsbury *GB.*	10	C4
Shrewton *GB.*	13	F2

Siátista *GR*	87	E3
Šiauliai *LT.*	124	B3
Sibari *I.*	81	D4
Sibbhult *S.*	123	E2
Sibbo / Sipoo *FIN.*	121	D4
Šibenik *HR.*	77	F2
Sibiu *RO.*	126	C4
Sicignano degli Alburni *I.*	80	B3
Sick *D.*	50	B4
Šid *YU*	128	B1
Sidári *GR.*	86	B4
Sideby *FIN.*	114	B3
Sidensjö *S*	112	C2
Siderno *I.*	83	E4
Sidiró *GR.*	91	E1
Sidirókastro *GR.*	88	C1
Sidirónero *GR.*	90	A1
Sidmouth *GB.*	13	D3
Siebenlehn *D.*	63	F1
Siedlce *PL.*	126	B2
Siegburg *D.*	61	F2
Siegen *D.*	62	A1
Siegsdorf *D.*	67	F2
Siena *I.*	76	A3
Sieppijärvi *FIN.*	108	C2
Sieradz *PL.*	126	A2
Sierck-les-Bains *F..*	23	D1
Sierentz *F.*	23	E4
Sierninghofen *A.*	68	B3
Sierpc *PL.*	126	A1
Sierra de Fuentes *E..*	41	E3
Sierra de Yeguas *E.*	47	F3
Sierra Nevada *E.*	48	B3
Sierre *CH.*	27	E2
Sievi *FIN.*	114	C2
Sievin as *FIN.*	114	C2
Sífnos (Nissí) *GR.*	98	B3
Sigean *F.*	30	A4
Sigerfjord *N.*	104	A3
Siggjarvåg *N.*	116	A1
Sighetu Marmaţiei *RO.*	126	C3
Sighişoara *RO.*	126	C4
Siglufjörður *IS.*	106	B1
Sigmaringen *D.*	66	B2
Signy-l'Abbaye *F.*	17	E4
Sígri *GR.*	95	E1
Sigtuna *S.*	119	E2
Sigüenza *E.*	36	C4
Sigulda *LV.*	124	B2
Siikainen *FIN.*	120	B2
Siikajoki *FIN.*	114	C1
Siilinjärvi *FIN.*	115	F3
Sikaminiá *GR.*	95	F1
Sikås *S.*	112	B2
Sikí *GR.*	93	F1
Sikiá *GR.*	89	D3
Sikiá *GR.*	97	E3
Síkinos *GR.*	98	C3
Síkinos (Nissí) *GR..*	98	C3
Sikióna *GR.*	93	E4
Sikoráhi *GR.*	91	D2
Sikoúrio *GR.*	88	A4
Sikovuono *FIN.*	105	E3
Silandro / Schlanders *I.*	67	D4
Şile *TR.*	129	F3
Siles *E.*	48	C1
Siliqua *I.*	82	B4
Silistra *BG.*	129	E1
Silivri *TR.*	129	E3
Siljan *N.*	117	D2
Siljansnäs *S.*	119	D1
Silkeborg *DK*	122	B2
Silla *E.*	43	F3
Sillé-le-Guillaume *F.*	19	F1
Silleda *E.*	32	B3
Sillian *A.*	67	F4
Silloth *GB.*	9	D4
Sils *E.*	39	D3
Sils Maria / Segl Maria *CH.*	66	C3
Siltakylä *FIN.*	121	E3
Šilutė *LT.*	124	A3
Silvalen *N.*	107	C3
Silvaplana *CH.*	66	C4
Silvares *P.*	40	C1
Silves *P.*	46	A2
Silvi Marina *I.*	77	E4
Silz *E.*	67	E3
Simancas *E.*	36	A3
Símandra *GR.*	88	B3
Simav *TR.*	129	F4
Simaxis *I.*	82	B3
Simbach *D.*	67	F2
Simbach a. Inn *D..*	68	A1
Sími *GR.*	103	E1
Sími (Nissí) *GR.*	103	E1
Simlångsdalen *S.*	123	D2
Simmerath *D.*	61	D2
Simmern (Hunsrück) *D.*	61	F3

Simo FIN.	109 D3	Siófok H	126 A4	Sitía GR	101 F4	Sjusjøen N	111 D4	Skalohóri GR	87 E3	Skatval N	111 E1
Simola FIN.	121 E3	Sion CH.	27 F2	Sittard NL.	61 D1	Skåbu N	111 D3	Skalohóri GR	95 F1	Skaulo S.	108 B1
Simonsbath GB	13 D2	Sippola FIN.	121 E3	Sittensen D.	50 B4	Skadovs'k UA	127 F4	Skalotí GR	90 A1	Skaun N	111 D2
Simonswald D	23 F3	Sira N.	116 B2	Sittingbourne GB	15 D3	Skælskør DK.	122 C3	Skamnéli GR	87 D4	Skee S	118 A3
Simópoulo GR	96 B1	Siracusa I	85 E4	Siuntio / Sjundeå		Skærbæk DK	122 A2	Skandáli GR	89 F4	Skegness GB	11 F3
Simrishamn S	123 E3	Siret RO.	127 D3	FIN	120 C4	Skafidiá GR	96 B1	Skanderborg DK	122 B2	Skei N	110 B3
Sinaia RO.	129 D1	Sirevåg N	116 A3	Siuro FIN	120 C2	Skaftafell IS	106 B2	Skandzoúra (Nissí)		Skei N	111 D2
Sinalunga I.	76 B4	Sirkka FIN.	109 D1	Siurua FIN	109 E3	Skagaströnd IS.	106 A1	GR	94 B2	Skellefteå S	108 B4
Sinarádes GR.	86 B4	Sirma N	105 E2	Siusi / Seis I	67 E4	Skage N	107 D4	Skånevik N	116 A1	Skelleftehamn S	108 B4
Sinarcas E.	43 E3	Sirmione I.	71 E4	Sıvaslı TR	129 F4	Skagen DK.	122 C1	Skåningsbukt N.	104 C2	Skelmersdale GB.	10 C2
Sindelfingen D.	66 B1	Sírna (Nissí) GR	99 F4	Síviri GR	88 C3	Skaill GB.	7 E2	Skänninge S	119 D3	Skepastó GR	88 C2
Síndırgı TR	129 E4	Sirolo I	77 D3	Sívota GR.	92 A1	Skála GR.	99 F2	Skanör-Falsterbo S.	122 C3	Skerries / Na Sceirí	
Síndos GR	88 B2	Síros (Nissí) GR	98 C2	Sívros GR.	92 A3	Skála GR.	93 F3	Skara S	118 C3	IRL	3 E4
Sines P	46 A1	Síses GR.	101 D3	Six-Fours-les-Plages		Skála GR.	92 B4	Skaramangás GR	94 A4	Ski N.	117 D2
Sinettä FIN.	109 D2	Sissa I	75 F1	F	31 D3	Skála GR.	97 D3	Skarberget N.	104 A4	Skíathos GR	94 A2
Sineu E	45 E3	Sissach CH	23 F4	Siziano I.	71 D4	Skála GR.	95 E2	Skåre S.	118 C2	Skíathos (Nissí) GR	94 A1
Singen (Hohentwiel)		Sissonne F	17 E4	Sizun F	18 B2	Skála Eressoú GR	95 E2	Skärfia GR.	93 E2	Skibbereen / An
D	66 B2	Sisteron F.	31 D2	Sjøåsen N	111 E1	Skála Kaliráhis GR	89 E2	Skärhamn S.	118 A4	Sciobairín IRL	4 B4
Siniscola I.	78 A4	Sistiana I	72 C3	Sjöbo S.	123 E3	Skála Oropoú GR.	94 A4	Skarnes N.	117 E1	Skibby DK	122 C3
Sinj HR.	128 A2	Sistranda N	111 D1	Sjøholt N.	110 B2	Skála Potamiás GR.	89 E2	Skarplinge S	119 E1	Skibotn N	104 C3
Sınnicolau Mare RO.	128 B1	Sitges E	38 C4	Sjötorp S.	118 C3	Skála Rahoníou GR.	89 E2	Skarsvåg N.	105 E1	Skídra GR.	87 F2
Sinopoli I.	83 E4	Sithonía GR	88 C3	Sjoutnäset S	107 E4	Skála Volissoú GR.	95 E3	Skärvången S.	112 A1	Skien N	116 C2
Sinsheim D.	62 B4			Sjøvegan / Salangen		Skaland / Berg N.	104 A3	Skarżysko-		Skierniewice PL	126 A1
Sintra P.	40 A3			N.	104 B3	Skalavik DK.	106 A4	Kamienna PL.	126 A2	Skillingaryd S	118 C4
Sinzig D	61 F2			Sjulsmark S	113 E1	Skålevik N.	116 B3	Skattungbyn S.	112 B4	Skiniás GR.	101 D4

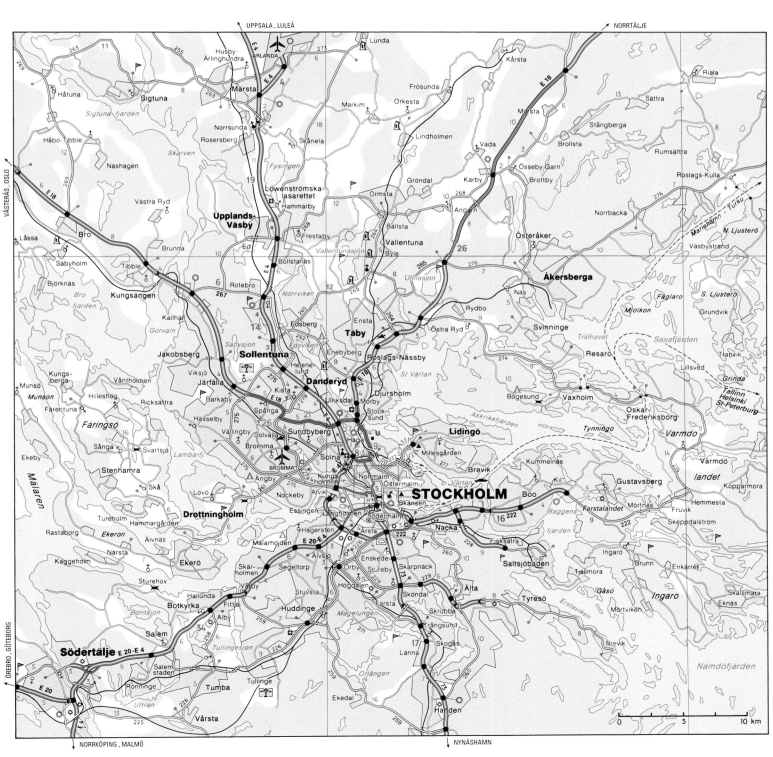

Skinnarbu N.......... 116 C1
Skinnskatteberg S 119 D2
Skipagurra N.......... 105 F2
Skipton GB........... 11 D2
Skiros GR............ 94 C2
Skíros (Nissí) GR 94 C2
Skíti GR............. 88 B4
Skive DK............ 122 B2
Skjeberg N 117 D2
Skjelvik N 107 E2
Skjern DK........... 122 A2
Skjersholmane N 116 A1
Skjerstad N 107 E2
Skjervøy N 104 C2
Skjønhaug N 117 D2
Sklavopoúla GR 100 A3
Sklíthro GR.......... 88 B4
Skłoŭ BY............ 125 D4
Skodje N 110 B2
Škofja Loka SLO....... 73 D2
Škofljica SLO 73 E3
Skog S.............. 112 C2
Skog S.............. 112 C4
Skogar IS............ 106 B2
Skoghall S 118 C2
Skogstorp S.......... 119 D2
Skokloster S 119 E2
Skollenborg N 117 D2
Skópelos GR 94 A2
Skópelos GR 95 F2
Skópelos (Nissí) GR.... 94 A1
Skopiá GR 93 E2
Skopós GR 87 E1
Skopun DK 106 A3
Skorovatn N.......... 107 D4
Skorped S............ 112 C2
Skotína GR 88 A4
Skotterud N 117 E1
Skoulikariá GR 92 C1
Skoúra GR........... 97 D3
Skoúrta GR.......... 94 A4
Skoútari GR 88 C1
Skoútari GR 97 D3
Skoutáros GR 95 F1
Skövde S............ 118 C3
Skrá GR............. 88 A1
Skreia N 117 D1
Skrolsvik N.......... 104 A3
Skrydstrup DK........ 122 B3
Skudeneshavn N 116 A2
Skull / Schull IRL 4 B4
Skultuna S 119 D2
Skuodas LT........... 124 A3
Skurup S 123 D3
Skutskär S........... 119 E1
Skutvik N 107 E1
Skvyra UA........... 127 E2
Slagelse DK 122 C3
Slagnäs S 108 A3
Slánčev Brjag BG 129 E2
Slancy RUS 125 C1
Slane IRL 3 D4
Slangerup DK 123 D3
Slatina RO 128 C1
Slaŭharad BY 121 E4
Slavkov u Brna CZ 65 E3
Slavonski Brod HR 128 A1
Slavuta UA 127 D2
Sławno PL........... 52 C1
Sleaford GB 11 E3
Sliedrecht NL......... 54 B4
Sliema M............ 85 F4
Sligachan (Loch) GB ... 6 B4
Sligo / Sligeach IRL.... 2 B2
Slite S 119 F4
Sliven BG 129 D2
Slobozia RO 129 E1
Slonim BY 124 C4
Sloten NL............ 54 C2
Slough GB............ 14 B3
Slovenj Gradec SLO.... 73 E2
Slovenska Bistrica
    SLO.............. 73 F2
Slovenske Konjice
    SLO.............. 73 E2
Sluck BY............ 125 D4
Sluderno /
    Schluderns I....... 67 D4
Sluis NL............. 15 F3
Slunj HR 73 F4
Słupsk PL............ 52 C1
Smålands-stenar S 123 D1
SmaljaviČy BY........ 125 D4
Smarhon' BY.......... 124 C4
Šmarje SLO........... 73 E2
Šmarjeske Toplice
    SLO............. 73 E3
Šmartin SLO.......... 73 E2
Smedby S............ 123 F2
Smederevo YU......... 128 B1
Smedjebacken S....... 119 D1
Smigáda GR.......... 91 D1

Smila UA 127 F2
Smilde N............ 55 D2
Smiltene LV.......... 124 C2
Smoljan BG 129 D3
Smolensk RUS 125 E3
Smørhamn N 110 A3
Smygehamn S 123 D3
Snaith GB........... 11 E2
Snåsa N 111 F1
Sneek NL 54 C2
Sneem IRL 4 A3
Snihurivka UA........ 127 F3
Snillfjord N.......... 111 D2
Soave I............. 72 A4
Sobrado dos
    Monxes E........ 32 B3
Sobral da Adiça P..... 46 C1
Sobral de Monte
    Agraço P......... 40 A3
Sobreira Formosa P 40 C2
Soca SLO 72 C2
Soccia F............. 78 A3
Sochaczew PL......... 126 A1
Sochaux F........... 23 D4
Socovos E............ 49 D1
Socuéllamos E........ 42 C3
Sodankylä FIN........ 109 D1
Söderåkra S.......... 123 F2
Söderbärke S 119 D1
Söderfors S 119 E1
Söderhamn S 112 C4
Söderköping S........ 119 D3
Södertälje S.......... 119 E2
Sodražica SLO........ 73 E3
Sodupe E............ 36 C1
Soest NL............ 54 C3
Soest D............. 55 F4
Soestdijk NL......... 54 C3
Sofádes GR 93 D1
Sofia BG 128 C2
Sofiero S............ 123 D2
Sofikó GR........... 97 E1
Sofó GR............ 93 E1
Sogliano al
    Rubicone I........ 76 B2
Soglio CH............ 71 E3
Søgne N 116 B3
Soham GB........... 14 C2
Sohós GR........... 88 C2
Soignies B 17 E2
Soini FIN............ 114 C3
Soinlahti FIN......... 115 D2
Soissons F........... 17 D4
Söke TR............ 129 E4
Sokna N............ 117 D1
Soko Banja YU 128 B2
Sokołów Podlaski PL... 126 B1
Sola N 116 A2
Solana (La) E......... 42 C4
Solana de los Barros
    E............... 41 D4
Solana del Pino E...... 48 A1
Solares E............ 36 B1
Solberg S 112 C1
Solčava SLO 73 E2
Sol'cy RUS........... 125 D1
Solda / Sulden I....... 67 D4
Sölden A 67 E3
Solenzara F 78 B4
Solesmes F........... 17 D3
Solesmes F 19 F4
Solevåg N........... 110 B2
Solf FIN............ 114 B3
Solferino I........... 71 F4
Solholmen N......... 110 C2
Solignac F........... 25 E3
Solignac-sur-Loire F... 26 B4
Solihull GB 11 D4
Solingen D 61 F1
Sollana E............ 44 A3
Sollefteå S 112 C2
Sollenau A 69 D1
Sollentuna S 119 E2
Sóller E............. 45 E3
Sollerön S 118 C1
Søllested DK 122 C4
Solliès-Pont F........ 31 D3
Solnečnogorsk RUS... 125 F2
Solofra I............ 80 B3
Solosancho E........ 42 A1
Solothurn CH........ 27 F1
Solre-le-Château F.... 17 E2
Solrød DK 123 D3
Solsona E........... 38 C3
Šolta HR 128 A2
Soltau D............ 50 B4
Sölvesborg S 123 E3
Solvorn N........... 110 B4
Soma TR............ 129 E4

Sombernon F........ 26 C1
Sombor YU.......... 128 A1
Someren NL......... 17 F1
Somero FIN.......... 120 C3
Sommarøy N 104 B2
Sommatino I......... 84 C3
Sommesous F........ 22 A2
Sommières F......... 30 B2
Somolinos E......... 36 C4
Soncillo E........... 36 B1
Soncino I............ 71 E4
Søndeled N 117 C3
Sønder Felding DK.... 122 A2
Sønderborg DK 122 B4
Sønderby DK........ 122 B4
Sondershausen D 57 D4
Søndersø DK 122 B3
Sondrio I............ 71 E3
Songeons F.......... 16 B4
Sonkajärvi FIN....... 115 E2
Sonneberg D......... 63 D2
Sonnewalde D........ 58 A3
Sonogno CH......... 71 D3
Sonsbeck D 55 D4
Sonseca E........... 42 B3
Son Servera E........ 45 E3
Sonthofen D 67 D3
Sontra D............ 62 C1
Sopeira E........... 38 B3
Sopot PL............ 124 A4
Sopron H............ 69 E1
Sør-Flatanger N...... 106 C4
Sora I.............. 79 F2
Soragna I........... 75 E1
Söråker S........... 112 C3
Sørarnøy N.......... 107 E2
Sorbas E............ 49 D3
Sore F 28 B1
Soresina I........... 71 E4
Sörfors S 113 D1
Sorga D 62 C1
Sorgono I........... 82 B3
Sorgues F........... 30 C2
Sørgutvik N 107 D4
Soria E............. 37 D3
Soriano nel Cimino I... 79 D1
Sørkjosen N......... 104 C2
Sorø DK............ 122 C3
Soroca MOL......... 127 D3
Soroní GR.......... 103 F2
Sørreisa N.......... 104 B3
Sorrento I 80 A3
Sørrollnes N 104 A3
Sorsakoski FIN....... 115 E4
Sorsele S 107 F4
Sorso I............. 82 A1
Sort E.............. 38 B2
Sortino I............ 85 E4
Sortland N 104 A3
Sorunda S........... 119 E3
Sørvær N........... 104 C1
Sørværøy N......... 107 D1
Sørvågen N......... 107 D1
Sørvagur DK 106 A3
Sörvattnet S 112 A3
Sørvik N............ 104 A3
Sos del Rey Católico
    E............... 28 B4
Soses E............. 38 A4
Sosnovyj Bor RUS..... 124 C1
Sosnowiec PL........ 126 A2
Sospel F............ 31 F2
Šoštanj SLO......... 73 E2
Sóstis GR........... 89 F1
Sostka UA 127 F1
Sotaseter N 110 C3
Sotillo de la Adrada
    E............... 42 A1
Sotíra GR........... 87 F2
Sotkamo FIN 115 E2
Soto del Barco E 33 E2
Soto de los Infantes
    E............... 33 D2
Soto de Luiña E 33 D2
Soto de Sajambre E ... 33 F3
Sotogrande E........ 47 E4
Sotopalacios E....... 36 B2
Sotrondio I.......... 33 E3
Sottomarina I........ 72 B4
Sottrum D........... 50 B4
Sottunga FIN........ 120 A4
Sotuélamos E........ 43 D4
Soúda GR........... 100 B3
Souesmes F.......... 21 E4
Soufflenheim F....... 23 F2
Souflí GR 91 E2
Soúgia GR........... 100 A3
Sougné-
    Remouchamps B... 17 F2
Souillac F........... 25 E4
Souilly F............ 22 C2
Soulac-sur-Mer F..... 24 B3
Soulaines-Dhuys F ... 22 B3

Soulinári GR......... 96 B3
Soulópoulo GR....... 86 C4
Soultz-Haut-Rhin F... 23 E3
Soultz-sous-Forêts
    F............... 23 E2
Soúnio GR 98 A1
Soúnio (Akr.) GR 98 A1
Souppes-sur-Loing
    F............... 21 F3
Sourdeval F......... 19 F2
Soure P............ 40 B1
Sournia F........... 29 F4
Souroti GR.......... 88 B2
Soúrpi GR 93 F2
Sousceyrac F 29 F1
Sousel P............ 40 C3
Soustons F.......... 28 B2
La Souterraine F...... 25 E2
South Molton GB 13 D2
South Queensferry
    GB.............. 9 D2
South Shields GB 9 F4
Southam GB 13 F1
Southampton GB 13 F3
Southborough GB ... 14 C4
Southend GB........ 3 E1
Southend-on-Sea
    GB.............. 14 C3
Southport GB 10 C2
Southsea GB 13 F3
Southwell GB 11 E3
Southwold GB 15 E2
Souvála GR 97 F1
Souvigny F.......... 26 A2
Sovata RO 126 C4
Sövdeborg S......... 123 E3
Soverato I.......... 83 E3
Soveria Mannelli I.... 83 E2
Søvik N............ 110 B2
Sozopol BG.......... 129 E2
Sp. Brnik SLO........ 73 D2
Spa B 61 D2
Spaichingen D 66 B2
Spakenburg NL 54 C3
Spalding GB......... 11 F4
Spandau D 57 F2
Spangenberg D....... 62 B1
Sparlösa S 118 B3
Spárta GR 93 F4
Spárti GR 97 D2
Spárto GR 92 B2
Spas-Demensk RUS... 125 F4
Spáta GR 94 B4
Spatharéi GR........ 99 F1
Spean Bridge GB..... 8 C1
Speicher D 61 E3
Spello I............ 76 C4
Spennymoor GB..... 11 D1
Sperhiáda GR 93 D2
Sperlonga I 79 F2
Spetses GR 97 E2
Spétses (Nissí) GR 97 E2
Spetsopoúla (Nissí)
    GR.............. 97 E2
Speyer D 23 F1
Spezia Albanese
    Terme I.......... 81 D4
Spezzano della Sila I.. 83 E2
Spiddal / An Spidéal
    IRL 2 A4
Spiekeroog D 55 E1
Spielfeld A 69 D3
Spiez CH 27 F1
Spijkenisse NL....... 54 B4
Spíli GR............ 100 C1
Spiliá GR 88 A4
Spilimbergo I........ 72 C3
Spilsby GB 11 F3
Spinalónga (Hers.)
    GR.............. 101 E3
Spinazzola I......... 80 C2
Spincourt F......... 22 C1
Spišská Nová Ves
    SK.............. 126 B3
Spital am Pyhrn A 68 B2
Spittal an der Drau
    A............... 68 B3
Spitz A............. 68 C1
Spjelkavik N........ 110 B2
Split HR 128 A2
Splügen CH......... 66 C2
Spodsbjerg DK 122 C40
Špola UA 127 F2
Spoleto I........... 76 C4
Sportnitz D 51 D4
Spotorno I.......... 75 D2
Spremberg D 58 A4
Spresiano I.......... 72 B3
Springe D........... 56 B3
Squillace I........... 83 E3
Squinzano I......... 81 F3
Srbobran YU......... 128 A1
Središče SLO........ 73 F2

Sremska Mitrovica
    YU.............. 128 A1
Środa Wielkopolska
    PL.............. 59 D2
Stade D............. 50 B3
Stádio GR........... 97 D1
Stadskanaal NL 55 D2
Stadthagen D 56 B3
Stadtilm D.......... 63 D1
Stadtkyll D 61 E2
Stadtlohn D 55 D4
Stadtoldendorf D 56 B4
Stadtroda D 63 E1
Stadtsteinach D 63 E2
Stadt Wehlen D...... 64 A1
Staffanstorp S 123 D3
Staffelstein D 63 D2
Staffin GB 6 B3
Stafford GB 11 D4
Stágira GR........... 88 C2
Stahle D............ 56 B4
Stainz A 69 D3
Staines GB 14 B3
Stalida GR 101 E3
Stall A 68 A3
Stalowa Wola PL..... 126 B2
Stamford GB 11 E4
Stamnes N 110 B4
Stams A 67 E3
Stamsund N......... 107 E1
Stange N 117 E1
Stanjel SLO 73 D3
Stanley GB 9 E4
Stános GR 92 B2
Stanós GR 88 C2
Stans CH............ 66 B4
Stansstad CH........ 66 B4
Stansted
    Mountfitchet GB.. 14 C2
Stara Zagora BG 129 D2
Starachowice PL 126 B2
Staraja Russa RUS ... 125 D1
Stargard
    Szczeciński PL 52 B3
Stårheim N 110 B3
Stari Log SLO 73 E3
Starica RUS......... 125 F2
Starigrad Paklenica
    HR.............. 77 F1
Starnberg D......... 67 E2
Starodub RUS 125 E4
Starogard Gdański
    PL.............. 124 A4
Starokostjantyniv
    UA.............. 127 D2
Starý Smokovec SK.. 126 A3
Staßfurt D........... 57 D3
Stathm. Angístis GR . 89 D1
Statland N.......... 106 C4
Stavanger N......... 116 A2
Stavely GB 11 D3
Stavelot B 61 E2
Stavenhagen
    Reuterstadt D 51 E3
Stavenisse NL........ 17 E1
Stavern N 117 D2
Stavoren NL......... 54 C2
Stavrodrómi GR...... 92 C4
Stavrohóri GR....... 101 F4
Stavrós GR 94 A3
Stavrós GR 92 A3
Stavrós GR 100 B3
Stavrós GR 93 D1
Stavrós GR 88 A3
Stavrós GR 88 C2
Stavroúpoli GR...... 89 E1
Stavsjø N........... 111 D4
Steckborn CH........ 66 B3
Steeg A 67 D3
Steenbergen NL..... 17 E1
Steenvoorde F....... 15 E4
Steenwijk NL 55 D2
Stefáni GR 94 A4
Stefáni GR 92 B1
Stefaniná GR........ 88 C2
Stefanovikío GR..... 93 E1
Stege DK 123 D4
Stegersbach A 69 E2
Steibis D............ 66 C3
Steigen N 107 E1
Stein A 65 D4
Stein N 111 D4
Stein am Rhein CH... 66 B3
Stein D............. 63 D3
Steinach D 63 D2
Steinach A 67 E3
Steinau a. d. Straße
    D............... 62 B2
Steinbach-Hallen-
    berg D........... 63 D1
Steine N............ 110 A4

Steinfeld A 68 A4
Steinfeld
    (Oldenburg) D..... 55 F3
Steinfurt D.......... 55 E3
Steingaden D 67 D2
Steinhausen D 66 C2
Steinheim D......... 56 B4
Steinheim D......... 67 D2
Steinkjer N.......... 111 E1
Steinshamn N....... 110 B2
Steinsland N 116 A1
Stekene N 17 E1
Stenay F............ 17 F4
Stendal D........... 57 E2
Steni GR 94 A3
Stenlille DK 122 C3
Stenløse DK 123 D3
Stenness GB 7 E2
Stenó GR 97 D1
Sténoma GR 92 C2
Stenudden S 107 F2
Stenungsund S 118 B4
Sterkrade D 55 D4
Stérna GR........... 97 D1
Stérna GR 91 E1
Stérna GR 89 E1
Sternberg D......... 51 E3
Stérnes GR 100 B3
Sterup D............ 50 B2
Stevenage GB....... 14 C2
Stewarton GB....... 8 C3
Steyr A 68 B1
Steyrermühl A 68 B1
Stia I.............. 76 B3
Stigliano I.......... 80 C3
Stigtomta S 119 E3
Stiklestad N 111 E1
Stilída GR.......... 93 E2
Stilo I.............. 83 E3
Stimfalía (L.) GR..... 97 D1
Stintino I........... 82 A1
Štip MK 128 C3
Stípsi GR........... 95 F1
Stíra GR............ 94 B4
Stirling GB.......... 8 C2
Stjärnhov S 119 E3
Stjärnsund S........ 119 D1
Stjørdal N 111 E2
Stockach D 66 B2
Stockbridge GB 13 F2
Stockelsdorf D 50 C3
Stockerau A 65 D4
Stockholm S 119 E2
Stockport GB........ 11 D3
Stocksbridge GB 11 D3
Stockton-on-Tees
    GB.............. 11 D1
Stöde S............ 112 C3
Stoke-on-Trent GB... 10 C3
Stokke N 117 D2
Stokmarknes N 104 A4
Stolberg D.......... 57 D4
Stolberg D.......... 61 E2
Stolin BY........... 127 D1
Stollberg D 63 F1
Stöllet S 118 C1
Stolpen D 58 A4
Stolzenau D 56 B3
Stómio GR.......... 88 A4
Stone GB 11 D4
Stonehaven GB 9 F1
Stonglandet N 104 A3
Storå S 119 D2
Stora Blåsjön S 107 E4
Stora Skedvi S 119 D1
Stora Sundby S...... 119 E2
Storby FIN.......... 120 A4
Stordal N 110 C2
Store Heddinge DK .. 123 D3
Store Molvik N 105 F1
Storebø N 116 A1
Storebro S 119 D2
Støren N............ 111 D2
Storfors S 118 C2
Storforshei N 107 E2
Storkow D.......... 58 A3
Stormí FIN.......... 120 C3
Stornoway GB 6 B2
Storo I............. 71 F3
Storožynec' UA 127 D3
Storsjö S 112 A2
Storslett / Nordreisa
    N............... 104 C2
Storsteinen N 104 C2
Storsteinnes N 104 B3
Storuman S 107 F4
Storvik N........... 104 C2
Storvik S 119 E1
Stotel D............ 50 A4
Stoŭbcy BY......... 124 C4
Stoúpa GR.......... 96 C3
Stourbridge GB 10 C4
Stournaréika GR 92 C1

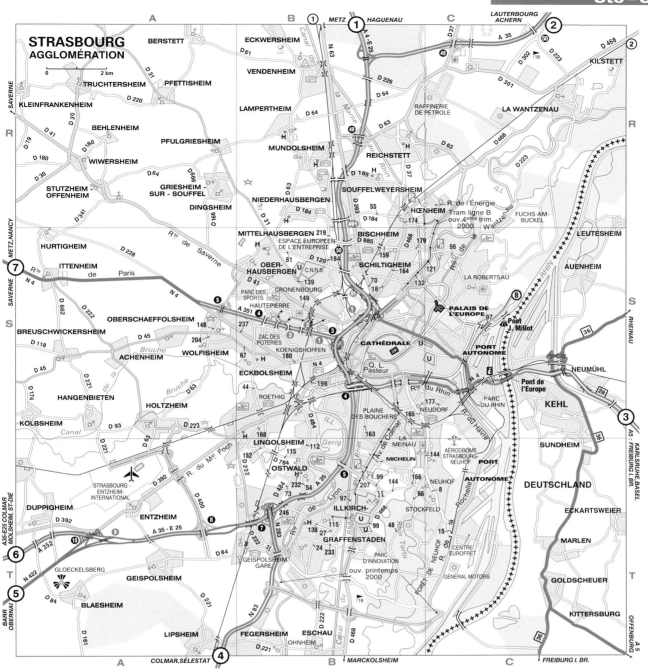

Stourport-on Severn				Straumen *N*	107	F1	Struer *DK*	122	A2	Süchteln *D*	61	E1	Sunderland *GB*	9	F4	Survilliers *F*	21	E2
GB	10	C4	Straumen *N*	111	E1	Struga *MK*	128	B3	Süderbrarup *D*	50	B2	Sundern (Sauerland)			Susa *I*	27	F4
Støvring *DK*	122	B1	Straumen *N*	107	E2	Struge *SLO*	73	E3	Sueros de Cepeda *E*	33	E4	*D*	62	A1	Susch *CH*	67	D4
Stow-on-the-Wold			Straumsjøen *N*	104	A3	Strumica *MK*	128	C3	Süßen *D*	66	C1	Sundom *FIN*	114	B3	Susurluk *TR*	129	E3
GB	13	F1	Straumsnes *N*	107	E2	Stryj *UA*	126	C3	Suhl *D*	63	D2	Sundsvall *S*	112	C3	Sutri *I*	79	D1
Stowmarket *GB*	15	D2	Straupitz *D*	58	A3	Stryn *N*	110	B3	Suinula *FIN*	120	C2	Suni *I*	82	A2	Sutterton *GB*	11	F4
Strà *I*	72	B4	Strausberg *D*	58	A2	Strzelce Krajeńskie			Suippes *F*	22	B2	Sunnansjö *S*	119	D1	Sutton *GB*	14	C3
Strabane *GB*	2	C2	Straußfurt *D*	63	D1	*PL*	52	B4	Sukeva *FIN*	115	E2	Sunndalsøra *N*	110	C2	Sutton Coldfield *GB*	11	D4
Stradella *I*	75	D1	Streatley *GB*	13	F2	Stubbekøbing *DK*	122	C4	Sulina *RO*	127	E4	Sunne *S*	112	B2	Sutton-in-Ashfield		
Stradsett *GB*	11	F4	Street *GB*	13	E2	Stühlingen *D*	23	E1	Sulingen *D*	55	F2	Sunne *S*	118	C2	*GB*	11	D3
Straelen *D*	61	E1	Strehaia *RO*	128	C1	Stugun *S*	112	B2	Sulitjelma *N*	107	F2	Sunnemo *S*	118	C2	Suveréto *I*	75	F4
Strakonice *CZ*	65	A3	Strehla *D*	57	F4	Stuhr *D*	50	A4	Sulkava *FIN*	121	E2	Suodenniemi *FIN*	120	B2	Suwałki *PL*	124	B4
Stralsund *D*	51	E2	Streitberg *D*	63	D3	Stupino *RUS*	125	F2	Sully-sur-Loire *F*	21	E4	Suolahti *FIN*	115	D4	La Suze-sur-Sarthe		
Stranda *N*	110	B3	Strengberg *A*	68	C1	Sturehov *S*	119	E2	Sulmona *I*	79	F1	Suolijoki *FIN*	109	D3	*F*	20	C4
Strandebarm *N*	116	B1	Stresa *I*	70	C4	Sturminster Newton			Sultanhisar *TR*	129	F4	Suomenlinna *FIN*	121	D4	Suzzara *I*	75	F1
Strandhill *IRL*	2	C2	Strimonikó *GR*	88	C1	*GB*	13	E3	Sulz a. Neckar *D*	23	F3	Suomenniemi *FIN*	121	E2	Svaljava *UA*	126	B3
Strangford *GB*	3	E3	Strobl *A*	68	A2	Sturup *S*	123	D3	Sulzbach (Saar) *D*	23	D1	Suomusjärvi *FIN*	120	C4	Svalöv *S*	123	D3
Strängnäs *S*	119	E2	Strofádes (Nissiá)			Stuttgart *D*	66	B1	Sulzbach a. d. Murr			Suomussalmi *FIN*	115	E1	Svaneke *DK*	123	E4
Stranice *SLO*	73	E2	*GR*	96	A2	Stykkishólmur *IS*	106	A1	*D*	62	C4	Suonenjoki *FIN*	115	E3	Svanstein *S*	108	C2
Stranorlar *IRL*	2	C2	Strofiliá *GR*	94	A2	Suances *E*	33	E2	Sulzbach-Rosenberg			Suopelto *FIN*	121	D2	Svanvik *N*	105	F2
Stranraer *GB*	3	F2	Strokestown *IRL*	2	C3	Subbiano *I*	76	B3	*D*	63	E3	Suopelto *FIN*	115	D3	Svappavaara *S*	108	B1
Strasbourg *F*	23	E2	Stromberg *D*	62	A3	Subiaco *I*	79	E1	Sulzemoos *D*	67	E1	Super-Besse *F*	26	A3	Svärdsjö *S*	119	D1
Strasburg *D*	51	E3	Stromeferry *GB*	6	B4	Subijana *E*	36	C2	Sumba *DK*	106	A4	Super Molina *E*	38	C3	Svarstad *N*	117	D2
Straßburg *A*	68	B3	Stromness *GB*	7	E2	Subotica *YU*	128	A1	Sumburgh *GB*	7	F3	Supino *I*	79	E2	Svartå *S*	118	C2
Straßwalchen *A*	68	A2	Strömfors *FIN*	121	E3	Suceava *RO*	127	D3	Sümeg *H*	69	F2	Surahammar *S*	119	D2	Svartevatn *N*	116	B2
Stratford-upon-			Strömnäs *S*	112	C4	Suceviţa *RO*	127	D3	Šumen *BG*	129	E2	Suraż *RUS*	125	E4	Svedala *S*	123	D3
Avon *GB*	13	F1	Strömsbruk *S*	123	E1	Suchiniči *RUS*	125	F3	Sumiainen *FIN*	115	D3	Surbo *I*	81	F3	Sveg *S*	112	A3
Strathaven *GB*	8	C3	Strömsnasbruk *S*	123	D2	Sucina *E*	49	E2	Sumiswald *CH*	27	F1	Surdulica *RUS*	128	C2	Svelgen *N*	110	B3
Stratóni *GR*	88	C2	Strömstad *S*	118	A3	Sudbury *GB*	11	D4	Šumperk *CZ*	65	E2	Surenenpass *CH*	66	B4	Svelvik *N*	117	D2
Stratoníki *GR*	88	C2	Strömsund *S*	112	B1	Sudbury *GB*	15	D2	Sumy *UA*	127	F1	Surgères *F*	24	B2	Svendborg *DK*	122	B3
Strátos *GR*	92	C3	Strongoli *I*	83	F2	Suddesjaur *S*	108	A3	Sund *FIN*	120	A4	Súria *E*	38	C3	Svenljunga *S*	118	B4
Stratton *GB*	12	C3	Strontian *GB*	8	B1	Sudža *RUS*	127	F1	Sunde *N*	116	A1	Surnadalsøra *N*	111	D2	Svensby *N*	104	B2
Straubing *D*	63	F4	Strovlés *GR*	100	A3	Sueca *E*	44	A4	Sunde *N*	111	D1	Sursee *CH*	66	A3	Svenstavik *S*	112	B2

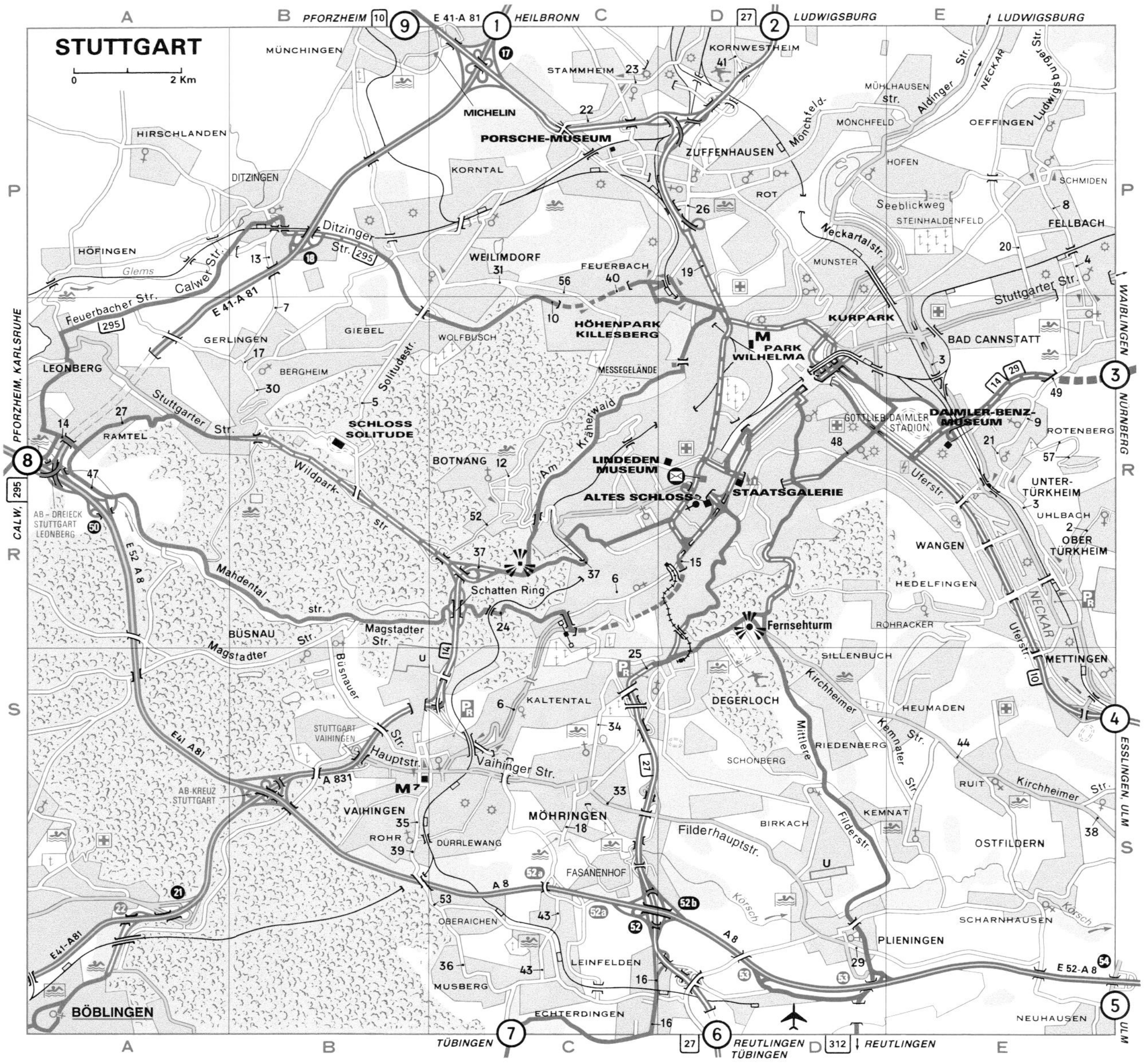
STUTTGART
0 2 Km
A
B
C
D
E
P
R
S
PFORZHEIM
E 41-A 81
HEILBRONN
LUDWIGSBURG
LUDWIGSBURG
MÜNCHINGEN
STAMMHEIM
KORNWESTHEIM
MICHELIN
PORSCHE-MUSEUM
ZUFFENHAUSEN
MÜHLHAUSEN
MÖNCHFELD
OEFFINGEN
HIRSCHLANDEN
DITZINGEN
KORNTAL
HOFEN
ROT
SCHMIDEN
Seeblickweg
STEINHALDENFELD
FELLBACH
HÖFINGEN
Ditzinger Str.
Calwer Str.
Glems
WEILIMDORF
FEUERBACH
Neckartalstr.
MUNSTER
Stuttgarter Str.
Feuerbacher Str.
GIEBEL
WOLFBUSCH
HÖHENPARK KILLESBERG
KURPARK
BAD CANNSTATT
WAIBLINGEN
GERLINGEN
BERGHEIM
MESSEGELÄNDE
PARK WILHELMA
LEONBERG
Solitudestr.
SCHLOSS SOLITUDE
GOTTLIEB DAIMLER STADION
DAIMLER-BENZ-MUSEUM
NÜRNBERG
ROTENBERG
RAMTEL
Stuttgarter Str.
PFORZHEIM, KARLSRUHE
BOTNANG
LINDEDEN MUSEUM
STAATSGALERIE
ALTES SCHLOSS
UNTER-TÜRKHEIM
Ulerstr.
UHLBACH
OBER TÜRKHEIM
AB-DREIECK STUTTGART LEONBERG
CALW
Wildparkstr.
WANGEN
HEDELFINGEN
Mahdentalstr.
Schatten Ring
ROHRACKER
Fernsehturm
BÜSNAU
Magstadter Str.
SILLENBUCH
METTINGEN
Büsnauer
KALTENTAL
DEGERLOCH
Kirchheimer Str.
HEUMADEN
ESSLINGEN, ULM
STUTTGART VAIHINGEN
Hauptstr.
Vaihinger Str.
Mittlere
RIEDENBERG
Kemnater Str.
SCHÖNBERG
RUIT
Kirchheimer Str.
AB-KREUZ STUTTGART
A 831
VAIHINGEN
MÖHRINGEN
KEMNAT
ROHR
BIRKACH
Filderhauptstr.
Filderstr.
DÜRRLEWANG
OSTFILDERN
FASANENHOF
A 8
OBERAICHEN
Körsch
SCHARNHAUSEN
PLIENINGEN
LEINFELDEN
MUSBERG
E 52-A 8
BÖBLINGEN
ECHTERDINGEN
NEUHAUSEN
ULM
TÜBINGEN
REUTLINGEN TÜBINGEN
REUTLINGEN

St-Gaudens *F* 29 D3
St-Gaultier *F* 25 E2
St-Genest-Malifaux *F* 26 B4
St-Gengoux-le-National *F* 26 C2
St-Geniez-d'Olt *F* 30 A1
St-Genis-de-Saintonge *F* 24 C3
St-Genis-Laval *F* 26 C3
St-Genix-sur-Guiers *F* 27 D3
St-Geoire-en-Valdaine *F* 27 D3
St-Georges-de-Didonne *F* 24 B3
St-Georges-en-Couzan *F* 26 B3
St-Georges-sur-Loire *F* 19 F4
St-Germain-de-Calberte *F* 30 B2
St-Germain-des-Fossés *F* 26 A2
St-Germain-du-Bois *F* 26 C1
St-Germain-du-Plain *F* 26 C1
St-Germain-du-Teil *F* 30 A1
St-Germain-en-Laye *F* 21 E2
St-Germain-Laval *F* 26 B3
St-Germain-Lembron *F* 26 A4
St-Germain-les-Belles *F* 25 E3
St-Germain-l'Herm *F* 26 A4
St-Gervais-d'Auvergne *F* 26 A3
St-Gervais-les-Bains *F* 27 E3
St-Gervais-les-Trois-Clochers *F* 25 D1
St-Gervais-sur-Mare *F* 30 A2
St-Géry *F* 29 E1
St-Gildas-de-Rhuys *F* 18 C4
St-Gildas-des-Bois *F* 19 D4
St-Gilles *F* 30 C2
St-Gilles-Croix-de-Vie *F* 24 A1
St-Gingolph *F* 27 E2
St-Girons *F* 29 E4
St-Girons-Plage *F* 28 A2
St-Gobain *F* 17 D4
St-Guénolé *F* 18 B3
St-Guilhem-le-Désert *F* 30 A2
St-Haon-le-Châtel *F* 26 B3
St-Helens *GB* 10 C3
St-Herblain *F* 24 A1
St-Hilaire *F* 29 F3
St-Hilaire-de-Villefranche *F* 24 C3
St-Hilaire-des-Loges *F* 24 B2
St-Hilaire-du-Harcouët *F* 19 E2
St-Hippolyte *F* 23 D4
St-Hippolyte-du-Fort *F* 30 B2
St-Honoré-les-Bains *F* 26 B1
St. Hubert *B* 17 F3
St-Imier *CH* 27 E1
St-Ives *GB* 12 B4
St-Ives *GB* 14 C2
St-Jacques-de-la-Lande *F* 19 E3
St-Jacut-de-la-Mer *F* 19 D2
St-James *F* 19 E2
St-Jean-Brévelay *F* 18 C3
St-Jean-Cap-Ferrat *F* 31 F2
St-Jean-d'Angély *F* 24 C3
St-Jean-de-Bournay *F* 26 C3
St-Jean-de-Daye *F* 19 E1
St-Jean-de-Losne *F* 26 C1
St-Jean-de-Luz *F* 28 A3
St-Jean-de-Maurienne *F* 27 E4
St-Jean-de-Monts *F* 24 A1
St-Jean-d'Illac *F* 30 A2
St-Jean-du-Gard *F* 30 B2
St-Jean-en-Royans *F* 27 D4
St-Jean-Pied-de-Port *F* 28 B3

Svetlahorsk *BY* 125 D4
Svetlogorsk *RUS* 124 A4
Svetozarevo *YU* 128 B2
Svidník *SK* 126 B3
Svilengrad *BG* 129 D2
Svingvoll *N* 111 D4
Svinoy *DK* 106 A3
Svištov *BG* 129 D2
Svitavy *CZ* 65 D2
Svitlovods'k *UA* 127 F2
Svolvær *N* 104 A4
Svorkmo *N* 111 D2
Svoronáta *GR* 92 A4
Svorónos *GR* 88 A3
Swadlincote *GB* 11 D4
Swaffham *GB* 11 F4
Swalmen *NL* 61 E1
Swanage *GB* 13 E3
Swanley *GB* 14 C3
Swanlinbar *IRL* 2 C3
Swansea / Abertawe *GB* 12 C1
Świdnica *PL* 59 D4
Świebodzin *PL* 58 B2
Świecie *PL* 126 A1
Swindon *GB* 13 F2
Swinford / Béal Atha na Muice *IRL* 2 B3
Świnoujście *PL* 52 A2
Swords / Sord *IRL* 3 D4
Syčovka *RUS* 125 E2
Sykäräinen *FIN* 114 C2
Syke *D* 55 F2
Sykkylven *N* 110 B2
Sylling *N* 117 D1
Sylt-Ost *D* 50 A1
Syltefjord *N* 105 F1
Synod Inn *GB* 12 C1
Syötekylä *FIN* 109 E3
Syre *GB* 7 D2
Sysmä *FIN* 121 D2
Sysslebäck *S* 118 B1
Syväjärvi *FIN* 109 D1
Syvde *N* 110 B3
Syvdsnes *N* 110 B3
Syyspohja *FIN* 121 F2
Szarvas *H* 126 B4
Szczecin *PL* 52 A3
Szczecinek *PL* 52 C2
Szczytno *PL* 124 A4
Szécsény *H* 126 A3
Szeged *H* 126 B4
Székesfehérvár *H* 126 A4
Szekszárd *H* 126 A4
Szentendre *H* 126 A4
Szentes *H* 126 B4
Szigetvár *H* 128 A1
Szolnok *H* 126 B4
Szombathely *H* 69 E2

Saint

St-Affrique *F* 30 A2
St-Agnant *F* 24 B3
St-Agrève *F* 26 B4
St-Aignan *F* 25 E1
St-Aignan-sur-Roë *F* 19 E4
St-Alban-sur-Limagnole *F* 30 A1
St. Albans *GB* 14 B3
St-Amand-en-Puisaye *F* 21 F4
St-Amand-les-Eaux *F* 17 D2
St-Amand-Longpré *F* 21 D4
St-Amand-Montrond *F* 25 F1
St-Amans *F* 30 A1
St-Amans-des-Cots *F* 29 F1
St-Amans-Soult *F* 29 F3
St-Amant-Roche-Savine *F* 26 B3
St-Amant-Tallende *F* 26 A3
St-Amarin *F* 23 E3
St-Ambroix *F* 30 B1
St-Amé *F* 23 D3
St-Amour *F* 27 D2
St-André-de-Cubzac *F* 24 C4
St-André-de-l'Eure *F* 21 D2
St-André-de-Valborgne *F* 30 B2
St-André-les-Alpes *F* 31 E2
St. Andrews *GB* 9 E2
St-Anthème *F* 26 B3
St-Antonin-Noble-Val *F* 29 E2
St-Arnoult-en-Yvelines *F* 21 E2
St. Asaph *GB* 10 B3
St-Astier *F* 25 D4
St-Auban *F* 31 E2
St-Aubin-d'Aubigné *F* 19 E3
St-Aubin-du-Cormier *F* 19 E3
St-Aubin-sur-Mer *F* 19 F1
St-Aulaye *F* 24 C4
St. Austell *GB* 12 B3
St-Avold *F* 23 D1
St-Aygulf *F* 31 E3
St-Béat *F* 29 D4
St-Beauzély *F* 30 A2
St-Benin-d'Azy *F* 26 A1
St-Benoît-du-Sault *F* 25 E2
St-Benoît-sur-Loire *F* 21 E4
St-Bertrand-de-Comminges *F* 29 D3
St-Blin *F* 22 C3
St-Bonnet-de-Joux *F* 26 B2
St-Bonnet-en-Champsaur *F* 31 E1
St-Bonnet-le-Château *F* 26 B4
St-Brevin-les-Pins *F* 19 D4
St-Briac-sur-Mer *F* 19 D2
St-Brice-en-Coglès *F* 19 E3
St-Brieuc *F* 19 D2
St-Calais *F* 20 C4
St-Cast-le-Guildo *F* 19 D2
St-Céré *F* 29 E1
St-Cergue *CH* 27 D2
St-Cernin *F* 25 F4
St-Chamas *F* 30 C3
St-Chamond *F* 26 C3
St-Chély-d'Apcher *F* 30 A1
St-Chély-d'Aubrac *F* 30 A1
St-Chinian *F* 30 A3
St-Ciers-sur-Gironde *F* 24 B4
St-Cirq-Lapopie *F* 29 E1
St-Clair-sur-l'Elle *F* 19 F1
St-Clar *F* 29 D2
St-Claud *F* 25 D3
St-Claude *F* 27 D2
St. Clears / Sanclêr *GB* 12 C1
St-Cyprien *F* 25 D4
St-Cyprien-Plage *F* 30 A4
St. David's / Tyddewi *GB* 5 F4
St-Denis *F* 21 E2
St-Denis-d'Oléron *F* 24 B3
St-Denis-d'Orques *F* 19 F3
St-Didier-en-Velay *F* 26 B4
St-Dié *F* 23 D3
St-Dier-d'Auvergne *F* 26 A3
St-Dizier *F* 22 B2
St-Donat-sur-l'Herbasse *F* 26 C4
St-Éloy-les-Mines *F* 26 A2
St-Émilion *F* 24 C4
St-Étienne *F* 26 B4
St-Étienne-de-Baïgorry *F* 28 A3
St-Étienne-de-Lugdarès *F* 30 B1
St-Étienne-de-Montluc *F* 19 E4
St-Étienne-de-Saint-Geoirs *F* 27 D4
St-Étienne-de-Tinée *F* 31 F1
St-Étienne-en-Dévoluy *F* 31 D1
St-Étienne-les-Orgues *F* 31 D2
St-Fargeau *F* 21 F4
St-Félicien *F* 26 C4
St-Firmin *F* 31 D1
St-Florent *F* 78 A2
St-Florent-le-Vieil *F* 19 E4
St-Florent-sur-Cher *F* 25 F1
St-Florentin *F* 22 A3
St-Flour *F* 26 A4
St-François-Longchamp *F* 27 E4
St-Fulgent *F* 24 B1
St-Galmier *F* 26 B3

St-Jeoire F 27 E2
St-Jouin-de-Marnes
  F 24 C1
St-Juéry F 29 C2
St-Julien F 27 D2
St-Julien-Chapteuil
  F 26 B4
St-Julien-
  de-Vouvantes F ... 19 E4
St-Julien-du-Sault F. 21 F3
St-Julien-
  en-Genevois F ... 27 D2
St-Julien-l'Ars F ... 25 D2
St-Junien F 25 D3
St-Just GB 12 A4
St-Just-en-Chaussée
  F 16 C4
St-Just-en-Chevalet
  F 26 B3
St-Justin F 28 C2
St-Lary-Soulan F ... 28 C4
St-Laurent-
  de-Chamousset F. 26 C3
St-Laurent-
  de-la-Salanque F.. 30 A4
St-Laurent-du-Pont
  F 27 D4
St-Laurent-en-
  Grandvaux F 27 D2
St-Laurent-les-Bains
  F 30 B1
St-Laurent-Médoc F. 24 B4
St-Laurent-sur-
  Gorre F 25 D3
St-Laurent-sur-Mer
  F 19 F1
St-Laurent-
  sur-Sèvre F 24 B1
St-Léger-du-Bois F .. 26 B1
St-Léonard-
  de-Noblat F 25 E3
St-Lô F 19 E2
St-Louis F 23 E4
St-Loup-Lamairé F... 24 C1
St-Loup-
  sur-Semouse F ... 23 D3
St-Luc CH 27 F2
St-Lunaire F 19 D2
St-Lys F 29 E3
St-Macaire F 28 C1
St-Maixent-l'École F. 24 C2
St-Malo F 19 D2
St-Malo-de-la-Lande
  F 19 E2
St-Mamet-
  la-Salvetat F 29 F1
St-Mandrier-sur-Mer
  F 31 D3
St-Marcellin F 27 D4
St-Mars-la-Jaille F ... 19 E4
St-Martin-d'Auxigny
  F 25 F1
St-Martin-
  de-Belleville F 27 E4
St-Martin-de-Crau F. 30 C2
St-Martin-
  de-Londres F 30 B2
St-Martin-de-Ré F ... 24 B2
St-Martin-
  de-Seignanx F ... 28 A3
St-Martin-
  de-Valamas F 26 B4
St-Martin-en-Bresse
  F 26 C1
St-Martin-Vésubie F. 31 F2
St-Martory F 29 D3
St-Mathieu F 25 D3
St-Maurice CH........ 27 E2
St-Mawes GB 12 B4
St-Maximin-la-
  Sainte-Baume F ... 31 D3
St-Médard-en-Jalles
  F 24 B4
St-Méen-le-Grand F . 19 D3
St-Michel F 17 E3
St-Michel-
  de-Maurienne F ... 27 E4
St-Michel-en-Grève
  F 18 C2
St-Michel-en-l'Herm
  F 24 B2
St-Michel-Mont-
  Mercure F 24 B1
St-Mihiel F 22 C2
St-Monans GB 9 E2
St-Nazaire F 19 D4
St-Nectaire F 26 A3
St-Neots GB 14 C2
St-Nicolas-
  d'Aliermont F...... 16 B3
St-Nicolas-de-la-
  Grave F 29 D2

St-Nicolas-de-Port F. 23 D2
St-Nicolas-du-Pélem
  F 18 C3
St-Omer F 15 E4
St-Pair-sur-Mer F ... 19 E2
St-Palais F 28 B3
St-Palais-sur-Mer F.. 24 B3
St-Pardoux-
  la-Rivière F 25 D3
St-Paul F 31 F2
St-Paul-Cap-de-Joux
  F 29 E3
St-Paul-
  de-Fenouillet F ... 29 F4
St-Paul-
  Trois-Châteaux F.. 30 C1
St-Paul-
  sur-Ubaye F 31 E1
St-Paulien F 26 B4
St-Pé-de-Bigorre F... 28 C3
St-Pée-sur-Nivelle F. 28 A3
St-Péray F 26 C4
St-Père-en-Retz F ... 24 A1
St-Philbert-de-
  Grand-Lieu F 24 A1
St-Pierre-d'Albigny
  F 27 E3
St-Pierre-
  de-Chartreuse F ... 27 D4
St-Pierre-de-Chignac
  F 25 D4
St-Pierre-d'Oléron F. 24 B3
St-Pierre-Église F ... 19 E1
St-Pierre-le-Moûtier
  F 26 A1
St-Pierre-Quiberon F. 18 C4
St-Pierre-sur-Dives F. 20 C2
St-Pois F 19 E2
St-Pol-de-Léon F 18 B2
St-Pol-sur-Ternoise
  F 16 C3
St-Pons-
  de-Thomières F ... 30 A3
St-Porchaire F 24 B3
St-Pourçain-sur-
  Sioule F 26 A2
St-Privat F 25 F4
St-Quay-Portrieux F. 18 C2
St-Quentin F 17 D3
St-Rambert-d'Albon
  F 26 C4
St-Rambert-
  en-Bugey F 27 D3
St-Raphaël F 31 E3
St-Rémy-
  de-Provence F..... 30 C2
St-Rémy-sur-Durolle
  F 26 A3
St-Renan F 18 A2
St-Riquier F 16 B3
St-Romain-
  de-Colbosc F 16 A4
St-Rome-de-Tarn F.. 30 A2
St-Saëns F 16 B4
St-Satur F 21 F4
St-Saulge F 26 A1
St-Sauveur-
  en-Puisaye F....... 21 F4
St-Sauveur-
  le-Vicomte F 19 E1
St-Sauveur-Lendelin
  F 19 E1
St-Sauveur-
  sur-Tinée F 31 F2
St-Savin F 24 C4
St-Savin F 25 D2
St-Savinien F 24 B3
St-Seine-l'Abbaye F. 22 B4
St-Sernin-sur-Rance
  F 29 F2
St-Servan-sur-Mer F. 19 D2
St-Sever F 28 B2
St-Sever-Calvados F. 19 E2
St-Sulpice-
  les-Feuilles F 25 E3
St-Symphorien F ... 28 C1
St-Symphorien-de-
  Lay F 26 B3
St-Symphorien-
  d'Ozon F 26 C3
St-Symphorien-sur-
  Coise F 26 C3
St-Thégonnec F ... 18 B2
St-Trivier-
  de-Courtes F 26 C2
St-Trivier-
  sur-Moignans F ... 26 C2
St-Trojan-les-Bains
  F 24 B3
St-Tropez F 31 E3
St-Vaast-la-Hougue
  F 19 E1
St-Valery-en-Caux F. 16 A3

Saint-Valery-sur-
  Somme F.......... 16 B3
St-Vallier F 26 C4
St-Vallier-de-Thiey
  F 31 F2
St-Varent F 24 C1
St-Vaury F 25 E2
St-Véran F 31 E1
St-Vincent I 27 F3
St-Vincent-
  de-Tyrosse F....... 28 B2
St-Vivien-de-Médoc
  F 24 B4
St-Wandrille-Rançon
  F 16 A4
St-Yorre F 26 A3
St-Yrieix-la-Perche
  F 25 E3

Sainte
Ste-Adresse F......... 20 C1
Ste-Anne-d'Auray F. 18 C4
Ste-Croix CH 27 E1
Ste-Croix-du-Mont
  F 28 C1
Ste-Croix-Volvestre
  F 29 E3
Ste-Enimie F 30 A1
Ste-Foy-la-Grande F. 28 C1
Ste-Foy-l'Argentière
  F 26 C3
Ste-Geneviève-sur-
  Argence F 30 A1
Ste-Hélène F 24 B4
Ste-Hermine F 24 B2
Ste-Livrade-sur-Lot
  F 29 D1
Ste-Lucie-de-Tallano
  '
Ste-Marie-
  aux-Mines F 23 E3
Ste-Marie-Sicché F.. 78 A4
Ste-Maure-
  de-Touraine F 25 D1
Ste-Maxime F 31 E3
Ste-Menehould F ... 22 B2
Ste-Mère-Église F.... 19 E1
Ste-Sévère-sur-Indre
  F 25 F2
Ste-Suzanne F 19 F3
Ste-Tulle F 31 D2
Ste-Maries-
  de-la-Mer F 30 C3

San
S. Donaci I 81 F3
San Adrián E 28 A4
San Agustín del
  Guadalix E 42 B1
San Amaro E 32 B4
San Andrés del
  Rabanedo E 33 E4
San Bartolomé de
  las Abiertas E...... 42 A2
San Bartolomé de la
  Torre E 46 C2
S. Bartolomeo in
  Galdo I 80 B2
S. Benedetto del
  Tronto I 77 D4
S. Benedetto in Alpe
  I 76 B2
S. Benedetto Po I ... 75 F1
San Bernardino CH . 71 D3
San Bernardino
  (Passo del) CH ... 66 C4
S. Biagio Platani I ... 84 C3
S. Bonifacio I 72 A4
S. Candido /
  Innichen I 67 F4
San Carlos del Valle
  E 42 C4
S. Casciano in Val di
  Pesa I 76 A3
S. Cataldo I 84 C3
S. Cataldo I 81 F3
S. Cipirello I 84 B3
S. Clemente a
  Casauria
  (Abbazia) I.......... 79 F1
San Clemente E 43 D3
S. Colombano al
  Lambro I 75 E1
San Cosme E 32 C2
San Cristóbal de
  Entreviñas E 35 F3
San Cristóbal de la
  Vega E 36 A4
S. Damiano d'Asti I.. 74 C1

S. Daniele del Friuli I. 72 C3
S. Daniele Po I 75 F1
S. Demetrio Corone
  I 83 E2
S. Donà di Piave F 72 B4
S. Elia a Pianisi I ... 80 A3
S. Elpidio a Mare I ... 77 D3
San Emiliano E...... 33 E3
San Esteban E...... 33 E2
San Esteban del
  Valle E 42 A1
San Esteban de
  Gormaz E 36 C4
San Esteban del
  Molar E 35 F3
S. Eufemia Lamezia
  I 83 E3
S. Fele I.......... 80 B3
S. Felice a Cancello I. 80 A3
S. Felice Circeo I ... 79 E3
S. Felice sul Panaro
  I 76 A1
San Felices de los
  Gallegos E 35 D4
S. Ferdinando di
  Puglia I 80 C2
San Fernando E...... 47 D4
S. Fratello I 85 D2
S. Gavino Monreale
  I 82 B3
S. Gemini I.......... 76 C4
S. Giacomo / St.
  Jakob I. 67 E3
S. Gimignano I...... 76 A3
S. Ginesio I 77 D4
S. Giorgio Canavese
  I 74 C1
S. Giorgio del
  Sannio I 80 A3
S. Giorgio di Nogaro
  I 72 C3
S. Giorgio Ionico I .. 81 E3
S. Giorgio
  Piacentino I 75 E1
S. Giovanni a Piro I.. 80 B4
S. Giovanni di Sinis
  I 82 A3
S. Giovanni in Fiore
  I 83 E2
S. Giovanni in
  Persiceto I 76 A1
S. Giovanni
  Lupatoto I 71 F4
S. Giovanni Rotondo
  I 80 B1
S. Giovanni Suergiu
  I 82 A4
S. Giovanni
  Valdarno I 76 A3
S. Giuliano Terme I.. 75 F3
S. Giustino I.......... 76 B3
San Ildefonso-La
  Granja E 42 B1
San Isidro E 49 D3
San Javier E 49 E2
San José E 49 D3
San Juan del Olmo E. 42 A1
San Juan de los
  Terreros E 49 D3
S. Lazzaro di Savena
  I 76 A2
S. Leo I 76 B2
S. Leonardo in
  Passiria / St.
  Leonhard in
  Passeier I 67 E4
San Leonardo de
  Yagüe E 36 C3
S. Lorenzo Nuovo I.. 76 B4
San Lorenzo de
  Calatrava E 48 A1
San Lorenzo de la
  Parrilla E 43 D2
S. Lucido I 83 E2
San Luis de
  Sabinillas E 47 E4
S. Marcello I 76 C3
S. Marcello Pistoiese
  I 75 F2
S. Marco Argentano
  I 83 E2
S. Marco dei Cavoti I. 80 A3
S. Marco in Lamis I.. 80 B1
San Martín de
  Castañeda E 33 D4
San Martín de la
  Vega E 42 B2
San Martín de
  Mondoñedo E 32 C2
San Martín de
  Montalbán E 42 A2

San Martín de
  Valdeiglesias E.... 42 A1
S. Martino di
  Castrozza I 72 A3
San Mateo de
  Gállego E 37 F3
S. Mauro Forte I 80 C3
S. Michele all'Adige
  I 71 F3
San Miguel de
  Escalada E.......... 33 E4
San Miguel del
  Arroyo E 36 A4
San Miguel de
  Salinas E 49 E2
San Millán de la
  Cogolla E 36 C2
San Millán de Lara E. 36 C3
S. Miniato I 76 A3
San Nicolás del
  Puerto E 47 E1
S. Nicolò I 76 A1
S. Nicolò Gerrei I ... 82 B3
S. Pancrazio
  Salentino I 81 E3
San Pedro E 43 D4
San Pedro de
  Alcántara E 47 F4
San Pedro del
  Arroyo E 42 A1
San Pedro de
  Latarce E 35 F3
San Pedro del
  Pinatar E 49 E2
San Pedro de Mérida
  E 41 E3
San Pedro Manrique
  E 37 D3
S. Pellegrino Terme
  I 71 E4
S. Piero a Sieve I ... 76 A2
S. Pietro
  in Casale I.......... 76 A1
S. Pietro
  Vernotico I.......... 81 F3
S. Polo d'Enza I ... 75 F1
S. Quirico d'Orcia I.. 76 B4
San Rafael E 42 B1
San Remo I 74 C3
San Roque E 47 E4
San Roque E 32 A2
S. Rufo I.......... 80 B3
San Sadurniño E.... 32 B2
S. Salvo I.......... 80 A1
San Sebastián /
  Donostia E 28 A3
S. Sebastiano
  Curone I 75 D1
S. Severino Marche
  I 76 C3
S. Severo I.......... 80 B1
San Silvestre de
  Guzmán E 46 C2
S. Sperate I 82 B4
San Telmo E 46 C1
S. Valentino alla
  Muta / St. Valentin
  a. d. Haide I 67 D4
San Vicente de la
  Barquera E 33 F2
San Vicente de
  Alcántara E 41 D3
San Vicente de la
  Cabeza E 35 E3
S. Vincenzo I 75 F4
San Vitero E 35 E3
S. Vito I 82 C3
S. Vito al
  Tagliamento I 72 C3
S. Vito Chietino I 80 A1
S. Vito dei Normanni
  I 81 E3
S. Vito di Cadore I... 67 F4
S. Vito lo Capo I...... 84 A2
S. Vito sullo Ionio I.. 83 E3
S. Vittore del Lazio I. 79 F2

Sankt
St-Aegyd A 69 D1
St-Andrä A 68 C3
St-Andreas-berg D... 56 C4
St-Anton am Arlberg
  A 67 D3
St-Blasien D.......... 23 F4
St-Christophen A ... 69 D1
St-Gallen A 68 C2
St-Gallen CH 66 C3

St-Gallenkirch A 66 C4
St-Georgen D........ 23 F3
St-Georgen am
  Längsee A.......... 68 C3
St-Georgen im
  Attergau A.......... 68 A2
St-Gilgen A.......... 68 A2
St-Goar D 62 A3
St-Goarshausen D .. 62 A3
St-Ingbert D.......... 23 E1
St-Jakob i. Rosental
  A 68 B4
St-Johann im
  Pongau A.......... 68 A3
St-Johann
  in Tirol A 67 F2
St-Lambrecht A 68 B3
St-Leonhard a. Forst
  A 68 C1
St-Leonhard im
  Pitztal A 67 D3
St-Lorenzen im
  Lesachtal A.......... 68 A4
St-Märgen D 23 F3
St-Margarethen D ... 50 B3
St-Michael im
  Lungau A.......... 68 B3
St-Michael in
  Obersteiermark A . 68 C2
St-Michaelisdonn D . 50 A3
St. Moritz CH 66 C4
St. Niklaus CH 27 F2
St-Oswald A.......... 68 B3
St-Paul im Lavanttal
  A 68 C3
St-Peter in der Au
  Markt A 68 C1
St-Peter-Ording D ... 50 A2
St. Peterburg RUS.... 125 D1
St-Pölten A.......... 69 D1
St-Valentin A.......... 68 B1
St-Veit an der Glan
  A 68 C3
St. Vith B 61 E2
St-Wendel D 23 E1
St-Wolfgang im
  Salzkammergut A. 68 A2

Sant
Sant Agustí de
  Lluçanès E 39 D3
Sant Andreu de
  Llavaneres E 39 D4
Sant Antoni de
  Portmany / San
  Antonio de
  Portmany E........ 44 C4
Sant Antoni de
  Calonge E 39 E3
Sant Boi de Lluçanès
  E 39 D3
Sant Carles de la
  Ràpita E 44 B1
Sant Celoni E 39 D4
Sant Cugat del
  Vallès E 39 D4
Sant Esteve d'En Bas
  E 39 D3
Sant Feliu de
  Guíxols / San Feliú
  de Guixols E 39 E3
Sant Francesc E 44 C4
Sant Hilari
  Sacalm E 39 D3
Sant Hipòlit de
  Voltregà E 39 D3
Sant Joan d'Alacant
  E 49 F1
Sant Joan de
  Labritja E 44 C4
Sant Joan de les
  Abadesses E 39 D3
Sant Josep E 44 C4
Sant Llorenç de
  Morunys E 38 C3
Sant Lluís E 45 F3
Sant Mateu E 44 A2
Sant Miquel E 44 C4
Sant Pau de
  Segúries E 39 D3
Sant Pol de Mar E ... 39 D4
Sant Quirze de
  Besora E 39 D3
Sant Quirze Safaja E. 39 D3
Sant Ramon E 38 C4
Sant Sadurní
  d'Anoia E 38 C4
Sant Salvador
  (Monestir) E 45 E3
Sant Vicent del
  Raspeig E 49 F1

Santa

S. Agata de' Goti I ... 80 A3
S. Agata di Militello
I 85 D2
S. Agata di Puglia I .. 80 B2
S. Andrea Frius I 82 B3
S. Angelo dei
Lombardi I 80 B3
S. Angelo in Vado I .. 76 B3
S. Angelo Lodigiano
I 75 E1
S. Antioco I 82 A4
S. Antonio di Gallura
I 82 B1
S. Apollinare in
Classe I 76 B2
Sta Caterina di
Pittinuri I 82 A2
Sta Caterina
Valfurva I 67 D4
Sta Caterina
Villarmosa I 84 C3
Sta Cesarea Terme I . 81 F3
Sta Cristina
Valgardena / St.
Christina in
Gröden I 67 F4
Sta Croce di
Magliano I 80 A1
Sta Lucia del Mela I .. 83 D4
Sta Margherita I 82 B4
Sta Margherita di
Belice I 84 B3
Sta Margherita
Ligure I 75 D2
Sta Maria Capua
Vetere I 80 A3
Sta Maria degli
Angeli I 76 C4
Sta Maria della
Versa I 75 D1
Sta Maria Maggiore
I 70 C3

Sta Marinella I 78 C1
Sta Sofia I 76 B2
Sta Sofia d'Epiro I ... 83 E2
Santa Amalia E 41 E3
Santa Ana E 43 D4
Santa Bárbara E 44 B1
Santa Bárbara de
Casa E 46 C1
Santa Catarina da
Fonte do Bispo P .. 46 B2
Santa Clara-a-Velha
P 46 A1
Santa Coloma de
Queralt E 38 C4
Santa Colomba de
Somoza E 33 D4
Santa Comba E 32 A2
Santa Comba Dão P . 40 C1
Santa Comba de
Rosas P 35 D3
Santa Cristina de
Lena E 33 E3
Santa Cruz E 37 D2
Santa Cruz de la
Sierra E 41 E3
Santa Cruz de la
Zarza E 42 C2
Santa Cruz del
Retamar E 42 B2
Santa Cruz de Moya
E 43 E2
Santa Cruz de
Mudela E 42 B4
Santa Elena E 48 B1
Santa Eufemia E 41 F4
Santa Eugenia E 32 A3
Santa Eulália P 40 C3
Santa Eulalia E 43 E1
Santa Eulalia de
Oscos E 32 C2
Santa Eulària des
Riu / Santa Eulalia
del Río E 44 C4
Santa Fé E 48 A3

Sta Fiora I 76 B4
Sta Gertrude / St.
Gertraud I 67 E4
Sta Giusta I 82 B3
Santa Liestra y San
Quilez E 38 A3
Santa Luzia P 46 A1
Santa Magdalena de
Polpís E 44 A2
Santa Margalida E ... 45 E3
Santa Margarida do
Sádão P 46 A1
Santa Margarida i
els Monjós E 38 C4
Santa Maria da Feira
P 34 B4
Santa María de
Huerta E 37 D4
Santa María del
Campo E 36 B4
Santa María del
Campo Rus E 43 D3
Santa María del
Páramo E 33 E4
Santa María de
Nieva E 49 D2
Santa María de
Valverde E 35 D4
Santa María la Real
de Nieva E 36 A4
Santa María La Real
de Oseira
(Monasterio) E 32 B3

Santa Marina del
Rey E 33 E4
Santa Marina de
Valdeón E 33 F3
Santa Marta E 41 D4
Santa Marta de
Penaguião P 34 C4
Santa Marta de
Tormes E 35 F4
Sta Ninfa I 84 B3
Santa Olalla E 42 A2
Santa Olalla del Cala
E 47 D1
Santa Pau E 39 D3
Santa Pola E 49 F1
Santa Ponça E 45 D3
Sta Severa I 79 D1
Santa Susanna E 39 D4
Sta Teresa
di Riva I 83 D4
Sta Teresa Gallura I . 82 B1

Santo

Santo Domingo de la
Calzada E 36 C2
Santo Domingo de
Silos E 36 C3
Santo Estêvão P 41 D1
Santo Estêvão P 40 A3
Santo-Pietro-di-
Tenda F 78 A3

Sto Stefano d'Aveto
I 75 E2
Sto Stefano di
Cadore I 72 B2
Sto Stefano di
Camastra I 84 C2
Sto Stefano
Quisquina I 84 B3
Sto Stino di Livenza
I 72 B3
Santo Tirso P 34 B3
Santo Tomé E 48 B1
S. Onofrio I 83 E3

São

São Bartolomeu de
Messines P 46 A2
São Brás de Alportel
P 46 B2
São Cristóvão P 40 B4
São Domingos P 46 A1
São Gregório P 32 B4
São Jacinto P 34 B4
São João
da Madeira P 34 B4
São João
da Pesqueira P 34 C4
São João de Tarouca
P 34 C4
São João dos
Caldeireiros P 46 B1

São José da
Lamarosa P 40 B3
São Leonardo P 40 C4
São Manços P 40 C4
São Marcos da Serra
P 46 A2
São Marcos
do Campo P 40 C4
São Martinho das
Amoreiras P 46 A1
São Martinho do
Porto P 40 A2
São Matias P 46 B1
São Miguel de
Machede P 40 C4
São Pedro da Torre
P 32 A4
São Pedro de Moel
P 40 A2
São Pedro
do Sul P 34 B4
São Romão P 40 C1
São Teotónio P 46 A1
São Vicente da Beira
P 40 C2

Sint

St-Niklaas B 17 E1
St-Oedenrode
NL 17 F1
St-Truiden B 17 F2

Torino

T

Tábara E	35	E3
Taberg S	118	C4
Tabernas E	48	C3
Taboada E	32	B3
Tábor CZ	64	B3
Tábua P	40	C1
Tabuaço P	34	C4
Tabuenca E	37	F3
Täby S	119	E2
Tadcaster GB	11	D2
Tafalla E	28	A4
Tafjord N	110	C3
Taggia I	74	C3
Tagliacozzo I	79	E1
Taglio di Po I	76	B1
Tahal E	48	C3
Tahkvuori FIN	115	D3
Tailfingen D	66	B2
Tain GB	7	D3
Tain-l'Hermitage F	26	C4
Taipadas P	40	C3
Taipalsaari FIN	121	E3
Taivalkoski FIN	109	E3
Taivassalo / Tövsala FIN	120	B4
Taktikoúpoli GR	97	F1
Tálanda GR	97	E3
Talarrubias E	41	F3
Talaván E	41	E2
Talavera de la Reina E	42	A2
Talavera la Real E	41	D4
Talayuela E	41	F2
Talayuelas E	43	D2
Taldom RUS	125	F2
Talgarth GB	13	D1
Talla I	76	B1
Tallante E	49	E2
Tallard F	31	E1
Tällberg S	119	D1
Tallinn EST	124	B1
Talloires F	27	E3
Tallow IRL	4	C3
Talmont-St-Hilaire F	24	A2
Talsi LV	124	B2
Talvik N	105	D2
Tamames E	41	E1
Támara E	33	F4
Tamarinda E	45	F2
Tamarite de Litera E	38	A3
Támási H	126	A4
Táme S	108	B4
Tammela FIN	120	C3
Tampere FIN	120	C3
Tamsweg A	68	B3
Tamworth GB	11	D4
Tana N	105	F2
Tanágra GR	94	A3
Tandådalen S	112	A4
Tandragee GB	3	D3
Tandsbyn S	112	B3
Tandsjöborg S	112	B4
Tanganheira P	46	A1
Tangerhütte D	57	E2
Tangermünde D	57	E2
Tanhua FIN	109	E1
Taninges F	27	E2
Tanlay F	22	A4
Tann D	62	C2
Tännäs S	112	A3
Tänndalen S	112	A3
Tannheim A	67	D3
Tannila FIN	109	D3
Tanumshede S	118	A3
Taormina I	85	E4
Tapa EST	124	B1
Tapia de Casariego E	33	D2
Taracena E	42	C1
Tarancón E	42	C2
Taranto I	81	E3
Tarare F	26	B3
Tarašča UA	127	E2
Tarascon F	30	C2
Tarascon-sur-Ariège F	29	E4
Tarazona E	37	E3
Tarazona de la Mancha E	43	E3
Tarbert IRL	4	B2
Tarbert GB	8	B2
Tarbert GB	6	A3
Tarbes F	28	C3
Tarbet GB	8	C1
Tarcento I	68	A4
Tardets-Sorholus F	28	B3
Tardienta E	37	F3
Tärendö S	108	C2
Targon F	28	C1
Tárgovište BG	129	D2
Târgu Mureş RO	126	C4
Tarifa E	47	E4
Tarm DK	122	A2
Tarmstedt D	50	B4
Tarnos F	28	A3
Tarnobrzeg PL	126	B2
Tarnów PL	126	B2
Tarouca P	34	C4
Tarp D	50	B2
Tarporley GB	10	C3
Tarquinia I	78	C1
Tarragona E	44	C1
Tarrasa / Terrassa E	38	C4
Tàrrega E	38	B4
Tårs DK	122	C4
Tarsia I	83	E2
Tartas F	28	B2
Tartu EST	124	C2
Tarvasjoki FIN	120	B3
Tarvisio I	68	B3
Täsch CH	27	F2
Tåsjö S	112	B1
Tassin-la-Demi-Lune F	26	C3
Tåstrup DK	123	D3
Tata H	126	A4
Tatabánya H	126	A4
Tatarbunary UA	127	E4
Tau N	116	A2
Tauberbischofsheim D	62	C3
Taucha D	57	E4
Taufkirchen D	67	F1
Taulé F	18	B2
Taunton GB	13	D3
Taunusstein-Neuhof D	62	A3
Tauplitz A	68	B2
Tauragė LT	124	B3
Taurianova I	83	E4
Tauste E	37	E3
Tauves F	25	F3
Tavannes CH	27	F1
Tavarnelle Val di Pesa I	76	A3
Tavastila FIN	121	E3
Tavaux F	27	D1
Taverna I	83	E2
Tavernelle I	76	B4
Tavernes F	31	E2
Tavernes de la Valldigna E	44	A4
Tavira P	46	B2
Tavistock GB	12	C3
Tavşanlı TR	129	F3
Tayinloan GB	8	B3
Taynuilt GB	8	B1
Tayport GB	9	D2
Tazones E	33	E2
Tczew PL	124	A4
Teano I	79	F2
Teba E	47	F3
Tebay GB	10	C1
Techendorf A	68	A4
Tecklenburg D	55	F3
Tecuci RO	127	D4
Teeriranta FIN	109	F3
Teféli GR	101	D4
Tegéa GR	97	D1
Tegelen NL	61	E1
Tegernsee D	67	E3
Teggiano I	80	C4
Teignmouth GB	13	D3
Teijo FIN	120	B4
Le Teil F	30	C1
Le Teilleul F	19	F2
Teisendorf D	68	A2
Teisko FIN	120	C2
Teixeiro E	32	B2
Teixoso P	40	C1
Tekirdağ TR	129	E3
Telavåg N	116	A1
Telč CZ	64	C3
Télendos (Níssí) GR	99	F3
Telese I	80	A2
Telford GB	10	C4
Telfs A	67	E3
Telgte D	55	E4
Tellingstedt D	50	B2
Telšiai LT	124	B3
Telti I	82	B1
Teltow D	57	F2
Témbi GR	88	A4
Tembleque E	42	B3
Temerin YU	128	B3
Temmes FIN	115	D1
Tempio Pausania I	82	B1
Templemore / An Teampall Mór IRL	5	D2
Templin D	51	F4
Temse B	17	E1
Tenala / Tenhola FIN	120	C4
Tenbury Wells GB	10	C4
Tenby / Dinbych-y-pysgod GB	12	C1
Tence F	26	B4
Tende F	31	F2
Tendilla E	42	C1
Tennes N	104	B3
Tensta S	119	E2
Tenterden GB	14	C4
Teolo I	72	A4
Tepasto FIN	108	C2
Tepelenë AL	128	B4
Teplice CZ	64	A1
Tepsa FIN	109	D1
Teramo I	77	D4
Terebovlja UA	126	C2
Terena P	40	C4
Terespol PL	126	B1
Tergnier F	17	D4
Terjärv FIN	114	C3
Terlizzi I	81	D2
Termas de Monfortinho P	41	D2
Terme Luigiane I	83	D2
Termini Imerese I	84	C2
Terminillo I	79	E1
Termoli I	80	A1
Terneuzen NL	17	D1
Terni I	79	D1
Ternitz A	69	D2
Ternopil' UA	126	C2
Térovo GR	92	B1
Térpilos GR	88	B1
Terpní GR	88	C1
Terpsithéa GR	93	D3
Terracina I	79	E2
Terrák N	107	D4
Terralba I	82	B3
Terranova di Pollino I	81	D4
Terranuova Bracciolini I	76	A3
Terras de Bouro P	34	B3
Terrassa / Tarrasa E	38	C4
Terrasson-Lavilledieu F	25	E4
Terrenoire F	26	C4
Terriente E	43	E2
Teruel E	43	F2
Tervakoski FIN	120	C3
Tervo FIN	115	D3
Tervola FIN	109	D3
Tervuren B	17	E2
Terzaga E	43	E1
Teslić BIH	128	A1
Tessin D	51	E2
Tessy-sur-Vire F	19	E2
La Teste-de-Buch F	28	B1

TOULOUSE

Tetbury GB 13 E2
Teterow D 51 E3
Tetíïv UA 127 E1
Tetovo MK 128 B3
Tetrákomo GR 92 C1
Tettnang D 66 C2
Teuchern D 63 E1
Teufen CH 66 C3
Teulada I 82 B4
Teupitz D 57 F3
Teuva FIN 114 B4
Tewkesbury GB 13 E1
Tezze I 72 B3
Thale D 57 D4
Thalfang D 61 F3
Thalgau A 68 A2
Thalheim D 63 F1
Thalmässing D 63 E4
Thalwil CH 23 F4
Thame GB 14 B3
Thann F 23 E4
Thannhausen D 67 D1
Thaon-les-Vosges F 23 D3
Tharandt D 64 A1
Tharsis E 46 C2
Thássos GR 89 E2
Thássos (Nissí) GR ... 89 E2
Thèbes GR 93 F3
Le Theil F 20 C3
Themar D 63 D2
Thénezay F 24 C1
Thenon F 25 D4
Theológos GR 89 E2
Theológos GR 93 F3
Théoule-sur-Mer F 31 F3
Thermá GR 88 C1
Thérma GR 91 D3
Thérma GR 99 E1
Thérma Lefkádas GR .. 99 E1
Thérmi GR 88 B2
Thermí GR 95 F1
Thermissía GR 97 E2
Thérmo GR 92 C3
Thermopíles GR 93 E2
Thérouanne F 15 E4
Thespiés GR 93 F4
Thesprotikó GR 92 B1
Thessaloníki GR 88 B2
Thetford GB 11 F4
Theux B 61 D2
Thèze F 28 C3
Thiaucourt-
Regniéville F 22 C2
Thiberville F 20 C2
Thiéblemont-
Farémont F 22 B2
Thiendorf D 58 A4
Thiene I 72 A4
Thiers F 26 A3
Thiesi I 82 B2
Thiessow D 51 F2
Le Thillot F 23 D3
Thimariá GR 91 E2
Thímena GR 99 F1
Thímena (Nissí) GR .. 99 E1
Thionville F 22 C1
Thíra GR 99 D4
Thíra (Nissí) GR 99 D4
Thirassía (Nissí) GR.. 98 C4
Thirsk GB 11 D1
Thisted DK 122 B1
Thiviers F 25 D4
Thizy F 26 B3
Thoissey F 26 C2
Tholey D 23 D1
Thollon-
les-Mémises F 27 E2
Tholó GR 96 B2
Tholopotámi GR 95 F4
Tholós GR 88 C1
Thomastown / Baile
Mhic Andáin IRL.... 5 D3
Thônes F 27 E3
Thonon-les-Bains F .. 27 E2
Thorens-Glières F 27 E3
Thorikó GR 98 A1
Thorne GB 11 E2
Thornhill GB 8 C4
Thouarcé F 24 C1
Thouars F 24 C1
Thouría GR 96 C2
Thoúrio GR 91 E1
Thrapston GB 11 E4
Threshfield GB 11 D1
Thüringen A 66 C3
Thueyts F 30 B1
Thuile (la) I 27 E3
Thuin B 17 E3
Thuir F 30 A4
Thum D 63 F1
Thun CH 27 F1
Thurles / Durlas IRL .. 5 D2
Thursby GB 9 D4

Thurso GB 7 E2
Thury-Harcourt F 19 F2
Thusis CH 66 C4
Thyborøn DK 122 A1
Thybro S 118 C3
Tichvin RUS 125 E1
Tidö S 119 D2
Tiefenbronn D 23 F2
Tiefencastel CH 66 C4
Tiefensee D 52 A4
Tiel NL 54 C4
Tielt B 15 F4
Tiemblo (El) E 42 A1
Tienen B 17 F2
Tiercé F 19 F4
Tierga E 37 E4
Tierp S 119 E1
Tigharry GB 6 A3
Tighnabruaich GB ... 8 B2
Tignes F 27 E3
Tiheró GR 91 E2
Tihío GR 87 E2
Tiistenjoki FIN 114 C3
Tíjola E 48 C3
Tikkakoski FIN 115 D4
Tikkala FIN 115 F3
Tilburg NL 17 F1
Tilbury GB 14 C3
Tillberga S 119 E2
Tillières-sur-Avre F... 21 D2
Tilly-sur-Seulles F ... 19 F1
Tilos (Nissi) GR 102 D2
Tilsit RUS 124 B3
Timbáki GR 100 C4
Tímbano GR 89 E1
Timfristós GR 93 D2
Timişoara RO 128 B1
Timmendorfer
Strand D 50 C3
Timoleague IRL 4 C4
Timrå S 112 C3
Tinahely IRL 5 E2
Tinchebray F 19 F2
Tineo E 33 D2
Tingáki GR 103 D1
Tinglev DK 122 B3
Tingsryd S 123 E2
Tingvoll N 110 C2
Tinnoset N 116 C2
Tínos GR 98 C1
Tínos (Nissí) GR 98 C1
Tintagel GB 12 C3
Tinténiac F 19 E3
Tiñosillos E 36 A4
Tione di Trento I 71 F3
Tipasoja FIN 115 E2
Tipperary / Tiobraid
Árann IRL 4 C3
Tiranë AL 128 B3
Tirano I 71 E3
Tiraspol MOL 127 E4
Tire TR 129 E4
Tîrgovişte RO 129 D1
Tîrgu Frumos RO 127 D4
Tîrgu Jiu RO 128 C1
Tîrgu-Neamţ RO 127 D4
Tîrgu Secuiesc RO ... 127 D4
Tírig F 44 A2
Tírintha GR 97 D1
Tírnavos GR 88 A4
Tirós GR 97 E2
Tirrenia I 75 F3
Tirschenreuth D 63 F3
Tirstrup DK 122 C2
Tisvildeleje DK 123 D2
Tiszafüred H 126 B4
Tiszavasvári H 126 B3
Titaguas E 43 F2
Titisee-Neustadt D... 23 F3
Tito I 80 C3
Titov Veles MK 128 C3
Titran N 110 C1
Tittmoning D 67 F1
Tivenys E 44 B1
Tiverton GB 13 D3
Tivissa E 44 B1
Tivoli I 79 E1
Tjällmo S 119 D3
Tjeldstø N 110 A4
Tjøme N 117 D2
Tjong N 107 E2
Tjørnuvik DK 106 A3
Tjøtta N 107 D3
Tobarra E 49 D1
Tobercurry / Tobar
an Choire IRL 2 B3
Tobermore GB 3 D2
Tobermory GB 8 A1
Toberonochy GB 8 B2
Toboso (El) E 42 C3
Tocha P 40 B1

Tocina E 47 E2
Todi I 76 C4
Todmorden GB 11 D2
Todtmoos D 23 F4
Todtnau D 23 F3
Tönning D 50 A2
Töpen D 63 E2
Toft GB 7 F2
Tofte N 117 D2
Toftlund DK 122 B3
Toholampi FIN 114 C2
Toijala FIN 120 C3
Toivakka FIN 121 D2
Toivala FIN 115 E3
Tokaj H 126 B3
Toledo E 42 B2
Tolentino I 77 D3
Tolfa I 79 D1
Tolga N 111 E3
Tollarp S 123 E3
Tølløse DK 122 C3
Tolmezzo I 68 A4
Tolmin SLO 72 C2
Toló GR 97 E1
Tolosa P 40 C2
Tolosa E 28 A3
Tolox E 47 F3
Tolva FIN 109 F2
Tolve I 80 C3
Tomar P 40 B2
Tomaszów Lubelski
PL 126 C1
Tomaszów
Mazowiecki PL 126 A2
Tombebœuf F 29 D1
Tomelilla S 123 E3
Tomelloso E 42 C3
Tomintoul GB 7 D4
Tomiño E 32 A4
Tømmervåg N 110 C2
Tomra N 110 C2
Tonbridge GB 14 C4
Tondela P 40 C1
Tønder DK 122 A3
Tongeren B 17 F2
Tongue GB 7 D2
Tonnay-Boutonne F .. 24 B3
Tonnay-Charente F .. 24 B3
Tonneins F 29 D1
Tonnerre F 22 A4
Tønsberg N 117 D2
Tonstad N 116 B2
Topeno FIN 120 C3
Topla SLO 73 E2
Topliţa RO 127 D4
Toploú GR 101 F3
Topoľčany SK 126 A3
Topólia GR 100 A3
Torà E 38 C3
Torano Castello I 83 E2
Torbole I 71 F3
Torcello I 72 B4
Torchiarolo I 81 F3
Torcy F 21 F2
Tordera E 39 D4
Tordesillas E 36 A3
Tordesilos E 43 E1
Töre S 108 C3
Tore GB 7 D4
Töreboda S 118 C3
Torella del Sannio I.. 80 A2
Toreno E 33 D3
Torgau D 57 F4
Torgelow D 52 A3
Torhout B 15 F4
Torigni-sur-Vire F.... 19 F2
Torija E 42 C1
Torino I 27 F4
Torla E 28 C4
Törmänen FIN 105 F3
Törmänmäki FIN 115 E1
Tormos E 37 F3
Tornavacas E 41 F1
Tornio FIN 109 D3
Toro E 35 F3
Toróni GR 89 D4
Toropec RUS 125 E2
Torpo N 110 C4
Torpoint GB 12 C4
Torpshammar S 112 B3
Torquay GB 13 D3
Torquemada E 36 A3
Torralba de
Calatrava E 42 B4
Torrão P 40 B4
Torre Annunziata I.. 80 A3
Torre Beretti e
Castellaro I 75 D1

Torre Canne I 81 E2
Torre de' Passeri I ... 79 F1
Torre del Greco I..... 80 A3
Torre dell'Impiso I... 84 A2
Torre d'en Besora
(La) E 44 A2
Torre Faro I 83 D4
Torre la Cárcel E 43 E1
Torre Orsaia I 80 C4
Torre Pellice I 27 F4
Torrebaja E 43 E2
Torreblanca E 44 A2
Torrecaballeros E 36 B4
Torrecampo E 42 A4
Torrecilla en
Cameros E 37 D2
Torrecillas de la
Tiesa E 41 F3
Torre de Dom
Chama P 35 D3
Torre de Juan Abad
E 42 C4
Torre de la Higuera
E 47 D3
Torre del Bierzo E ... 33 D4
Torre del Campo E .. 48 A2
Torre del Mar E 48 A3
Torre del Valle (La) E. 35 E4
Torredembarra E 38 C4
Torre de Moncorvo
P 35 D4
Torredonjimeno E ... 48 A2
Torregrossa E 38 B4
Torreira P 34 B4
Torrejoncillo E 41 E2
Torrejoncillo del Rey
E 43 D2
Torrejón de Ardoz E . 42 C1
Torrejón el Rubio E... 41 E2
Torrelaguna E 42 C1
Torrelapaja E 37 D3
Torrelavega E 36 B1
Torrellano E 49 F1
Torrelobatón E 36 A3
Torrelodones E 42 B1
Torremaggiore I 80 B1
Torremegía E 41 E4
Torremocha E 41 E3
Torremolinos E 47 F4
Torrent E 43 F3
Torrente de Cinca E.. 38 A4
Torrenueva E 42 C4
Torre Pacheco E 49 E2
Torreperogil E 48 B1
Torres del Río E 37 D2
Torres Novas P 40 B2
Torres Vedras P 40 A3
Torrevieja E 49 F2
Torri del Benaco I.... 71 F4
Torridon GB 6 C4
Torriglia I 75 D2
Torrijas E 43 F2
Torrijo E 37 D4
Torrijos E 42 A2
Tørring DK 122 B2
Torrita di Siena I 76 B4
Torroella de Montgrí
E 39 E3
Torröjen S 118 C3
Torrox E 48 A3
Torsås S 123 F2
Torsby S 118 C1
Torshälla S 119 D2
Torshavn DK 106 A3
Torsminde DK 122 A2
Tórtoles de Esgueva
E 36 B3
Tortolì I 82 C3
Tortona I 75 D1
Tortorici I 85 D2
Tortosa E 44 B1
Tortosendo P 40 C1
Toruń PL 126 A1
Torup S 123 D1
Tørvikbygd N 116 B1
Toržok RUS 125 E2
Tosbotn N 107 D4
Toscolano-Maderno
I 71 F4
Tosno RUS 125 D1
Tossa de Mar E 39 E4
Tostedt D 50 B4
Tôtes F 16 A4
Tøtlandsvik N 116 B2
Totnes GB 13 D3
Toucy F 21 F4
Toul F 22 C2
Toulon F 31 D3
Toulon-sur-Arroux
F 26 B2

Toulouse F 29 E3
Toumbítsi GR 96 C1
Le Touquet-
Paris-Plage F 16 B2
La Tour-d'Auvergne
F 25 F3
La Tour-du-Pin F 27 D3
La Tour-Fondue F.... 31 E3
Tourcoing F 15 F4
Tourlída GR 92 C3
Tournai B 15 F4
Tournan-
en-Brie F 21 F2
Tournay F 28 C3
Tournon-d'Agenais
F 29 D1
Tournon-St-Martin
F 25 D1
Tournon-sur-Rhône
F 26 C4
Tournus F 26 C2
Tourouvre F 20 C2
Tours F 20 C4
Toury F 21 D3
La Toussuire F 27 E4
Le Touvet F 27 D4
Towcester GB 14 B2
Töysä FIN 114 C4
Törökszentmiklós H . 126 B4
Trabanca E 35 E4
Trabazos E 35 E3
Traben-Trarbach D .. 61 F3
Trabia I 84 C2
Tracino I 84 A4
Trafaria P 40 A3
Trafoi I 67 D4
Tragacete E 43 E2
Trahiá GR 97 E1
Trahili GR 94 B3
Traiguera E 44 A1
Traisen A 69 D1
Traiskirchen A 69 D1
Traismauer A 69 D1
Trakai LT 124 C4
Tralee / Trá Lí IRL ... 4 B3
Tramagal P 40 B2
Tramariglio I 82 A2
Tramatza I 82 B3
Tramonti di Sopra I.. 68 A4
Tramore / Trá Mhór
IRL 5 D3
Trần BG 128 C2
Tranås S 119 D3
La Tranche-sur-Mer
F 24 B2
Trancoso P 34 C4
Tranebjerg DK 122 C3
Tranemo S 118 B4
Tranent GB 9 D2
Trani I 80 C2
Tranóvalto GR 87 D3
Transtrand S 112 A4
Traun A 68 B1
Traunkirchen A 68 B2
Traunreut D 67 F2
Traunstein D 67 F2
Travemünde D 50 C3
Travnik BIH 128 A2
Le Trayas F 31 F3
Trbovlje SLO 73 E2
Trebbin D 57 F3
Trébeurden F 18 C2
Trebinje BIH 128 A2
Trebisacce I 81 D4
Trebišov SK 126 B3
Trebnje SLO 73 E3
Trebsen D 57 F4
Trebujena E 47 D3
Trecastagni I 85 E3
Trecate I 71 D4
Tredegar GB 13 D1
Tredozio I 76 B2
Treffort F 27 D2
Treffurt D 62 C1
Tregaron GB 10 B4
Trégastel F 18 C2
Tregnago I 72 A4
Tregony GB 12 C4
Tréguier F 18 C2
Trehörningsjö S 113 D1
Treia D 50 B2
Treia I 77 D3
Treignac F 25 E3
Trelleborg DK 122 C3
Trelleborg S 123 D3
Trélon F 17 E3
La Tremblade F 24 B3

Tremestieri I 83 D4
Tremezzo I 71 D3
Tremp E 38 B3
Trenčín SK 126 A3
Trendelburg D 56 B4
Trento I 71 F3
Le Tréport F 16 B3
Trepuzzi I 81 F3
Trescore Balneario I. 71 E4
Tresenda I 71 E3
Tresfjord N 110 C2
Tresjuncos E 42 C3
Trespaderne E 36 C2
Trets F 31 D3
Tretten N 111 D4
Treuchtlingen D 63 D4
Treuen D 63 E2
Treuenbrietzen D ... 57 F3
Treungen N 116 C2
Trevélez E 48 B3
Trèves F 30 A2
Trevi I 76 C4
Trévières F 19 F1
Treviglio I 71 E4
Trevignano Romano
I 79 D1
Treviño E 37 D2
Treviso I 72 B4
Trévoux F 26 C3
Trezzo sull'Adda I... 71 E4
Tría Nissiá (Nissiá)
GR 99 F4
Triánda GR 103 F2
Triaucourt-
en-Argonne F 22 B2
Triberg D 23 F3
Tribsees D 51 E2
Tricarico I 80 C3
Tricase I 81 F4
Tricesimo I 68 A4
Trichiana I 72 B3
Trie-sur-Baïse F 29 D3
Trieben A 68 C2
Trier D 61 E3
Trieste I 73 D4
Trifíli GR 91 E2
Trigóna GR 87 E4
Trigueros E 46 C3
Trijueque E 42 C1
Tríkala GR 88 A2
Tríkala GR 93 E4
Tríkala GR 93 D1
Tríkeri GR 93 F2
Trillevallen S 112 A2
Trillo E 43 D1
Trílofo GR 93 D2
Trim / Baile Átha
Troim IRL 3 D4
Trindade P 35 D3
Tring GB 14 B2
Trinità d'Agultu e
Vignola I 82 B1
Trinitápoli I 80 C2
La Trinité-Porhoët F. 18 C3
La Trinité-sur-Mer F. 18 C4
Trino I 74 C1
Triora I 74 C3
Trípi GR 97 D2
Tripití GR 89 D3
Tripoli GR 97 D1
Triponzo I 76 C4
Tripótama GR 96 C1
Triptis D 63 E1
Trittau D 50 C3
Trittenheim D 61 F3
Trivento I 80 A1
Trizína GR 97 E1
Trnava SK 126 A3
Trnovo SLO 72 C2
Troarn F 19 F1
Trofa P 34 B3
Trofaiach A 68 C2
Trofors N 107 D3
Trogir HR 128 A2
Troia I 80 B2
Troina I 85 D3
Les Trois-Épis F 23 E3
Les Trois-Moutiers F. 24 C1
Troisdorf D 61 F2
Trois-Ponts B 61 D2
Trojan BG 129 D2
Trojane SLO 73 E2
Trollhättan S 118 B3
Tromsdalen N 104 B2
Tromsø N 104 B2
Trondheim N 111 D1
Tronö S 112 C4
Troo F 20 C4
Troon GB 3 F1
Trópea GR 96 C1
Tropea I 83 E3
Trosa S 119 E3
Trostberg D 67 F2

Trostjanec' *UA* 127 F1
Trouville *F*. 16 A4
Trowbridge *GB*. 13 E2
Troyes *F*. 22 A3
Trubčevsk *RUS* 125 F4
Trubia *E* 33 E2
Truchas *E* 33 D4
Truchtersheim *F*. 23 E2
Trujillo *E* 41 E3
Trun *F*. 20 C2
Trutnov *CZ*. 64 C1
Truva *TR*. 129 E3
Tryde *S*. 123 E3
Tržič *SLO*. 73 D2
Třebíč *CZ* 65 D3
Třeboň *CZ*. 64 B4
Třinec *CZ*. 65 F2
Tsamandás *GR*. 86 C4
Tsangaráda *GR*. 93 F1
Tsangário *GR*. 92 A1
Tsarítsani *GR*. 87 F4
Tsarkassiános *GR*. 92 A4
Tsotíli *GR*. 87 E3
Tsoukaládes *GR*. 92 A2
Tuam / Tuaim *IRL*. ... 2 B4
Tubilla del Agua *E* ... 36 B2
Tubre / Taufers im
   Münstertal *I*. 67 D4
Tuchan *F*. 29 F4
Tudela *E*. 37 E3
Tudela de Duero *E* ... 36 A3
Tübingen *D* 66 B1
Türkheim *D* 67 D2
Tuffé *F*. 20 C3
Tuhkakylä *FIN* 115 E2
Tui *E*. 32 A4
Tukums *LV* 124 B2
Tula *RUS*. 125 F3
Tulcea *RO* 127 E4
Tul'čyn *UA*. 127 E3
Tulla *IRL* 4 C2

Tullamore / Tulach
   Mhór *IRL*. 2 C4
Tulle *F*. 25 E4
Tullgarn *S*. 119 E3
Tullins *F*. 27 D4
Tulln *A*. 69 D1
Tullow / An Tulach
   IRL 5 E2
Tulppio *FIN* 109 E1
Tulsk *IRL*. 2 B4
Tumba *S* 119 E2
Tuohikotti *FIN* 121 E3
Tuoro sul Trasimeno
   I. 76 B4
La Turballe *F*. 19 D4
La Turbie *F*. 31 F2
Turckheim *F*. 23 E2
Turda *RO* 126 C4
Turégano *E*. 36 B4
Turenki *FIN*. 120 C3
Turgutlu *TR*. 129 E4
Türi *EST*. 124 B1
Turi *I*. 81 D2
Turinge *S*. 119 E2
Turís *E*. 43 F3
Turjak *SLO*. 73 E3
Turku / Åbo *FIN*. 120 B4
Turmiel *E*. 43 D1
Turnberry *GB*. 3 F1
Turnhout *B*. 17 F1
Türnitz *A* 69 D1
Turnov *CZ*. 64 B1
Turnu Măgurele *RO*. . 129 D2
Turre *E*. 49 D3
Turriers *F*. 31 F1
Turriff *GB*. 7 E4
Tursi *I*. 81 D4
Turtola *FIN* 108 C2
Tuse *DK*. 122 C3
Tutajev *RUS* 125 F1
Tutrakan *BG*. 129 D1

Tuttlingen *D*. 66 B2
Tuturano *I*. 81 F3
Tutzing *D*. 67 E2
Tuulos *FIN*. 121 D3
Tuupovaara *FIN* 115 F3
Tuusniemi *FIN*. 115 E3
Tuusula *FIN*. 121 D4
Tuxford *GB*. 10 C3
Tuzla *BIH* 128 A1
Tvedestrand *N*. 116 C3
Tver' *RUS*. 125 F1
Tvøroyri *DK*. 106 A4
Twimberg *A*. 68 C3
Twist *D*. 55 E3
Twistringen *D*. 55 F2
Tydal *N*. 111 E2
Tyin *N*. 110 C4
Tyndaris *I*. 83 D3
Tyndrum *GB*. 8 C2
Tynemouth *GB*. 9 F4
Tynkä *FIN*. 114 C2
Tynset *N*. 111 E3
Tyresö *S*. 119 E2
Tyringe *S*. 123 E2
Tyristrand *N*. 117 D1
Tyrnävä *FIN*. 115 D1
Tysse *N*. 116 A1
Tyssebotn *N* 110 A4
Tyssedal *N*. 116 B1
Tywyn *GB* 10 A4

U

Úbeda *E*. 48 B1
Ubľa *SK*. 126 B3
Ubrique *E*. 47 E3
Uchte *D*. 55 F3
Uckange *F*. 22 C1
Uckfield *GB*. 14 C4
Uclés *E* 42 C2
Udbyhøj *DK* 122 B2

Uddevalla *S*. 118 B3
Uddheden *S* 118 B2
Uden *NL* 54 C4
Udine *I* 72 C3
Überlingen *D*. 66 B2
Uebigau *D*. 57 F4
Ueckermünde *D* 52 A3
Uelzen *D*. 50 C4
Uetersen *D*. 50 B3
Uetze *D*. 56 C3
Uffenheim *D*. 62 C3
Ugento *I*. 81 F4
Ugíjar *E*. 48 B3
Ugine *F*. 27 E3
Uglič *RUS*. 125 F1
Uherské Hradiště *CZ*. 65 E3
Uhingen *D*. 66 C1
Uhrsleben *D*. 57 D3
Uig *GB*. 6 B4
Uimaharju *FIN*. 115 F3
Uithoorn *NL* 54 B3
Uithuizen *NL* 55 D1
Ukkola *FIN*. 115 F3
Ukmergė *LT*. 124 C3
Ulcinj *YU* 128 A3
Ulefoss *N*. 116 C2
Uleila del Campo *E*. . 49 D3
Ulfborg *DK* 122 A2
Ul'janovka *UA*. 127 E3
Ullånger *S*. 112 C2
Ullapool *GB*. 6 C3
Ullared *S*. 123 D1
Ulldecona *E*. 44 B1
Ulm (Donau) *D*. 66 C1
Ulmen *D*. 61 F3
Ulricehamn *S* 118 C4
Ulrichsberg *A*. 64 B4
Ulsberg *N*. 111 D2
Ulsta *GB*. 7 F2
Ulsteinvik *N*. 110 B2
Ulverston *GB*. 10 C1

Ulvik *N* 116 B1
Ulvila *FIN*. 120 B3
Ulvsjö *S*. 112 A4
Uman' *UA*. 127 E2
Umbertide *I*. 76 B3
Umbukta *N*. 107 E3
Umeå *S*. 113 D1
Unari *FIN* 109 D2
Uncastillo *E*. 37 D3
Undersåker *S*. 112 A2
Undredal *N*. 110 B2
Uneča *RUS*. 125 E4
Ungheni *MOL*. 127 D3
Ungilde *E*. 33 D4
Unhais da Serra *P*. ... 40 C2
Unión (La) *E*. 49 E2
Unterach *A*. 68 A2
Unterhaching *D*. 67 E3
Unterschleißheim *D*. . 67 E1
Unterwasser *CH*. 66 C3
Unterweißbach *A*. 68 C1
Upavon *GB*. 13 F2
Uppingham *GB*. 11 E4
Upplands-Väsby *S*. ... 119 E2
Uppsala *S*. 119 E2
Upton-upon-Severn
   GB. 13 E1
Uras *I*. 82 B3
Urbania *I*. 76 C3
Urbe *I*. 75 D2
Urbino *I*. 76 C3
Urda *E*. 42 B3
Urdos *F*. 28 B4
Urepel *F*. 28 A3
Urfahr *A* 68 B1
Urfeld *D*. 67 E2
Uri *I*. 82 A2

Uriage-les-Bains *F*. ... 27 D4
Urjala *FIN*. 120 C3
Urk *NL* 54 C3
Urla *TR*. 129 E4
Urlingford *IRL* 5 D2
Urnäsch *CH*. 66 C3
Urnes *N* 110 C3
Urshult *S* 123 E2
Ururi *I*. 80 C1
Ury *F*. 21 F3
Urziceni *RO*. 129 D1
Usagre *E* 41 E4
Uşak *TR*. 129 F4
Usedom *D*. 51 F2
Useres (Les) *E*. 44 A2
Usingen *D*. 62 A2
Usk / Brynbuga *GB*. .. 13 E1
Üsküdar *TR*. 129 F3
Uslar *D* 56 B4
Ussat *F*. 29 E4
Ussé *F*. 25 D1
Usseglio *I*. 27 F4
Ussel *F*. 25 F3
Usseln *D*. 62 A1
Ustaoset *N* 116 C1
Ustaritz *F*. 28 A3
Uster *CH*. 66 B3
Ústí nad Labem *CZ*. .. 64 C1
Ustka *PL*. 52 C1
Ust'užna *RUS*. 125 F1
Utajärvi *FIN*. 115 D1
Utåker *N*. 116 A1
Utbjoa *N*. 116 A1
Utebo *E*. 37 F3
Utelle *F*. 31 F2
Utena *LT*. 124 C3
Utiel *E*. 43 F3
Utne *N*. 116 B1
Utrecht *NL*. 54 C4
Utrera *E*. 47 E2
Utrillas *E*. 43 F1
Utsjoki *FIN*. 105 E2

Valencia

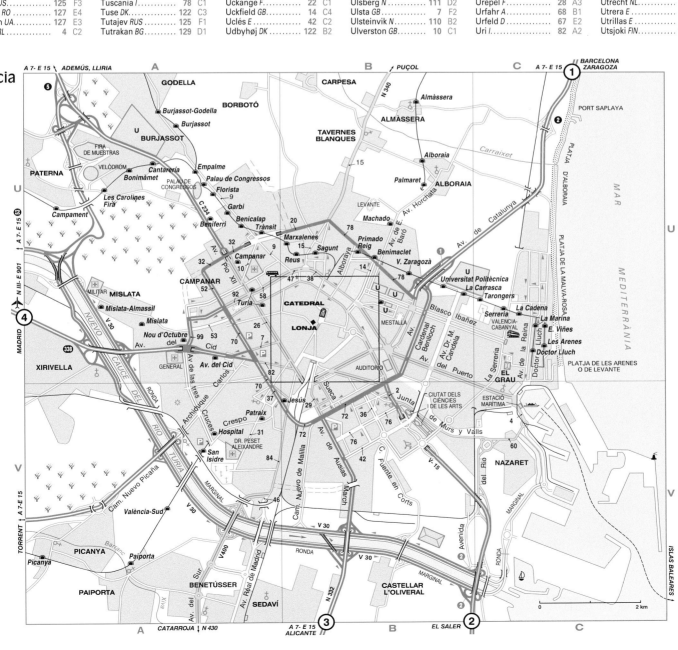

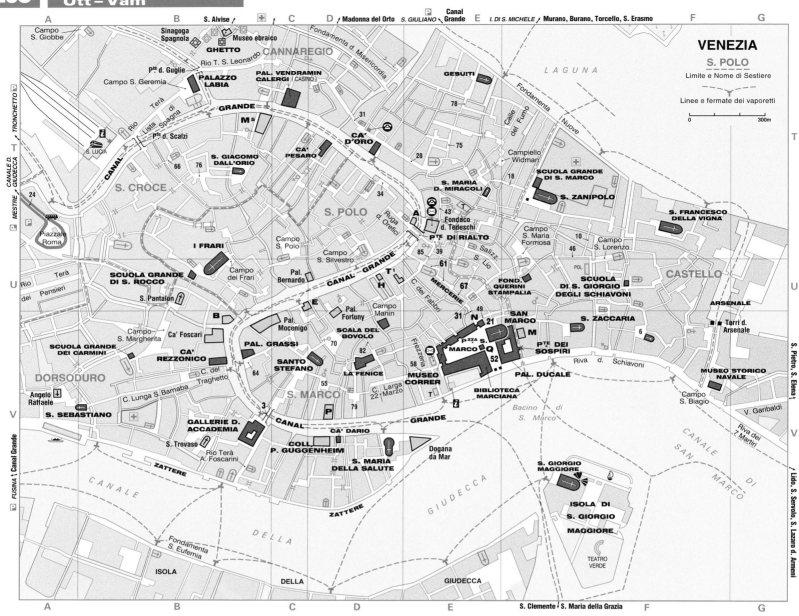

Uttendorf A 68 A1
Uttendorf A 67 F3
Utting D 67 E2
Uttoxeter GB 11 D4
Uukuniemi FIN 121 F2
Uurainen FIN 115 D4
Uusikaupunki FIN ... 120 B3
Uvdal N 116 C1
Uzel F. 18 C3
Uzerche F. 25 E4
Uzès F. 30 C2
Užhorod UA 126 B3
Užice YU 128 B2
Uzunköprü TR 129 E3
Uzyn UA 127 E2

V

Vä S 123 E3
Vaajakoski FIN 115 D4
Vääkiö FIN 115 E1
Vaala FIN 115 D1
Vaalajärvi FIN 109 D3
Vaalimaa FIN 121 E3
Vaals NL 61 E2
Vaaraslahti FIN 115 D3
Vaasa / Vasa FIN ... 114 B3
Vaassen NL 54 C3
Vabre F. 29 F2
Vác H 126 A4
Vacha D 62 C1
Väddö S 119 F2
Vadheim N 110 B4
Vado Ligure I. 75 D2
Vadsø N 105 F2
Vadstena S. 118 C3
Væggerløse DK 122 C4
Vaféika GR. 89 F1

Vafiohóri GR 88 A1
Vågaholmen N 107 E2
Vågámo N. 111 D3
Vågan N. 107 E2
Våge N 116 A1
Vaggeryd S 118 C4
Vagioniá GR 101 D4
Vagnhärad S 119 E3
Vagos P 40 B1
Vagur DK 106 A4
Vähäkyrö FIN 114 B3
Vahto FIN 120 B3
Váï GR 101 F3
Vaiano I. 76 A2
Vaiges F. 19 F3
Vaihingen a. d. Enz
   D. 62 B4
Vailly-sur-Aisne F. ... 17 D4
Vailly-sur-Sauldre F . 21 F4
Vainikkala FIN 121 E3
Vaisaluokta S 107 F1
Vaison-la-Romaine
   F. 30 C1
Vaksdal N 110 A4
Vål d'André F. 19 D2
Le Val-d'Ajol F. 23 D3
Val-de-Reuil F. 16 B4
Val-d'Isère F. 27 F3
Val-Thorens F. 27 E4
Våládalen S 112 A2
Valadares P. 34 B4
Valamen FIN. 115 D3
Valareña E. 37 E3
Valašské Meziříčí CZ. 65 F3
Valax FIN 121 D4
Valbella CH. 66 C4
Vålberg S. 118 C2
Vålberg F. 31 F2

Valbo S 119 E1
Valbondione I. 71 E3
Valbonnais F. 27 D4
Valcarlos E 28 A3
Valdagno I. 72 A4
Valdahon F. 27 E1
Valdaj RUS. 125 E1
Valdaora / Olang I. ... 67 F4
Valdecaballeros E. ... 41 F3
Valdecabras E. 43 D2
Valdecarros E. 41 F1
Valdedios E. 33 E2
Valdefuentes E. 41 E3
Valdeganga E. 43 E4
Valdelacasa de Tajo
   E. 41 F2
Valdelinares E 43 F3
Valdemarsvik S 119 E2
Valdemeca E. 43 E2
Valdemorillo E 42 B1
Valdemoro E. 42 B2
Valdenoceda E. 36 B1
Valdepeñas E 42 C4
Valdepeñas de Jaén
   E. 48 A2
Valderas E. 35 F3
Valderiès F. 29 F2
Valderrobres E. 44 A1
Valdestillas E. 36 A4
Valdeverdeja E. 41 F2
Valdevimbre E. 33 E4
Valdezcaray E. 36 C2
Valdieri I. 31 F1
Valdobbiadene I. 72 B3
Vale de Açor P. 46 B1
Vale
   de Cambra P. 34 B4
Valjok N 105 E2
Vale de Estrela P. 41 D1
Vale de Prazeres P. .. 40 C1

Valeggio sul Mincio
   I. 71 F4
Valença do Minho P. . 32 A4
Valençay F. 25 E1
Valence F. 26 C4
Valence-d'Agen F. ... 29 D2
Valence-d'Albigeois
   F. 29 F2
Valence-sur-Baïse F. . 29 D2
València E. 44 A3
Valencia de
   Alcántara E. 41 D3
Valencia de Don
   Juan E. 33 E4
Valencia de las
   Torres E. 41 E4
Valencia del Ventoso
   E. 47 D1
Valenciennes F. 17 D3
Valensole F. 31 D2
Valentano I. 78 C1
Valentigney F. 23 D4
Valenza I. 75 D1
Våler N 117 E1
Våler N 117 D2
Valeria E. 43 D2
Valevåg N 116 A1
Valfabbrica I. 76 C4
Valga EST. 124 C2
Valgorge F. 30 B1
Valgrisenche I. 27 F3
Valguarnera I. 85 D3
Valhelhas P. 41 D1
Valimítika GR. 93 D4
Valíra GR 96 C2
Valjevo YU 128 B2
Valjunquera E. 44 A1
Valkeakoski FIN 120 C3

Valkeala FIN 121 E3
Valkenburg aan de
   Geul NL 61 D2
Valkenswaard NL 17 F1
Valko FIN 121 D3
Vall d'Uixó (La) E 44 A3
Valladolid E 36 A3
Vallata I. 80 B3
Vallbo S 112 A2
Valldal N 110 C3
Vall d'Alba E 44 A1
Valldemossa E. 45 E3
Valle N 116 C2
Valle Castellana I. 77 D4
Valle Mosso I. 70 C4
Valleberga S 123 E3
Valle de Abdalajís E.. 47 F3
Valle de la Serena E. . 41 E4
Valle de los Caídos E. 42 B1
Valle de Matamoros
   E. 41 D4
Vallejera de Riofrío
   E. 41 F1
Vallentuna S 119 E2
Valleraugue F. 30 B2
Vallet F. 24 B1
Valletta M 85 F4
Vallgrund FIN 114 B3
Vallø DK 123 D3
Vallo della Lucania I. . 80 B4
Valloire F. 27 E4
Vallombrosa I. 76 A3
Vallon-en-Sully F. 25 F2
Vallon-Pont-d'Arc F. . 30 B1
Vallorbe CH. 27 E1
Vallorcine F. 27 E3
Vallouise F. 27 E4
Valls E. 38 B4
Valljunquera E 44 A1
Vallsta S. 112 B4

Valmiera LV 124 B2
Valmojado E. 42 B2
Valmont F. 16 A4
Valmontone I. 79 E2
Valmorel F. 27 E4
Valognes F. 19 E1
Valongo P. 34 B4
Valoria la Buena E. ... 36 A3
Valøya N 106 C4
Valožyn BY 124 C4
Valpaços P. 35 D3
Valpalmas E. 37 F3
Valprato Soana I. 27 F3
Valras-Plage F. 30 A3
Valréas F. 30 C1
Vals-les-Bains F. 30 B1
Valsamónero GR. 104 C4
Valsavarenche I. 27 F3
Valset N 111 D1
Valsjöbyn S 112 A1
Valtessiníko GR 96 C1
Valtierra E. 37 E3
Valtimo FIN 115 E4
Váltos GR. 91 E1
Valtotópi GR. 88 C1
Valtournenche I. 27 F3
Valvasone I. 72 C3
Valverde de Cervera
   E. 37 E3
Valverde de Júcar E. . 43 D3
Valverde del Camino
   E. 46 C2
Valverde de Leganés
   E. 41 D4
Valverde del Fresno
   E. 41 D1
Vâmb S. 118 C3
Våmhus S. 112 A4
Vamlingbo S. 119 F4

Vammala FIN	120	B3
Vampula FIN	120	B3
Vamvakoú GR	97	D2
Vamvakoú GR	93	E1
Vandellós E	44	B1
Vänersborg S	118	B3
Vangsnes N	110	B4
Vangsvik N	104	B3
Vanha Vaasa FIN	114	B3
Vännäs S	113	D1
Vannavålen N	104	C2
Vannes F	18	C4
Les Vans F	30	B1
Vansbro S	118	C1
Vantaa / Vanda FIN	121	D4
Vanttauskoski FIN	109	E2
Vaour F	29	E2
Vara S	118	B3
Varades F	19	E4
Varallo I	70	C4
Varangerbotn N	105	F2
Varano de Melegari I	75	E1
Varaždin HR	73	F2
Varazze I	75	D2
Varberg S	123	D1
Várda GR	92	C4
Varde DK	122	A3
Vårdö FIN	120	A4
Vardø N	105	F1
Varel D	50	A4
Vareleí GR	94	B4
Varengeville-sur-Mer F	16	A3
Varenna I	71	D3
Varennes-en-Argonne F	17	F4
Varennes-sur-Allier F	26	A2
Varennes-sur-Amance F	22	C4
Varese I	71	D4
Varese Ligure I	75	E2
Vårgårda S	118	B4
Vargas E	36	B1
Varhaug N	116	A2
Vári GR	98	C2
Vári GR	97	F1
Varilhes F	29	E3
Varimbómbi GR	94	A4
Váris GR	87	E3
Varkaus FIN	115	E4
Várkiza GR	97	F1
Varmahlíð IS	106	B1
Varmo I	72	C3
Varna BG	129	E2
Värnamo S	123	E1
Varnhem S	118	C3
Värö S	123	D1
Varpaisjärvi FIN	115	E3
Várpalota H	126	A4
Vars F	31	E1
Vartholomió GR	92	B4
Vartius FIN	115	F1
Varvára GR	88	C2
Varzi I	75	D1
Varzy F	21	F4
Vasaraperä FIN	109	F2
Vásárosnamény H	126	B3
Vaskio FIN	120	C4
Vaskivesi FIN	120	B3
Vaslui RO	127	D4
Vassarás GR	97	D2
Vassés GR	96	C2
Vassieux-en-Vercors F	27	D4
Vassiliká GR	94	A2
Vassiliká GR	88	B2
Vassiliká GR	95	F2
Vassilikí GR	92	A3
Vassilikí GR	87	E4
Vassilikó GR	94	A3
Vassilikós GR	96	A1
Vassilís GR	93	E1
Vassy F	19	F2
Västanfjärd FIN	120	B4
Västenbäck S	112	B2
Väster-Haninge S	119	E3
Västerås S	119	D2
Västervik S	119	E4
Vasto I	80	A1
Vasyl'kiv UA	127	F2
Vatan F	25	E1
Väte S	119	F4
Vaterá GR	95	F2
Vateró GR	87	F3
Vathí GR	94	A3
Váthi GR	88	B1
Vathí GR	92	B3
Vathí GR	99	F3
Váthia GR	97	D4
Vathílakos GR	88	A2
Vathílakos GR	89	D1
Vathílakos GR	87	F3
Vathípetro GR	101	D4
Vathís GR	99	F4
Vatne N	110	B2
Vatólakos GR	87	E3
Vatra Dornei RO	126	C4
Vattholma S	119	E2
Vaucouleurs F	22	C2
Vaŭkavysk BY	124	C4
Vauvert F	30	B2
Vávdos GR	88	C3
Växjö S	123	E2
Våxtorp S	123	D2
Vayrac F	25	E4
V'az'ma RUS	125	F3
Veberöd S	123	D3
Vechta D	55	F2
Vecilla (La) E	33	E3
Vecinos E	41	F1
Vedelago I	72	B4
Veendam NL	55	D2
Veenendaal NL	54	C4
Veere NL	17	D1
Vega de Espinareda E	33	D3
Vegadeo E	32	C2
Vega de Valcarce E	32	C3
Vegarienza E	33	E3
Vegårshei N	116	C3
Vegas del Condado E	33	E3
Vegesack D	50	A4
Veghel NL	54	C4
Veguellina de Órbigo E	33	E4
Veguillas (Las) E	41	F1
Vehkalahti FIN	121	E3
Vehmaa FIN	120	B3
Vehmersalmi FIN	115	E3
Veidnesklubben N	105	E1
Veiga (A) E	32	C4
Veikkola FIN	120	C3
Veinge S	123	D2
Veiros P	40	C3
Vejen DK	122	B3
Vejer de la Frontera E	47	D4
Vejle DK	122	B3
Vel. Lašče SLO	73	E3
Velada E	42	A2
Velanidiá GR	97	E4
Velayos E	42	A1
Velbert D	61	F1
Velburg D	63	E4
Velde N	111	E1
Velden A	68	B4
Velden D	67	F1
Velden D	63	E3
Veldhoven NL	17	F1
Velenje SLO	73	E2
Velestíno GR	93	E1
Vélez Blanco E	49	D2
Vélez de Benaudalla E	48	B3
Vélez Málaga E	48	A3
Vélez Rubio E	49	D2
Veliés GR	97	E3
Veliki Preslav BG	129	D2
Velikije Luki RUS	125	D2
Veliko Tărnovo BG	129	D2
Velilla del Río Carrión E	33	F3
Vélines F	24	C4
Velingrad BG	128	C2
Veliž RUS	125	E3
Velkua FIN	120	B4
Vellahn D	50	C4
Vellés (La) E	35	F4
Velletri I	79	E2
Vellinge S	123	D3
Velopoúla (Nissí) GR	97	F3
Vélos GR	94	B3
Velpke D	57	D3
Velten D	57	F2
Velvendós GR	87	F3
Velyka Lepetycha UA	127	F3
Vemdalen S	112	A3
Vemdalsskalet S	112	A3
Vemhån S	112	A3
Véna GR	91	D2
Venaco F	78	A3
Venafro I	79	F2
Venarey-les-Laumes F	22	B4
Venaria I	27	F4
Vence F	31	F2
Venda Nova P	34	C3
Vendas Novas P	40	B4
Vendel S	119	E1
Vendeuvre-sur-Barse F	22	B3
Vendôme F	21	D4
Vendrell (El) E	38	C4
Veneheitto FIN	115	D1
Venezia I	72	B4
Vengjaneset N	116	A1
Venialbo E	35	F4
Venjan S	112	A4
Venlo NL	61	E1
Vennesla N	116	B3
Vennesund N	107	D3
Venray NL	55	D4
Venta Nueva E	33	D3
Ventas con Peña Aguilera E	42	B3
Ventas de Huelma E	48	A3
Ventimiglia I	31	F2
Ventnor GB	13	F3
Ventspils LV	124	A2
Venturina I	75	F4
Vera N	111	E1
Vera E	49	D3
Verbania I	70	C4
Verberie F	16	C4
Verbicaro I	80	C4
Verbier CH	27	F2
Vercel-Villedieu-le-Camp F	27	E1
Vercelli I	74	C1
Verchnjadzvinsk BY	124	C3
Verchn'odniprovs'k UA	127	F2
Verdalsøra N	111	E1
Verde F	75	D2
Verden D	56	B2
Verdikoússa GR	87	F4
Le Verdon-sur-Mer F	24	B3
Verdun F	17	F4
Verdun-sur-Garonne F	29	E2
Verdun-sur-le-Doubs F	26	C1
Vergato I	76	A2
Vérgi GR	88	C2
Vergiate I	71	D4
Vergína I	88	A2
Vergína GR	88	A2
Vergio F	75	D2
Vergt F	25	D4
Véria GR	87	F2
Verín E	32	C4
Verl D	55	F4
Vermand F	17	D3
Vermenton F	22	A4
Vernet-les-Bains F	29	F4
Verneuil-sur-Avre F	21	D2
Vernon F	21	D2
Vernoux-en-Vivarais F	26	C4
Verny F	23	D2
Veroli I	79	E2
Verona I	71	F4
La Verpillière F	26	C3
Verran N	111	E1
Verrès F	27	F3
Versailles F	21	E2
Versmold D	55	F3
Verteillac F	25	D4
Vertientes (Las) E	48	C2
Vertus F	22	A2
Verucchio I	76	B2
Verviers B	61	D2
Vervins F	17	E3
Verzuolo I	31	F1
Verzy F	22	A2
Vesanto FIN	115	D3
Vescovato F	78	B3
Vesilahti FIN	120	C3
Vesivehmaa FIN	121	D3
Vesjegonsk RUS	125	F1
Veskoniemi FIN	105	F3
Vésoul F	23	D4
Véssa GR	95	F4
Vestby N	117	D2
Vestbygda N	116	A2
Vesterø Havn DK	122	C1
Vestertana N	105	F1
Vestmanna DK	106	A3
Vestnes N	110	B2
Vestone I	71	F4
Vestre jakobselv N	105	F2
Veszprém H	126	A4
Veteli FIN	114	C2
Vetlanda S	123	F1
Vetralla I	79	D1
Vetriolo Terme I	72	A3
Vetschau D	58	A3
Veules-les-Roses F	16	A3
Veulettes-sur-Mer F	16	A3
Veurne B	15	F4
Vevey CH	27	E2
Vévi GR	87	E2
Veynes F	31	D1
Veyre-Monton F	26	A3
Veyrier-du-Lac F	27	E3
Vezdemarbán E	35	F3
Vézelay F	22	A4
Vézelise F	22	C3
Vézénobres F	30	B2
Vézins-de-Lévézou F	30	A1
Vezzani F	78	A3
Vezzano I	71	F3
Viadana I	75	F1
Viana E	37	D2
Viana do Alentejo P	40	B4
Viana do Bolo E	32	C4
Viana do Castelo P	34	B3
Vianden L	61	E3
Vianen NL	54	C4
Viareggio I	75	F3
Vias F	30	A3
Vibo Valentia I	83	E3
Vibraye F	20	C3
Vic E	39	D3
Vič SLO	73	E2
Vic-en-Bigorre F	28	C3
Vic-Fezensac F	29	D2
Vic-le-Comte F	26	A3
Vic-sur-Aisne F	17	D4
Vic-sur-Cère F	25	F4
Vicálvaro E	42	B1
Vicdessos F	29	E4
Vicebsk BY	125	D3
Vicenza I	72	A4
Vichy F	26	A2
Vico F	78	A3
Vico del Gargano I	80	C1
Vico Equense I	80	A3
Victoria M	85	F4
Vidago P	34	C3
Vidareidi DK	106	A3
Vidauban F	31	E3
Viddal N	110	B3
Videbæk DK	122	A2
Videm SLO	73	E3
Vidiáki GR	96	C1
Vidigueira P	40	C4
Vidin BG	128	C2
Vidreres E	39	D3
Vidsel S	108	B3
Viechtach D	63	F4
Viechtwang A	68	B2
Vieira de Leiria P	40	A2
Vieira do Minho P	34	C3
Vielha E	29	D4
Vielle-Aure F	28	C4
Vielmur-sur-Agout F	29	F3
Vielsalm B	61	E2
Vienenburg D	56	C3
Vienne F	26	C3
Vieremä FIN	115	D2
Viernheim D	23	F1
Vierraden D	52	A4
Viersen D	61	E1
Vierumäki FIN	121	D3
Vierzon F	25	F1
Vieste I	80	C1
Vietas S	108	A1
Vietri di Potenza I	80	B3
Vietri sul Mare I	80	A3
Vieux-Boucau-les-Bains F	28	A2
Vif F	27	D4
Vig DK	122	C3
Le Vigan F	30	B2
Vigeland N	116	B3
Vigeois F	25	E4
Vigevano I	71	D4
Viggiano I	80	C3
Vígla GR	92	B2
Vignale Monferrato I	74	C1
Vignanello I	79	D1
Les Vignes F	30	A1
Vigneulles-lès-Hattonchâtel F	22	C2
Vignola I	76	A2
Vignole Borbera I	75	D1
Vignory F	22	B3
Vigo di Fassa I	67	F4
Vigo E	32	A4
Vigone I	27	F4
Vigonza I	72	B4
Vihanti FIN	114	C1
Vihiers F	24	C1
Vihtavuori FIN	115	D4
Vihteljärvi FIN	120	B3
Vihti FIN	120	C4
Viiala FIN	120	C3
Viiksimo FIN	115	F1
Viinijärvi FIN	115	F3
Viitasaari FIN	115	D3
Vik IS	106	B2
Vik N	116	C3
Vik N	107	D4
Vik N	110	B4
Vika S	119	D1
Vikajärvi FIN	109	D2
Vikedal N	116	A1
Vikeså N	116	A2
Vikevåg N	116	A2
Vikingstad S	119	D3
Víkou GR	87	D4
Vikran N	104	B3
Viksdalen N	110	B3
Viksjö S	112	C2
Viksta S	119	E1
Vila de Cruces E	32	B3
Vila Nova de Santo André P	46	A1
Vila-real / Villarreal E	44	A2
Vila-rodona E	38	C4
Vila-seca E	44	C1
Vila Boim P	40	C3
Vilada E	38	C3
Viladamat E	39	E3
Vila de Rei P	40	B2
Vila do Bispo P	46	A2
Vila do Conde P	34	B3
Viladrau E	39	D3
Vilafamés E	44	A2
Vila Fernando P	40	C3
Vila Flor P	35	D4
Vilafranca E	44	A2
Vila Franca das Naves P	35	D4
Vilafranca del Penedès E	38	C4
Vila Franca de Xira P	40	A3
Vila Fresca de Azeitão P	40	A4
Vilagarcía de Arousa E	32	A3
Vila Joiosa (La) / Villajoyosa E	49	F1
Vilalba / Villalba E	32	C2
Vilaller E	29	D4
Vilallonga E	44	A4
Vilamarxant E	43	F3
Vilanova d'Alcolea E	44	A2
Vilanova i la Geltrú / Villanueva y Geltrú E	38	C4
Vilanova E	32	C2
Vila Nova da Barquinha P	40	B2
Vilanova de Arosa E	32	A3
Vila Nova de Cerveira P	32	A4
Vila Nova de Famalicão P	34	B3
Vila Nova de Foz Côa P	35	D4
Vila Nova de Gaia P	34	B4
Vila Nova de Milfontes P	46	A1
Vila Nova de Paiva P	34	C4
Vila Nova de Poiares P	40	B1
Vila Nova de São Bento P	46	C1
Vilanova de Sau E	39	D3
Vila Pouca de Aguiar P	34	C3
Vila Praia de Âncora P	32	A4
Vilar de Barrio E	32	B4
Vilar Formoso P	41	D1
Vila Real P	34	C3
Vila Real de Santo António P	46	B2
Vila Velha de Ródão P	40	C2
Vila Verde P	34	B3
Vila Verde da Raia P	35	D3
Vila Verde de Ficalho P	46	C1
Vila Viçosa P	40	C4
Vilches E	48	B1
Vilejka BY	124	C4
Vilhelmina S	107	F1
Vília GR	93	F1
Viljakkala FIN	120	C2
Viljandi EST	124	B2
Vilkaviškis LT	124	B4
Villa Adriana I	79	E1
Villa Bartolomea I	72	A4
Villa Literno I	79	F3
Villa Minozzo I	75	F2
Villa Opicina I	73	D3
Villa Potenza I	77	D3
Villa Santina I	68	A4
Villa S. Giovanni I	83	D4
Villa Sta Maria I	80	A1
Villa Vomano I	77	D4
Villabassa / Niederdorf I	67	F4
Villablanca E	46	C2
Villablino E	33	D3
Villabona E	28	A3
Villabrágima E	35	F3
Villabuena del Puente E	35	F4
Villacañas E	42	C3
Villacarriedo E	36	B1
Villacarrillo E	48	B1
Villacastín E	42	A1
Villach A	68	B4
Villacidro I	82	B4
Villada E	33	F4
Villa de Don Fadrique (La) E	42	C3
Villa del Prado E	42	B2
Villa del Río E	48	A1
Villadiego E	36	B2
Villadossola I	70	C3
Villaescusa de Haro E	43	D3
Villafáfila E	35	F3
Villaflores E	35	F4
Villafranca di Verona I	71	F4
Villafranca in Lunigiana I	75	E2
Villafranca Piemonte I	27	F4
Villafranca Tirrena I	83	D4
Villafranca E	37	E3
Villafranca del Bierzo E	33	D3
Villafranca de los Barros E	41	E4
Villafranca de los Caballeros E	42	C3
Villafranca-Montes de Oca E	36	C2
Villafranco del Guadalquivir E	47	D2
Villafrati I	84	B3
Villafrechós E	35	F3
Villafruela E	36	B3
Villafuerte E	36	A3
Villager de Laciana E	33	D3
Villaggio Mancuso I	83	E2
Villaharta E	47	F1
Villahermosa E	42	C4
Villahoz E	36	B3
Villaines-la-Juhel F	19	F3
Villala FIN	115	F4
Villalba de la Sierra E	43	D2
Villalba de los Barros E	41	D4
Villalba del Rey E	43	D2
Villalcázar de Sirga E	33	F4
Villalgordo del Marquesado E	43	D3
Villalón de Campos E	36	A3
Villalpando E	35	F3
Villalpardo E	43	E3
Villaluenga E	37	E4
Villamanrique E	42	C4
Villamanrique de la Condesa E	47	D2
Villamañan E	33	E4
Villamartín E	47	E3
Villamartín de Campos E	36	A3
Villamassargia I	82	B4
Villamayor E	37	F4
Villamayor de Campos E	35	F3
Villamayor de Santiago E	42	C3
Villandraut F	28	C1
Villandry F	20	C4
Villanova Monteleone I	82	A2
Villanubla E	36	A3
Villanueva de Alcardete E	42	C3
Villanueva de Alcorón E	43	D1
Villanueva de Algaidas E	47	F3
Villanueva de Argaño E	36	B2
Villanueva de Bogas E	42	B3
Villanueva de Cameros E	37	D3

Villanueva de
Córdoba E 47 F1
Villanueva de Franco
E 42 C4
Villanueva de
Gállego E 37 F3
Villanueva de la
Concepción E 47 F3
Villanueva de la
Fuente E 42 C4
Villanueva de la Jara
E 43 D3
Villanueva de la
Reina E 48 A1
Villanueva de la
Arzobispo E 48 C1
Villanueva de la
Serena E 41 E4
Villanueva de la
Sierra E 41 E1
Villanueva de las
Torres E 48 B2
Villanueva de la Vera
E 41 F2
Villanueva del
Campo E 35 F3
Villanueva del
Duque E 47 F1
Villanueva del
Fresno E 40 C4
Villanueva del
Huerva E 37 F4
Villanueva de los
Castillejos E 46 C2

Villanueva de los
Infantes E 42 C4
Villanueva
del Rey E 47 F1
Villanueva del Río y
Minas E 47 E2
Villanueva del
Trabuco E 48 A3
Villanueva de San
Carlos E 42 B4
Villaquejida E 33 E4
Villaquilambre E 33 E4
Villar de Peralonso
E 35 E4
Villarcayo E 36 C1
Villard-
de-Lans F 27 D4
Villar de Arnedo (El)
E 37 D2
Villar
de Cañas E 43 D3
Villardeciervos E 35 E3
Villar de Domingo
García E 43 D2
Villardefrades E 35 F3
Villar del Arzobispo
E 43 F3
Villar
del Rey E 41 D3
Villarejo de Fuentes
E 43 D3
Villarejo de Salvanés
E 42 C2
Villarente E.......... 33 E4

Villares (Los) E 48 A2
Villares de la Reina
E 35 F4
Villares del Saz E 43 D2
Villargarcía del Llano
E 43 E3
Villargordo del
Cabriel E 43 E3
Villaricos E 49 D3
Villarino E 35 E4
Villaroya E 37 D3
Villaroya de los
Pinares E 43 F1
Villarquemado E 43 F1
Villarramiel E 36 A3
Villarrín de Campos
E 35 F3
Villarrobledo E 43 D3
Villarroya de la
Sierra E 37 E4
Villarrubia de los
Ojos E 42 B3
Villarrubia de
Santiago E 42 C2
Villarrubio E 42 C2
Villars-les-Dombes
F 26 C3
Villars-
sur-Ollon CH 27 F2
Villarta de San Juan
E 42 C3
Villasalto I 82 C3
Villasana de Mena E . 36 C1
Villasandino E 36 B2

Villasante de Montija
E 36 C1
Villasarracino E 33 F4
Villaseco de los
Reyes E 35 E4
Villasequilla de
Yepes E 42 B2
Villasimius I 82 C4
Villasor I 82 B4
Villatobas E 42 C2
Villatoya E 43 E3
Villava E 28 A4
Villaverde
del Río E 47 E2
Villaviciosa E 33 E2
Villaviciosa de
Córdoba E 47 F1
Villaviciosa de Odón . 42 B1
Villavieja de Yeltes
E 35 E4
Villé F 23 E3
Ville-en-Tardenois F. 17 D4
Ville-sur-Tourbe F ... 17 F4
Villebois-
Lavalette F......... 25 D3
La Villedieu-du-Clain
F 25 D2
Villedieu-les-Poêles
F 19 E2
Villefagnan F......... 24 C3
Villefort F 30 B1
Villefranche-
d'Albigeois F 29 F2

Villefranche-
de-Lauragais F 29 E3
Villefranche-
de-Lonchat F 24 C4
Villefranche-de-
Rouergue F 29 F1
Villefranche-
du-Périgord F....... 29 D1
Villefranche-sur-
Cher F 25 E1
Villefranche-sur-Mer
F 31 F2
Villefranche-sur-
Saône F 26 C3
Villemur-
sur-Tarn F 29 E2
Villena E 43 F4
Villenauxe-la-
Grande F 22 A2
Villeneuve F......... 29 F1
Villeneuve-
d'Ascq F 15 F4
Villeneuve-de-Berg
F 30 C1
Villeneuve-
de-Marsan F 28 C2
Villeneuve-
l'Archevêque F 22 A3
Villeneuve-
lès-Avignon F....... 30 C2
Villeneuve-sur-Lot F. 29 D1
Villeneuve-sur-
Yonne F 21 F3

Villeréal F 29 D1
Villers-Bocage F 16 C3
Villers-Bocage F 19 F2
Villers-Bretonneux
F 16 C3
Villers-Cotterêts F ... 17 D4
Villers-devant-Orval
B 17 F4
Villers-Farlay F....... 27 D1
Villers-la-Ville B...... 17 E2
Villers-le-Lac F 27 D1
Villers-sur-Mer F 20 C1
Villersexel F 23 D4
Villerupt F 22 C1
Villerville F 20 C1
Villetta Barrea I 79 F2
Villiers-St-Georges
F 21 F2
Villingen-
Schwenningen D... 23 F3
Villoldo E 33 F4
Villoria E 35 F4
Villotta I 72 B3
Vilnius LT............. 124 C4
Vil'nohirs'k UA 127 F2
Vilppula FIN 120 C2
Vilsbiburg D.......... 67 F1
Vilseck D 63 E3
Vilshofen D........... 64 A4
Vilvoorde B 17 E2
Vimercate I 71 D4
Vimianzo E 32 A2
Vimieiro P 40 C4
Vimioso P 35 E3

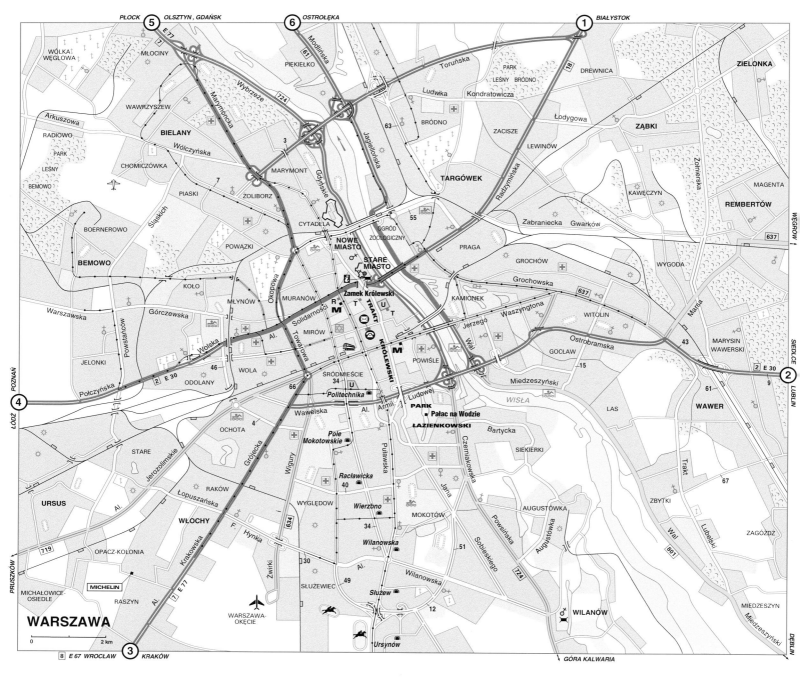

WARSZAWA

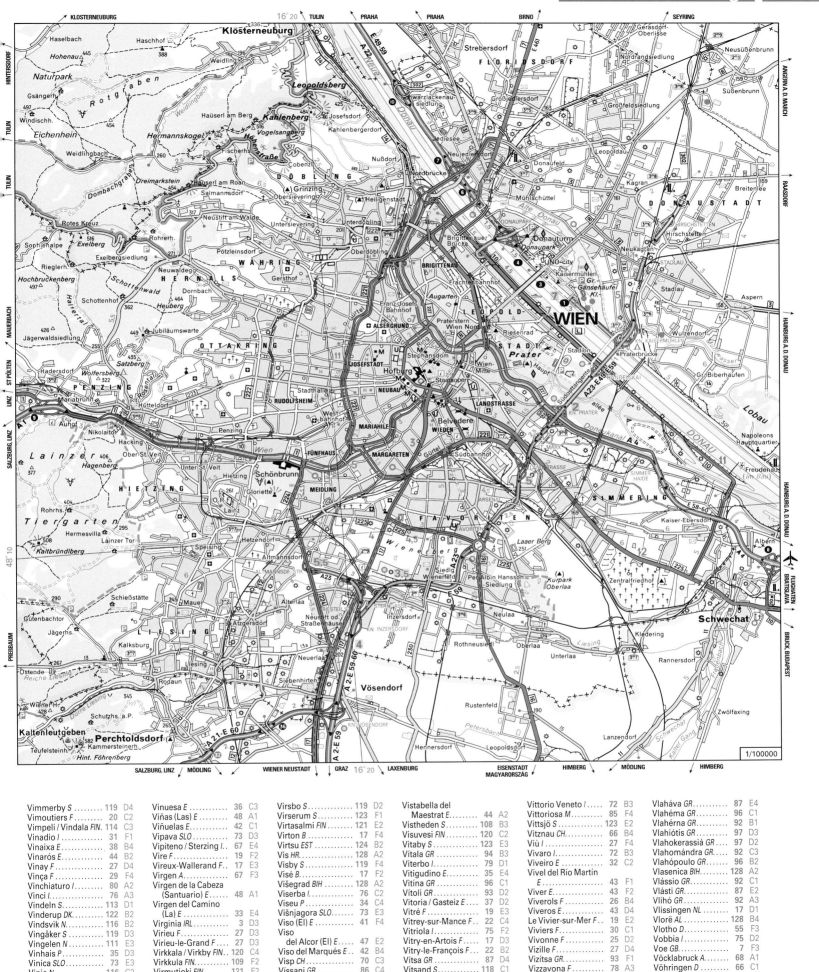

Vimmerby *S*	119	D4	Vinuesa *E*	36	C3	Virsbo *S*	119	D2
Vimoutiers *F*	20	C2	Viñas (Las) *E*	48	A1	Virserum *S*	123	F1
Vimpeli / Vindala *FIN*	114	C3	Viñuelas *E*	42	C1	Virtasalmi *FIN*	121	E2
Vinadio *I*	31	F1	Vipava *SLO*	73	D3	Virton *B*	17	F4
Vinaixa *E*	38	B4	Vipiteno / Sterzing *I*..	67	E4	Virtsu *EST*	124	B2
Vinarós *E*	44	B2	Vire *F*	19	F2	Vis *HR*	128	A2
Vinay *F*	27	D4	Vireux-Wallerand *F*..	17	E3	Visby *S*	119	F4
Vinça *F*	29	F4	Virgen *A*	67	F3	Visé *B*.	17	F2
Vinchiaturo *I*	80	A2	Virgen de la Cabeza			Višegrad *BIH*	128	A2
Vinci *I*	76	A3	(Santuario) *E*	48	A1	Viserba *I*	76	C2
Vindeln *S*	113	D1	Virgen del Camino			Viseu *P*	34	C2
Vinderup *DK*	122	B2	(La) *E*	33	E4	Višnjagora *SLO*	73	E3
Vindsvik *N*	116	B2	Virginia *IRL*	3	D3	Viso (El) *E*	41	F4
Vingåker *S*	119	D3	Virieu *F*	27	D3	Viso		
Vingelen *N*	111	E4	Virieu-le-Grand *F*..	27	D3	del Alcor (El) *E*	47	E2
Vinhais *P*	35	D3	Virkkala / Virkby *FIN*..	120	C4	Viso del Marqués *E*..	42	B4
Vinica *SLO*	73	E3	Virkkula *FIN*	109	F2	Visp *CH*	70	C3
Vinje *N*	116	C2	Virmutjoki *FIN*	121	F2	Víssani *GR*.	86	C4
Vinkovci *HR*	128	A1	Virolahti *FIN*	121	E3	Visselhövede *D*	50	B4
Vinnycja *UA*	127	D2	Virónia *GR*	88	B1	Vissenbjerg *DK*	122	B3
Vinsternes *N*	110	C2	Virovitica *HR*	128	A1	Vissiniá *GR*	87	E2
Vinstra *N*	111	D3	Virrat *FIN*	120	C4	Visso *I*	76	C4
Vistabella del			Vittorio Veneto *I*....	72	B3	Vlaháva *GR*	87	E4
Maestrat *E*	44	A2	Vittoriosa *M*	85	F4	Vlahéma *GR*	96	C1
Vistheden *S*	108	B3	Vittsjö *S*	123	E2	Vlahérna *GR*	92	B1
Visuvesi *FIN*	120	C2	Vitznau *CH*	66	B4	Vlahiótis *GR*	97	D3
Vitaby *S*	123	E3	Viù *I*	27	F4	Vlahokerassiá *GR*....	97	D2
Vítala *GR*	94	B3	Vivaro *I*	72	B3	Vlahomándra *GR*....	92	C3
Viterbo *I*	79	D1	Viveiro *E*	32	C2	Vlahópoulo *GR*	96	B2
Vitigudino *E*	35	E4	Vivel del Río Martín			Vlasenica *BIH*	128	A2
Vitína *GR*	96	C1	*E*	43	F1	Vlássio *GR*	92	C1
Vítoli *GR*	93	D2	Viver *E*	43	F2	Vlásti *GR*	87	E2
Vitoria / Gasteiz *E* ...	37	D2	Viverols *E*	26	B4	Vlihó *GR*	92	A3
Vitré *F*	19	E3	Viveros *E*	43	D4	Vlissingen *NL*	17	D1
Vitrey-sur-Mance *F*..	22	C4	Le Vivier-sur-Mer *F* ..	19	E2	Vlorë *AL*	128	B4
Vitriola *I*	75	F2	Viviers *F*	30	C1	Vlotho *D*	55	F3
Vitry-en-Artois *F*	17	D3	Vivonne *F*	25	D2	Vobbia *I*	75	D2
Vitry-le-François *F* ..	22	B2	Vizille *F*	27	D4	Voe *GB*.	7	F3
Vítsa *GR*	87	D4	Vizitsa *GR*	93	F1	Vöcklabruck *A*.	68	A1
Vitsand *S*	118	C1	Vizzavona *F*	78	A3	Vöhringen *D*	66	C1
Vittangi *S*	108	B1	Vizzavona *F*	75	D2	Völkermarkt *A*.	68	C3
Vittaux *F*	22	B4	Vizzini *I*	85	D4	Völklingen *D*	23	D1
Vittel *F*.	22	C3	Vlaardingen *NL*	54	B4	Vogatsikó *GR*	87	E3
Vittoria *I*	85	D4	Vlagtwedde *NL*	55	E2	Vogelsdorf *D*	58	A2

Voghera I 75 D1
Vohenstrauß D. 63 F3
Void F 22 C2
Voikka FIN 121 E3
Voikoski FIN 121 E3
Voiron F. 27 D4
Voiteur F. 27 D1
Voitsberg A. 68 C3
Vojakkala FIN 108 C3
Vojens DK 122 B3
Vojnik SLO 73 E2
Vólakas GR 89 D1
Volchov RUS 125 D1
Volda N. 110 B3
Volders A. 67 E3
Volendam NL 54 C3
Volímes GR 92 A4
Volissós GR 95 E3
Volkach D 62 C3
Volkmarsen D. 56 B4
Volmunster F 23 E1
Voloĉys'k UA 127 D2
Volodymyr-
  Volyns'kyj UA. ... 126 C2
Volokolamsk RUS ... 125 F2
Volonne F. 31 D2
Vólos GR 93 F1
Volpiano I 27 F4
Volta Mantovana I . 71 F4
Volterra I. 76 A3
Voltri I. 75 D2
Volturara Appula I . 80 B2
Volvic F. 26 A3
Volx F. 31 D2
Vónitsa GR 92 B2
Vonnas F. 26 C2
Voorschoten NL. 54 B4
Voorst NL. 55 D3
Voorthuizen NL 54 C3
Vopnafjörður IS. 106 C1
Vörå / Vöyri FIN. ... 114 B3
Vorau A 69 D2
Vorchdorf A. 68 B1
Vordernberg A. 68 C2
Vorderriß D 67 E2
Vordingborg DK. 122 C3
Voreppe F. 27 D4
Vorey F. 26 B4
Vóri GR 100 C4
Vormsi EST. 124 B1
Vorna FIN. 115 D2
Voronet RO. 127 D3
Vorsfelde D 57 D3
Võru EST. 124 C2
Voss N. 110 B4
Votonóssi GR. 87 D4
Voúdia GR. 98 B3
Vouhorína GR. 87 E3
Vouillé F. 24 C2
Voukoliés GR. 100 A3
Voúla GR 97 F1
Vouliagméni GR 97 F1
Voúlpi GR 92 C2
La Voulte-sur-Rhône
  F. 30 C1
Vouraïkós GR. 93 D4
Vourkári GR 98 A1
Vourliótes GR. 99 F1
Voúrvoura GR. 97 D2
Vourvouroú GR. 88 C3
Voutás GR 93 F2
Vouvant F. 24 B2
Vouvray F. 20 C4
Vouziers F. 17 E4
Voves F. 21 D3
Vovoússa GR. 87 D4
Voznesens'k UA. ... 127 F3
Vrå DK 122 B1
Vraca BG 128 C2
Vrådal N. 116 C2
Vraháti GR. 93 E4
Vrahnéika GR. 92 C4
Vrams-Gunnarstorp
  S. 123 D2
Vranje YU. 128 C2
Vransko SLO. 73 E2
Vrástama GR 88 C3
Vravróna GR 94 B4
Vrbas YU 128 A1
Vreden D 55 D4
Vresse-sur-Semois
  B 17 F3
Vrésthena GR 97 D2
Vreta Kloster S 119 D3
Vrhnika SLO 73 D3
Vría GR 88 A3
Vrínena GR 93 E2
Vríssa GR 95 F2
Vrísses GR. 100 B3
Vrissiá GR 93 E1
Vrissoúla GR 92 B1
Vrnjačka Banja YU ... 128 B2

Vrondádos GR 95 F3
Vrondamás GR. 97 D3
Vronderó GR 87 D2
Vrondissí GR 101 D4
Vrondoú GR 88 A3
Vróssina GR 86 C4
Vrouhás GR 101 E3
Vršac YU. 128 B1
Vukovar HR. 128 A1
Vuohijärvi FIN 121 E3
Vuokatti FIN 115 E2
Vuokenniska FIN ... 121 F2
Vuolijoki FIN. 115 D2
Vuollerim S 108 B2
Vuonislahti FIN. ... 115 F3
Vuoskojaure S 104 C4
Vuostimo FIN. 109 E2
Vuotso FIN. 105 F4
Vylkove UA. 127 E4
Vyšnij Voloĉok RUS .. 125 E1
Vyškov CZ. 65 E3

W

Waalwijk NL. 54 C4
Waasmunster B. 17 E1
Wabern D 62 B1
Wachow D 57 E2
Wädenswil CH 66 B3
Wächtersbach D 62 B2
Wagenfeld D. 55 F3
Wageningen NL. ... 54 C4
Waging a. See D 67 F2
Wagrain A. 68 A3
Wahlstedt D. 50 C3
Waiblingen D 66 B1
Waidhaus D 63 F3
Waidhofen an der
  Thaya A. 64 C4
Waidhofen an der
  Ybbs A. 68 C1
Waidring A. 67 F2
Waischenfeld D. 63 E3
Waizenkirchen A. ... 68 B1
Wakefield GB. 11 D2
Wałbrzych PL. 65 D1
Walchensee D. 67 E2
Walchsee A 67 F2
Wald CH 66 B3
Waldbröl D. 61 F1
Waldeck D. 62 B1
Waldenbuch D. 66 B1
Waldenburg D 63 F1
Waldfischbach-
  Burgalben D. 23 E1
Waldheim D. 63 F1
Waldkappel D. 62 C1
Waldkirch D. 23 F3
Waldkirchen D. 64 A4
Waldkraiburg D. 67 F1
Wald-Michelbach D . 23 F1
Waldmünchen D. ... 63 F3
Waldsassen D. 63 F2
Waldshut-Tiengen
  D. 23 F4
Walenstadt CH 66 C3
Wallasey GB. 10 C3
Walldorf D. 23 F1
Walldürn D. 62 B3
Wallenfels D. 63 E2
Wallersdorf D. 63 F4
Wallerstein D. 63 D4
Wallingford GB. 13 F2
Walls GB. 7 F3
Walsall GB. 11 D4
Walsrode D 56 B2
Walsum D. 55 D4
Waltershausen D ... 62 C1
Walton-on-the-Naze
  GB. 15 D2
Waltrop D. 55 E4
Wałcz PL. 52 C3
Wanderup D 50 B2
Wandlitz D. 51 F4
Wanfried D. 62 C1
Wangenbourg F 23 E2
Wangen i. Allgäu D . 66 C2
Wangerland-Hook-
  siel D. 55 E1
Wangerooge D. 55 E1
Wängi CH. 66 B3
Wanna D. 50 A3
Wanne-Eickel D. ... 55 E4
Wantage GB. 13 F2
La Wantzenau F. ... 23 E2
Wanzleben D. 57 D3
Warburg D 56 B4
Wardenburg D. 50 A4
Ware GB. 14 C2
Waregem B 15 F4
Wareham GB. 13 E3

Waremme B 17 F2
Waren D. 51 E3
Warendorf D. 55 F4
Warin D 51 D3
Warkworth GB 9 F4
Warmensteinach D . 63 E2
Warminster GB. 13 E2
Warnemünde D. ... 51 D2
Warrenpoint GB. ... 3 E3
Warrington GB. 10 C3
Warstein D 55 F4
Warszawa PL. 126 A1
Warth A 67 D3
Wartha D. 62 C1
Warwick GB. 13 F1
Washington GB. ... 9 F4
Wasselonne F. 23 E2
Waterloo B 17 E2
Waterford / Port
  Láirge IRL 5 D3
Waterville / An
  Coireán IRL 4 A3
Watford GB. 14 B3
Wattens A. 67 E3
Watton GB. 15 D1
Wattwil CH 66 B3
Waulsort B 17 F3
Wavre F. 17 E2
Waxweiler D 61 E3
Wagrowiec PL. 53 D4
Wedel (Holstein) D. 50 B3
Wedemark D. 56 B3
Weener D 55 E2
Weert NL 17 E1
Weferlingen D 57 D3
Wegberg D. 61 E1
Wegeleben D 57 D3
Wegscheid D. 64 A4
Wehr D 23 F4
Weibersbrunn D. ... 62 B3
Weichshofen D 63 F4
Weida D. 63 E1
Weiden i. d.
  Oberpfalz D. 63 E3
Weikersheim D 62 C4
Weil der Stadt D ... 66 B1
Weilburg D. 62 A2
Weilheim a. d. Teck
  D. 66 C1
Weilheim i.
  Oberbayern D. ... 67 E2
Weimar D. 63 D1
Weinfelden CH 66 B3
Weingarten D. 66 C2
Weinheim D. 23 F1
Weinsberg D. 62 B4
Weismain D. 63 D2
Weißbriach A 68 A4
Weißenbach a. Lech
  A. 67 D3
Weißenberg D. 58 B4
Weißenburg D. 63 D3
Weißenfels D. 57 E4
Weißenhorn D. 66 C1
Weißenkirchen in
  der Wachau A. .. 68 C1
Weißensee D. 63 D1
Weißenstadt D. 63 E2
Weißkirchen A. 68 C3
Weißwasser D. 58 B4
Weitra A. 64 C4
Weiz A. 69 D2
Wejherowo PL. 53 D1
Weldon GB. 11 E4
Wellin B. 17 F3
Wellingborough GB . 14 B2
Wellington GB. 13 D3
Wellington Bridge
  IRL 5 E3
Wells GB. 13 E2
Wells-next-the-Sea
  GB. 15 D1
Wels A. 68 B1
Welshpool /
  Trallwng GB. 10 B4
Weltenburg D. 63 E4
Welwyn Garden City
  GB. 14 C3
Welzheim D. 66 C1
Welzow D. 58 A4
Wem GB. 10 C4

Wemding D. 63 D4
Wemyss Bay GB ... 8 B2
Wenden D. 56 C3
Wengen CH. 66 A4
Wenns A. 67 D3
Werben D. 51 E4
Werdau D. 63 E1
Werder D. 57 F2
Werdohl D. 61 F1
Werfen A. 68 A2
Werl D. 55 F4
Werlte D. 55 E2
Wermelskirchen D. . 61 F1
Wermsdorf D. 57 F4
Wernberg-Köblitz D. 63 E3
Werne D. 55 E4
Werneck D. 62 C3
Werneuchen D. 57 F2
Wernigerode D. 57 D4
Wertach D. 67 D3
Wertheim D. 62 C3
Werther D. 57 F3
Wertingen D. 67 D1
Wervik B. 15 F4
Wesel D. 55 D4
Wesenberg D. 51 E4
Wesendorf D. 56 C2
Wesselburen D. ... 50 A2
Wessobrunn D. 67 E2
West Auckland GB . 11 D1
West Bridgford GB. 11 E4
West Kilbride GB. .. 8 B3
West Linton GB ... 9 D3
West Looe GB. 12 C3
West Mersea GB. .. 15 D3
West-Terschelling
  NL 54 C1
Westbury GB. 13 E2
Westendorf A. 67 F3
Westenholz D. 56 B2
Westerburg D. 62 A2
Westerholt D. 55 E1
Westerland D. 50 A1
Westerlo B 17 F1
Westernbödefeld D.. 62 A1
Westerstede D. 55 E1
Westhofen D. 62 A3
Weston-super-Mare
  GB. 13 D2
Westport / Cathair na
  Mart IRL 2 A3
Wetherby GB. 11 D2
Wetter (Ruhr) D. ... 61 F1
Wetteren B. 17 D1
Wettin D. 57 E4
Wettringen D. 55 E3
Wetwang GB. 11 E2
Wetzikon CH. 66 B3
Wetzlar D. 62 A2
Wexford / Loch
  Garman IRL 5 E3
Weyer Markt A. ... 68 C2
Weyhausen D. 56 C2
Weyhill GB. 13 F2
Weymouth GB. 13 E3
Weyregg a. Attersee
  A. 68 A2
Węgorzewo PL. ... 124 B4
Whaley Bridge GB. . 11 D3
Whitburn GB. 9 D3
Whitby GB. 11 E1
Whitchurch GB. ... 10 C3
White Bridge GB. .. 6 C4
Whitehaven GB. ... 10 B1
Whitehead GB. 3 E2
Whiteness GB. 7 F3
Whithorn GB. 8 C4
Whitland GB. 12 C1
Whitley Bay GB. ... 9 F4
Whitstable GB. 15 D3
Whittlesey GB. 11 F4
Wick GB. 7 E2
Wickford GB. 14 C3
Wicklow / Cill
  Mhantáin IRL ... 5 F2
Widnes GB. 10 C3
Wiefelstede D. 50 A4
Wiehe D. 57 D4
Wiehl D. 61 F1
Wiek D. 51 F1
Wieluń PL. 126 A1
Wien A. 69 D1
Wien-Schwechat A . 69 E1
Wiener Neudorf A . 69 D1
Wiener Neustadt A . 69 D1
Wies A. 69 D3
Wiesau D. 63 E3
Wiesbaden D. 62 A3
Wieselburg A. 68 C1
Wiesenburg D. 57 E3
Wiesensteig D. 66 C1
Wiesentheid D. 62 C3
Wiesenttal D. 63 D3
Wiesing A. 67 E3

Wiesloch D. 23 F1
Wiesmath A. 69 E2
Wiesmoor D. 55 E1
Wigan GB. 10 C2
Wigton GB. 9 D4
Wigtown GB. 8 C4
Wijhe NL. 55 D3
Wil CH 66 B3
Wildalpen A. 68 C2
Wildbad i.
  Schwarzwald D. . 23 F2
Wildeck D. 62 C1
Wildeshausen D. ... 55 F2
Wildon A. 69 D3
Wilfersdorf A. 65 E4
Wilhelmsburg A. ... 69 D1
Wilhelmshaven D. . 50 A4
Wilhemsburg D. ... 50 B4
Wilhering A. 68 B1
Wilkau-Haßlau D. .. 63 E1
Willebroek B. 17 E1
Willemstad NL. 54 B4
Willingen D. 62 A1
Williton GB. 13 D2
Wilmslow GB. 10 C3
Wilnsdorf D. 62 A1
Wilsdruff D. 64 A1
Wilster D. 50 B3
Wilton GB. 13 F2
Wiltz L. 61 E3
Wimborne Minster
  GB. 13 E3
Wimereux F. 15 D4
Wincanton GB. 13 E2
Winchcombe GB. .. 13 F1
Winchelsea GB. ... 14 C4
Winchester GB. ... 13 F3
Windeck D. 61 F2
Windermere GB. ... 10 C1
Windischeschen-
  bach D. 63 E3
Windischgarsten A . 68 B2
Windsbach D. 63 D4
Windsor GB. 14 B3
Winkleigh GB. 12 C3
Winklern A. 68 A3
Winnenden D. 66 C1
Winnigstedt D. 57 D3
Winnweiler D. 23 E1
Winschoten NL. ... 55 D2
Winsen D. 50 C4
Winsen (Aller) D ... 56 C2
Winsford GB 10 C3
Winsum NL. 55 D1
Winterberg D 62 A1
Winterswijk NL. ... 55 D4
Winterthur CH. 66 B3
Wintzenheim F. 23 E3
Wipperfürth D. 61 F1
Wisbech GB. 11 F4
Wischhafen D. 50 B3
Wishaw GB. 8 C3
Wismar D. 51 D3
Wissant F. 15 E4
Wissembourg F. ... 23 F2
Wissen D. 61 F2
Witham GB. 14 C3
Withernsea GB. ... 11 F2
Witney GB. 13 F1
Wittdün D. 50 A2
Witten D. 61 F1
Wittenberg D. 57 F3
Wittenberge D. 51 D4
Wittenburg D. 51 D3
Wittichenau D. 58 A4
Wittingen D. 56 C2
Wittlich D. 61 F3
Wittmund D. 55 E1
Wittstock D. 51 E4
Witzenhausen D. ... 56 C4
Włocławek PL. 53 E4
Władysławowo PL. . 53 E1
Włodawa PL. 126 B1
Woburn GB. 14 B2
Wöllersdorf A. 69 D1
Woensdrecht NL. ... 17 E1
Woerden NL. 54 B4
Wörgl A 67 F3
Wörlitz D. 57 E3
Wörrstadt D. 62 A3
Wœrth F. 23 E2
Wörth a. d. Donau D. 63 F4
Wörth a. Main D ... 62 B3
Wörth a. Rhein D. .. 23 F1
Wohlen CH 23 F4
Woippy F. 22 C1
Woking GB. 14 B3
Wokingham GB. ... 14 B3
Woldegk D. 51 F3
Wolfach D. 23 F3
Wolfegg D. 66 C2
Wolfen D. 57 E4

Wolfenbüttel D. 56 C3
Wolfhagen D. 62 B1
Wolfratshausen D .. 67 E2
Wolfsberg A. 68 C3
Wolfsburg D. 56 C3
Wolgast D. 51 F2
Wolkersdorf A 65 E4
Wollersheim D. 61 E2
Wollin D. 57 E3
Wolmirstedt D. 57 D3
Wolnzach D. 67 E1
Wolsingham GB. ... 11 D1
Wolsztyn PL. 58 C2
Wolvega NL. 54 C2
Wolverhampton GB . 14 A1
Wolverton GB. 14 B2
Woodbridge GB. ... 15 D2
Woodhall Spa GB. . 11 E3
Woodstock GB. 13 F1
Wooler GB. 9 E3
Worb CH. 27 F1
Worbis D. 56 C4
Worcester GB. 13 E1
Workington GB. 9 D4
Worksop GB. 11 E3
Workum NL. 54 C2
Wormerveer NL. ... 54 B3
Wormhout F. 15 E4
Worms D. 23 F1
Worthing GB. 14 B4
Wragby GB. 11 E3
Wrexham / Wrecsam
  GB. 10 C3
Wriezen D. 52 A4
Wrocław PL. 59 D4
Wroughton GB. 13 F2
Września PL. 53 D4
Wünnenberg D 55 F4
Wünsdorf D. 57 F3
Würzburg D. 62 C3
Wulfen D. 55 E4
Wullowitz A. 64 B4
Wunsiedel D. 63 E2
Wunstorf D. 56 B3
Wuppertal D. 61 F1
Wurzen D. 57 F4
Wusterhausen D. .. 51 E4
Wustrow D. 51 E2
Wuustwezel B. 17 E1
Wyk a. Föhr D. 50 A2
Wymondham GB ... 15 D1
Wöbbelin D. 51 D4

X

Xàbia / Jávea E. 44 A4
Xanten D. 55 D4
Xánthi GR 89 E1
Xeresa E. 44 A4
Xert E. 44 A1
Xerta E. 44 B1
Xertigny F. 23 D3
Xifiani GR. 87 F1
Xilagani GR. 89 F1
Xiliki GR. 93 E3
Xilókastro GR 93 E4
Xilopáriko GR 92 C1
Xilópoli GR 88 B1
Xilóskalo GR 100 B3
Xiniáda GR 93 E2
Xinó Neró GR 87 E2
Xinzo de Limia E. .. 32 B4
Xirókambi GR 97 D3
Xirókambos GR ... 99 F2
Xirolímni GR 87 E3
Xixona E. 49 F1
Xubia E. 32 B2
Xunqueira de Ambía
  E. 32 B4

Y

Yalova TR 129 F3
Yanguas E. 37 D3
Yarmouth GB. 13 F3
Ybbs an der Donau
  A. 68 C1
Yébenes (Los) E. ... 42 B3
Yebra E. 42 C2
Yecla E. 49 E1
Yenne F. 27 D3
Yeovil GB. 13 E3
Yepes E. 42 B2
Yerville F. 16 A4
Yesa E. 28 B4
Yesa (La) E. 43 F2
Yeste E. 48 C1
Ylämaa FIN 121 E3
Ylämylly FIN 115 F3
Yläne FIN 120 B3

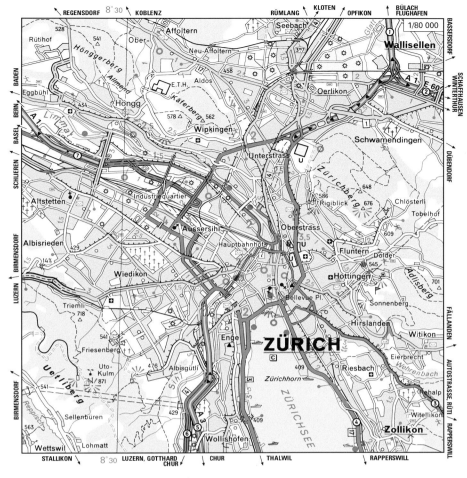

Zarós GR 101 D4
Zaroúhla GR.......... 93 D4
Zarrentin D.......... 50 C3
Zarza la Mayor E 41 D2
Žaškiv UA............ 127 E2
Zavattarello I........ 75 D1
Zawiercie PL 126 A2
Zbaraž UA 126 C2
Zduńska Wola PL 126 A2
Zebreira P........... 41 D2
Zeebrugge B 15 F3
Zefiría GR........... 98 B3
Zehdenick D......... 51 F4
Zeist NL............. 54 C4
Zeitz D.............. 63 E1
Zejtun M............. 85 F4
Žekovec SLO......... 73 E2
Zele B............... 17 E1
Zelenogorsk RUS..... 124 C1
Železniki SLO........ 73 D2
Železnogorsk RUS.... 125 F4
Želin SLO 73 D3
Zélio GR 93 F3
Zell (Mosel) D 61 D1
Zella-Mehlis D 63 D2
Zell am See A 68 A3
Zell am Ziller A...... 67 F3
Zell an der Pram A ... 68 A1
Zeltweg A 68 C3
Zelzate B 17 D1
Zenica BIH 128 A2
Zerbst D............ 57 E3
Zerf D............... 23 D1
Zeri I............... 75 E2
Zermatt CH 27 F2
Zernez CH 67 D4
Zerqan AL 128 B2
Zestoa E 37 D1
Zetel D.............. 55 E1
Zeulenroda D 63 E1
Zeven D 50 B4
Zevenaar NL......... 55 D4
Zevgaráki GR........ 92 C3
Zevgolatió GR........ 96 C2
Zevio I.............. 72 A4
Zicavo F............. 78 A4
Zicavo F............. 75 D3
Ziegenrück D......... 63 E1
Zielona Góra PL 58 B3
Zierikzee NL 54 A4
Ziersdorf A 65 D4
Zierzow D 51 D4
Ziesar D 57 E3
Zimnicea RO 129 D2
Zinal CH 27 F2
Zingst D 51 E2
Zin'kiv UA 127 F1
Zinnowitz D 51 F2
Zinnwald D 64 A1
Zirchow D 52 A2
Žiri SLO 73 D3
Zirl A............... 67 E3
Zirndorf D 63 D3
Ziros GR 101 F4
Zistersdorf A 65 E4
Zítsa GR ....
Zítsa GR 86 C4
Zittau D............. 64 B1
Zizdra RUS.......... 125 F3
Zlatica BG 128 C2
Zlatni Pjasáci BG 129 E2

Zlín CZ.............. 65 F3
Žlobin BY............ 125 E4
Žmerynka UA 127 D2
Znam"janka UA 127 F2
Znojmo CZ 65 D4
Zöblitz D............ 63 F1
Zörbig D............ 57 E4
Zoetermeer NL 54 B4
Zollikofen CH 27 F1
Zoločiv UA 126 C2
Zolotonoša UA 127 F2
Zonguldak TR 129 F2
Zóni GR............. 91 E1
Zoniána GR.......... 100 C3
Zonza F............. 78 A4
Zoodóhos Pigí GR.... 97 F4
Zoodóhos Pigí GR.... 87 F3
Zorita E............. 41 F3
Zossen D............ 57 F3
Zoutkamp NL........ 55 D1
Zoutleeuw B 17 F2
Zoúzouli GR 87 D3
Žovkva UA.......... 126 C2
Žovti Vody UA....... 127 F2
Zrenjanin YU 128 B1
Zschopau D 63 F1
Zubcov RUS 125 F2
Zucaina E........... 44 A2
Zudar D............. 51 F2
Zülpich D........... 61 E2
Zuera E 37 F3
Zürs A.............. 67 D3
Zufre E 47 D1
Zug CH............. 66 B3
Zuidlaren NL 55 D2
Zújar E............. 48 C2
Žukovka RUS 125 F4
Zumaia E 37 D1
Zumarraga E 37 D1
Zundert NL 17 E1
Zuoz CH............ 67 D4
Zürich CH........... 23 F4
Zurrieq M........... 85 F4
Zurzach CH 23 F4
Zusmarshausen D ... 67 D1
Zutphen NL......... 55 D3
Žužemberk SLO 73 E3
Zvenyhorodka UA ... 127 F2
Zvolen SK 126 A3
Zvornik BIH......... 128 A1
Zweibrücken D....... 23 E1
Zweisimmen CH 27 F2
Zwenkau D 57 E4
Zwettl A 64 C4
Zwettl
  an der Rodl A 68 B1
Zwickau D 63 F1
Zwiefalten D 66 C2
Zwiesel D........... 64 A4
Zwijndrecht NL...... 54 B4
Zwönitz D 63 F1
Zwolle NL........... 55 D3
Žytkaviči BY 127 D1
Žytomyr UA 127 D2
Žd'ár nad Sázavou
  CZ............... 65 D3
Žilina SK 126 A3
Żagań PL 58 B3
Żary PL 58 B3
Żyrardów PL 126 A1
Żywiec PL 126 A3

Yli-Ii FIN. 109 D3
Yli-Kärppä FIN........ 109 D3
Yli-Muonio FIN 108 C1
Yli Nampa FIN........ 109 D2
Yli-Olhava FIN........ 109 D3
Ylihärmä FIN 114 B3
Ylikiiminki FIN........ 115 D1
Ylistaro FIN.......... 114 B3
Ylitornio FIN.......... 108 C3
Ylivieska FIN......... 114 C2
Ylläsjärvi FIN 108 C1
Ylöjärvi FIN 120 B3
York GB.............. 11 E2
Youghal / Eochaill
  IRL 5 D3
Yoxford GB........... 15 D2
Ypäjä FIN 120 C3
Yport F 16 A4
Yppäri FIN 114 C2
Yseure F............. 26 A2
Yssingeaux F 26 B4
Ystad S.............. 123 E3

Ytterhogdal S 112 B3
Yttermalung S 118 C1
Yuncos E 42 B2
Yunquera E 47 F3
Yunquera de
  Henares E 42 C1
Yuste (Monasterio
  de) E 41 F2
Yverdon-les-Bains
  CH 27 E1
Yvetot F 16 A4
Yvoir B 17 F3
Yvoire F 27 E2

Z

Zaandam NL 54 B3
Žabljak YU........... 128 A2
Zadar HR 77 F2
Zafarraya E.......... 48 A3
Zafóra (Nissi) GR..... 101 C2

Zafra E.............. 41 D4
Žaga SLO 72 C2
Zagorá GR........... 93 F1
Zagória GR 87 D4
Zagorje SLO 73 E2
Zagreb HR 73 F3
Zahara de los Atunes
  E 47 D4
Zaháro GR 96 B1
Zahinos E 41 D4
Zahna D 57 F3
Záhony H 126 B3
Zaidín E 38 A4
Zaječar YU........... 128 C2
Zákinthos GR........ 96 A4
Zákinthos (Nissi) GR . 96 A1
Zákros GR........... 101 F4
Zalaegerszeg H 69 E3
Zalamea de la
  Serena E.......... 41 F4
Zalamea la Real E.... 47 D2

Zaláu RO 126 C4
Zalec SLO........... 73 E2
Zirchow UA 126 C3
Zalla E 36 C1
Zálongo GR.......... 92 A1
Zaltbommel NL 54 C4
Zambrana E 36 C2
Zamora E 35 F3
Zamość PL 126 B2
Zandvoort NL 54 B3
Zanglivéri GR........ 88 B2
Zaorejas E........... 43 D1
Zapadnaja Dvina
  RUS 125 E2
Zápio GR 93 E1
Zapponeta I.......... 80 C2
Zaragoza E 37 F4
Zaratán E 36 A3
Zarautz E 37 D1
Zarcilla de Ramos E.. 49 D2
Zárkos GR 87 F4